Abhandlungen

des

kriminalistischen Seminars

an der Universität Berlin.

Herausgegeben

von

Dr. Franz v. Liszt,

ord. Professor der Rechte zu Berlin.

Neue Folge. Zweiter Band. 1. Heft.

Felix Genzmer: Der Begriff des Wirkens.

Walter Weidemann: Die Ursache der Kriminalität im Herzogtum Sachsen-Meiningen.

Berlin 1903

J. Guttentag, Verlagsbuchhandlung.

G. m. b. H.

Der Begriff des Wirkens.

Ein Beitrag
zur
strafrechtlichen Kausalitätslehre.

Von

Felix Genzmer,
Kammergerichtsreferendar.

Berlin 1903.
J. Guttentag, Verlagsbuchhandlung,
G. m. b. H.

Inhalt.

Abkürzungen.

Avenarius, Philosophie: Philosophie als Denken der Welt nach dem Prinzip des kleinsten Kraftmaßes von Dr. Richard Avenarius. Leipzig 1876.

Heilborn, Agent provocateur: Der Agent provocateur von Dr. Paul Heilborn. Berlin 1901.

Mach, Analyse: Die Analyse der Empfindungen von Dr. Ernst Mach. Zweite Auflage. Jena 1900.

Mach, Arbeit: Die Geschichte und die Wurzel des Satzes von der Erhaltung der Arbeit von Dr. Ernst Mach. Prag 1872.

Mach, Mechanik: Die Mechanik in ihrer Entwicklung von Dr. Ernst Mach. Dritte Auflage. Leipzig 1897.

Mach, Wärmelehre: Die Prinzipien der Wärmelehre von Dr. Ernst Mach. Zweite Auflage. Leipzig 1900.

Petzoldt, Einführung: Einführung in die Philosophie der reinen Erfahrung von Joseph Petzoldt. Bd. I. Leipzig 1900.

Thyrén, Bemerkungen: Bemerkungen zu den kriminalistischen Kausalitätstheorien von Dr. J. C. W. Thyrén. Lund 1894.

V.: Vierteljahrsschrift für wissenschaftliche Philosophie, begründet von Richard Avenarius. Leipzig.

§ 1. Einleitung.

Auf die Lehre von der Verursachung ist in der letzten Zeit viel Mühe verwandt worden; der Wirkungsgrad der aufgewandten Arbeit ist jedoch ziemlich gering.

Der Grund hierfür liegt zunächst in der Sache selbst: die Lehre von der Verursachung führt in ein Grenzgebiet, wo juristische und philosophische Denkweise zusammenwirken müssen; dem Philosophen sind jedoch die Bedürfnisse der strafrechtlichen Begriffsbildung meist ebensowenig vertraut wie dem Juristen die für diese Fragen wichtigen Ergebnisse der neueren Philosophie. Außerdem ist die Aufgabe durch das Hineintragen metaphysischer Probleme noch unnötig erschwert worden: die für das Strafrecht allein wesentliche Frage, wann zwischen Handlung und Erfolg Kausalzusammenhang anzunehmen sei, ist viel einfacher als die nach der Natur des Kausalgesetzes, die mit der Frage nach dem Zustandekommen der Erkenntnis eng verbunden ist. Ob das Kausalgesetz a priori oder a posteriori gültig ist, danach braucht der Kriminalist nicht zu fragen; er hat nur zu untersuchen, welche Beziehungen man auf Grund des Kausalgesetzes aufstellen kann und welche für ihn davon wesentlich sind.

Die Meinungsverschiedenheiten in der strafrechtlichen Kausalitätslehre gipfeln, abgesehen von der neueren Lehre von der adäquaten Verursachung, im wesentlichen in der Frage, ob sich ein Unterschied zwischen den Voraussetzungen des Erfolges feststellen lasse, ob also eine Scheidung von Ursachen und Bedingungen zulässig sei. Eine solche Grenzlinie könnte zunächst nach äußeren Merkmalen, z. B. dem zeitlichen Eintreten der Voraussetzungen oder der Richtung, die sie dem Vorgang in Beziehung auf einen bestimmten begrifflich vorgestellten Erfolg erteilen, gezogen werden[1]). Ob man eine Schei-

[1]) Thyrén, Bemerkungen S. 42 ff., 161 ff.

dung der Voraussetzungen nach diesen Merkmalen vornimmt, ist eine Frage der Zweckmäßigkeit: erleichtert sie die begriffliche Darstellung der Vorgänge, so kann man sie vornehmen; im anderen Falle ist sie abzulehnen. Für die Trennung von Ursachen und Bedingungen könnte jedoch auch ein inneres Merkmal maßgebend sein: es wäre möglich, daß einer bestimmten Gruppe unter den Voraussetzungen des Erfolges eine durchaus andere Bedeutung für das Zustandekommen des Erfolges innewohnte als allen übrigen, so daß man durch die Struktur der Naturvorgänge selbst zu einer Unterscheidung von Ursachen und Bedingungen gezwungen würde. Nur diese letzte Frage soll hier untersucht werden.

Die Kritik der einzelnen Lehrmeinungen wird sich hauptsächlich auf theoretischem Boden bewegen. Denn ihre praktische Brauchbarkeit ist schon so oft ausführlich behandelt worden, daß hierüber wenig mehr zu sagen ist. Vielmehr liegt die Sache meistens so, daß die Theorie dem praktischen Denken nachhinkt: die zweifelhaften Fälle werden nicht nach Begriffen, sondern nach dem Gefühl oder, wie man auch sagt, nach dem gesunden Menschenverstand entschieden, und erst nachträglich schneidet man die Theorie darauf zurecht. Die heutige Zerfahrenheit in der Lehre von der Verursachung kann aber nur schwinden, wenn es gelingt, eine festere wissenschaftliche Grundlage für den Aufbau der Kausalitätslehre zu finden. Es ist jedoch nicht Zweck der Arbeit, eine neue Kausalitätstheorie aufzustellen; vielmehr soll nur der Boden dafür geebnet werden.

Leitsatz soll hierbei sein, den Boden der Erfahrung nicht zu verlassen. Denn stellen wir Beziehungen auf, von denen uns die Erfahrung nichts zeigt, so bauen wir die Kausalitätslehre auf den lockeren Grund eines metaphysischen Systems; da es jedoch erfreulich wäre, wenn die strafrechtliche Kausalitätslehre wenigstens in ihren Grundlagen einige Jahre zu überdauern vermöchte, ist es zweckmäßiger, sie von dem Szenenwechsel auf der Bühne der Begriffsdichtung unabhängig zu erhalten.

Erster Teil.

Die Grundlagen der strafrechtlichen Kausalitätslehre.

§ 2. Die richtige Fassung des Kausalgesetzes.

Die gewöhnliche Fassung des Kausalgesetzes pflegt das Geschehen in Ursachen und Wirkungen zu zerlegen. Bei näherer Untersuchung zeigt es sich jedoch, daß diese Fassung in verschiedener Hinsicht mangelhaft ist[1]).

Häufig schon ist darauf hingewiesen worden, daß ein Ereignis niemals durch ein einzelnes anderes, sondern immer nur durch eine große Anzahl anderer verursacht werden kann. Wenn auf die Frage, ob zwischen den Voraussetzungen des Erfolges ein innerer Unterschied bestehe, auch jetzt noch nicht eingegangen werden soll, so ist doch soviel klar, daß die angeführte Form des Kausalgesetzes mit ihrem Begriffspaar Ursache und Wirkung hier schon Partei nimmt: sie erweckt den Anschein, als ob es in jedem Falle, wo sich ein Abschnitt des Geschehens als Wirkung begrifflich zusammenfassen läßt, auch einen anderen geben müsse, der in gleicher Weise begrifflich als Ursache zusammengefaßt werden könnte[2]). Die gewöhnliche Form des Kausalgesetzes sagt also mehr, als unbestritten aufrecht erhalten werden kann.

Ferner erweckt die angeführte Fassung die Vorstellung, daß ein Ereignis durch ein Ding oder durch ein anderes Ereignis bewirkt werde. Hiermit wird ein Begriff auf das Geschehen angewendet, der nicht aus der Erfahrung stammt: die Vorstellung des Bewirkens beruht auf Empfindungen, die bei

---

[1]) Zu dem folgenden vgl. Petzoldt, Einführung S. 25 ff.

[2]) Kleinpeter, J. B. Stallo als Erkenntniskritiker, V. 25, S. 413.

unserer eigenen Tätigkeit auftreten; an den Umgebungsbestandteilen nehmen wir aber nichts dergleichen wahr[1]).

Außerdem erweist sich der Begriff des Wirkens auch als unzureichend zur Auffassung aller nicht ganz einfachen Verhältnisse[2]). Betrachten wir das Verhalten zweier schwerer Körper im Weltraum, so ist die ursprüngliche Auffassung die, daß die größere Masse eine Bewegung der kleineren Masse auf die größere zu bewirkt. Tatsächlich sind aber mit dem Dasein der Massen gegenseitige Beschleunigungen bestimmt: der Mond fällt nicht nach der Erde zu, sondern beide fallen in der Richtung auf den gemeinsamen Schwerpunkt. Handelt es sich nur um zwei Massen, so kann man noch mit dem Begriffe der Wechselwirkung auskommen; aber auch diese genügt nicht mehr, sobald ihre Anzahl größer wird: in diesem Falle kann man nur noch sagen, daß bei den Massen Beschleunigungen eintreten, die von ihrer Größe und ihren gegenseitigen Lagebeziehungen abhängig sind. Durch diese Beschleunigungen sind die Lagen der Massen für jede Zeit bestimmt. Die Zeit ist aber, an sich genommen, etwas Unfaßbares; Inhalt erhält sie erst, wenn man sie durch irgend eine Veränderung bestimmt. Wir messen sie nun durch die Änderung des Stundenwinkels der Erde: „das physikalische Maß der Zeit gründet sich wieder auf Raummessung". Alles was die Erfahrung lehrt, ist also eine gegenseitige Abhängigkeit von Raumlagen und Beschleunigungen.

Die herkömmliche Fassung des Kausalgesetzes zeigt aber noch einen Mangel: wenn man von Ursachen und Wirkungen spricht, so hat es den Anschein, als ob das frühere Ereignis das höhere, tätige, das spätere das niedere, von ihm hervorgebrachte sei. Tatsächlich ist aber die Abhängigkeit genau dieselbe, ob wir in der Richtung des Zeitverlaufs oder in entgegengesetzter Richtung vorgehen: das Gestern ist durch das Heute ebenso bestimmt, wie durch das Vorgestern; nicht in der Verschiedenartigkeit der Bestimmtheit liegt der Unterschied,

---

[1]) Petzoldt, Das Gesetz der Eindeutigkeit, V. 19, S. 147.

[2]) Vgl. zu dem folgenden: Mach, Analyse S. 67.

sondern lediglich in der verschiedenen Stellung in der Zeit. Wir schließen ja auch fortwährend von der Gegenwart auf die Vergangenheit. Allerdings kommt uns infolge des Zeitverlaufs in jedem Augenblick viel deutlicher zum Bewußtsein, wie die Gegenwart die Zukunft bestimmt. Da wir dabei in der Regel nicht bedenken, daß diese Abhängigkeit eine streng wechselseitige ist, ist das unwissenschaftliche Denken leicht geneigt, die Zukunft von der Gegenwart in höherem Grade abhängig zu denken als die Vergangenheit. Diese falsche Vorstellung wird durch die herkömmliche Fassung des Kausalgesetzes noch begünstigt.

Bleiben wir auf dem Boden der Erfahrung, so werden die angeführten Schwierigkeiten vermieden. An Stelle der Beziehungsbegriffe Ursache und Wirkung tritt dann die Abhängigkeit der Erscheinungen voneinander: Der Kausalbegriff wird durch den Funktionsbegriff ersetzt[1]); die Erscheinungen bestimmen einander, wie bei einer in ein Koordinatensystem eingezeichneten Kurve jeder x-Wert den zugehörigen y-Wert bestimmt; nur sind die Beziehungen in der wirklichen Welt viel verwickelter als bei den Gebilden der Geometrie.

§ 3. Die praktische Brauchbarkeit der gewonnenen Fassung.

Weiter zu untersuchen ist nun, ob die gewonnene Form des Kausalgesetzes als Grundlage für den Aufbau der strafrechtlichen Kausalitätstheorien brauchbar ist.

Die Aufgabe einer Theorie ist keine andere als die der Wissenschaft überhaupt; das wissenschaftliche Denken ist, wie Avenarius sagt, Denken nach dem Prinzip des kleinsten Kraftmaßes: auch die Theorie soll das Denken erleichtern und eine

---

[1]) Mach, Analyse S. 66, Arbeit S. 35, Mechanik S. 492; Petzoldt spricht von einer „durchgängigen vollkommenen Bestimmtheit", „Einzigartigkeit", „Eindeutigkeit" aller Vorgänge: Das Gesetz der Eindeutigkeit, V. 19, S. 168; Maxima, Minima und Ökonomie, V. 14, S. 210.

möglichst weitgehende Ausnutzung der geistigen Kraft ermöglichen[1]). Sie ist ein methodisches Hilfsmittel zur Erreichung praktischer Zwecke. Hiermit ist gesagt, daß von mehreren Theorien nicht notwendig nur eine richtig ist, während die anderen falsch sein müssen; vielmehr kann es mehrere Theorien geben, die ihre Aufgabe erfüllen, da die tatsächlichen Beziehungen in verschiedener Weise begrifflich dargestellt werden können[2]). In der Regel wird allerdings eine Theorie den andern vorzuziehen sein.

Die besondere Aufgabe der strafrechtlichen Kausalitätstheorien besteht darin, einen allgemein giltigen Ausdruck dafür zu geben, welche Kausalbeziehungen von dem Richter zu berücksichtigen sind. Der natürliche Gang einer solchen Untersuchung wäre also der, daß zuerst der Kreis der vorhandenen Bedingungen betrachtet und sodann untersucht wird, ob es Gruppen von Bestimmungsmitteln gibt, die als unwesentlich wegfallen und ob sich infolge der besonderen Gestaltung der für das Strafrecht in Betracht kommenden Ereignisse unter den übrigen Bedingungen noch weitere Rangunterschiede feststellen lassen[3]).

Dieser Weg soll hier nicht bis zum Ziele verfolgt werden, da die Aufgabe dieser Arbeit im wesentlichen kritisch ist. Gezeigt werden soll nur, daß er überhaupt gangbar ist, da in der Literatur häufig die entgegengesetzte Meinung vertreten wird.

Für das Zustandekommen jedes Ereignisses in seiner tatsächlichen Gestalt sind alle Bedingungen, alle Bestimmungsmittel, notwendig; denkt man sich eins entfernt, so wird nicht genau dieses sondern ein anderes Ereignis bestimmt[4]). Der Kreis dieser Bestimmungsmittel ist nun aber

---

[1]) Petzoldt, Zu Richard Avenarius' Prinzip des kleinsten Kraftmaßes und zum Begriff der Philosophie, V. 11, S. 182; Mach spricht von der „Ökonomie der Wissenschaft", Mechanik S. 471 ff.

[2]) Heinrich Hertz, Die Prinzipien der Mechanik, Leipzig 1894, S. 2.

[3]) In dieser Weise ist die Untersuchung in Thyréns Bemerkungen angelegt.

[4]) Mill, System der deduktiven und induktiven Logik, übersetzt von Gomperz, Bd. 2, S. 16, 2. Aufl., Leipzig 1885.

weder in räumlicher noch in zeitlicher Beziehung durch feste Grenzen umschlossen: die Wärmeverhältnisse auf der Erde werden hauptsächlich durch deren Stellung zur Sonne bestimmt, bestimmend ist hierfür aber auch der 17 Lichtjahre entfernte Sirius, da auch er eine meßbare Wärmemenge ausstrahlt; was heute geschieht, hat die gestrigen Ereignisse zur Voraussetzung, nicht minder aber auch das, was einst geschah, als Deutschlands Boden noch unter dem Schritt der Mammuthherden erzitterte.

Die Tatsache, daß die Anzahl der vorhandenen Bestimmungsmittel stets unbegrenzt ist, hat viele dazu verführt, den „philosophischen" Kausalbegriff als praktisch unbrauchbar über Bord zu werfen[1]). Dies beruht wohl auf der etwas einseitigen methodischen Schulung unserer Juristen, die da versagt, wo einmal andre als reine juristische Fragen eine andre Denkweise erfordern. Denn das Kausalgesetz bildet mit seiner Unbegrenztheit gar keine Ausnahme, sondern teilt diese Eigenschaft mit zahlreichen andern naturwissenschaftlichen Gesetzen. So verweist auch das Gesetz der allgemeinen Massenanziehung unmittelbar auf den unendlichen Raum. Wenn wir aber einen Ingenieur, der eine Brücke konstruiert, fragen, warum er hierbei nur die Anziehung der Erde, nicht aber die des Mondes berücksichtige, so wird er uns vielleicht auslachen, nicht aber antworten, der philosophische Gravitationsbegriff sei unbrauchbar und komme für die Praxis nicht in Betracht. Das Wesen und die wissenschaftliche Brauchbarkeit eines derartigen Gesetzes liegt gerade darin, daß es einen möglichst großen Kreis von Erscheinungen umspannt: das Gravitationsgesetz erlangte seine hohe wissenschaftliche Bedeutung gerade dadurch, daß man es nicht nur auf den Fall an der Erdoberfläche, sondern auf die Bewegungen im Weltraum anzuwenden lernte; Sache der Spezialwissenschaften ist es dann, nicht etwa das Gesetz als unbrauchbar wieder bei seite zu schieben, sondern auf Grund dieses Gesetzes die Merkmale auszusondern, die für ihre Zwecke in

---

[1]) Vgl. die Ausführungen bei Heilborn, Agent provocateur S. 46ff.; Rümelin, Die Verwendung der Kausalbegriffe im Straf- und Zivilrecht, Tübingen 1900, S. 7ff.

Betracht kommen. Es macht einen gar zu hilflosen Eindruck, wenn der Jurist über die Tatsache der allgemeinen Abhängigkeit nicht anders hinwegkommen kann, als daß er die Augen davor verschließt.

Den Kreis der Bestimmungsmittel einzuengen, ist gar keine Aufgabe, die der Jurist erst heute zu lösen hätte, sondern sie ist von dem vorwissenschaftlichen Denken schon längst gelöst worden. Die Vernachlässigung zahlreicher Bedingungen wird dadurch möglich, daß ein Vorgang mit dem Wegfall eines Bestimmungsmittels eine ganz bestimmte Änderung erleidet, deren Größe bei den einzelnen Bestimmungsmitteln sehr verschieden ist. Bei der überwältigenden Mehrzahl ist sie so klein, daß wir ihr Vorhandensein nur theoretisch annehmen, ohne es bei der Ungenauigkeit unserer Wahrnehmungen wirklich nachweisen zu können; bei sehr vielen ist sie so gering, daß sie nur bei der Verschärfung unserer Sinne durch die feinsten Meßmethoden erkennbar ist. Die Anzahl der Bestimmungsmittel, deren Wegfall dem Vorgang einen wesentlich andern Verlauf gibt, ist, wenn man nicht zu weit in die Vergangenheit zurückgeht, im Verhältnis zu den übrigen verschwindend gering.

Nach zwei Seiten wird nun der Kreis der Bedingungen, die als solche erkennbar sind, noch weiter eingeengt. Zunächst in Hinsicht auf das Nebeneinander und dann auf das Nacheinander der Bestimmungsmittel.

Unsre Auffassung des Geschehens gleicht einer Karte, die entweder nur die politischen Grenzen oder die Bevölkerungsdichtigkeit oder die Höhe der jährlichen Niederschläge angibt. Wenn wir einen Vorgang nach allen Richtungen hin mit der größten erreichbaren Genauigkeit untersuchen wollten, würde kein Bewußtsein die Fülle der Vorstellungen zu bewältigen und kein Gedächtnis die erforderlichen Erinnerungsvorstellungen zu liefern vermögen. Unsere Betrachtung muß deshalb notgedrungen einseitig sein. Derselbe Vorgang kann Vorstellungen aus den Gebieten der Mechanik, Elektrizitätslehre, Ästhetik, Volkswirtschaftslehre, Rechtswissenschaft und zahlreichen andern erwecken und nach jeder dieser Richtungen hin untersucht werden. Je nach dem Standpunkt des Beobachters werden dabei einzelne Bestandteile herausgehoben, andre vernachlässigt, einige werden mit der größten erreichbaren Genauigkeit aufgefaßt, andere lassen weitere Fehlergrenzen zu, bei noch andern genügt eine ganz ungefähre Auffassung[1]).

Aber auch die Seiten eines Vorganges, auf die wir uns bei der Untersuchung beschränken, werden von uns nur teilweise beobachtet. Das Geschehen ist in ununterbrochenem Flusse begriffen; das Denken kann ihm aber hierin nicht folgen, da sich die neue Vorstellung aus der alten nicht in unmerklichem Übergange formt, sondern als etwas von ihr Verschiedenes an deren Stelle tritt. Wir vermögen daher nicht den ganzen Strom des Geschehens aufzufassen, sondern müssen uns mit einigen Querschnitten oder richtiger kürzeren Abschnitten begnügen, deren jeder begrifflich zu einer Einheit zusammengefaßt wird. Die Punkte, die wir hierbei auswählen, hängen wieder davon ab, nach welcher Richtung der Vorgang untersucht wird.

Die einzelnen Bestimmungsmittel eines Ereignisses sind also für das tatsächliche Geschehen gleich notwendig; für die begriffliche Nachbildung des Geschehens haben sie einen durchaus verschiedenen Wert[2]). Die Bedingungen eines Erfolges nach ihrem Werte für die strafrechtliche Auffassung in verschiedene Klassen zu scheiden, hat bisher nur Thyrén in seinen geistvollen „Bemerkungen zu den kriminalistischen Kausalitätstheorien" versucht. Auf diese Abhandlung näher einzugehen, würde hier zu weit führen; gezeigt werden sollte nur, daß bei logisch richtigem Vorgehen das Gesetz von der allgemeinen Abhängigkeit der Erscheinungen nicht ins Unendliche führt, sondern sehr wohl als Grundlage für die Lehre von der Verursachung in der Rechtswissenschaft dienen kann.

[1]) Eine gute Ausführung hierüber gibt Lammasch, Handlung und Erfolg, Wien 1882, S. 37 ff.

[2]) Vgl. Petzoldt, Maxima, Minima und Ökonomie, V. 14, S. 421.

Zweiter Teil.

Die als Merkmal der Ursache benutzten Begriffe.

§ 4. Der Begriff der Kraft und die Erfahrung.

Viele Verfasser schlagen jedoch bei der Entwicklung ihrer Lehrmeinung einen andern Weg ein. Ihnen ist es ausdrückliche oder stille Voraussetzung, daß sich unter den Bestimmungsmitteln eins als Ursache heraussheben lassen müsse. Besprochen werden sollen hiervon die Versuche, die von einer inneren Verschiedenheit zwischen den Bedingungen ausgehen und der Ursache eine grundsätzlich andere Bedeutung für den Erfolg auch ohne Rücksicht auf die strafrechtliche Beurteilung des Ereignisses zusprechen.

Um diese Verschiedenheit zwischen den Bedingungen zu kennzeichnen, ist vielfach der Begriff der Kraft benutzt worden. Er stellt eine schärfere Auffassung des Begriffs des Wirkens dar: sucht man sich vorzustellen, wie ein Ding auf das andere wirkt, so gelangt man zu der Auffassung, daß Kräfte von ihm ausgehen, die in dem andern Veränderungen hervorrufen. Der Begriff der Kraft geht dann wieder häufig in die Begriffe der Bewegung und der Veränderung über.

Der Begriff der Kraft ist nicht durch die Erfahrung gegeben: man kann einen bewegten Körper mit der größten Genauigkeit untersuchen, es wird aber nie gelingen, eine Kraft als bewegende Ursache aufzufinden, sondern man wird immer nur bis zu der Tatsache gelangen, daß sich der Körper unter den gegebenen Umständen bewegt[1]). Wenn jedoch ein bewegter Körper auf unsern eigenen Körper trifft oder unser Körper bei einer Bewegung auf einen andern, nehmen wir da

[1]) Petzoldt, Einführung S. 29; Avenarius, Philosophie S. 45.

nicht die Kraft unmittelbar als Druck wahr? Empfinden wir nicht auch, wenn wir einen schweren Körper heben, den Druck, den er ausübt, also die Kraft, mit der er von der Erde angezogen wird?

Es ist jedoch ein Irrtum, wenn man der Druckempfindung eine höhere objektive Bedeutung beilegt als irgend einer andern, etwa der Schallempfindung: das Entstehen eines Druckes ist von bestimmten Gruppen unserer Nerven ebenso abhängig wie das des Schalls von unsern Gehörsnerven; in den Beziehungen der Umgebungsbestandteile untereinander zeigt uns die Erfahrung nie einen Druck, sondern stets nur Beschleunigungen und Formänderungen. Wenn man auch hier vielfach von einem Druck spricht, so ist das Wort hier in einer andern Bedeutung gebraucht: es bezeichnet hier das Produkt aus Masse und Beschleunigung; dieser Begriff, dessen Bestandteile nur aus der äußeren Erfahrung stammen, ist aber von unserer Druckempfindung grundverschieden: er ist ein mathematisches Zeichen, ein Hilfsbegriff zur einfacheren Darstellung der Vorgänge. Legen wir einen schweren Körper auf eine elastische Platte, so erteilt er eine Beschleunigung in der Richtung auf die Erde zu: die Platte biegt sich nach unten, und zwar so lange, bis die Beschleunigung, die sie dem Körper infolge ihrer Elastizität nach oben hin bestimmt, ebenso groß ist wie die dem Körper durch die Erde nach unten hin bestimmte. Die beiden Beschleunigungen heben sich nun auf: der Körper ist in Ruhe. Legen wir ein Gewicht auf unsere Hand, so erhält deren Oberfläche eine Beschleunigung, die wir als Druck empfinden. Wie aber für die physikalische Untersuchung das, was psychologisch als Schall erscheint, zu Luftschwingungen wird, müssen hier an Stelle der Druckempfindungen Beschleunigungen treten.

Bei den sogenannten Fernkräften, wie bei der Gravitation, fehlt eine derartige parallel laufende Empfindung; man hat sich deshalb auch vielfach gescheut, die Existenz von Fernkräften anzunehmen und hat alles auf Druck und Stoß zurückzuführen suchen[1]). Später hat der Kraftbegriff hier ebenfalls Fuß gefaßt.

[1]) Lange, Geschichte des Materialismus, 5. Aufl., Leipzig 1896, Bd. I, S. 261 ff. Newton selbst lehnte es ab, die gegenseitigen Beschleunigungen der

Auf der Erfahrung beruht er aber auch hier nicht: diese zeigt uns auch bei entfernten Massen nur gegenseitige Beschleunigungen. Aus einer andern psychologischen Wurzel ist er hier hervorgegangen: das Gefühl der Anstrengung, das wir bei willkürlichen Muskelbewegungen empfinden und das der naive Sinn als Ursache der Bewegung auffaßt, wird in entsprechender Weise auch den anderen Bewegungen zu Grunde gelegt; nur wird hier ebenso wie bei dem Druck die Kraft nicht mehr als Kraftempfindung, sondern als objektive Wesenheit aufgefaßt.

Sowie man in der Kraft also mehr sehen will als ein mathematisches Zeichen, eine Beziehungsgröße, verdankt sie ihr Dasein der Übertragung psychologischer Begriffe auf physikalische Vorgänge. Eine derartige Übertragung von Begriffen auf ein anderes Gebiet ist allerdings etwas ganz Gewöhnliches: es ist sehr schwer, etwas völlig Neues geistig zu verarbeiten; es ist so gut wie unmöglich, wenn es nicht gelingt, Anknüpfungspunkte an Bekanntes zu finden. Neue Vorstellungen werden nun häufig auf ältere, geläufige dadurch zurückgeführt, daß etwas Bekanntes im Geiste für das Fremde eingesetzt wird, wenn es mit ihm nach oberflächlicher Anschauung nur in einigen wesentlichen Punkten übereinstimmt. Die meisten Lehrbücher der Elektrizitätslehre erklären die Begriffe Spannung und Intensität durch das Bild von Wasserleitungen, in denen große Wassermassen unter geringem oder kleine unter hohem Druck denselben Arbeitswert darstellen.

Von dieser Auffassung, die bewußt mit dem Bilde arbeitet, führen unmerkliche Übergänge bis dahin, wo das Bild eine beherrschende Stellung einnimmt. So glaubte man früher vielleicht in dem Bilde des Fluidums das Wesen der Elektrizität zu erkennen; jetzt faßt man es nur noch als pädagogisches Hilfsmittel auf. Aber auch heute meint noch mancher in dem Bilde des Atoms das Ding an sich vor sich zu haben und glaubt alle Erscheinungen durch Atombewegungen erklären zu müssen[1]).

Weltkörper durch Kräfte zu erklären: „hypotheses non fingo" äußerte er; Mach, Mechanik S. 187.

[1]) Mach, Mechanik S. 497; Du Bois-Reymond, Über die Grenzen des Naturerkennens, Leipzig 1882, S. 10.

Die Anwendbarkeit dieser Symbole hat nun häufig ihre Grenzen. Sind die zwischen den bildlich verwandten Begriffen vorhandenen Beziehungen genau dieselben wie die zwischen den zu untersuchenden Erscheinungen, so behält man die Bilder bei, wenn bei ihnen die Auffassung dieser Beziehungen leichter ist. So stellt man die Schwingungen durch Sinusformeln, die Fallräume als Quadrate der Zeiten dar, nicht weil die Schwingung an sich etwas mit den Kreisfunktionen, der Fall etwas mit dem Quadrieren zu tun hat, sondern weil uns die Quadrierung und die Kreisfunktion geläufig und die bei ihnen auftretenden Beziehungen jederzeit zur Hand sind[1]. Bei ausgedehnter derartiger Verwendung geht das Bildliche mehr und mehr verloren: der Begriff des Sinus erweitert sich derart, daß die Kreisfunktion nur noch als besonderer Fall dieser allgemeineren Beziehung erscheint. Anders ist es jedoch, wenn sich die Beziehungen zwischen den Bildern mit den zwischen den Erscheinungen selbst nicht decken: dann müssen die Bilder, wenn ihre Leistungsfähigkeit erschöpft ist, wieder aufgegeben werden. Denn sonst verfälschen sie die Erfahrung: man sieht diese immer durch Gläser von bestimmter Farbe, und das Bildliche fügt sich so fest mit ihr zusammen, daß man es schließlich garnicht mehr bemerkt. Dann ergeben sich Schwierigkeiten, die ihren Grund allein darin finden, daß das benutzte Bild unzureichend oder irreführend war.

Die Übertragung psychologischer Begriffe auf das physikalische Gebiet ist die roheste Art, im Bilde zu denken; es ist der Standpunkt des Fetischismus, der auf den Anfängen der Kultur ganz allgemein eingenommen wird[2]. Dem Wilden macht seine eigene Seelentätigkeit noch kein Kopfzerbrechen; vielmehr ist ihm die Verknüpfung seiner Empfindungen und Gefühle mit seinen Körperbewegungen das vertrauteste, während ihm die Naturvorgänge viel fremdartiger erscheinen. Daher verlegt er eine derartige Seelentätigkeit auch in andre Dinge: alles um ihn her erscheint ihm von Geistern erfüllt,

[1]) Mach, Mechanik S. 483.

[2]) Petzoldt, Einführung S. 30; Avenarius, Philosophie S. 46; Lammasch, Handlung und Erfolg, Wien 1882, S. 47.

von deren Handlungen sein Wohl und Wehe abhängt. Diese Geister verschwinden mit dem Steigen der Kultur mehr und mehr und verflüchtigen sich in dem Laboratorium des Gelehrten schließlich zu einer Kraft, die den Naturgesetzen unbedingt gehorchen muß, einem der letzten mystischen Bestandteile unserer Weltanschauung, einem traurigen Überreste entschwundener Herrlichkeit[1]).

§ 5. Der Kraftbegriff in der Kausalitätslehre.

Die Erkenntnis, daß die Kraft ein nur bildlich verwendbarer Begriff ist, dem in der Wirklichkeit nichts entspricht, ist qei den Juristen noch sehr wenig durchgedrungen. So meint Liepmann, man dürfe nicht die Existenz wirkender Kräfte leugnen, sondern lediglich ihre Erkennbarkeit[2]). Heilborn sagt, die notwendige Verknüpfung zweier Erscheinungen sei nur denkbar vermöge der weiteren Annahme eines Bandes zwischen ihnen, d. h. einer wirkenden Kraft; diese Kraft könnten wir freilich nicht erkennen: ignorabimus habe Dubois-Reymond gesagt[3]). Huther erklärt, das Wirken, das die Kräfte und die Erscheinungen umfasse, sei in der objektiven Welt vorhanden, habe ein positives Dasein[4]). Buri operiert ständig mit Kräften, als ob dies die ihm allervertrautesten Dinge seien[5]).

Am entschiedensten spricht sich Richard Horn für die Verwendung des Kraftbegriffs in der Kausalitätslehre aus. Er erklärt, die entgegengesetzte Ansicht vergesse, daß die Notwendigkeit, mit der die erste Veränderung die zweite nach sich ziehe, bloß in der Kraft und Tätigkeit der ersten ihre Erklärung finden könne, und fährt dann fort:

---

[1]) Mach, Mechanik S. 454.

[2]) Liepmann, Einleitung in das Strafrecht, Berlin 1900, S. 49.

[3]) Heilborn, Agent provocateur S. 51.

[4]) Huther, Der Kausalzusammenhang als Voraussetzung des Strafrechts, Wismar 1893, S. 36.

[5]) v. Buri, Willensfreiheit, Unterlassung, Kausalität und Teilnahme, Gerichtssaal, Bd. 56, S. 450.

„Indem sie die Unvermeidlichkeit des Erfolges bloß statuiert, aber nicht begründet, setzt sie sich darüber hinweg, daß sie zwei Zustände aufeinander folgen und nicht auseinander erfolgen läßt; sie isoliert zwei Glieder einer Kette, die einmal nur durch ihren inneren Zusammenhang, nur dadurch, daß das eine Glied sich an dem andern betätigt, das zweite nach sich zieht, begriffen werden können.

Und so predigt sie den Zufall, redet dem Wunder das Wort, wo es uns vergönnt ist, durch die Einführung des Kraftmoments in den Begriff der Ursache jeden Zufall zu vermeiden und dem Wunderbaren zu entrinnen[1]."

Es sind so tiefliegende Irrtümer, die hier zu Tage treten, daß die Erörterung einiger allgemeinerer Fragen nicht zu vermeiden ist.

Wir können die Unvermeidlichkeit eines Erfolges nie in dem Sinne begründen, daß er auf die vorhergehenden Zustände auch dann folgen müßte, wenn man von aller Erfahrung absieht. Vielmehr sind uns alle Verknüpfungen, auch die unserer Bewußtseinszustände mit unseren Handlungen, die dem Kraftbegriff zu Grunde liegt, nur als Erfahrungstatsachen gegeben. Von Erfahrungstatsachen können wir aber nur sagen, ob sie mit anderen Erfahrungen übereinstimmen oder nicht; wir können weiter untersuchen, ob die aus ihnen abgeleiteten Begriffe sich durch die aus anderen Erfahrungen gewonnenen restlos ausdrücken lassen oder ob sie mit diesen inkommensurabel sind; sie darüber hinaus noch logisch begründen zu wollen, ist ein verkehrtes Beginnen, da wir dann, abgesehen von Phantasiegebilden, nichts mehr haben, worauf wir sie begründen können[2]. Die Erfahrung, daß ein bestimmter Zustand auf einen andern folgt, kann aber geläufig sein, wie bei unseren Willenshandlungen oder bei dem Fall von Körpern, oder wenig geläufig, wie bei neuen Erfahrungen oder solchen, die vereinzelt geblieben sind. Bei diesen besteht dann das Be-

---

[1]) Richard Horn, Der Kausalitätsbegriff in der Philosophie und im Strafrecht, Leipzig 1893, S. 15.

[2]) Kleinpeter, J. B. Stallo als Erkenntniskritiker, V. 25, S. 405.

dürfnis, sie auf andere Erfahrungen zurückzuführen. Dies und weiter nichts heißt es, eine Erscheinung begründen[1]).

Ein Beispiel wird dies deutlicher machen. Als sich nach der Entdeckung des Uranus herausstellte, daß seine wahre Bewegung nicht mit der berechneten übereinstimmte, war ein Widerspruch gegeben zwischen der neuen Erfahrung und den früheren, aus denen man die Bewegungsgesetze der Planeten gewonnen hatte. Die neue Erfahrung ließ sich also nicht auf die früheren zurückführen. Zwei Möglichkeiten der Lösung waren gegeben: entweder sah man die bisherige Erfahrung als irrig an und änderte das Gravitationsgesetz, oder man vertraute der früheren Erfahrung und nahm an, daß die Bestimmungsmittel für die Bewegung des Uranus noch nicht alle bekannt seien. Man entschied sich für den zweiten Weg, da die Induktion aus der früheren Erfahrung zu nachdrücklich gegen eine wesentliche Änderung des Gravitationsgesetzes sprach, und führte einen achten Planeten als hypothetisches Bestimmungsmittel ein. Die Entdeckung des Neptun zeigte die Richtigkeit des eingeschlagenen Weges. Die Beziehung zu der früheren Erfahrung war nun in allen Punkten hergestellt: die Bewegung des Neptun war erklärt. Eine noch weitere Begründung der Neptunsbewegung ist unnötig: es genügt uns, zu wissen, daß er sich ebenso verhält wie alle anderen Massen, da uns dieses Verhalten vollkommen geläufig ist. So lange aber die Zurückführung der neueren Erfahrung auf ältere noch nicht gelungen ist, befinden wir uns in einem Zustand geistiger Unsicherheit und Unbefriedigtheit wie jetzt z. B. bei den kürzlich entdeckten Erscheinungen der Radioaktivität.

Es ist unvermeidlich, daß wir bei einer Reihe von Grundtatsachen stehen bleiben müssen, die sich nicht weiter zurückführen lassen[2]). Die Wissenschaft ist bestrebt, deren Anzahl möglichst zu verringern und sie möglichst zu vereinfachen. Wenn Horn diese Grundtatsachen als Wunder bezeichnet, so ist das ein sehr freier Sprachgebrauch, der aber höchstens

---

[1]) Mach, Arbeit S. 31, Wärmelehre S. 437.

[2]) Petzoldt, Maxima, Minima und Ökonomie, V. 14, S. 420.

philologisches Interesse haben könnte. Unrichtig ist jedoch seine Behauptung, das Zurückgehen auf die Erfahrung predige den Zufall und isoliere die Glieder einer Kette. Isoliert wird hierdurch garnichts, sondern der durch die Erfahrung gegebene Zusammenhang wird unverletzt aufrecht erhalten; wir sind nur bescheiden genug, ihn nicht noch verbessern zu wollen. Über den Begriff des Zufalls ist sich Horn nicht völlig klar. Einzelne Erscheinungen können durch andre mehr oder weniger bestimmt sein. Sind sie es garnicht, sind sie gänzlich unabhängig voneinander, so bezeichnet man ihr Zusammentreffen als Zufall. Dieser Begriff ist selbstverständlich nur auf die unmittelbare Beziehung zwischen einzelnen Erscheinungen anzuwenden, da eine Bestimmung immer auf dem Wege über andere Erscheinungen gegeben ist. Sind aber Erscheinungen durcheinander bestimmt, sind sie Funktionen voneinander, so sind die Glieder der Kette so fest verbunden, daß diese jede Belastung aushält, und wir haben keine Veranlassung, sie außerdem noch mit Transzendentalkitt zusammenzuleimen, dessen Brauchbarkeit zum mindesten sehr zweifelhaft ist.

Wenn wir den Begriff der wirkenden Kraft einführen, so wird an Stelle einer Erfahrung eine Hypothese gesetzt, deren Richtigkeit nicht geprüft werden kann, da uns Kräfte in der Erfahrung nicht gegeben sind und ihr „Wesen" eingestandenermaßen für uns unerkennbar ist[1]). Abgesehen von einigen Philosophen ist es keinem vergönnt, mit Hilfe einer derartigen Erklärung dem Wunderbaren zu entrinnen. Der Ökonomie der Wissenschaft ist mit einem solchen Verfahren auch nicht gedient. Wenn daher jemand aesthetische oder moralische Befriedigung darin findet, metaphysische Gummibänder durch die Welt zu spannen, so mag er es tun; wenn er aber behauptet, eine wissenschaftliche Aufgabe damit zu erfüllen, so muß dieser Anspruch zurückgewiesen werden.

Wenn man den Begriff der Kraft als wirkende Ursache aufgibt, muß man sich aber auch hüten, in eine Mystik der

---

[1]) Liepmann, Einleitung in das Strafrecht, Berlin 1900, S. 49.

Naturgesetze zu verfallen. Diese Gefahr entsteht z. B., wenn man mit Heilborn fragt, warum die Verknüpfung zweier Erscheinungen notwendig oder gesetzmäßig sei[1]). Von Notwendigkeit hier zu reden ist unrichtig: die Körper fallen nicht notwenig, sondern sie fallen; das ist kein Zwang, sondern eine einfache Tatsache[2]). „Die Notwendigkeit gehört der Welt der Begriffsbildungen, nicht der der Wahrnehmungen an[3]).“

Das Naturgesetz ist eine Abstraktion aus der Erfahrung; es kann also keinen höheren Rang einnehmen als diese selbst[4]). Den Naturgesetzen eine höhere Wirklichkeit beizulegen, ist man jedoch vielfach geneigt. Hier ist vielleicht das Wort Gesetz irreführend gewesen, das leicht die mit den Gesetzen des Staates und der Moral verknüpften Vorstellungen erweckt. Grade ein Vergleich mit ihnen macht aber das Wesen des Naturgesetzes besonders deutlich. Beim Staatsgesetz handelt es sich um ein Sollen, beim Naturgesetz um ein Sein. Wenn jemand gegen das Staatsgesetz verstößt, das den Diebstahl verbietet, so wird er eingesperrt, das Gesetz bleibt aber dadurch unberührt; wenn es aber einem Kometen einfiele, sich nicht in einem Kegelschnitte sondern in einer Sinuskurve zu bewegen, so würde er nicht eingesperrt, dagegen müßte das Gravitationsgesetz abgeändert werden. Der Stein fällt nicht wegen des Gravitationsgesetzes, sondern wir sprechen von einem Gravitationsgesetz, weil der Stein fällt, und sagen damit nur, daß die Steine immer fallen. Maßgebend sind nur die Erfahrungstatsachen; alles andere sind nur Hilfsmittel des Denkens.

Je exakter eine Wissenschaft ist, desto weniger Gefahren birgt die Einführung metaphysischer Bestandteile. In der Mechanik z. B. sind die Begriffe viel zu scharf begrenzt, können die Erscheinungen zu genau beschrieben werden, so daß wirkende Kräfte heute kaum mehr Schaden anrichten können, als der Darstellung eine gewisse mystische Färbung zu verleihen. Hier ist die Annahme wirkender Kräfte nichts weiter als ein harm-

---

[1]) Heilborn, Agent provocateur S. 52.

[2]) Petzoldt, Einführung S. 32; Mach, Analyse S. 62.

[3]) Mach, Arbeit S. 31, Wärmelehre S. 434 ff.

[4]) Avenarius, Philosophie S. 18.

loser Glaube an die Realität eines mathematischen Zeichens, des Produktes aus Masse und Beschleunigung. In den minder exakten Wissenschaften aber, wo wir nicht einmal sagen können, was wir unter einer Kraft verstehen, ist die Einführung des Kraftsymbols zwecklos und schädlich. Wenn eine Richtung der älteren Physiologie von einer Lebenskraft spricht, so behauptet sie damit eine grundsätzliche Verschiedenheit zwischen den Vorgängen in der unbelebten und denen in der belebten Substanz; wir würden uns aber einer trügerischen Hoffnung hingeben, wenn wir glaubten, mit der Einführung der Lebenskraft irgend etwas über die Art dieser Vorgänge zu erfahren. Derartige Begriffe dienen nur dazu, unsere Unkenntnis zu verdecken und nehmen Naturen, die nicht besonders kritisch veranlagt sind, den Antrieb, weiter zu suchen. Hätten die Astronomen sich mit Kepplers Spiritusrektores zur Erklärung der Planetenbewegungen begnügt, so hätten wir das Gravitationsgesetz wahrscheinlich noch heute nicht gefunden.

§ 6. Die Theorie Kohlers.

Der Begriff der Kraft und dessen Trabanten sind in der strafrechtlichen Kausalitätslehre besonders von Kohler verbreitet worden. Dies beruht, abgesehen von der allgemeinen wissenschaftlichen Bedeutung des Verfassers, teilweise darauf, daß es Kohler gelungen ist, die Bewirkenstheorie durch den Begriff des Dominus Causae mit den praktischen Bedürfnissen in Einklang zu bringen; zum andern Teile liegt es wohl daran, daß Kohler seinen Anhängern eine weitgehende Gewissensfreiheit läßt, da er auf zwei Seiten seiner Abhandlung drei verschiedene Ursachenbegriffe benutzt, so daß sich jeder den zusagenden auswählen kann. Infolgedessen muß die Besprechung seiner Lehre in manchen Punkten über die hier erörterten Fragen hinausführen.

Kohler führt in seinen Studien aus dem Strafrecht folgendes aus[1]):

[1]) Kohler, Studien aus dem Strafrecht, Mannheim 1890, S. 83 ff.

„Die causa im Gegensatz zur bloßen Bedingung ist das die Existenz erregende und darum für Art und Intensität wesentlich bestimmende Element. Wenn ich einen Samen säe und daraus Frucht entstehen soll, so muß noch Verschiedenes hinzukommen, es muß Feuchtigkeit hinzutreten, wie Wärme; trotzdem ist das Säen die alleinige Ursache, und das andere ist lediglich conditio, Werdensbedingung.

Diese Bedingung kann allerdings dafür entscheidend sein, ob eine Pflanze hervorkommt oder nicht, was aber hervorkommt, wird lediglich und allein durch den Samen bestimmt; der Same entscheidet, ob eine Blume hervorkommt oder eine Palme oder ein Tannenbaum. So läßt sich allüberall in der Natur des Werdens ein besonders bestimmendes Element erkennen, dessen Bedeutung darin zu Tage tritt, daß seine Qualität entscheidend ist für die Qualität des Werdenden. Dieses Bestimmende ist die Ursache: ihre Bedeutung gegenüber der Bedingung besteht nicht in der Unentbehrlichkeit, denn unentbehrlich ist ja auch die Bedingung; sie besteht auch nicht in dem plus von Wirkungskraft, denn häufig entfaltet das bedingende Elemente eine intensivere Bewegung als die Ursache: sie besteht darin, daß sie für die Art des Werdens entscheidend ist.

Dieser Unterschied hat aber folgende tiefere Grundlage.

Die in der Natur waltenden Erregungszustände sind für eine ungemessene Reihe von wirkenden Kräften geeignet, sie bilden die gemeinsame Atmosphäre für eine Menge von Entwickelungen: für die einen sind sie indifferent, für die anderen günstig, für die anderen ungünstig, für andere völlig ausschließend. In diese Erregungszustände fällt nun eine treibende Kraft, welche sich mit anderen Kräften verschwistert, bald befördert, bald gehindert wird, bis sie im günstigen Falle zu einem Effekte wirkt. In dem Effekte kann sich die mehr oder minder günstige Qualität der Erregungszustände äußern, sofern die treibende Kraft mit mehr oder minder Freiheit zum Ausdruck gelangt: das wesentliche Resultat wird aber durch die einschlagende Triebkraft bedingt, und diese Triebkraft ist eben die Ursache."

Zunächst bezeichnet Kohler hiernach als Ursache das Bestimmungsmittel, dessen Qualität für die des Werdenden entscheidend ist. Diese Umgrenzung der Ursache gründet sich auf folgende Tatsachen. Manche Vorgänge in der organischen Welt setzen einen fest determinierten Entwicklungsgang voraus, der nur bei dem Vorhandensein bestimmter Umstände einsetzt. So muß dem Dasein einer Pflanze eine Reihe von Entwicklungszuständen vorausgehen, die von dem Dasein gewisser Zellen oder Zellgruppen, z. B. Samenzellen oder Sporen ihren Ausgang nimmt. Die Art dieser Zellen ist für die Art der Pflanze und in gewissem Grade auch für die Abweichungen innerhalb der Art entscheidend.

Schon hier wird man aber in vielen Fällen keine Einzelursache gewinnen. Wo sich die Geschlechter geschieden haben, ist meistens das Zusammentreffen eines männlichen mit einem weiblichen Zeugungsbestandteil notwendig, um mit der beginnenden Zellteilung die Entwicklung einzuleiten. Hier sind aber beide Bestandteile in gleicher Weise für die Qualität des Werdenden bestimmend: bei der Kreuzung zweier Arten erhalten wir eine zwischen ihnen stehende neue Art; also sind hier nach Kohlers Begriffsbestimmung auch zwei Ursachen vorhanden.

Ferner ist das Samenkorn für die Art des Werdenden nur in dem Falle in hervorragendem Maße bestimmend, daß eine Pflanze aus ihm hervorgeht. Die Anzahl der Samenkörner, die es bis dahin bringen, ist aber im Verhältnis zu den übrigen verschwindend gering. Die Entwicklung des Samenkorns zur Pflanze ist allerdings für uns am wichtigsten und fällt mehr ins Auge als die anderen Schicksale der Samenkörner; daher ist man leicht geneigt, in dem Samen nur die künftige Pflanze zu sehen und die anderen möglichen Veränderungen zu vergessen. Das darf uns jedoch bei einer auf Erkenntnis der Naturzusammenhänge gerichteten Untersuchung nicht beeinflussen. Regelmäßig entstehen aus den Samenkörnern keine Pflanzen, sondern chemische Zersetzungsprodukte; welcher Art diese sind, hängt aber nicht nur von dem Samenkorn, sondern ebenso auch von den umgebenden Stoffen ab: auch diese sind für die Art des Werdenden bestimmend.

Allerdings, wenn aus dem Samenkorn eine Pflanze wird, so kann nicht jede beliebige Pflanze daraus erwachsen: daß nicht aus allem alles werden kann, wußte schon Demokrit. Dennoch kann man das Samenkorn nur dann allein entscheidend für die Qualität des Werdenden nennen, wenn man die Spezies als das allein Wesentliche betrachtet. Heute wissen wir aber, daß namentlich in der niederen Tierwelt die Spezies garnicht scharf voneinander geschieden sind, sondern ineinander übergehen, daß also ein qualitativer Unterschied zwischen der Wirkungsweise der die Art bestimmenden Mutterzellen und den manche Varietäten bestimmenden äußeren Einflüssen nicht besteht. Aber auch bei den höheren Wesen darf man die Unterschiede innerhalb der Art nicht als völlig gleichgiltig ansehen: wenn aus der einen Eizelle ein berühmter Gelehrter, aus der anderen ein trauriger Blödsinniger wird, so wird wohl auch Kohler hier einen Qualitätsunterschied anerkennen; dieser Unterschied kann aber lediglich durch äußere Umstände, z. B. eine Entwicklungshemmung infolge unglücklicher Lage des Embryo bestimmt sein.

Wenn Kohler an das Samenkorn erinnert, so gibt er uns damit nicht nur ein Beispiel, sondern zugleich auch den psychologischen Ausgangspunkt, von dem aus er zu seiner Ansicht gelangt ist; auf einen anderm Wege hätte er schwerlich zu diesem Ursachenbegriffe kommen können. Denn derartige spezifische Bedingungen gibt es nur bei einigen Vorgängen im Gebiete der Biologie, während in der Regel ein Ereignis, sobald man es begrifflich auffaßt, in der verschiedensten Weise zustande kommen kann. Mit anderen Worten: wenn wir den Erfolg mit e, die Bedingungen mit $a\,b\,c$ u. s. w. bezeichnen, so gelten in der Regel die Gleichungen $f(a\,b\,c) = e$, $f(l\,m\,n) = e$, $f(o\,p\,q) = e$ u. s. w.; mitunter bestehen aber nur die Gleichungen $f(s\,a\,b) = e$, $f(s\,m\,n) = e$, $f(s\,o\,p) = e$. Dann ist s die spezifische Bedingung, ohne die das Resultat nicht bestimmt wird. So ist die Geburt eines Säugetieres daran geknüpft, daß eine Samenzelle in eine Eizelle eindringt: wir können aus der bloßen Tatsache der Geburt auf die vor einer bestimmten Zeit geschehene Befruchtung und auf eine Reihe bis ins Einzelne bestimmter Entwicklungszustände schließen; der Tod eines Tieres ist dagegen nicht an eine derartige spezifische Bedingung geknüpft: er kann auf die verschiedenste Art eintreten, und wenn wir nichts weiter wissen als die bloße Tatsache des Todes, so können wir gar keine Schlüsse auf frühere Vorgänge daraus ziehen.

Als zweiter Ursachenbegriff tritt bei Kohler die wirkende Kraft auf, die in die in der Natur waltenden Erregungszustände hineinfällt und unter Umständen einen Erfolg zeitigt. Kohler scheint allerdings der Ansicht zu sein, daß diese den Erfolg hervorrufende wirkende Kraft auch für die Qualität und sogar für die Intensität des Erfolges wesentlich bestimmend sei, da er die Ursache als das „Existenz erregende und darum (!) für Art und Intensität wesentlich bestimmende Element“ bezeichnet. Um diese Meinung jedoch als irrig zu erkennen, braucht man nur an irgend einen Auslösungsvorgang zu denken: wenn wir ein glimmendes Streichholz wegwerfen, so liegt darin nichts von Blitz und Donnerkrachen, von umgestürzten Mauern und weithin verstreuten Trümmern; das alles aber können wir erleben, wenn wir das Streichholz in einen Pulverturm werfen: hier sind in Kohlers Ausdrucksweise die lagernden Explosionsstoffe die Erregungszustände, das Streichholz die hineinfallende Kraft, die den Erfolg erregt; für die Art und Intensität des Erfolges ist jedoch nicht das Streichholz, sondern die Explosionsstoffe bestimmend.

Abgesehen hiervon dürfte es wohl ein vergebliches Beginnen sein, wenn jemand versuchen wollte, sich die Begriffe wirkende Kraft und Erregungszustände, so wie sie Kohler verwendet, naturwissenschaftlich klar zu machen. Wenn man Kräfte als wirklich vorhanden ansehen will, so versteht man darunter die vor der Bewegung vorhandenen Bewegungsursachen[1]): so wird dann die Schwerkraft zur Ursache der Fallbewegungen. Kohlers Kraft ist aber selber bewegt: sie fällt in die Erregungszustände hinein und erleidet da die mannigfachsten Schicksale. Wenn Kohler hierbei noch erklärt, daß die Kraft im günstigsten

[1]) Hertz, Die Prinzipien der Mechanik, Leipzig 1894, S. 7.

Falle zu einem Effekte wirke, in dem sie mit mehr oder minder Freiheit zum Ausdruck gelange, so läßt sich hierüber nur sagen, daß diese Begriffe mit denen der Naturwissenschaft inkommensurabel sind.

Einen dritten Ursachenbegriff verwendet Kohler, wenn er das Säen als alleinige Ursache der Pflanze bezeichnet. Denn das Säen ist nur eine der zahllosen denkbaren Arten, wie das Samenkorn in geeigneten Boden gelangen kann; daß es in den geeigneten Boden kommt, ist nach Kohlers erster Definition nicht anders Werdensbedingung, wie das Hinzukommen der nötigen Feuchtigkeit und Wärme; durch den Vorgang des Säens wird die Qualität, die Spezies der Pflanze nicht bestimmt.

Hiermit nähert sich Kohler dem vulgären Ursachenbegriff: hier wird eine Bedingung als Ursache bezeichnet, die aus irgend einem Grunde besonderes Interesse erweckt, während die übrigen als selbstverständlich beiseite gelassen werden[1]).

Kohlers Ursachentheorie beruht auf einer übereilten Induktion: aus vereinzelten Beobachtungen leitet er Begriffe ab, die er dann als allgemeingiltig behandelt, die sich aber tatsächlich nur auf einzelne verhältnismäßig seltene Vorgänge anwenden lassen. Die Naturvorgänge sind zu mannigfaltig und verschiedenartig, als daß sie sich in ein derartiges Schema einzwängen ließen, wie Kohler es aufstellt.

§ 7. Die Begriffe der Bewegung und der Veränderung.

Da nicht Kräfte in der Erfahrung gegeben sind, sondern nur Bewegungen, zu denen die Kräfte als Ursachen hinzugedacht werden, ist es nicht auffallend, daß dort, wo man mit dem Kraftbegriff arbeitet, häufig für ihn die ihm zu Grunde liegenden Erfahrungsbegriffe eintreten. Dies ist zunächst der Begriff der Bewegung und dann der noch umfassendere der Veränderung.

---

[1]) Laas, Die Kausalität des Ich, V. 4, S. 21; Mill, System der deduktiven und induktiven Logik, übers. von Gomperz, 2. Aufl., Leipzig 1885, S. 15.

So bestimmt Horn die Begriffe der Ursache und der Bedingung folgendermaßen:

„Ursache ist eine Veränderung, die durch ihre Kraft und Tätigkeit eine zweite Veränderung mit Notwendigkeit nach sich zieht, wenn die für das Eintreten des Erfolges notwendigen Bedingungen vorhanden sind. Bedingungen des Erfolges sind ruhende stabile Zustände, von deren Vorhandensein oder Defizieren die Fähigkeit der Ursache überhaupt zu wirken und das Maß ihrer Wirksamkeit abhängen, die aber für sich allein keine Veränderung erzeugten[1]."

Hier tritt zunächst der Begriff der wirkenden Kraft in ganz vermenschlichter Form auf. Dadurch aber, daß die Ursache als Veränderung, die Bedingungen im Gegensatz zu ihr als ruhende Zustände bezeichnet werden, werden die Begriffe Veränderung und Bewegung als Merkmale der Ursache eingeführt.

Entschiedener noch hebt Max Ernst Mayer die innere Verschiedenheit der bewegten Bedingung von den ruhenden hervor. Er führt aus[2]:

Es bestehe ein qualitativer Unterschied zwischen den Bedingungen des Erfolges. Jede Veränderung setze eine Veränderung voraus, aus der sie hervorgehe. Es sei völlig klar, daß aus Ruhe niemals Bewegung entstehen könne. Also müsse unter den Voraussetzungen des Erfolges mindestens eine bewegte, eine Veränderung sein. Diese sei objektiv ausgezeichnet, sie sei in andrer Weise kausal als die Zustände. Die entstehende Wirkung sei auch bedingt durch die Zustände, die in ihnen aufgespeicherten Kräfte; daß diese aber überhaupt hätten wirksam werden können, dazu hätte es der Veränderung, des Ereignisses bedurft.

Daß ein innerer Unterschied zwischen den bewegten Bedingungen und den ruhenden Zuständen vorliege, wird von den meisten Verfassern, auch denen, die ihn nicht weiter verwerten,

---

[1]) Richard Horn, Der Kausalitätsbegriff in der Philosophie und im Strafrecht, Leipzig 1893, S. 13, 14.

[2]) Ernst Max Mayer, Der Kausalzusammenhang zwischen Handlung und Erfolg im Strafrecht, Freiburg 1899, S. 26ff.

wie Thyrén[1]) und Rümelin[2]), zugegeben. Dies ist jedoch ein Irrtum.

Es gibt, abgesehen von einem Falle[3]), der hier aber nicht in Betracht kommt, keinen Unterschied zwischen Ruhe und Bewegung; vielmehr können wir jeden Körper ebensogut als ruhend wie als bewegt ansehen. Denn alle Bewegung ist nur relative Bewegung, bezogen auf einen bestimmten andern Körper; als Bezugskörper kann aber jeder beliebige Körper angenommen werden. Wenn die Erde einen Meteorschwarm durchschneidet, kann man nach Belieben die Erde oder den Meteorschwarm als ruhend, oder, z. B. wenn man beide auf die Sonne bezieht, beide als bewegt betrachten[4]).

Dies gilt jedoch nur von den Bewegungen, den Ortsveränderungen, nicht aber von den sonstigen Veränderungen. Wenn sich der Temperaturunterschied zweier Körper ändert, so steht es uns nicht frei, welchen Körper wir als den Veränderlichen ansehen wollen, da uns im Gebiete der Wärmeerscheinungen mit den Schmelz- und Verdampfungspunkten

---

[1]) Thyrén, Bemerkungen S. 51 ff.

[2]) Rümelin, Die Verwendung der Kausalbegriffe im Straf- und Zivilrecht, Tübingen 1900, S. 17.

[3]) Bei der rotierenden Bewegung besteht eine Schwierigkeit. Ein rotierender flüssiger Stern ist an den Polen abgeplattet. Denke ich mir nun alle übrigen Körper vernichtet, so folgt daraus:

1. Die Bewegung ist Ortsveränderung von Punkten gegeneinander; da nur die Punkte übrig bleiben, aus denen der Stern besteht, und diese gegeneinander in Ruhe sind, so ist keine Ortsveränderung mehr vorhanden. Der Stern muß also Kugelgestalt annehmen.
2. Die Zentrifugalkräfte hängen nur von dem Zustand des Sternes selber ab und werden durch die übrigen Himmelskörper nicht beeinflußt. Der Stern muß also die Abplattung behalten.

Während also die geradlinige Bewegung immer nur durch einen Bezugskörper bestimmt werden kann, hat es den Anschein, als ob bei der rotierenden Bewegung schon eine Bestimmung durch die Gestalt des bewegten Körpers selbst gegeben ist. Neumann, Die Prinzipien der Galilei-Newtonschen Theorie, Leipzig 1870, S. 27; vgl. auch Mach, Mechanik, S. 221 ff.

[4]) Bei den Betrachtungen umfassender kosmischer Bewegungen, wie z. B. der der Sonne in der Fixsternwelt, herrscht allerdings der Grundsatz, die Summe aller Bewegungen ein Minimum werden zu lassen, wodurch ein Bezugspunkt bestimmt ist.

feste Beziehungspunkte gegeben sind. Der Begriff der Veränderung würde also in zahlreichen Fällen eine Scheidung innerhalb der Voraussetzungen eines Erfolges ermöglichen, wenn der von Horn und Mayer behauptete innere Gegensatz zwischen Veränderungen und ruhenden Zuständen überhaupt vorhanden wäre. Er besteht aber nicht in der Wirklichkeit, sondern nur im abstrahierenden Denken.

Der Ruhezustand ist ein gedachter Grenzwert; tatsächlich gibt es keine Zustände, die in völliger Ruhe sind. Alle Gegenstände sind geringen Wärmeschwankungen unterworfen, durch die wieder mechanische Änderungen bestimmt werden. Einen praktisch bedeutsamen Unterschied könnte man allerdings in dem Fall machen, wenn der Einfluß auf künftige Ereignisse von der Größe der Veränderung derart abhängig wäre, daß die Veränderung von einer bestimmten Minimalgrenze ab für andere Vorgänge nicht mehr bestimmend ist. Eine derartige Grenze gibt es aber nicht. Wir pflegen einen Turm als ruhend anzusehen und denken nicht an die kleinen Veränderungen, denen er unterworfen ist; wenn er aber eines Tages zusammenstürzt, so merken wir, daß auch „ruhende Zustände" recht unangenehme Veränderungen nach sich ziehen können.

Richtig ist von Horns und Mayers Ansicht nur soviel: wenn wir ein physikalisches System allein betrachten und die übrige Welt wegdenken, so wird dieses System, sobald es in eine stabile Lage gekommen ist, darin bleiben; eine neue Bewegung kann nur eintreten, wenn sie durch ein außerhalb befindliches Bestimmungsmittel bestimmt wird[1]). Nehme ich aber von vornherein dieses Bestimmungsmittel mit hinzu, so zeigt sich, daß das jetzt betrachtete größere System und mit ihm auch das Teilsystem nicht mehr stabil ist. Alle Zustände auf der Erde, die wir mit einiger Annäherung als ruhend ansehen können, ändern fortwährend ihre Lage gegen die übrigen Himmelskörper, und die Einflüsse von Tag und Nacht, Sommer und Winter und die hierdurch bestimmten Witterungs-

[1]) Petzoldt, Maxima, Minima und Ökonomie, V. 14, S. 225.

schwankungen stören fortwährend ihre Stabilität. Aus der Tatsache, daß Gruppen von Bestimmungsmitteln möglich sind, die für sich allein keine Veränderung bestimmen, läßt sich deshalb kein Gewinn für die Lehre von der Verursachung ziehen, weil solche Gruppen nirgends für sich allein vorkommen.

§ 8. Schlußwort.

Es gibt also keinen inneren Unterschied zwischen Ursachen und Bedingungen: die theoretischen Grundvoraussetzungen der besprochenen Lehrmeinungen sind falsch. Ihre praktische Brauchbarkeit braucht nicht im einzelnen besprochen zu werden, da fast alle wesentlichen Bedenken schon in den Abhandlungen von Thyrén und Rümelin ausgesprochen sind. Erörtert werden sollen nur einige Punkte von allgemeiner methodischer Bedeutung.

Der praktische Vorteil der besprochenen Theorien soll darin liegen, daß sie gegenüber dem ins Unendliche führenden philosophischen Ursachenbegriff die Untersuchung sofort auf den für die Frage der Verursachung wesentlichen Punkt hinleiten. Das Ideal wäre es ja zweifellos, wenn man einen Erfolg nur dann als von dem Täter verursacht anzusehen brauchte, wenn dieser die Ursache im Sinne dieser Theorien gesetzt hätte. Da dies aber leider nicht möglich ist, muß der Begriff der Verursachung über das Setzen der Ursache selbst hinaus erweitert werden. Hierzu muß dann aber die „Ursache" benutzt werden, wenn anders die Aufstellung dieses Begriffs überhaupt einen Zweck haben soll. So betont es denn auch Heilborn vom Standpunkt der von ihm vertretenen Lehre aus ganz richtig: „Der Kern der Lehre, die den Begriff des Wirkens zu Grunde legen will, ist der Punkt: für die Feststellung der juristisch bedeutsamen Kausalbeziehungen ist nicht das Verhältnis der Bedingung zum Erfolge maßgebend, sondern das zur wirkenden Kraft[1])". Ebenso rückt auch Ernst Max Mayer, der sich um den Ausbau dieser Lehre besonders bemüht hat, nicht den Erfolg,

---

[1]) Heilborn, Agent provocateur S. 53.

sondern die wirkende Kraft in den Mittelpunkt der Untersuchung und sucht mittels eines komplizierten Begriffssystems seine Lehre den Bedürfnissen des Lebens anzupassen.

Hier erheben sich jedoch Bedenken: soll für die Frage, ob durch das Setzen einer bestimmten Bedingung ein Erfolg verursacht ist, die Beziehung dieser Bedingung zur „wirkenden Kraft“ maßgebend sein, so ist es durchaus nötig, daß sich in jedem Falle eine einzelne Kraft finden läßt; denn wären verschiedene Kräfte vorhanden, so bliebe es unbestimmt, welche von ihnen maßgebend sein soll. Die Begriffe der Bewegung und Veränderung, die Horn und Mayer verwenden, führen jedoch nie zu einer einzelnen Kraft, sondern immer zu einer großen Anzahl von Kräften.

Eine weitere Schwierigkeit beruht darauf, daß wir in vielen Fällen die „wirkende Kraft“ nicht abgrenzen können. Das Geschehen ist keine Kette scharf geschiedener Ereignisse, sondern ist durchaus zusammenhängend; es gleicht nicht der unstetigen Zahlenreihe, sondern einer stetigen Kurve. Mag ein Gegenstand noch so rasch von 0° auf 100° erhitzt werden, er muß doch alle dazwischen liegenden Wärmegrade nacheinander durchlaufen; mag ein Gas sich noch so plötzlich ausdehnen, es muß jeden zwischen dem Anfangs- und dem Endvolumen liegenden Rauminhalt ausfüllen [1]). Infolge dieser Stetigkeit kann nicht allgemein bestimmt werden, wo ein Ereignis aufhört und ein neues anfängt, und welcher Abschnitt infolgedessen als Ursache herauszuheben ist.

Die Lehrmeinungen, die einen inneren Unterschied zwischen Ursachen und Bedingungen annehmen, sind also auch aus methodischen Gründen zu verwerfen.

---

[1]) Petzoldt, Das Gesetz der Eindeutigkeit, V. 19, S. 177 ff.

Die Ursachen der Kriminalität im Herzogtum Sachsen-Meiningen.

Von

Dr. Walter Weidemann,
Kammergerichtsreferendar.

Berlin 1903.
J. Guttentag, Verlagsbuchhandlung,
G. m. b. H.

Literatur.

Berg, Getreidepreise und Kriminalität in Deutschland in v. Liszts Abhandlungen des Kriminal-Seminars. Berlin 1902.

Böhmert, Die sächsische Kriminalistik u. s. w. in der Zeitschrift des Kgl. Sächs. Stat. Bureaus, Bd. XXXV. Dresden 1889.

Ferri, Das Verbrechen als soziale Erscheinung, deutsch von Kurella. Leipzig 1896.

v. Liszt, Die Reichskriminalistik des Jahres 1882. Berlin 1886.

Meyer, Albert, von Fällanden, Die Verbrechen in ihrem Zusammenhang mit den wirtschaftlichen und sozialen Verhältnissen, im Kanton Zürich. Jena 1895.

v. Öttingen, Die Moralstatistik u. s. w. Erlangen 1883.

Quetelet, Physique sociale etc. Paris 1869.

Rausch, Die Sonneberger Spielwarenindustrie. Berlin 1901.

Rettich, Die württembergische Kriminalität. Stuttgart 1895.

Schmoller, Grundriß der allgemeinen Volkswirtschaftslehre. Leipzig 1901.

Sonneberg, Bericht der Handels- und Gewerbekammer zu . . . ., 1901.

Starke (römische Seitenzahlen), Die Ergebnisse der Strafrechtspflege im Königreich Preußen u. s. w. Berlin 1883.

Starke (deutsche Seitenzahlen), Verbrechen und Verbrecher in Preußen. Berlin 1884.

Statistik Des deutschen Reichs und des Herzogtums Sachsen-Meiningen.

Tarde, La philosophie pénale. Paris 1900.

Die Reichskriminalstatistik beschränkt sich darauf, die Zahl der begangenen strafbaren Handlungen — genauer der erfolgten Verurteilungen — für bestimmte Gebiete und Zeiträume zusammenzustellen. Um aber aus diesen Ziffern Lehren für die Kriminologie und Grundlagen für die Gesetzgebung zu gewinnen, muß man ihnen ebenfalls ziffernmäßig diejenigen ethnologischen, sozialen, wirtschaftlichen und sonstigen Faktoren gegenüberstellen, in denen die Ursachen des Verbrechens zu finden sind. Erst wenn auf diese Weise zwei proportionale Zahlenreihen gefunden sind, wird man eine sichere Grundlage für die vorbeugende Bekämpfung des Verbrechens erlangt haben.

Wie die Reichskriminalstatistik[1]) selbst hervorhebt, ist es unmöglich, von einer Zentralstelle aus, etwa aus statistischem Material eine Ursachenstatistik aufzustellen. Angesichts unserer geringen Kenntnisse über die in Betracht zu ziehenden Faktoren hat ein derartiges Unternehmen nur Aussicht auf Erfolg, wenn es für einen verhältnismäßig kleinen Bezirk und bei eingehender Kenntnis der lokalen Verhältnisse begonnen wird. Denn nur so kann das vorhandene statistische Material ohne allzugroße Irrtümer benutzt und nötigenfalls durch freie Schätzung ergänzt werden.

Im nachfolgenden soll der Versuch gemacht werden, einige Momente zusammenzustellen, die für eine Statistik der Verbrechensursachen im Herzogtum Sachsen-Meiningen verwertbar sein könnten.

Zur Auswahl dieses Gebiets wurde der Verfasser nicht etwa durch eine besonders hohe Kriminalität des Herzogtums bewogen — diese bleibt im Gegenteil vielfach hinter dem Reichsdurchschnitt zurück —, sondern lediglich dadurch, daß ihm die Verhältnisse hier in seiner Heimat am bekanntesten waren.

Eine der allgemeinsten Ursachen der Kriminalität ist die Dichte der Bevölkerung[2]). Die folgende Tabelle zeigt, wie

---

[1]) Statistik des Deutschen Reichs, Bd. 132, Erläuterungen II, S. 65.

[2]) So für die Großstädte auch Böhmert, S. 213, allgemein in Starke, S. XXX und S. 46f., Ferri, S. 124, 146, Schmoller, S. 276.

dies für die vier Kreise des Herzogtums zutrifft. Als Maßstab der Kriminalität ist die Zahl der auf 100000 männliche Civilpersonen im Durchschnitt der Jahre 1893—1897 fallenden verurteilten männlichen Personen genommen. Für die Dichtigkeit der Bevölkerung sind zwei Ziffern gegeben, einmal die Zahl der Bewohner, welche im Jahre 1895 auf 1 qkm kamen, sodann die Zahl der Bewohner, die in demselben Jahre durchschnittlich auf 1 Wohnhaus kamen.

Im Kreise	kommen auf 100000 männl. Civilpersonen im Durchschnitt der Jahre 1893—1897 Verurteilte	kommen im Jahre 1900 Bewohner	
		auf 1 qkm	auf 1 Wohnhaus
Meiningen . . .	1794	87,60	8
Hildburghausen .	1828	74,44	8
Sonneberg . . .	2848	179,07	12
Saalfeld	2077	109,75	8,5

Ein ähnliches Bild gibt die folgende Tabelle für die einzelnen Amtsgerichtsbezirke des Herzogtums:

1. Im Amtsgerichtsbezirk	2. kommen 1899 auf 10000 Civilpersonen Strafsachen	3. kommen 1900 Bewohner auf	
		1 qkm	1 Wohnhaus
Heldburg . . .	150	41	7
Römhild	190	58	7,4
Camburg . . .	220	86	7
Wasungen . . .	250	72	7,5
Schalkau . . .	310	98	9
Themar	320	61	7,4
Pößneck	325	383	12
Salzungen . . .	360	90	8
Gräfenthal . . .	380	90	8,9
Meiningen . . .	420	93	8,5
Saalfeld	425	98	8,6
Eisfeld	430	92	8,3
Hildburghausen .	450	111	9
Sonneberg . . .	470	210	11,2
Steinach	630	214	12,8

Diese Tabelle ist jedoch weniger zuverlässig als die erste. Denn die Zahl der bei einem Gerichte anhängig gewordenen Strafsachen ist nur ein ungenauer Maßstab für die Zahl der innerhalb des Bezirks oder der seitens der Bewohner des Bezirks begangenen Verbrechen. Die Strafsachenzahlen mußten überdies nach Vergleichung derselben Zahlen für 1898 etwas abgerundet werden, da es oft nur ein Zufall ist, ob eine Anzahl Delikte in dem einen oder andern Jahre zur Aburteilung kommt. Somit sprechen geringe Abweichungen der Tabelle noch nicht gegen die Regel. Die verhältnismäßig günstige Kriminalität von Camburg und Pößneck soll weiter unten zu erklären versucht werden. Auffallend bleibt nur das umgekehrte Zahlenverhältnis zwischen Themar und Schalkau. Es liegt hier nahe, einen Fehler der Statistik zu vermuten, wenn man dagegen hält, daß Schalkau jährlich 200 Strafbefehle in Feld- und Forstrügesachen gegen 35 in Themar hat[1]). Eine andere Erklärung ist weiter unten versucht worden.

Es scheint mir somit ein Zusammenhang zwischen Dichtigkeit der Bevölkerung und Kriminalität im Herzogtum unzweifelhaft zu sein. Auch ist diese Erscheinung sehr leicht zu erklären. Je näher die Menschen aneinander wohnen, desto leichter können sie sich gegenseitig erreichen, desto mehr sprechen, arbeiten, handeln, trinken sie miteinander. Schafft somit ein innigerer Verkehr mehr Berührungspunkte überhaupt, so wird auch die Zahl derjenigen wachsen, die Anlaß zum Delikt geben. Man kann von diesem Gesichtspunkte aus vernünftigerweise durchaus nicht im Interesse der Verminderung der Verbrechen wünschen, daß die Menschen möglichst weit auseinander wohnen. Denn um einen Maßstab für die Bösartigkeit der Individuen zu gewinnen, müßte man nicht die Zahl der Verbrechen mit der Zahl der Menschen vergleichen, sondern mit dem Produkt aus der Zahl der Individuen und der Intensität ihres gegenseitigen Verkehrs.

In etwas anderm Lichte erscheint der Einfluß der Be-

---

[1]) Andrerseits ist auch schon die Beobachtung gemacht worden, daß in manchen Gebieten die Zahl der Forstsachen im umgekehrten Verhältnis zu den Diebstählen steht.

völkerungsdichte auf die Kriminalität, wenn man ihn teilweise, was zweifellos zutrifft, daraus erklärt, daß sich die Individuen bei dichterem Zusammenwohnen gegenseitig mehr in ihrer Bewegungsfreiheit hindern, daß namentlich die Rechtssphären der Einzelnen mehr ineinander greifen und daß damit die Versuchung zu Übergriffen stärker wird. „Wo zu viel Menschen einander Luft, Licht, Raum nehmen", sagt Schmoller (S. 272), „da steigern sich alle Reibungen und alle Konflikte." Vielleicht kann man eine Bestätigung dieser Annahme darin finden, daß gerade die Vermögensdelikte der Frauen, welche vorzugsweise Gelegenheitsdelikte sind (vgl. S. 36) der Bevölkerungsdichte ihrer Zahl nach proportional sind:

Im Kreise	kommen auf je 100000 strafmündige weibliche Personen im Durchschnitt der Jahre 1893/97 Verurteilte wegen		kommen Bewohner im Jahre 1900 auf je	
	Diebstahl	Betrug	1 qkm	1 Wohnhaus
Hildburghausen .	95	14	74	8
Meiningen . . .	111	18,5	87	8
Saalfeld	112	20	109	8,5
Sonneberg . . .	143	27	179	12

Als weitere Ursachen des Verbrechens scheinen für das Herzogtum hauptsächlich Volkscharakter und Beschäftigungsweise der Bevölkerung in Betracht zu kommen. Wegen des häufigen Zusammentreffens und der gegenseitigen Beeinflussung dieser Faktoren ist es unmöglich, sie völlig getrennt zu behandeln.

Um aber doch einen ungefähren Überblick über die Bedeutung jeder einzelnen dieser beiden Ursachen zu ermöglichen, gehen wir von der in der Literatur bisher unbestrittenen Annahme aus, daß der Volkscharakter mehr die schweren Körperverletzungen[1]), die Industrie dagegen mehr die Zahl der Eigentumsdelikte beeinflußt.

[1]) Daß der Volkscharakter gerade auf die Körperverletzungen von Einfluß ist, nimmt auch Rettich an (vgl. Rettich, S. 352), indem er die „Gemütlichkeit" seiner schwäbischen Landsleute rühmt. Vgl. auch Starke, S. XXV. Über den Einfluß der Rasse, vgl. auch Ferri, S. 125.

Die folgende Tabelle zeigt, wie die Eigentumsdelikte mit der Industrie sich mehren:

Im Kreise	kommen auf je 100000 strafmündige männliche Civilpersonen im Durchschnitt der Jahre 93/97 Verurteilte wegen Diebstahl	Betrug	waren 1895 von 1000 ortsanwesenden Personen in der Industrie beschäftigt
Hildburghausen .	329	67	363
Meiningen . . .	309	99	382
Saalfeld	427	109	547
Sonneberg . . .	466	112	702

Bei den Körperverletzungen dagegen erscheinen die Kreise in anderer Reihenfolge:

Im Kreise	kommen auf je 100000 strafmündige männliche Civilpersonen im Durchschnitt der Jahre 1893/97 Verurteilte wegen schwerer Körperverletzung
Saalfeld	309
Meiningen . . .	315
Hildburghausen .	381
Sonneberg . . .	561

Man sieht hieraus, wie die beiden rein fränkischen Kreise Hildburghausen und Sonneberg ungünstig gegen die beiden übrigen abstechen, die auch thüringische und slavische Bevölkerung haben. Charakteristisch ist besonders, wie das hochindustrielle, aber nur etwa zur Hälfte fränkische Saalfeld hinter dem weniger industriellen, reinfränkischen Hildburghausen mit der Zahl der Körperverletzungen zurückbleibt.

Wenn nun aber der Volkscharakter für die Anzahl der Körperverletzungen allein ausschlaggebend wäre, so würde der Unterschied zwischen Hildburghausen und Sonneberg, die beide rein fränkisch sind, nicht recht verständlich sein.

Dieser Umstand führt uns auf die schon oben angedeutete Wechselwirkung zwischen Industrie und Volkscharakter. Meines Erachtens wird nämlich die in der Rasse schlummernde Neigung zum Verbrechen durch die vorzugsweise industrielle Beschäftigung erst ausgelöst. Daher finden wir fast gar keine Unterschiede, wenn wir vorwiegend landwirtschaftliche Bezirke verschiedener Rasse miteinander vergleichen. So haben von den ländlichen Bezirken die fränkischen Amtsgerichte Heldburg 150, Römhild 190, Wasungsn 250, das rein thüringische Amtsgericht Camburg 220 Strafsachen für je 10000 Civilpersonen im Jahre 1899 (mit der Seite 5 erwähnten Abrundung). Ungeheure Unterschiede weisen dagegen die industriereichen Bezirke verschiedener Rasse auf. So kommen auf je 10000 Civilpersonen in den rein fränkischen Bezirken Steinach 630, Sonneberg 470, Hildburghausen 450, Eisfeld 430, dagegen in dem thüringisch-slavischen Pößneck nur 325 Strafsachen.

Der Einfluß der Industrie auf die Kriminalität namentlich bezüglich der Eigentumsdelikte ist leicht begreiflich. Nirgends ist der Gegensatz zwischen Arbeitgeber und -nehmer, zwischen Besitzenden und Nichtbesitzenden gleich schroff[1]).

Um die Wirkungsweise des Volkscharakters zu verstehen, muß man meines Erachtens davon ausgehen, daß die Grundfehler des fränkischen Charakters in Leichtsinn und Vergnügungssucht, verbunden mit einem nicht zu leugnenden Grad von Roheit und Dreistigkeit bestehen, denen freilich eine größere geistige Regsamkeit, Mutterwitz und Humor, sowie Selbstbewußtsein, Tatkraft und Mut entsprechen[2]).

Um sich von der Wahrheit dieser Behauptung zu überzeugen, braucht man nur je einen schönen Sommersonntag in einem (der Großstadt ferngelegenen) märkischen und in einem fränkischen Dorfe zu verleben. Hier schallt Lärmen und Jauchzen aus den zwei oder drei Wirtshäusern des Dorfes. Singend und jodelnd ziehen Burschen und Mädchen in den Wald. An jeder nur einigermaßen geeigneten Stelle findet man einen Bierausschank oder gar einen Bratwurstrost. Im Dorfe wie im Freien tummelt sich die Jugend in ausgelassener Freude. Die Lokalbahnen und Bahnhöfe sind überfüllt, trotzdem eine große Anzahl

---

[1]) Über die Bedeutung von Arm und Reich für die Kriminalität, vgl. Tarde, Philosophie, S. 390f.

[2]) Wer Regimenter mit stark gemischtem Ersatz kennt, wird bestätigen, daß unsere Franken die schlechtesten Stubenältesten und Burschen, aber die besten Patrouillenführer sind.

Extrazüge eingestellt ist. Kurzum: überall findet man Leben und Freude, aber auch Ausgelassenheit und Roheit.

Demgegenüber macht ein märkisches Dorf einen äußerst trübseligen Eindruck. An Wirtshäusern findet man höchstens eins im Dorfe, sehr oft aber auch gar keins. In den ersten Nachmittagstunden sieht man niemand am Biertisch. Erst gegen Abend, wenn alles ausgeschlafen hat, findet man sich dort ein. Aber auch dann ist von Lärmen und Jauchzen wenig zu hören. Einen Ausflug zu machen oder gar dabei zu singen, das kommt keinem märkischen Dorfbewohner in den Sinn. Nur höchst selten sieht man Kinder spielen oder gar irgendwelchen scherzhaften Unfug verüben.

Dafür hat allerdings der märkische Bauer vielfach schuldenfreien Grundbesitz und noch einige Tausende auf der Bank liegen, während sein südlicher Kollege oft keinen Heller bares Geld besitzt und entweder gar keinen oder überschuldeten Grundbesitz sein Eigen nennt.

Betrachten wir nun, wie dieser fränkische Volkscharakter bei den verschiedenen Beschäftigungsweisen der Bevölkerung zur Wirkung gelangt.

Der Betrieb der Landwirtschaft erfordert eine gleichmäßige Arbeit, ohne willkürliche Unterbrechungen zu gestatten. Der Körper erhält eine freie, verhältnismäßig gesunde Bewegung. Nahrung ist genügend vorhanden, dagegen wenig bares Geld. Alle Verhältnisse sind danach angetan, dem Leichtsinn wenig Spielraum zu lassen.

Gerade umgekehrt ist es in der Industrie. Der Fabrikarbeiter und noch mehr der selbständige hausindustrielle Kleinfabrikant kann heute arbeiten, morgen feiern, ohne daß seine ganze Existenz durch einige Feiertage mehr in Frage gestellt erschiene. Die Nahrung, die er braucht, erhält er nicht unmittelbar durch seine Arbeit, sondern er muß sie zum größten Teile kaufen. Dafür hat er aber bar Geld in Händen und zwar Sonnabend Abend schon soviel, als er für die ganze Woche mit seiner Familie verbrauchen darf. Niemand hindert ihn daran, den ganzen Wochenverdienst am Sonntag zu vertrinken und zu verjubeln. Tut er dies, so muß er sich eine Woche kümmerlich durchschlagen. Aber dann gehts von neuem lustig her. Dem Leichtsinn sind also Tür und Tor geöffnet.

Einen statistischen Nachweis hierfür liefern die Zahlen des Bierkonsums[1]):

An Bierabgabe (dieselbe beträgt 0,65 M. für 1 hl) werden vom Kopf der Bevölkerung auf dem Lande etwa gezahlt in den Bezirken:

Salzungen	0,50 M.	Sonneberg	1,40 M.
Wasungen	0,55 „	Steinach	1,60 „
Meiningen	0,65 „		

Ähnlich ist das Verhältnis in den Städten untereinander:

Salzungen 1,12 M. Meiningen 1,48 M. Sonneberg 1,73 M.

Ferner ist nach einem Bericht des Ersten Staatsanwalts am Landgericht Meiningen meist Trunkenheit des Täters die Veranlassung zur schweren Körperverletzung, und bei diesen Verbrechen tritt der Einfluß des Volkscharakters, wie wir oben sehen, ja gerade besonders hervor.

In den Thüringer Zeitungen findet man täglich Schilderungen von Raufereien mit gerichtlichem Nachspiel. Meist spielt sich die Sache so ab:

Ein Bursche oder auch ein verheirateter Mann hat sein Geld vertrunken und geht nach Hause. Unterwegs wird er sich bewußt, daß er leichtsinnig gewesen ist, daß die Freude nun zu Ende ist und er die Woche über dafür büßen muß. Daß er selbst an allem schuld ist, will er sich nicht eingestehen, weiß aber auch nicht, auf wen er die Schuld wälzen soll. Jedenfalls fühlt er ein dringendes Bedürfnis, seinem Unmut in irgend einer Weise Luft zu machen. Was daraus wird, ist ihm einerlei, mag er ein „paar Jahre kriegen“, die nächste Zeit gehts ihm ja sowieso schlecht. Im günstigen Falle trifft seine Faust ein unschuldiges Bäumchen oder einen Rosenstock am Gartengitter des Reichen, oft aber auch muß ein ahnungsloser Wanderer dafür büßen. Dazu kommt noch, daß der fränkische Meininger

---

[1]) Über den Einfluß der Trink- und Tanzgelegenheiten auf die Zahl der Körperverletzungen, vgl. Rettich, S. 332, Meyer, S. 67 f., ähnlich Böhmert, S. 211, Starke, S. 128., A. M. Berg, S. 309 f.

ähnlich wie der Bayer am Raufen Vergnügen findet. Allerdings ist es wohl nicht ganz so schlimm, wie in Bayern, wo oft geradezu die soziale Ehre eines Mannes von seiner mehr oder weniger lebhaften Beteiligung am Raufen abhängt. Immerhin gehört das Raufen auch hier bei Kirchweih, Märkten, Kontrollversammlungen und Aushebungen, wo Bewohner mehrerer Dörfer zusammenkommen zum guten Ton[1]. Dies ist derartig zur Regel geworden, daß sich schon seit alters eigene Vereine gebildet haben, um denjenigen, die von einem gerichtlichen Nachspiel betroffen werden, ihre Auslagen, Geldstrafen und Gerichtskosten zu ersetzen. Es sind dies die sogenannten Prügelkassen.

Immerhin erscheint es mir doch zu weitgegangen, wenn man den fränkischen Volkscharakter allein für die ungünstigen Kriminalziffern Sonnebergs gegenüber Saalfeld verantwortlich machen will. Mitschuldig sind sicherlich auch die wirtschaftlichen Verhältnisse[2].

Einmal hat Sonneberg vorwiegend Hausindustrie mit Handarbeit, Saalfeld dagegen Fabrikbetrieb mit Maschinenarbeit. Das veranschaulicht folgende Tabelle:

Im Kreise	kommen an Pferdekräften von Dampfmaschinen, die 1897 im Betriebe waren, auf	
	1000 Einwohner	1000 Industrielle
Meiningen . . .	53	353
Hildburghausen .	21	140
Sonneberg . . .	15	50
Saalfeld	208	832

Demnach hat Saalfeld verhältnismäßig 17 mal mehr Maschinenarbeit als Sonneberg.

[1]) Vgl. Rettich, S. 410, der fast dieselbe Beobachtung für Württemberg macht.

[2]) Über den Einfluß des wirtschaftlichen Notstandes auf die Zahl der Eigentumsdelikte, vgl. Rettich, S. 332, Starke, S. 53, v. Liszt, Statistik, S. 377, Ferri, S. 121, Quetelet (II, S. 288) erklärt so die größere Zahl der Vermögensdelikte im Winter.

Nun ist aber die hausindustrielle Handarbeit sicherlich aufreibender als die Fabrikarbeit[1]. Außerdem dauert die Fabrikarbeit nur 8—10 Stunden, während die Hausarbeit für den erwachsenen Arbeiter an sich unbeschränkt ist und tatsächlich 14—16 Stunden[2] dauert. Ferner verläßt der Fabrikarbeiter nach vollbrachtem Tagewerk die ungesunden Räume der Fabrik, der Hausarbeiter bleibt auch bei Nacht in demselben Hause, vielleicht gar in der Werkstatt.

Die Bezahlung ist in der Saalfelder Fabrik erheblich besser. Die Lohntabelle der Reichsstatistik scheint dem allerdings zu widersprechen:

In	beträgt der Tagelohn in Mark für „ungelernte" Arbeiter			
	über 16 Jahre		unter 16 Jahren	
	männliche	weibliche	männliche	weibliche
Saalfeld, Stadt . . .	2,50	1,40	1,50	1,—
„ Bezirk . .	2,—	1,20	1,30	0,90
Pößneck	2,—	1,15	1,50	0,90
Sonneberg, Stadt . .	2,15	1,25	1,80	1,—
„ Bezirk .	2,—	1,25	1,45	1,—
Steinach	2,20	1,50	1,40	1,—

Doch die Tabelle berücksichtigt nur die ungelernte Lohnarbeit. Demgegenüber muß hervorgehoben werden, daß die Fabrikbevölkerung im Saalfelder Kreis zum großen Teil aus gelernten Arbeitern besteht, die ganz erheblich höhere Löhne erhalten.

Auf der anderen Seite wird von dem Hausindustriellen der gewöhnliche Tagelohn gar nicht einmal erreicht. Vor allen Dingen bezahlt dieser oft teuer das bischen Selbständigkeit, das er vor dem Fabrikarbeiter voraus hat. Einmal läuft er immer ein gewisses Risiko, indem er auf eigene Rechnung Material kauft und Ware verkauft. Sodann kann ihm hier gerade sein angeborener Leichtsinn verhängnisvoll werden,

---

[1] Vgl. Schmoller, S. 224.

[2] Nach den Angaben von Rausch, die sehr zuverlässig erscheinen.

wenn er sich auf Spekulationen einläßt, denen er nicht gewachsen ist[1]).

Zu alledem kommt noch, daß die Lebensmittelpreise in Sonneberg hoch sind, So würde z. B. die Friedensration eines deutschen Soldaten (ohne Kaffe, Salz und Zutaten) nach Kleinverkaufpreisen in Pfennigen im Jahre 1901 kosten:

In der Stadt	180 g Fleisch	750 g Brot	1500 g Kartoffeln	zusammen
Hildburghausen .	22,3	17,3	8,2	47,8
Saalfeld	23,5	18	7,8	49,3
Meiningen . . .	22,7	18	8,7	49,4
Sonneberg . . .	23,4	21	8,2	52,6

Im Jahre würde also die Ernährung eines Soldaten in Sonneberg 12,05 M. mehr kosten als in Saalfeld. Bei einer zahlreichen Familie kann der Unterschied an 100 M. herankommen.

In schlechten Kartoffeljahren wird das Verhältnis für Sonneberg noch bedeutend ungünstiger[2]).

Vergleicht man nun mit dieser wirtschaftlichen Lage den Charakter des Franken, dann wird man es begreifen können, daß er das Bedürfnis fühlt, sich dann und wann einmal frei auszutoben und im Rausche sein Elend zu vergessen[3]). Man wird es aber auch ferner verstehen, daß er mit neidischen Augen zu den besitzenden Kaufleuten aufschaut und versucht wird, durch Diebstahl und Betrug auf ihre Kosten seine Lage zu verbessern. In der Tat sollen die meisten Diebstähle und Betrugsfälle des Sonneberger Kreises derartiger Natur sein.

Für den Betrug sei hier gleich noch eine Besonderheit Sonnebergs hervorgehoben. Im allgemeinen ist das Vermögens-

1) Vgl. hierüber namentlich die auf Grund sorgfältiger Studien gemachten Ausführungen von Rausch, z. B. S. 44.

2) Vgl. Rettich, S. 361, wo die Zahl der Diebstähle mit den Getreidepreisen in Zusammenhang gebracht werden. Ebenso Meyer, S. 31, Starke, S. 94 f., Öttingen, S. 487, und vor allem Berg, der die Frage in einer selbständigen Arbeit behandelt.

3) Einen ähnlichen Gedanken führt Meyer aus (Meyer, S. 67).

delikt des Arbeiters Diebstahl, während der Betrug dem kleinen Händler eigentümlich ist. Es erklärt sich dies ja sehr leicht daraus, daß der Betrug nur möglich ist, wo schon etwas verwickeltere geschäftliche Beziehungen bestehen, wie dies beim Handel der Fall ist. Es entspricht daher fast immer die Zahl der Betrugsfälle der Zahl der im Handel beschäftigten Personen. Nur der Großhandel durchbricht dies Prinzip im Sinne einer günstigeren Kriminalität. In Sonneberg scheint nun die Anzahl der Betrugsfälle im Verhältnis zur Zahl der Handeltreibenden besonders hoch zu sein. Das liegt aber nur an einer nicht zu vermeidenden Ungenauigkeit der Statistik. Die eigenartigen Verhältnisse der Sonneberger Hausindustrie bringen es nämlich mit sich, daß die Hausarbeiter, die sogenannten „Fabrikanten", welche die Statistik durchweg zur gewerblichen Bevölkerung zählt, ihre Ware auch verhandeln[1]). Im Hinblick hierauf müßte man in der folgenden Tabelle die Zahl der Handeltreibenden wesentlich erhöhen:

Im Kreise	waren von 1000 1895 anwe. .den Bewohnern im Handel beschäftigt	kommen auf je 100000 strafmündige männliche Civilpersonen im Durchschnitt der Jahre 1893/97 Verurteilte wegen Betrug
Hildburghausen .	71	67
Meiningen . . .	102	99
Saalfeld	86	109
Sonneberg . . .	84 (!)	112

Für Hildburghausen, Meiningen, Sonneberg bestätigt die Tabelle also die Regel. Bei Saalfeld finde ich allerdings vorläufig keine Erklärung für das abweichende Zahlenverhältnis. Zur Häufigkeit der Betrugs- und Fälschungsdelikte im Kreise Sonneberg soll auch die Einführung der allgemeinen Wechselfähigkeit Anlaß gegeben haben. Leider haben wir keine Statistik aus der Vorzeit. Es ist ja aber sehr verständlich, daß der kleine selbständig handelnde Sonneberger Fabrikant, wenn

[1]) Eine ähnliche Betrachtung stellt Rettich für das südliche Württemberg an, wo „jeder Bauer zugleich Getreide-, Vieh-, Most- oder Holzhändler ist" (vgl. Rettich, S. 365).

er sich einmal an das Wechselschreiben gewöhnt hat, leicht zu Fälschungen und Betrügereien auf diesem Gebiet kommen kann. In Meininger Bankkreisen soll es sogar sprichwörtlich sein, die gefälschten Wechsel seien die besten, weil sie — vermutlich aus Furcht vor der Strafe — am pünktlichsten eingelöst werden.

Vielleicht trifft diese Erklärung auch für den Saalfelder Kreis das Richtige.

Es würde zu weit führen, hier auch die Gründe der schlechten wirtschaftlichen Lage der Sonneberger Hausarbeiter zu erörtern. Nur eine Tatsache sei hierbei hervorgehoben, weil sie in einer andern Hinsicht unmittelbar zum Thema gehört: es ist dies die mangelnde Organisation der Arbeiter zwecks Erlangung günstigerer Arbeitsbedingungen, wie wir sie bei den Fabrikarbeitern des Saalfelder Kreises finden.

Die Schattenseite der damit verbundenen Agitation zeigt sich in dem häufigen Vorkommen von Gewalt und Drohungen gegen Beamte. Die folgende Tabelle zeigt, wie günstig in dieser Beziehung der Kreis Sonneberg gegenüber dem Saalfelder Kreis dasteht. Beachtenswert ist namentlich auch die Rückfallstatistik:

Im Kreise	kommen auf je 100000 strafmündige männliche Civilpersonen im Durchschnitt der Jahre 1893/97 Verurteilte wegen Gewalt oder Drohungen gegen Beamte u. s. w.	(1883/87)	Auf je 1000 im Durchschnitt der Jahre 1893/97 wegen Gewalt oder Drohungen gegen Beamte Verurteilte kommen Vorbestrafte
Meiningen . . .	40	(65)	568
Sonneberg . . .	70	(85)	575
Hildburghausen .	76	(40)	632
Saalfeld	104	(70)	622

Interessant ist es auch, die in der zweiten Kolonne der Tabelle in Klammern beigefügten Zahlen für den Durchschnitt der Jahre 1883/87, die nach der damaligen Statistik berechnet sind, zu vergleichen. Man sieht hier deutlich, wie die Saalfelder Zahl mit dem Fortschreiten der Parteiagitation unter den Arbeitern gewachsen ist[1]).

Die Beziehung des Volkscharakters zur Kriminalität ließ sich beim Herzogtum Meiningen deshalb besonders gut betrachten, weil der Zuzug fremder Bevölkerung fast gar nicht bemerkbar ist. Namentlich hat sich die Sonneberger Hausindustrie völlig unabhängig von der Außenwelt im Lande selbst unter der Landbevölkerung herausgebildet. Die Nürnberger Kaufleute, welche die erste Anregung gegeben hatten, waren der Kopfzahl nach gering und kamen auch nicht dazu, sich im Lande festzusetzen, wurden vielmehr bald aus dem Absatzgeschäft von Eingeborenen verdrängt. Auch ein großer Teil der Industrie des Saalfelder Kreises ist im Lande entstanden und nährt allein eingeborene Kräfte. So insbesondere die Bergwerke des Gräfenthaler Bezirks (Lehesten).

Immerhin weist auch das Herzogtum Meiningen die Folgen der Freizügigkeit auf. Und es dürfen daher die Zuzugs- und Abzugsverhältnisse nicht außer acht gelassen werden. Von besonderer Wichtigkeit ist dabei auch die Binnenwanderung, die sich nur durch Vergleichung der kleinsten Bezirke feststellen läßt.

Das Bild, welches die Statistik der beiden letzten Jahrzehnte zu dieser Frage gibt, zeigt im allgemeinen ein starkes Abströmen der Bevölkerung aus den ländlichen Bezirken, Stillstand oder Zuwachs in den Industriebezirken und in Hildburghausen.

Nach unsrer allgemeinen Regel über den Einfluß der Bevölkerungsdichte müßten die Bezirke mit starkem Wegzug kriminell besser, die Bezirke mit starkem Zuzug schlechter werden. In der Tat zeigt die folgende Tabelle ein derartiges Bild. Eine Abnahme der Kriminalität ist allerdings mit Sicher-

---

[1]) Es soll hier nicht die Frage entschieden werden, ob das Zunehmen der Widerstandsdelikte zum größeren Teile der Maßlosigkeit der Arbeiter oder der Ungewandtheit der Überwachungsorgane zur Last fällt. Jedenfalls soll der Widerstand gegen die meist besonneneren Gendarmen viel seltener sein, als gegen die gewöhnlichen Ortspolizisten. Vgl. auch Rettich, S. 348, 416, sowie Starkes (S. 82 f.) Bemerkungen über die sozialistische Bewegung.

heit nur für den am meisten von der Auswanderung betroffenen Bezirk Wasungen festzustellen. Tatsächlich muß sich aber auch in den anderen ländlichen Bezirken die Kriminalität verringert haben. Denn sicherlich ist in den letzten 20 Jahren die Tätigkeit der Polizei und der Strafgerichtsbarkeit gerade auf dem Lande erheblich wirksamer geworden. Das zeigt namentlich das plötzliche Springen der Kriminalzahlen zwischen 1883 und 1885 auf dem Lande, während in Meiningen, das als Bezirk der Residenzstadt sich wohl schon früher einer strengern Aufsicht[1]) erfreute, die Ziffern völlig gleichmäßig bleiben.

Die Zunahme der Kriminalität in den Bezirken mit Zuzug ist sehr deutlich ersichtlich:

Bezirk	% Zuzug			Auf 10000 Civilpersonen kommen Strafsachen im Jahre							
	1880 bis 1890	1890 bis 1900	1880 bis 1900	1883	1884	1885	1888	1896	1897	1898	1899
Pößneck . .	+ 11,6	+ 6,8	+ 18,4	**141**	172	245	295	342	326	316	**327**
Hildburghaus.	— 0,7	+ 10,2	+ 9,5	**211**	243	291	350	514	530	**621**	**405**
Steinach . .	— 2,6	+ 3,9	+ 1,3	*342*	*443*	395	492	429	415	475	467
Sonneberg .	+ 3,6	— 2,2	+ 1,4	*361*	*472*	462	471	452	441	475	467
Saalfeld . .	+ 0,9	— 1,4	— 0,5	*281*	*404*	487	407	523	515	413	430
Meiningen .	— 6	— 3	— 9	457	418	454	407	404	409	406	472
Salzungen. .	— 11	— 1,5	— 12,5	207	269	261	273	311	336	343	360
Themar. . .	— 7,9	— 5,8	— 13,7	168	163	198	202	319	243	316	327
Schalkau . .	— 5,6	— 9,4	— 15	*179*	*206*	*287*	259	303	322	329	284
Camburg . .	— 6,4	— 9,1	— 15,5	133	*147*	*199*	286	269	281	217	226
Gräfenthal .	— 10,4	— 9,3	— 19,7	*139*	*350*	304	304	340	343	389	372
Römhild . .	— 8,4	— 12,6	— 21	106	*109*	*205*	173	227	204	206	188
Eisfeld . . .	— 8,9	— 12	— 20,9	*388*	*452*	475	400	343	360	404	467
Heldburg . .	— 10,6	— 11,8	— 22,4	236	154	141	248	166	199	228	143
Wasungen .	— 15,6	— 14,1	— 29,7	465	491	436	359	255	257	260	243

In der einfachen Mehrung oder Minderung der Bevölkerung liegt jedoch m. E. keineswegs allein die kriminelle Bedeutung des Zuzugs. Andernfalls mußte man als Vergleichszahl vielmehr die gesamte Zunahme der Bevölkerung, welche außer dem Zuzug auch noch den Überschuß der Geburten über die

[1]) Der Aufschwung der Meiningenschen Stadtverwaltung nach dem Brande (1874) ist allgemein im Herzogtum bekannt.

Sterbefälle enthält, wählen, wie dies in der folgenden Tabelle geschehen ist:

Bezirk	Zunahme der Bevölkerung in % von 1890—1900		Auf 10000 Civilpersonen kommen Strafsachen im Jahre	
	durch Geburten	überhaupt	1888	1898
Pößneck	16,77	23,57	295	316
Hildburghausen .	9,84	20,03	350	621
Steinach	27,51	31,45	492	475
Sonneberg . . .	19,89	17,73	471	475
Saalfeld	14,67	13,27	407	413
Meiningen . . .	11,56	8,47	407	406
Salzungen . . .	16,78	15,26	273	343
Themar	16,06	10,29	202	316
Schalkau	18,94	9,56	259	329
Camburg	13,53	4,40	286	217
Gräfenthal . . .	17,42	8,17	304	389
Römhild	9,73	— 2,89	173	206
Eisfeld	17,64	5,59	400	404
Heldburg . . .	8,25	— 3,51	248	228
Wasungen . . .	15,73	1,60	359	260

Obwohl nach dieser Tabelle ein gewisser Zusammenhang zwischen Zunahme von Bevölkerung und Kriminalität nicht geleugnet werden kann, laufen die Verhältniszahlen doch bei weitem nicht so parallel wie bei der Gegenüberstellung von Zuzug und Strafsachen. Namentlich weisen die Bezirke Pößneck, Steinach, Sonneberg, Saalfeld trotz erheblichen Zuwachses an Bevölkerung keine bedeutende Vermehrung der Strafsachen auf, Wasungen zeigt sogar bei steigender Bevölkerungszahl eine erhebliche Verminderung der Strafsachen.

Andrerseits findet sich bei Hildburghausen eine Mehrung der Strafsachen, die weit über das Verhältnis der Bevölkerungszunahme hinausgeht.

Es ergibt sich hieraus, daß der Zuzug bezw. Wegzug gegenüber der allgemeinen Bevölkerungszunahme oder -abnahme einen potenzierten Einfluß auf die Kriminalität hat[1]).

[1]) Auffallenderweise findet sich in der gesamten Literatur nichts über diese Bedeutung des Zuzugs. Wenn er überhaupt erwähnt wird, wie z. B. von Starke und Schmoller (S. 276), so geschieht dies nur im Zusammenhang mit

Die ungünstige Wirkung des Zuzugs ist sogar so groß, daß sie die Zunahme der Industriebevölkerung auf Kosten der landwirtschaftlichen in den Schatten stellt. Statistisches Material kann hierfür nur bezüglich der Kreise nicht der Amtsgerichtsbezirke gegeben werden. Leider setzen sich die Kreise teilweise aus so verschiedenartigen Bezirken zusammen, daß innerhalb des Kreises schon eine gewisse Ausgleichung eintritt und die wirtschaftlichen und kriminellen Unterschiede nicht so schroff zu Tage treten wie bei den Bezirken. In der folgenden Tabelle zeigen daher alle Kreise Wegzug und Zunahme der Verurteilten. Wenn man aber berücksichtigt, daß die Strafjustiz eine immer peinlichere geworden ist, so kann man da, wo die Zahl der Verurteilten nur in geringem Maße gewachsen ist, annehmen, daß die Kriminalität im Kreise überhaupt und namentlich in einzelnen Bezirken abgenommen hat. Ebenso muß man im Hinblick auf die ungleichmäßige Zusammensetzung der Kreise bei geringem Wegzug aus dem ganzen Kreise auf Zuzug in einzelnen Bezirken schließen. Jedenfalls zeigt die Tabelle, wie die Zahl der Verurteilten um so weniger zunimmt, je stärker der Wegzug der Bevölkerung ist.

Im Kreise	kommen auf 100 000 männliche strafmündige Civilpersonen Verurteilte im Durchschnitt der Jahre			Zunahme der Bevölkerung durch Zuzug vom Jahre		
	1883/87	1893/97	also mehr	1880 bis 1890	1890 bis 1900	1880 bis 1900
Sonneberg . . .	2330	2848	520	+ 0,6	— 3	— 2,4
Saalfeld	1640	2077	440	— 3	— 3,5	— 6,5
Hildburghausen .	1450	1828	380	— 6,3	— 5,2	— 11,5
Meiningen . . .	1580	1794	210	— 9,4	— 5	— 14,4

Vergleicht man dagegen Zunahme von Verurteilten und Industriellen, so erhält man keine proportionalen Zahlenreihen:

---

der allgemeinen Bevölkerungszunahme. Tarde (Philosophie, S. 390) deutet einen den obigen Ausführungen verwandten Gedanken an, indem er von einem „courant épurateur d'émigration“ spricht, ohne näher auf die Frage einzugehen.

Kreis	Von 1000 Personen waren Industrielle			Zunahme der Verurteilten aus der vorigen Tabelle
	1882	1895	also mehr	
Hildburghausen .	380	360	— 20	+ 380
Sonneberg . . .	650	700	+ 50	+ 520
Saalfeld	470	550	+ 80	+ 440
Meiningen . . .	270	380	+ 110	+ 210

Also Hildburghausen, wo die Industrie zurückgegangen ist, hat mehr Zuwachs an Verurteilten als Meiningen, wo die Industrie am stärksten zugenommen hat.

Der Grund für den starken Einfluß des Zuzugs und Wegzugs auf die Kriminalität ist m. E. folgender: Der abziehende Teil der Bevölkerung setzt sich aus den wirtschaftlich und sozial gedrückten Elementen zusammen, die eine erhöhte Neigung zum Verbrechen haben. Umgekehrt besteht der zuziehende Teil aus denselben Elementen anderer Gegenden. Zwar verbessert sich die Lage der Zuziehenden schnell in aufblühenden Gegenden, wie z. B. im Kreise Saalfeld, immerhin aber tritt diese günstige Veränderung nicht stets und auch nicht bei allen ein. Außerdem muß man noch berücksichtigen, daß da, wo Fremden ein schnelles Emporkommen möglich ist, dies, wie auch in Saalfeld, der Hebung der Industrie zu danken ist, die ihrerseits die Kriminalität ungünstig beeinflußt.

Eine Bestätigung für die angenommene Zusammensetzung der zuziehenden Elemente gibt eine Vergleichung des Zuzugs mit den Armenlasten:

Im Kreise	kommen auf den Kopf der Bevölkerung 1899 an Armenlasten des Kreises, ausschliefslich der Lasten für Geisteskranke und abzüglich der Beiträge zur Armenversorgung in Mark	Zuzug 1880 bis 1900 in %	Zunahme der Verurteilten pro 100000 Einwohner von 1883/87 bis 1893/97
Sonneberg . . .	0,19	— 2,4	520
Saalfeld	0,11	— 6,5	440
Hildburghausen .	0,17	— 11,5	380
Meiningen . . .	0,10	— 14,4	210

Nur Saalfeld macht hier eine Ausnahme bezgl. der Armenlasten, augenscheinlich weil seine aufblühende Fabrikindustrie auch fremden Arbeitern lohnenden Verdienst bietet.

Neben den angeführten wirtschaftlichen können auch noch andere Umstände den Einfluß des Zu- und Wegzugs auf die Kriminalität bedingen. So mag die starke Zunahme der Strafsachen in Pößneck (1883 : 142, 1899 : 327), abgesehen von der Zahl der Zuziehenden (18,4 %), auch dadurch veranlaßt sein, daß die Einwandrer mehr fränkisches Blut in den teilweise slavisch-thüringischen Bezirk brachten.

Die erstaunliche Zunahme der Strafsachen im Bezirk Hildburghausen (1883 : 211, 1898 : 621, 1899 : 405) entfällt vermutlich zum größten Teil auf das Konto der Jugendlichen und wird zum Schlusse noch besonders betrachtet werden.

Daneben soll sich in Hildburghausen auch ein Zuzug von Ausländern, namentlich von Böhmen, bemerkbar machen.

Endlich sei noch ein Punkt erwähnt. Nach den zuverlässigsten Angaben kommt es öfter vor, daß im Laufe einiger Jahrzehnte ein im kriminellen Sinne „gutes“ Dorf „schlecht“ wird und umgekehrt.

Vielleicht kann man auch diese Erscheinung, die mit dem Sprichworte „Fleißige Mütter erziehen faule Töchter“ erklärt wird, in Zusammenhang mit dem Zu- und Wegzug bringen.

Ist in einer Gegend die wirtschaftliche Lage schlecht, so ist nach der allgemeinen Regel die Kriminalität hoch, gleichzeitig aber beginnt die Auswanderung, wodurch die Kriminalität sich wieder bessert. Umgekehrt hat eine wirtschaftlich emporblühende Gegend geringe Kriminalität, hält dafür aber den Nachwuchs im Lande fest und zieht noch Auswärtige heran, was ein Steigen der Kriminalzahlen zur Folge hat.

Selten spielen sich die eben geschilderten Vorgänge in allen Teilen eines Bezirks gleichmäßig ab. Immerhin scheint es mir doch, daß man derartige Erscheinungen für die Bezirke Themar und Wasungen nachweisen kann.

In den 80 er Jahren scheinen die wirtschaftlichen Verhältnisse in Themar besser als in Wasungen gewesen zu sein. Die Kriminalität war daher in Themar gering, in Wasungen groß.

Andrerseits aber hielt Themar den eigenen Nachwuchs zum größten Teile im Land und zog vielleicht noch Auswärtige an, während Wasungen, obwohl es weniger Nachwuchs als Themar hatte, noch mehr als den Nachwuchs zur Auswanderung veranlaßte. Die Folgen waren eine Umkehrung des Verhältnisses zwischen den Kriminalzahlen beider Bezirke.

Die folgende Zusammenstellung soll zur Veranschaulichung hierfür dienen:

		Themar	Wasungen
Auf 10000 Civilpersonen kamen Strafsachen im Jahre	1883	168	465
	1888	202	359
	1899	327	243
Wegzug in Prozenten der Bevölkerung	1880—1890	7,9	15,6
	1890—1900	5,77	14,13
Überschuß der Geburten über die Sterbefälle in der Zeit von 1890—1900 in Prozenten der Bevölkerung		16,06	15,73

Zum Schlusse werfen wir noch einen Blick auf die Kriminalität der Jugendlichen und der Frauen.

Leider ist hierüber kein statistisches Material für die einzelnen Amts-Bezirke vorhanden. Auf die weibliche Kriminalität kann man auch keinen Rückschluß aus der Zahl aller Strafsachen machen, da die Zahl der weiblichen Verbrechen kaum 20% der männlichen ausmacht.

Wir müssen uns daher mit einer oberflächlichen Betrachtung der Kreise begnügen:

Im Kreise	kommen auf je 100000 strafmündige weibliche Personen im Durchschnitt der Jahre 1893/97 Verurteilte wegen				
	Verbrechen und Vergehen gegen Reichsgesetze überhaupt	Gewalt und Drohung gegen Beamte u. s. w.	Gefährl. Körperverletzung	Einfachem und schwerem Diebstahl	Betrug
Saalfeld	320	11	8	112	20
Meiningen . . .	351	2,6	14	111	18,5
Hildburghausen .	356	4	8	95	14
Sonneberg . . .	533	12	27	143	27

Wie die erste Zahlenkolonne zeigt, ist die weibliche Kriminalität in den reinfränkischen Kreisen Sonneberg und Hildburghausen am größten, in dem etwas Beimischung enthaltenden Kreis Meiningen geringer, am unbedeutendsten in dem halb slavisch-thüringischen Saalfelder Kreis.

Vielleicht darf man hieraus den Schluß ziehen, daß bei den Frauen der Volkscharakter noch eine bedeutendere Rolle spielt als bei den Männern.

Dem widerspricht nur die geringe Körperverletzungsziffer bei Hildburghausen.

Bei den Eigentumsdelikten, namentlich beim Betrug, findet sich eine auffallende Übereinstimmung der Kriminalzahlen mit denen der Bevölkerungsdichte[1]):

Im Kreise	kommen 1900 Bewohner auf		kommen auf je 1000 strafmündige Frauen im Durchschnitt der Jahre 1893/97 verurteilte Frauen		
	1 qkm	1 Wohnhaus	überhaupt	wegen Diebstahl	wegen Betrug
Hildburghausen .	74	8	356	95	14
Meiningen . . .	88	8	351	111	18,5
Saalfeld	110	8,5	320	112	20
Sonneberg . . .	179	12	533	143	27

Gewalt und Drohung gegen Beamte seitens der Frauen richten sich nach einwandfreien Angaben meist gegen Gerichtsvollzieher und Gerichtsdiener, weniger gegen Gendarmen. Dies bestätigt die folgende Tabelle, welche die Einnahmen der Gerichtsvollzieher und die Zahl der Zwangsvollstreckungsanträge den Widerstandsdelikten der Frauen gegenüberstellt:

Im Kreise	kommen auf den Kopf der Bevölkerung an Einnahmen der Gerichtsvollzieher Mark	Zwangsvollstreckungsanträge auf 10 000 Civilpersonen 1898/99	wegen Drohung oder Gewalt gegen Beamte verurteilte Frauen auf 100 000 Frauen
Meiningen . . .	1,70	48	2,6
Hildburghausen .	2,20	61	4
Saalfeld	2,20	61	11
Sonneberg . . .	2,10	90	12

[1]) Eine solche Übereinstimmung stellt schon Starke für Preußen fest (Starke, S. XXXI).

Man sieht daraus, daß die Einnahmen der Gerichtsvollzieher nicht mit der Zahl der Anträge gleichmäßig wachsen, daß es sich namentlich in Sonneberg um Vollstreckung gegen kleine Leute handelt.

Auffallend bleibt nur die geringe Zahl der Zwangsvollstreckungen gegenüber der hohen Kriminalzahl bei Saalfeld. Da sonst die weibliche Kriminalität in Saalfeld gering ist, fällt dies besonders auf.

Im übrigen erklärt sich die Erscheinung so: Wenn der Gerichtsvollzieher kommt, ist der Mann „gerade" nicht zu Hause, die Frau muß aber des Haushalts wegen da bleiben. Sie hängt meist mehr an ihrem Heim und allen darin befindlichen Stücken als der Mann, der Trost im Wirtshaus sucht und findet. Daher wird sie durch die Pfändung erbittert und läßt sich in diesem Zustande zum Widerstand gegen den Beamten hinreißen.

Die Kriminalität der Jugendlichen, d. h. Personen zwischen 12 und 18 Jahren, veranschaulicht die folgende Übersicht:

Im Kreise	kommen auf je 100000 strafmündige Personen unter 18 Jahren im Durchschnitt der Jahre 1893/97 Verurteilte wegen				
	Verbrechen und Vergehen gegen Reichsgesetze überhaupt	Gewalt und Drohung gegen Beamte	Gefährlicher Körperverletzung	einfachem und schwerem Diebstahl	Betrug
Meiningen . . .	739	5	97	338	37
Saalfeld	834	2,7	57	432	19
Hildburghausen .	900	5 (?)	128	462	24
Sonneberg . . .	985	5,5	130	459	61

Der Volkscharakter scheint bei den Jugendlichen noch von größerem Einfluß wie bei den Frauen zu sein. Das beweist die allgemeine und noch mehr die Körperverletzungsspalte. In dieser stehen sich die beiden reinfränkischen Kreise Hildburghausen und Sonneberg trotz ihrer sonstigen Verschiedenheiten vollkommen gleich. Dann kommt Meiningen mit noch vorwiegend fränkischer Bevölkerung und endlich der nur zur Hälfte fränkische Kreis Saalfeld.

Die Industrie als solche hat offenbar keinen schlechten Einfluß auf die Jugend. Das zeigt die günstige Kriminalität Saalfelds[1]).

[1]) Daher trifft Rettichs (S. 431) Bemerkung, wonach hohe industrielle

Eine andere Frage ist es allerdings, ob nicht die Hausindustrie oder vielmehr die Kinderarbeit eine ungünstige Wirkung ausübt.

Einerseits ist nicht einzusehen, was es einem Kinde schaden soll, wenn seine Kräfte, anstatt im Spiel vergeudet zu werden, industriell nutzbar gemacht werden. Man hat sogar gerade den pädagogischen Wert der Kinderarbeit hervorgehoben. Zudem arbeitet gerade in der Hausindustrie das Kind stets unter Aufsicht der Eltern und bleibt somit leichter vor Fehltritten bewahrt, als wenn es sich draußen herumtriebe.

Aber andrerseits liegt gerade in der Hausindustrie die Gefahr der übermäßigen Anstrengung zu nahe, wodurch unter Umständen der Charakter verbittert, jedenfalls aber das Pietätsgefühl den Eltern gegenüber untergraben wird.

Außerdem wird der Sinn des Kindes zwar wirtschaftlich gebildet. Damit geht aber auch die kindliche Harmlosigkeit verloren, und es bilden sich Eigenschaften heraus, wie sie der Bankiersohn der Witzblätter zeigt.

Endlich kommt noch hinzu, daß Bursche und Mädchen wirtschaftlich früh von den Eltern unabhängig gemacht werden und in einem Alter in den Kampf ums Dasein auf eigene Faust hinaustreten, wo der Charakter noch nicht genügend gereift ist, um die Abwege zu meiden.

Jedenfalls lassen die folgenden Ziffern erkennen, daß im allgemeinen der Einfluß der Kinderarbeit kein günstiger ist.

Kreis	Jugendliche Verurteilte			Von 100 Schulkindern sind industriell beschäftigt
	überhaupt	wegen		
		Diebstahl	Betrug	
Meiningen	739	338	37	0,3
Saalfeld	834	432	19	7
Hildburghausen	900	462	24	20
(Dorf Neustadt a. R.)	—	—	—	(60)
Sonneberg	985	459	61	43
(Dorf Rabenäußig) .	—	—	—	(86)

Entwicklung und ausgedehnte Verwendung jugendlicher Arbeitskräfte die Kriminalität der Jugendlichen erhöht, jedenfalls in ihrem ersten Teil nicht zu.

Die Eigentumsdelikte wachsen also jedenfalls mit der Kinderarbeit, ob wegen derselben, wage ich nicht zu entscheiden[1]). Denn wir haben ja gerade bei den Jugendlichen mehrere Faktoren, die im selben Verhältnis steigen, sodaß es schwer zu sagen ist, auf welchen Faktor das meiste Gewicht zu legen ist.

Ein weiterer dieser Faktoren, die die hohe Kriminalität Sonnebergs erklären könnte, ist auch der jährliche Geburtsüberschuß. Denn es ist eine alte Erfahrungstatsache, daß die Erziehung um so schlechter ist, je mehr Kinder da sind. Das gilt sowohl von der Familie wie von der Schule.

Nun beträgt der Geburtsüberschuß nach Prozenten der Bevölkerung in

Meiningen . . .	13,95
Saalfeld	15,67
Hildburghausen .	12,95
Sonneberg . . .	22,47.

Allerdings fällt hierbei die niedrige Zahl für Hildburghausen auf. Doch hierbei muß man den oben erwähnten starken Zuzug nach Hildburghausen beim Vergleich mit heranziehen. Es liegt sehr nahe, wie bereits hervorgehoben, die starke Bevölkerungszunahme, die ausschließlich auf den Bezirk Hildburghausen, vermutlich also auf die Stadt entfällt, den zahlreichen dort entstandenen und jährlich sich erweiternden Schulen zuzuschreiben. Ein erheblicher Prozentsatz der angezogenen Schüler und Studierenden dürfte noch nicht das achtzehnte Lebensjahr erreicht haben. Der Mangel einer wirksamen häuslichen Aufsicht, wie ihn die Familie sonst bietet, führt zu einer gewissen Verrohung, die sich auch auf die eingeborene Jugend überträgt.

Wenn sich somit dieser schwache Versuch einer Ursachenstatistik der Kriminalität im Herzogtum Sachsen-Meiningen in die Öffentlichkeit hinauswagt, so geschieht dies mit dem vollen Bewußtsein seiner Unvollständigkeit und Fehlerhaftigkeit.

Das einzige, was ihm den Mut zum Erscheinen gibt, ist

---

[1]) Behauptet wird dies von Rettich, S. 438 und Starke, S. XLI, S. 83 und an anderen Stellen noch mehrfach, bestritten dagegen von Böhmert für Sachsen (vgl. Böhmert, S. 155).

sein Versuch, die mündlichen Mitteilungen einiger erfahrener Juristen und Verwaltungsbeamten des Herzogtums zu verwerten, für deren außerordentlich gütiges Entgegenkommen der Verfasser an dieser Stelle nochmals seinen aufrichtigen Dank versichert.

Der Zweck der Veröffentlichung ist lediglich, das Interesse noch anderer Personen für den Gegenstand zu gewinnen und möglichst viel Widerspruch herauszufordern, um nach einiger Zeit den Versuch zu machen, dieselbe Aufgabe in umfassenderer und glücklicher Weise zu lösen. Für jede Berichtigung und jeden Zusatz durch Veröffentlichung im Druck oder briefliche Mitteilung an seine Adresse (Dr. Weidemann, Berlin W. 10, Corneliusstr. 8 II) sagt der Verfasser im voraus seinen verbindlichsten Dank.

Druck von Georg Reimer in Berlin.

Abhandlungen

des

kriminalistischen Seminars

an der Universität Berlin.

Herausgegeben

von

Dr. Franz v. Liszt,

ord. Professor der Rechte zu Berlin.

Neue Folge. Zweiter Band. 2. Heft.

Bruno Blau: Kriminalstatistische Untersuchung der Kreise Marienwerder und Thorn.

Berlin 1903.

J. Guttentag, Verlagsbuchhandlung,

G. m. b. H.

Kriminalstatistische Untersuchung

der Kreise

Marienwerder und Thorn.

Zugleich ein Beitrag
zur Methodik kriminalstatistischer Untersuchungen.

Von

Bruno Blau.

Berlin 1903.
J. Guttentag, Verlagsbuchhandlung,
G. m. b. H.

Vorwort des Verfassers.

Davon ausgehend, daß eine Erforschung der Ursachen der Kriminalität unmöglich ist, wenn man sich allein mit den großen Durchschnittsergebnissen der Kriminalstatistik beschäftigt, hat Herr Geheimrat Professor v. Liszt seit längerer Zeit wiederholt zu Einzeluntersuchungen möglichst eng begrenzter Bezirke aufgefordert[1]), leider mit geringem Erfolge.

Nur eine Untersuchung (des Herzogtums Sachsen-Meiningen) ist bisher entstanden[2]). —

Die vorliegende Untersuchung ist als der Ausgangspunkt einer Reihe analoger Arbeiten gedacht (vgl. den einleitenden Abschnitt!). Daraus erklärt sich mancherlei, vor allem das eigentlich außerhalb ihres Rahmens liegende mehrfache Eingehen auf statistisch-technische Einzelheiten und statistisch-kritische Betrachtungen. Zur Förderung künftiger Arbeiten war dies unumgänglich.

Diese aber glaubt Verfasser durch Aufstellung eines Faktorenschemas mit Angabe der für ganz Preußen maßgebenden Quellen (S. 81/2) erheblich erleichtert zu haben. Eine Untersuchung zweier Kreise auf jene Faktoren hin dürfte nur ganz kurze Zeit in Anspruch nehmen.

Daher hofft Verfasser, daß bald eine Reihe von derartigen Untersuchungen[3]) vorliegen werden, welche er etwa nach Ver-

---

[1]) Vgl. Guttentagsche Festschrift zum 26. Dtsch. Juristentage, S. 69 ff.

[2]) Weidemann i. d. Abhandl. d. kriminal. Seminars, Neue Folge, Bd. II, Heft 1.

[3]) Diese wolle man an die Verlagsbuchhandlung J. Guttentag, Berlin W., Lützowstr. 107/8, senden.

lauf eines Jahres in dem in der Einleitung (S. 77/8) angegebenen Sinne zu bearbeiten gedenkt.

Es ist selbstverständlich, daß eine jede Untersuchung willkommen und keine überflüssig ist. —

In den weiteren Untersuchungen werden sicherlich auch manche Fehler und Unvollkommenheiten, welche in der vorliegenden noch zu finden sind, vermieden werden.

Inhaltsübersicht.

Seite

Einleitung.

Kriminalstatistische Untersuchung der Kreise Marienwerder und Thorn.

I. Einleitung.

II. Darstellung der das gesellschaftliche Leben beeinflussenden Faktoren und ihrer Verschiedenheiten in den Kreisen Marienwerder und Thorn.

Einleitung.

Methodologisches.

„Wie der einzelne auch zu den Fragen nach Rechtsgrund und Zweck der Strafe sich stellen mag — in dem einen Satze begegnen sich doch alle Meinungen: daß die Strafe eine der Waffen sein soll, die dem Staate in seinem Kampf gegen das Verbrechen zur Verfügung gestellt werden. Und daraus folgt mit logischer Notwendigkeit, daß der Gesetzgeber, der mit der Strafe das Übel der Kriminalität an seiner Wurzel treffen will, die Kriminalität nicht nur in ihrer äußeren Erscheinung, sondern auch in ihren tiefer zurückliegenden, inneren Ursachen kennen muß. Ohne eine wissenschaftlich begründete Ätiologie des Verbrechens ist eine erfolgreiche Kriminalpolitik nicht möglich.“ [1])

Im weiteren Verlauf seiner Ausführungen gibt von Liszt als Mittel zur Erreichung einer Ätiologie des Verbrechens die systematische Einzelbeobachtung und die Massenbeobachtung (Statistik) an. Beide Beobachtungsmethoden gehören ganz eng zusammen und müssen, falls sie wirklich zu einem brauchbaren Resultat führen sollen, notwendigerweise ineinandergreifen.

Die Einzelbeobachtungen der Gefängnisverwaltung können stets nur ein halbes Bild ergeben, ihnen fehlt vor allem der zur Betrachtung des Bildes nötige Rahmen: durch die im Gefängnis erfolgten Aufnahmen können wir ganz genau die Entwicklungsgeschichte des Verbrechers, überhaupt seine indivi-

[1]) von Liszt, Zur Vorbereitung des Strafgesetzentwurfs, in der Festschrift für den 26. deutschen Juristentag (Berlin 1902), S. 60.

duellen Verhältnisse bis ins kleinste Detail erfahren; aber es fehlt uns die objektive Schilderung des Milieus, aus dem er hervorgegangen. Hier hat die Statistik ergänzend einzusetzen.

Die Massenbeobachtung allein wiederum ergibt zwar auf den ersten Blick ein vollständiges Bild; doch haben wir keine Garantie dafür, daß dieses Bild nicht ein Vexierbild ist. Die Ergebnisse statistischer Untersuchung müssen erst durch Einzelbeobachtungen bestätigt und eventuell berichtigt werden. Ein inniger Konnex zwischen ihnen muß hergestellt werden. —

Die Gefängnisbeobachtungen können nur unter staatlicher Autorität durch öffentliche Organe ausgeführt werden, allerdings ist es Sache der Wissenschaft, die Grundlagen für jene Beobachtungen festzulegen. Nun wäre es aber verfehlt, mit den statistischen Untersuchungen so lange zu warten, bis sich die deutschen Justizverwaltungen entschließen, die Gefängnisbeobachtungen in der nötigen Ausführlichkeit anzuordnen. Letztere sind verhältnismäßig leicht vorzunehmen, während die statistischen Beobachtungen, wenn sie brauchbar und sicher sein sollen, längere Zeit in Anspruch nehmen. Daher darf keinen Augenblick gezögert, keine Zeit verloren werden. —

Sollen durch die statistischen Untersuchungen zulängliche Resultate zu Tage gefördert werden, so darf sich die Untersuchung nie auf ein größeres Gebiet, sondern nur auf möglichst kleine Distrikte erstrecken[1]) — darüber kann gar kein Zweifel sein. Aber mit dieser sicheren Erkenntnis ist noch keineswegs der Weg gewiesen, der zu beschreiten ist: es fehlt die Arbeitsmethode. —

Um an der Hand statistischen Materials die Faktoren zu ergründen, welche die Kriminalität und ihre einzelnen Erscheinungsformen bedingen, kann man, wie v. Liszt[2]) bereits ausgeführt hat, auf zweierlei Weise verfahren, indem man nämlich entweder einen Bezirk untersucht, am besten einen solchen, der sich durch irgend eine Eigentümlichkeit auszeichnet, oder indem man zwei benachbarte Bezirke von verschiedener Kriminalität zum Gegenstande derselben Untersuchung macht.

---

[1]) v. Liszt a. a. O. S. 69/70. [2]) v. Liszt a. a. O. S. 71.

Das erstere Verfahren scheint uns wenig erfolgversprechend zu sein, einmal, da es wohl kaum allzu viele Bezirke gibt, die gerade in einem und nur in einem Punkte etwas Spezifisches haben, man auch nur zur Erklärung der betreffenden Eigentümlichkeit gelangen würde und man überhaupt nicht systematisch arbeiten könnte, dann aber ferner, weil die Begründung jenes Kriminalitätstypus' stets auf einer Hypothese beruhen wird, deren Richtigkeit sich in den wenigsten Fällen durch objektive, einwandfreie Beweise erhärten läßt und weil es gewöhnlich oder immer mehrere Faktoren sind, welche in ihrem Zusammenwirken und Ineinandergreifen für die Kriminalität kausal sind, und es unmöglich ist, hier eine Grenzlinie zu ziehen. Außerdem kommt noch die große Schwierigkeit hinzu, daß eine derartige Untersuchung nur mit der genauesten Sach- und Ortskenntnis unternommen werden kann und auf vollständig spezialisiertem und detailliertem Material beruhen muß, — Schwierigkeiten, welche die Untersuchung in vielen Fällen illusorisch machen.

Gerade dieser Umstand und dann auch die Tatsache, daß die Kriminalität eines Distrikts meist durch mehrere Ursachen bestimmt wird, veranlaßt uns, der anderen Untersuchungsmethode den Vorzug zu geben.

Bei dieser kommt es — so fassen wir sie wenigstens auf — zunächst nur darauf an, alle die Momente festzustellen, welche die beiden den Gegenstand der Untersuchung bildenden Bezirke voneinander unterscheiden. Welche von diesen mehreren Faktoren die wirklich ausschlaggebenden sind, läßt sich u. E. auch nicht bei der genauesten Ortskenntnis — die übrigens stets von subjektiven Anschauungen geleitet oder beeinflußt wird — mit Sicherheit angeben. Dies ist aber vorerst auch garnicht nötig. Es müssen vielmehr zahlreiche analoge Untersuchungen vorgenommen werden, welche sämtlich nur die jedesmaligen Verschiedenheiten der untersuchten Distrikte klarlegen. Das auf diese Weise gewonnene Material wäre dann zu bearbeiten. Wenn sich hierbei herausstellt, daß bei mehreren untersuchten Distriktsgruppen, die sich durch denselben Kriminalitätstypus unterscheiden, unter den gefundenen, je zwei

Distrikte trennenden Faktoren mehrmals derselbe vorkommt, so wird man mit einiger Gewißheit diesen als einen ausschlaggebenden bezeichnen können.

Auf diese Weise wird man zu exakten Resultaten kommen können. Die Richtigkeit derselben wird vielleicht zuweilen dadurch geradezu nachgewiesen werden, daß sich der gefundene einzelne Faktor bei einer Untersuchung als die alleinige Abweichung zweier Distrikte voneinander feststellen läßt. —

Ein Beispiel möge die Methode, wie wir sie uns denken, veranschaulichen: Die benachbarten preußischen Kreise A. und B. unterscheiden sich dadurch, daß im Kreise A. die Weiberkriminalität unverhältnismäßig stark ist; bei einer Untersuchung ergibt sich für A. 1. eine verhältnismäßig große Zahl von Witwen und 2. Frauenarbeit in weitem Umfange. Wodurch ist nun die Kriminalität der Frauen im Kreise A. hervorgerufen?, durch die Frauenarbeit oder durch die Witwenschaft? Untersuchen wir nun noch mehrfach je zwei Kreise, die sich alle durch eine hohe Anzahl von Frauenbestrafungen in je einem von ihnen auszeichnen, und finden wir dann mehrmals neben anderen unterschiedlichen Faktoren, als da sind Kinderreichtum, Prostitution u. s. w., die Frauenarbeit, so werden wir mit ziemlicher Sicherheit diese als eine Ursache der Weiberkriminalität anführen können. (Dies Beispiel ist eine reine Fiktion!) —

Je mehr Untersuchungen, desto exakter die Resultate. Gleichzeitig ist ersichtlich, daß es bei dieser Methode nicht so sehr auf spezielle Ortskenntnis ankommt als bei der erstgenannten. Daraus ergibt sich der Vorteil, daß die Untersuchungen von einer Zentrale aus unternommen werden können und mehrere Untersuchungen, die sich auf denselben Gegenstand beziehen, also z. B. auf die Weiberkriminalität, von einer Person, ein Umstand, der wiederum den Vorzug größerer Einheitlichkeit der Untersuchungen, also besserer Vergleichbarkeit der gewonnenen Resultate, für sich hat. —

Allerdings sind wir der Ansicht, daß vorerst eine Arbeitsteilung aus dem lokalen Gesichtspunkte ratsam ist, nicht eine solche nach Kriminalitätstypen. Eine lokale Untersuchung ergibt den Komplex sämtlicher Typen. Wenn wir ein großes

Material durch lokale Untersuchungen zusammengetragen haben, wird es nicht schwer sein, unter Zugrundelegung dieses Materials an die Untersuchung bestimmter Erscheinungsformen der Kriminalität zu gehen. —

Für die Einzeluntersuchung selbst möchten wir folgenden Weg vorschlagen: Es wird mit einer statistischen Beschreibung der zu behandelnden Bezirke begonnen, und zwar wird möglichst jeder einzelne Faktor untersucht, der für die Gestaltung der Kriminalität in Frage kommen kann, d. h. mit anderen Worten: jeder Faktor, der auf das gesellschaftliche Leben von Einfluß ist. Bei jedem Faktor wird festgestellt, ob und inwieweit sich die Bezirke unterscheiden. Am Schlusse der Beschreibung werden sämtliche unterschiedlichen Faktoren zusammengestellt.

Dann erst wird die Kriminalstatistik herangezogen und ihre Ergebnisse werden mit den vorher ermittelten Resultaten in Zusammenhang gebracht.

Diese Methode hat den Vorzug, daß bei der eigentlichen kriminalstatistischen Untersuchung, die naturgemäß sehr kurz sein wird, das ganze zu verwertende Material geschlossen vorliegt, daß vorher schon alles Überflüssige ausgeschieden ist und hier schon mit den fertigen Resultaten gearbeitet wird, welche nicht erst in jedem Falle entwickelt und begründet zu werden brauchen. Vor allem wird dadurch die Übersichtlichkeit gefördert und eine etwaige Nachprüfung und Modernisierung der Resultate erleichtert. Auch wird eine Beeinflussung der Untersuchung durch die Ergebnisse der Kriminalstatistik leichter vermieden werden, als wenn man diese zum Ausgangspunkt nimmt.

Wenn wir die vollständige statistische Beschreibung der zu untersuchenden Distrikte als eine notwendige Voraussetzung für die Erforschung der Kriminalitätsgründe betrachten, so gehen wir von den folgenden Erwägungen aus: Die Kriminalität ist eine Begleiterscheinung jedes menschlichen Gemeinlebens. — Es gibt kein Gesellschaftsleben ohne Verbrechen, kein Verbrechen ohne Gesellschaftsleben. — Aus der Auffassung des Verbrechens als soziale Erscheinung heraus muß man sagen: Um die Ursachen der Kriminalität zu ergründen, ist es notwendig, zuvörderst das gesellschaftliche Leben und alle diejenigen Bedingungen, von denen es abhängt, mit denen es in irgend einem Zusammenhang steht, kennen zu lernen[1]). Allmählich kann man dann zu den besonderen Bedingungen für die einzelnen Erscheinungsformen des Gemeinschaftslebens, — eine solche ist die Kriminalität — gelangen.

So muß denn gefordert werden, bei unseren Untersuchungen die einzelnen Bezirke nach jeder Richtung hin zu betrachten; eine Beschränkung entsteht natürlich von selbst, nämlich durch das Fehlen des erforderlichen Materials. — Auf diese Weise ist das Schema entstanden, welches dieser Untersuchung zu Grunde gelegt ist. Dasselbe kann für alle Untersuchungen verwandt werden, die sich auf preußische Kreise beziehen, da für diese das gleiche Material vorhanden ist. (Die Quellen sind in jedem Einzelfall genau angegeben, sodaß künftige Untersuchungen sehr erleichtert sind.)

Anhangsweise wird hier das Schema der untersuchten Faktoren mit den wichtigsten allgemeinen Quellen wiedergegeben; diese fehlen nur in drei Fällen, in denen man auf spezielles Material, eventuell direkte Nachfrage angewiesen ist.

---

[1]) Vgl. hierzu v. Liszt's Vortrag auf dem 9. Kongreß der „Internationalen Kriminalistischen Vereinigung" über die „soziologischen Faktoren der Kriminalität". (Zeitschrift für die ges. Strafrechtswissenschaft XXIII, S. 203.)

Faktorenschema.

A. Physikalische Faktoren.

1. Klima (Meitzen, D. Boden u. d. landwirtschaftl. Verhältnisse im preuß. Staat, V, Tab. E).
2. Bodenbeschaffenheit.

B. Individuelle Faktoren.

1. Stammeseigentümlichkeiten (v. Fircks, Ztschr. d. preuß. stat. Bureaus. 33; Preuß. Stat. 148, I).
2. Geschlecht (Pr. Stat. 148, I u. 169).
3. Lebensalter (Pr. Stat. 148, 1).

C. Gesellschaftliche Faktoren.

1. Familie (Pr. Stat. 148, 1 u. 169).
2. Dichtheit der Bevölkerung (Pr. Stat. 148, 1; Gemeindelexikon f. d. pr. Staat).
   Anhang: Stadt und Land (Pr. Stat. 148, I; Meitzen VI, Tab. C).
3. Seßhaftigkeit der Bevölkerung (Pr. Stat. 148, I; Stat. d. dtsch. Reichs, N. F. 68).
4. Beruf (Stat. d. dtsch. Reichs, N. F. 109 u. 111).
   Anhang: a) Berufstätigkeit der Frauen } (Pr. Stat. 76, II).
   b) Berufstätigkeit der Jugendlichen } (Pr. Stat. 76, II).
5. Religion (Pr. Stat. 148, I).

D. Materielle Verhältnisse.

1. Wohnungsverhältnisse (Pr. Stat. 146, I, II u. 148; Meitzen V, Tab, A).
2. Schulverhältnisse (Pr. Stat. 151, II).
3. Soziale Fürsorge.

E. Wirtschaftliche Verhältnisse.

1. Arbeitslöhne (Arbeitszeit).
2. Lebensmittelpreise (besond. Beilage z. Ztschr. d. pr. stat. Bureaus [jährlich]).
3. Verteilung des Grundeigentums (Meitzen VI, Tab. B).
4. Ertrag der Landwirtschaft im allgemeinen (Grundsteuerreinertrag) (Pr. Stat. 146; Meitzen IV u. VI, Tab. A).
5. Ernteerträge (Pr. Stat. 170, 165 etc., jährlich).
6. Viehstand (Viehstandslexikon f. d. preuß. Staat; Pr. Stat. 153).
7. Sparverhältnisse (Ztschr. d. pr. stat. Bureaus 30).
8. Steuerergebnisse (16. Ergänzungsheft z. Ztschr. d. pr. stat. Bureaus).

Kriminalstatistische Untersuchung der Kreise Marienwerder und Thorn.

I. Einleitung.

Wenn wir auch, wie ja ausdrücklich betont, der Ansicht sind, daß man bei kriminalstatistischen Untersuchungen rein induktiv vorgehen muß, so schicken wir doch der eigentlichen Untersuchung, lediglich zur Orientierung, ohne jeden Kommentar, einige Tabellen voraus, welche einmal die Kriminalität der zu untersuchenden Kreise in absoluten Zahlen und dann die Stellung der Kreise bezüglich ihrer Kriminalität in den einzelnen größeren politischen Verbänden veranschaulichen.

1. Die Verurteilten in absoluten Zahlen (1893—97)[1].

	Verbrechen u. Vergehen gegen Reichsgesetze überhaupt				Gewalt und Drohungen gegen Beamte			
	männl.	weibl.	jugendl.	vorbestr.	männl.	weibl.	jugendl.	vorbestr.
Marienwerder . .	2687	751	375	1242	68	17	2	37
Thorn	4789	1520	731	2346	183	64	12	131

	Gefährliche Körperverletzung				Einf. u. schw. Diebstahl (a. i. w. Rf.)				Betrug (auch im wiederh. Rückfall)			
	m.	w.	j.	v.	m.	w.	j.	v.	m.	w.	j.	v.
Marienwerder . .	671	91	76	267	655	281	169	364	53	18	8	36
Thorn	1052	172	113	477	1301	533	441	753	130	130	14	70

[1]) Statistik des deutschen Reichs, N. F. 132, III, 2 ff.

2. Die Stellung der Kreise Marienwerder und Thorn bezüglich der Kriminalität im Reich, im Staat, in der Provinz und im Regierungsbezirk.

	Auf je 100000 strafmündige Zivilpersonen der untenstehenden Kategorien kommen im Durchschnitt der Jahre 1893—97 Verurteilte wegen nachfolgender Delikte:														
	Verbrechen und Vergehen gegen Reichsgesetze überhaupt			Gewalt und Drohungen gegen Beamte			Gefährliche Körperverletzung			Einfacher u. schwerer Diebstahl, auch im wiederholten Rückfall			Betrug, auch im wiederholten Rückfall		
	männl.	weibl.	jugendl.	männl.	weibl.	jugendl.	männl.	weibl.	jugendl.	männl.	weibl.	jugendl.	männl.	weibl.	jugendl.
Marienwerder .	2616,0	651,4	947,8	66,2	14,7	5,1	653,3	78,9	192,1	637,7	243,7	427,1	51,6	15,6	20,2
Thorn	3567,8	1003,3	1376,8	136,1	42,2	22,6	782,6	113,5	212,8	967,8	351,8	830,6	96,7	17,8	26,4
Reg.-Baz. Marienwerder	2617,8	620,8	834,2	69,3	14,9	7,6	642,9	78,8	147,0	658,2	231,8	421,9	58,5	15,9	16,1
Westpreußen .	2677,1	588,3	920,1	105,7	15,8	9,0	629,1	68,8	148,7	640,8	213,2	465,8	64,9	15,6	16,2
Preußen . . .	2067,1	423,1	677,5	87,7	6,7	5,1	398,7	38,9	88,4	410,6	131,4	338,4	84,6	17,2	21,8
Dtsch. Reich .	2031,5	394,1	707,1	85,6	5,7	5,8	422,9	32,0	97,9	393,8	128,1	350,8	102,1	20,9	28,5

	Auf je 1000 im Durchschnitt der Jahre 1893—97 wegen der nachfolgenden Delikte Verurteilten kommen Vorbestrafte:				
	Verbr. u. Verg. geg. Reichsges. überh.	Gewalt u. Drohungen gegen Beamte	Gefährliche Körperverletzung	Einfach. u. schwerer Diebstahl	Betrug (a. Rückf.)
Marienwerder . . .	361,3	435,3	350,4	388,9	507,0
Thorn	371,4	530,4	389,7	410,6	445,9
Rg.-Bz. Marienwerder	354,9	516,3	350,7	370,6	394,6
Westpreußen . . .	387,5	564,1	390,1	393,5	423,9
Preußen	386,6	582,4	362,7	433,7	498,1
Deutsches Reich . .	392,5	587,7	365,3	440,5	538,6

II. Darstellung der das gesellschaftliche Leben beeinflussenden Faktoren und ihrer Verschiedenheit in den Kreisen Marienwerder und Thorn.

A. Die physikalischen Faktoren.

1. Das Klima.

Die beiden Kreise liegen ungefähr auf demselben Meridian, der Kreis Marienwerder nur wenige Minuten östlicher als der Kreis Thorn. Die nördlichste Spitze des letzteren ist von dem südlichsten Punkte des Kreises Marienwerder 18 Minuten, also ungefähr 33—34 km entfernt. Ein klimatischer Unterschied zwischen beiden Kreisen ist kaum vorhanden. Nach 20jähriger Beobachtung ist die Jahrestemperatur für die Stadt Marienwerder 7,3°, die für die Stadt Bromberg 7,7° (nach 42jähriger Beobachtung).[1] Nun liegt aber Bromberg noch etwas südlicher als Thorn, sodaß sich die Zahl für Thorn noch etwas erniedrigen wird.

2. Die Bodenbeschaffenheit.

Auch in Bezug auf die Terrainbildung unterscheiden sich die fraglichen Kreise nicht. Sie werden beide von der Weichsel durchflossen und enthalten je ein Stück der Weichselniederung. In beiden bildet einen Teil des Gebiets die „Höhe“, d. h. mäßig hohe Landrücken des baltischen Höhenzuges.

---

[1]) Meitzen, Der Boden u. d. landwirtschaftl. Verhältnisse des preuß. Staats, V, Tab. E 2, S. 222.

B. Die individuellen Faktoren.

1. Die Stammeseigentümlichkeiten.

Die Volksstämme, aus welchen sich die Bevölkerung der Kreise Marienwerder und Thorn zusammensetzt, sind die Deutschen, Polen, Juden und Masuren; die Zahl der letzteren ist jedoch so gering (in Marienwerder 0,3 °/₀₀, in Thorn 0,1 °/₀₀)[1], daß wir sie aus unserer Betrachtung füglich ausscheiden können.

Eine genaue Feststellung der Nationalität ist nicht möglich, da sich die Abstammung der einzelnen Leute nicht ermitteln läßt. Bei der Zählung der polnischen Bevölkerung diente als unterscheidendes Merkmal die Sprache, bei der Ermittelung der Juden das Religionsbekenntnis.

Nun gibt es aber sicherlich Polen, welche ihre Muttersprache abgelegt haben, und andererseits Deutsche, welche, z. B. wenn sie inmitten einer rein polnischen Bevölkerung leben, polnisch sprechen.[2] Ferner werden Juden, welche sich der Taufe unterzogen haben, nicht als Juden aufgeführt[3], obwohl dadurch die Stammeseigentümlichkeiten in keiner Weise berührt werden. Auch äußerlich unterscheidet die Statistik nicht Deutsche, Polen und Juden: letztere sind teilweise als Deutsche, teilweise als Polen bezeichnet, je nach ihrer Sprache.

Was zunächst die Polen betrifft, so wird man, wenn man sich den Gang der Geschichte vergegenwärtigt, im Thorner Kreise mehr Polen vermuten als in Marienwerder. Die Statistik bestätigt diese Vermutung.

Im Jahre 1861[4]) hatte Thorn 466 °/₀₀, Marienwerder 293 °/₀₀ Polen. (Nach Boeckh[5]) sprachen im Jahre 1865 deutsch:

---

1) v. Fircks i. d. Ztschr. d. preuß. stat. Bureaus, Bd. 33 (1893), S. 216.

2) Meitzen (u. Großmann) VI. S. 20; v. Fircks i. d. Ztschr. d. stat. Bureaus. Bd. 33, S. 189 ff., 250; Vallentin, Westpreußen (1893) (Neumanns Beiträge zur Gesch. d. Bevölkerung in Deutschland, Bd. 4) S. 6.

3) v. Fircks i. d. Ztschr. d. stat. Bur. Bd. 33 S. 281.

4) Vallentin, S. 6.

5) Boeckh, Der Deutschen Volkszahl und Sprachgebiet (1869), S. 288/9.

In Marienwerder	(oberländer	Anteil)	98,3 %
„	„	(marienburger	„	52,2 %
„	„	(pommerellischer	„	35,6 %
„	Thorn	(kulmer	„	50,3 %
„	„	(großpolnischer	„	68,5 %)

Nach der Zählung von 1890[1]) waren ihrer Muttersprache gemäß:

In Marienwerder	349,6 ‰	Polen,
„ Thorn	426,4 ‰	„

Ein gutes Bild von der Verteilung der Nationalitäten kann man sich machen, wenn man die preußische Schulstatistik betrachtet[2]). Diese unterscheidet drei Kategorien, sie zählt die nur deutsch, die nur polnisch und die polnisch und deutsch zugleich sprechenden Schulkinder. Die letzteren werden wohl zum größten Teile polnischer Abstammung sein[3]), nach Vallentins Ansicht etwa zu $^2/_3$ oder $^3/_4$.

	Im Jahre 1896 sprachen von 100 Schulkindern in der Familie[4]):		
	deutsch	polnisch	deutsch u. polnisch
Marienwerder . .	56,1	37,5	6,3
Thorn	44,8	48,1	7

	Im Jahre 1886 sprachen von 100 Schulkindern in der Familie[5]):		
	deutsch	polnisch	deutsch u. polnisch
Marienwerder . .	59,3	31,3	9,3
Thorn	47,3	46,7	5,9

Aus der Gegenüberstellung der letzten Tabellen ergibt sich eine fortschreitende Polonisierung beider Kreise[6]). —

Nach der Volkszählung von 1895 gab es Juden[7]) im Kreise Marienwerder 7,39 ‰, im Kreise Thorn 18,81 ‰ der Be-

[1]) v. Fircks in d. Ztschr. d. stat. Bureaus, Bd. 33, S. 216.

[2]) Vallentin, S. 107.

[3]) Vallentin, S. 107.

[4]) Preuß. Stat. 151, II, S. 38/9 (danach berechnet).

[5]) Preuß. Stat. 101, S. 202 (danach berechnet).

[6]) S. Vallentin, S. 6 u. 111 ff.

[7]) Preuß. Stat. 148, I, S. 130.

völkerung. Die Zahl der Juden ist in beiden Kreisen in stetiger Abnahme begriffen; im Jahre 1890[1]) machten sie 8,23 ‰ resp. 20,94 ‰, im Jahre 1885[2]) 9,87 ‰ resp. 26,13 ‰ der Bevölkerung aus.

2. Das Geschlecht.

Die Verteilung der Bevölkerung in Bezug auf das Geschlecht erscheint in beiden Kreisen verschieden, und zwar verhalten sich zunächst die Zahlen für die Geschlechter ungefähr umgekehrt proportional.

Es waren nämlich im Jahre 1900[3]) unter 1000 ortsanwesenden Personen im Kreise Marienwerder 487 Männer und 513 Frauen, dagegen im Kreise Thorn 516 Männer und 484 Frauen, d. h. es kommen auf 1000 Männer in Marienwerder 1053 Frauen, in Thorn nur 938. Der außerordentlich starke Männerüberschuß im Kreise Thorn erklärt sich durch die starke Garnison, welche die Stadt Thorn hat. Rechnen wir in beiden Kreisen die aktiven Militärpersonen ab, so erhalten wir für das Jahr 1895[4]) im Kreise Marienwerder 480 Männer und 520 Frauen, im Kreise Thorn 479 Männer und 521 Frauen auf das Tausend der Bevölkerung (ohne Militär). Diese Berechnung ergibt, daß die Verteilung der Männer und Frauen in beiden Kreisen nahezu die gleiche ist.

3. Das Lebensalter.

	Von 1000 ortsanwesenden Personen waren im Jahre 1895[5]):	
	Im Kr. Marienwerder	Im Kr. Thorn
Kinder unter 6 Jahren . . .	169	168
„ von 6—14 Jahren . .	192	172
Personen von 14—18 Jahren	80	76
„ „ über 18 Jahren	559	584
(Davon über 70 Jahre) . . .	(34)	(23)

[1]) Pr. Stat. 121, I, S. 156.
[2]) Pr. Stat. 96, S. LXXV.
[3]) Pr. Stat. 166, S. 320/1 (danach berechnet).
[4]) Pr. Stat. 148, I, S. 82 (danach berechnet).
[5]) Pr. Stat. 148, I, S. 130.

Die Zusammenstellung lehrt, daß ein nennenswerter Unterschied nur in der Klasse der 6—14jährigen, d. h. der schulpflichtigen Kinder, besteht; der Kreis Marienwerder zählt ihrer 20 °/oo mehr als der Kreis Thorn. Dementsprechend erhöht sich für Thorn die Zahl der über 18 Jahre alten Personen. Heben wir aus der Bevölkerung die 12—18jährigen hervor, d. h. die im Sinne unseres Strafgesetzbuchs Jugendlichen, so betragen diese 122 °/oo für Marienwerder und 114 °/oo für Thorn[1]) sie sind also in Marienwerder etwas zahlreicher.

C. Die gesellschaftlichen Faktoren.

1. Die Familie.

Was zunächst die Zunahme der Bevölkerung durch Geburten angeht, so kommen auf 1000 Einwohner im Jahre 1900 im Kreise Marienwerder 40,6, im Kreise Thorn 44,1 Geburten.[2]) Diese Erscheinung wird auf die Nationalitätsverhältnisse zurückzuführen sein. Bereits für die Jahre 1886—1888 hat Michelsen[3]) festgestellt, daß im ganzen Regierungsbezirk Marienwerder sich die Bevölkerung der mehr polnischen Kreise schneller vermehrt als die der überwiegend deutschen.

Auch die Sterblichkeit ist in den polnischen Kreisen größer als in den deutschen.[4])

Im Jahre 1900[5]) hat der Kreis Marienwerder 26,4 und der Kreis Thorn 28,2 Personen auf das Tausend durch den Tod verloren.

Also sind in Thorn sowohl mehr Geburten wie auch mehr Sterbefälle als in Marienwerder zu verzeichnen.

Die Zahl der Eheschließungen ist in beiden Kreisen im Verhältnis zur Bevölkerung ungefähr die gleiche, nämlich 7,4 °/oo in Marienwerder und 7,3 °/oo in Thorn (1900[5]), in letzterem Kreise ist sie stetig gefallen (noch im Jahre 1888 betrug

---

1) Pr. Stat. 148, I, S. 130 (danach berechnet).

2) Pr. Stat. 169, S. 320—321 (danach berechnet).

3) Michelsen, D. öffentl. Gesundheitswesen d. R.-B. Marienwerder (1890) S. 30.

4) Michelsen, S. 39.

5) Pr. Stat. 169, S. 320—321 (danach berechnet).

sie 9,7 ‰), während sie in Marienwerder konstant geblieben ist. Die starke Tendenz jener Zahl zum Fallen im Kreise Thorn läßt erwarten, daß sie schon bei der nächsten Zählung niedriger ist als in Marienwerder.

Auf 1000 Geburten kommen im Jahre 1895 im Kreis Marienwerder 74 (1900: 78), im Kreis Thorn 69,6 (1900: 74) uneheliche Geburten. Auf 1000 Einwohner kommen in beiden Kreisen gleichmäßig je 3 uneheliche Geburten.[1])

Der Familienstand der Bevölkerung wird in folgender Tabelle dargestellt (1895)[2]):

	Marienwerder	Thorn	Marienwerder	Thorn
	absolute Zahlen		‰ der Bevölkerung	
1. Ledige				
männliche	20084	32798	305,5	353
(davon über 20 Jahre alt)	(4012)	(11682)	(61,0)	(125,7)
weibliche	19485	26047	296,4	280,3
(davon über 15 Jahre alt)	(7027)	(9333)	(169)	(100,4)
2. Verheiratete				
männliche	11258	14851	171,2	159,8
weibliche	11244	14836	171,0	159,6
3. Verwitwete				
männliche	790	815	12,0	8,7
weibliche	2725	3373	41,4	36,3
4. Geschiedene				
männliche	67	58	1,0	0,6
weibliche	79	134	1,2	1,4

Hieraus geht hervor, daß in Thorn die Zahl der unverheirateten Männer größer, die der ledigen Frauen aber, allerdings nur um ein geringes, kleiner ist als in Marienwerder.

Die Verheirateten sind in Marienwerder zahlreicher als in Thorn.

Von den ledigen Männern sind in Marienwerder nur 19,97 % über 20 Jahre alt, während die entsprechende Ziffer für Thorn 35,6 % ist. Die Zahl der über 15 Jahre alten ledigen

---

[1]) Pr. Stat. 169, S. 320—321 (danach berechnet).

[2]) Pr. Stat. 148, I, S. 130 (danach berechnet) und 169, S. 320—321 (danach berechnet).

Frauen ist in beiden Kreisen dieselbe (36 % resp. 35,8 % der ledigen Frauen).

Von den im Jahre 1895[1]) im Kreise Marienwerder gezählten 13506 Haushaltungen sind 827 oder 6,1 % Einzelhaushaltungen, während die übrigen von Familien geführt werden.

Von den 17752 Thorner Haushaltungen sind 905 Einzelhaushalte, d. h. nur 5,1 %.

Von den Einzelhaushaltungen werden in Marienwerder 25,5 % von Männern, 74,5 % von Frauen, in Thorn 40,5 % von Männern, 59,5 % von Frauen geführt — wieder ein Beweis dafür, daß es im Kreis Thorn bedeutend mehr Männer gibt als in Marienwerder, welche kein Ehe- und Familienglück kennen.

2. Die Dichtigkeit der Bevölkerung.

1895[2]) entfielen auf 1 qkm im Kreise Marienwerder 68,93 Bewohner, im Kreise Thorn 101,92 Bewohner. Die Ziffer für den Kreis Thorn wird dadurch so hoch, daß er eine größere Stadt, nämlich Thorn, mit über 30000 Einwohnern enthält, während sein Areal kleiner ist als das des Kreises Marienwerder. In der Stadt Thorn allein kommen auf 1 qkm 255,81[3]) Bewohner. Scheiden wir die Stadt Thorn aus dem Kreise aus, so erhalten wir für den übrigen Teil des Kreises Thorn 69,57 Bewohner auf 1 qkm, also immer noch mehr als im Kreise Marienwerder. Die anderen Städte der beiden Kreise sind sehr dünn bevölkert, es kommen in Kulmsee 43,2, in Mewe 51,9, in Garnsee 10,1, in Marienwerder 79 Menschen auf 1 qkm.

Im ländlichen Teile des Kreises Marienwerder kommen 55,7, im ländlichen Teile des Kreises Thorn 62,3 Personen auf 1 qkm.[4]) Diese Zahlen sind eher vergleichbar als die oben genannten großen Durchschnittsziffern, wenngleich die Verhältnisse in den einzelnen ländlichen Gemeinden und Gutsbezirken auch ganz verschieden sind. Man müßte eigentlich

---

1) Pr. Stat. 148, I, S. 8—9.

2) Pr. Stat. 148, I, S. 130.

3) Pr. Stat. 148, I, S. 9 u. 182ff. (danach berechnet).

4) Gemeindelexikon f. d. Kgr. Preußen, II, S. 72 u. 108.

die Bevölkerungsdichtigkeit aller einzeln berechnen; dies wäre eine große, aber mit Hülfe des Gemeindelexikons nicht unmögliche Arbeit. Jedenfalls ergibt sich aber schon aus dem Gesagten, daß der Kreis Thorn im allgemeinen dichter bevölkert ist als Marienwerder.

Obwohl in Thorn auf 1 qkm mehr Menschen kommen als in Marienwerder, ist dort die Anzahl der Wohnhäuser, die auf 1 qkm stehen, doch etwas geringer,[1]) sie beträgt 7,21, während sie für Marienwerder 7,34 ist; früher war die Differenz größer, so im Jahre 1890 = 6,87 gegenüber 7,19.

Aus dem letzteren geht hervor, daß im Kreise Thorn in einem Hause durchschnittlich mehr Menschen wohnen als in Marienwerder.

Es kommen auf 1 Wohnhaus 1. Bewohner: in Marienwerder 9,38, in Thorn 14,14; 2. Haushaltungen: in Marienwerder 1,93, in Thorn 2,70.

Auf 1 Haushaltung kommen Bewohner: in Marienwerder 4,87, in Thorn 5,23.

Anhang.

Stadt und Land.

Wie bereits erwähnt, wird die Dichtigkeit der Bevölkerung durch ihre Verteilung auf Stadt und Land stark beeinflußt. Man muß sich daher ein ungefähres Bild hiervon machen.

Der Kreis Marienwerder zählte im Jahre 1895[2]) 3 Städte, nämlich Marienwerder mit 9214, Mewe mit 3919 und Garnsee mit 1036 Einwohnern, ferner 107 Landgemeinden und 56 Gutsbezirke, der Kreis Thorn dagegen 2 Städte, Thorn mit 30314 und Kulmsee mit 7579 Einwohnern, 67 Landgemeinden und 82 Gutsbezirke.

Von den Bewohnern wohnten

in Städten:	im Kreise Marienwerder	14169,	im Kreise Thorn	35473
„ Landgemeinden:	„ „ „	40111,	„ „ „	41213
„ Gutsbezirken:	„ „ „	11447,	„ „ „	16251

---

[1]) Pr. Stat. 148, I, S. 130.

[2]) Pr. Stat. 148, I, S. 182ff. u. Meitzen-Großmann VI, Tab. C., S. 144—145.

Von je 100 Personen wohnten

in Städten:	im Kreise Marienwerder	21,6,	im Kreise Thorn	38,2
„ Landgemeinden:	„ „	61,0,	„ „	44,3
„ Gutsbezirken:	„ „	17,4,	„ „	17,5

Im Kreis Marienwerder sind also die Landbewohner bedeutend zahlreicher als in Thorn.

Folgende Zusammenstellung soll veranschaulichen, wie die einzelnen Wohnplätze mit Menschen besetzt sind:

Kreis Marienwerder

1	Stadt	mit 9214	Einwohnern	auf 1166,6 ha	
1	„	„ 3919	„	„ 755,5 „	
1	„	„ 1036	„	„ 1024,6 „	
107	Landgem.	„ je 375	„		Durchschnitt
56	Gutsbez.	„ je 204	„		Durchschnitt

Kreis Thorn

1	Stadt	mit 30314	Einwohnern	auf 1185,1 ha	
1	„	„ 7579	„	„ 1752,5 „	
67	Landgem.	„ je 615	„		Durchschnitt
82	Gutsbez.	„ je 198	„		Durchschnitt

Namentlich sieht man hieraus, daß die Thorner Landgemeinden weit dichter bevölkert sind als die des Kreises Marienwerder. Im Verhältnis zur Bevölkerung hat Marienwerder mehr als doppelt so viel Landgemeinden als Thorn, und ungefähr ebensoviel Gutsbezirke.

Aus allem ergibt sich, daß die Bevölkerung im Kreise Marienwerder mehr zerstreut, namentlich in zahlreichen Landgemeinden mit kleiner Einwohnerzahl, lebt, während sie sich in Thorn in relativ wenigen Gemeinden zusammendrängt.

3. Die Seßhaftigkeit der Bevölkerung.

Über die Frage, in welchem von den in Rede stehenden Kreisen die Bevölkerung mehr fluktuiert, welcher mehr durch Zuzug von außerhalb mit fremden Elementen durchsetzt wird, welcher mehr von seinen angestammten Bewohnern nach außen abgibt, vermögen wir keine Auskunft zu geben.

Spezielle Nachweise haben wir nur für die Staatsangehörigkeit der Bewohner.

	Im Jahre 1895[1]) lebten: im Kreise Marienwerder	im Kreise Thorn
Österreicher	5	20
Ungarn	8	9
Holländer	1	1
Dänen	—	1
Russen	17	377
Schweizer	19	14
Italiener	—	2
Andere und ohne Angabe	10	21

Bemerkenswert ist hiervon nur die etwas größere Zahl von Russen im Kreise Thorn, die aber doch nicht so groß ist, daß sie auf das soziale Leben einen nennenswerten Einfluß haben kann.

Was die Binnenwanderung angeht, so stehen uns nur Angaben für die Provinz Westpreußen zur Verfügung (ihre Grundlage ist die Volkszählung von 1890).[2])

Aus anderen Teilen des Reichs sind nach Westpreußen zugezogen 27 °/oo der anwesenden Bevölkerung, dagegen sind 146 °/oo der Geburtsbevölkerung aus Westpreußen weggezogen. Der Verlust beträgt 122 °/oo der Geburtsbevölkerung.

Von der am 1. Dezember 1890 ortsanwesenden Bevölkerung Westpreußens (1433681) sind 1283281 Personen in Westpreußen selbst geboren. Von dem Rest sind geboren in Ostpreußen 57614, in Pommern 27841, in Posen 27566, in Brandenburg mit Berlin 11357. Die Zuwanderung aus den übrigen Teilen Deutschlands ist minimal (im ganzen 141692).

Von 10000 der Gesamtbevölkerung Westpreußens sind geboren

1. innerhalb Westpreußens	8951	Personen	
2. außerhalb „	1049	„	und zwar
a) innerhalb Preußens	964	„	
b) in einem andern deutsch. Staate	24	„	
c) „ „ fremden europ. Staate	54	„	
d) außerhalb Europas	2,5	„	
e) unbekannt, wo	4,7	„	

---

[1]) Pr. Stat. 148, I, S. 82.

[2]) St. d. d. R. 68, N. F. S. 54*ff. u. S. 192.

Von 10000 der in Westpreußen geborenen und im Deutschen Reich gezählten Personen lebten am 1. Dezember 1890 innerhalb Westpreußens 8407, außerhalb Westpreußens 1593.

Ein Vergleich der Kreise Marienwerder und Thorn ist bezüglich der Zuwanderung von Deutschen, wie gesagt, nicht möglich. Doch ergibt sich aus den mitgeteilten Zahlen, daß Westpreußen überhaupt eine sehr geringe Zuwanderung hat, daß seine Bevölkerung zum allergrößten Teile, zu $^{9}/_{10}$, aus Einheimischen besteht.

Die Zuwanderung wird wohl hauptsächlich den größeren Städten zu gute kommen und zu einem beträchtlichen Teil auf das Militär und die Beamten fallen. Ein Einfluß auf das gesellschaftliche Leben der Bevölkerung wird ihr kaum zuzuschreiben sein.

4. Der Beruf.

Die Berufsstatistik stellt sich auf Grund der Berufszählung vom 14. Juni 1895[1]) in folgender Tabelle dar:

	Von 100 der Gesamtbevölkerung der einzelnen Kreise sind					
	Erwerbstätige im Hauptberuf		Angehörige (ohne Hauptberuf) u. Dienstboten		Erwerbstätige im Nebenberuf	
	Mar.	Thorn	Mar.	Thorn	Mar.	Thorn
Land- u. Forstwirtschaft . .	21,6	15,29	37,64	25,26	3,92	3,04
Bergbau u. Industrie . . .	6,67	8,92	11,43	15,85	0,77	0,53
Handel u. Verkehr	1,99	3,93	3,34	7,34	0,51	0,51
Häusl. Dienste, Tagelohn .	1,04	1,81	1,49	3,15	0,03	0,03
Öffentl. Dienst, freie Berufe	3,1	11,25	3,28	3,86	0,12	0,07
Ohne Beruf	4,29	2,62	2,33	1,99		

Die Tabelle kann nach Berufsarten weiter spezialisiert werden. Wir fügen hierfür nur die absoluten Zahlen bei:

[1]) Stat. d. d. R., N. F., 109 (danach berechnet).

Die Berufsarten (absolute Zahlen).

(Stat. d. Deutsch. Reichs, N. F. 109).

14. Juni 1895	Erwerbstätige im Hauptberuf		Angehörige (ohne Hauptberuf) und Dienstboten		Erwerbstätige im Nebenberuf	
	Marienwerder	Thorn	Marienwerder	Thorn	Marienwerder	Thorn
A.						
1. Landwirtschaft	13 994	13 853	24 246	22 751	2528	2773
2. Kunst- und Handelsgärtnerei	73	191	135	283	10	13
3. Tierzucht	2	4	4	15	4	16
4. Forstwirtschaft	80	129	231	317	19	22
6. Binnenfischerei	50	38	131	111	18	4
B.						
1. Erzgewinnung			1			
5. Torfgräberei	5	1	3	5	1	
6. Steinmetzen, Steinhauer	6	6	18	14	1	1
7. Steinbrüche	13	21	15	94	1	
8. Feine Steinwaren		2		7		
9. Kies, Sand, Kalk, Zement	5	11	16	30		
10. Zementwaren, Gipsdielen	4					
12. Ziegelei, Tonröhren	243	477	337	977	23	11
13. Töpferei	26	21	45	19		2
16. Glashütten	14		54		1	
20. Goldschmiede, Juweliere	10	20	13	28		2
22. Kupferschmiede	2	8	8	18		
23. Rot- und Gelbgießer		5	1	4		
24. Zinngießer	1		4			
26. Sonstige Verarbeitung unedler Metalle (ohne Eisen)		8		9		
28. Gürtler, Bronzeure		1				
30. Eisengießerei	4	26	13	73		
32. Klempner	26	117	35	96		1
34. Nagelschmiede		1		2		
37. Grob-(Huf-)Schmiede	309	398	523	808	29	11
38. Schlosserei, Geldschrankfabrik.	74	347	62	401		
39. Zeug-, Messerschmiede	1	1				
40. Scherenschleifer	2	3	6	14		
41. Feilenhauer	1	3	7	3		
43. Nadel-, Drahtwarenfabriken.	4		2			
45. Maschinen, Werkzeuge	23	76	71	207		
46. Mühlenbauer	2	11	5	27		

14. Juni 1895	Erwerbstätige im Hauptberuf		Angehörige (ohne Hauptberuf) und Dienstboten		Erwerbstätige im Nebenberuf	
	Marienwerder	Thorn	Marienwerder	Thorn	Marienwerder	Thorn
47. Stellmacher, Wagner	158	211	355	457	19	19
48. Wagenbauanstalten	3	4	3	20		1
49. Schiffsbau	2	14	6	23		
50. Büchsenmacher	2	16	2	11		
52. Uhrmacher	20	58	19	55		
53. Pianoforte-, Orgelbau	2		12			
54. Sonstige Musikinstrumente		6		14		1
55. Physikalische, chirurgische Apparate	6	15	10	19		2
57. Elektrotechnik		6		22		
58. Chemische etc. Präparate		3	7	4		
59. Apotheker	9	26	16	49		
61. Zündwaren		9		23		
62. Abfälle, Düngstoffe	1	17	2	43		3
63. Abdecker		5		9		4
65. Gasanstalten	3	28	10	67		
66. Lichte, Seifen	3	12	13	13		
67. Ölmühlen						2
70. Spinnerei, Spulerei	1					
72. Weberei	3	4	2	2		1
74. Strickerei, Wirkerei	3	3	3	1		2
75. Häkelei, Stickerei	7	4	1			
76. Färberei	4	5	11	14		
77. Bleicherei, Appretur	1					3
79. Seiler	11	6	20	9		
81. Papier, Pappe	1	3	2	1		
83. Buchbinderei, Kartonfabriken	13	33	9	31	2	3
85. Gerberei	8	5	10	12		
90. Riemer, Sattler	68	108	114	156	4	3
92. Tapezierer	12	27	11	50	4	
93. Holzzurichtung	61	68	177	171	2	5
94. Grobe Holzwaren	3	13	7	15		
95. Tischler	186	361	318	693	13	15
96. Böttcher	24	49	37	100	1	1
97. Korbmacher	185	30	329	48	108	3
98. Sonst. Flechten von Holz und Stroh	6	2	9			3
99. Drechsler	5	17	4	23	1	

14. Juni 1895	Erwerbstätige im Hauptberuf		Angehörige (ohne Hauptberuf) und Dienstboten		Erwerbstätige im Nebenberuf	
	Marienwerder	Thorn	Marienwerder	Thorn	Marienwerder	Thorn
101. Korkschneiderei		5		7	1	
102. Kammacher	1		6			
103. Bürstenmacher	9	10	11	11		
105. Spiegel-, Bilderrahmen	4	3	6		1	1
106. Getreidemühlen	135	178	239	327	43	50
107. Bäckerei	117	338	124	385	7	22
108. Konditorei	38	75	26	79		1
109. Rübenzucker	44	154	97	407	2	4
110. Andere vegetarische Nahrungsmittel		5		7		4
111. Fleischer (Schlächter)	139	324	292	434	12	36
112. Andere animalische Nahrungsmittel	52	14	47	23	2	1
113. Wasserwerke, Minneralwasser	2	23	2	49	3	10
115. Brauerei	45	75	119	184	2	2
116. Branntweinbrennerei	35		85		13	
117. Schaum-, Obstweinfabriken		2				
118. Essig	2	7	2	25	1	2
119. Tabak	1	7		16		1
120. Näherinnen	91	165	20	77	2	12
121. Schneider (-innen)	437	730	464	765	59	36
122. Kleider-, Wäschekonfektion	10	11	2	16		3
123. Putzmacherei	26	64	5	35		5
125. Künstliche Blumen		1		1		
126. Hutmacher		5		5	1	
127. Mützenmacher		5		3		1
128. Kürschner	11	17	18	34		
129. Handschuhmacher	1	7	4	9		
130. Kravatten, Hosenträger		1				
132. Schuhmacher	349	555	648	1042	28	24
133. Barbiere	25	83	15	71	1	
134. Friseure, Perückenmacher	9	19	6	31		
135. Badeanstalten	1	7	1	19		3
136. Wäscherei, Plätterei	53	252	54	245	6	39
138. Bauunternehmung	386	886	832	2184	34	59
139. Feldmesser, Kulturtechniker	13	35	8	19		
140. Maurer	321	633	703	1556	29	26
141. Zimmerer	194	384	496	950	26	26

14. Juni 1895	Erwerbstätige im Hauptberuf		Angehörige (ohne Hauptberuf) und Dienstboten		Erwerbstätige im Nebenberuf	
	Marienwerder	Thorn	Marienwerder	Thorn	Marienwerder	Thorn
142. Glaser	22	29	25	61	6	2
143. Stubenmaler, Tüncher	61	142	90	167		4
145. Dachdecker	29	44	50	93	10	8
146. Steinsetzer	37	56	101	112	3	2
147. Brunnenmacher	6	6	16	15		2
148. Gas- und Wasserinstallateure	2	7		8		3
149. Ofensetzer	22	37	50	74		
150. Schornsteinfeger	9	22	17	31		
152. Buchdruckerei	36	61	54	52		3
153. Stein- und Zinkdruckerei	5	13	7	6	1	
156. Photographie	2	22	5	36	1	
157. Maler, Bildhauer					1	
160. Sonst. künstlerische Berufe		1		2		
161. Gewerbl. Personen ohne nähere Bezeichnung	21	2	14	7		
C.						
1. Waren- und Produktenhandel	566	1348	736	2103	134	180
2. Geld- und Kredithandel	7	18	17	52	8	3
3. Spedition, Kommission	10	54	27	93	1	2
4. Buch-, Kunst-, Musikalienhandel	9	16	22	32	2	4
5. Zeitungsverlag etc.	1	1		1	1	2
6. Hausierhandel	4	10	5	14		2
7. Handelsvermittelung	7	48	24	87	4	14
8. Hülfsgewerbe des Handels	9	41	28	106	1	1
9. Versteigerung, Stellenvermittelung	16	24	35	34	4	1
10. Versicherungsgewerbe	6	21		26	13	20
11. Post- und Telegraphenbetrieb	109	235	299	507	14	18
12. Eisenbahnbetrieb	49	552	174	1852		6
13. Posthalterei, Eersonenfuhrwerk	29	60	51	171	17	13
14. Straßenbahnbetrieb		16		59		
15. Fracht- und Rollfuhrwerk	13	50	41	116	8	30
17. See- und Küstenschiffahrt		1		9		
18. Binnenschiffahrt	83	267	222	564	8	11
19. Hafen- und Lotsendienst etc.		1		1	1	
20. Botengänger, Dienstmänner	15	11	13	37	1	1

14. Juni 1895	Erwerbstätige im Hauptberuf		Angehörige (ohne Hauptberuf) und Dienstboten		Erwerbstätige im Nebenberuf	
	Marienwerder	Thorn	Marienwerder	Thorn	Marienwerder	Thorn
21. Leichenbestatter	7	13	6	32	3	3
22. Beherbergung, Erquickung	370	873	555	931	125	168
D.						
1. Häusliche Dienste etc.	301	474	227	457	10	12
2. Lohnarbeit wechselnder Art	385	1209	757	2477	14	19
E.						
1. Armee und Kriegsflotte	1076	9297	112	1054		
2. Staats-, Gemeindedienst	465	558	1222	1444	35	31
3. Kirche, religiöse Anstalten	42	65	114	156	20	12
4. Erziehung, Unterricht	253	339	611	673	13	7
5. Gesundheitspflege	57	116	47	131	11	9
6. Privatgelehrte	4	4	3	8		4
7. Privatsekretäre, Schreiber etc.	13	29	20	19		2
8. Musik, Theater etc.	28	50	33	105	6	9
F.						
1. Rentner, Pensionäre	1239	1375	1183	1693		
2. Von Unterstützung Lebende	559	447	247	161		
3. Schüler, nicht bei Angehörigen	392	418				
4. Insassen von Wohltätigkeitsanstalten	40	94		3		
5. Insassen von Armenhäusern	19	10				
6. „ „ Siechen-, Irrenanstalten		40				
7. Insassen von Strafanstalten	462					
8. Ohne Berufsangabe	112	53	106			

Fassen wir die im Hauptberuf Erwerbstätigen und die Angehörigen zusammen und lassen wir die Erwerbstätigen im Nebenberuf fort, so erhalten wir nachstehende Tabelle[1]) für die Berufsabteilungen:

---

[1]) St. d. d. R., N. F., 111, S. 344*.

Von 100 ortsanwesenden Personen gehören zu der Berufsabteilung	Marienwerder	Thorn
A. Land- und Forstwirtschaft	60,24	40,03
B. Bergbau und Industrie	18,42	24,45
C. Handel und Verkehr	5,52	11,14
D. Häusliche Dienste, Tagelohn	2,58	4,90
E. Öffentlicher Dienst, freie Berufe	6,5	14,92
F. Ohne Beruf und Berufsangabe	6,74	4,56

Für die einzelnen Berufsgruppen erhalten wir:

	Marienwerder	Thorn
A.		
1. Landwirtschaft	59,15	38,88
2. 3. Gärtnerei, Tierzucht	0,33	0,52
4. Forstwirtschaft	0,48	0,47
5. 6. Fischerei	0,28	0,16
B.		
1—5. Bergbau, Hütten- u. Salinenwesen, Torfgräberei	0,01	0,01
6—19. Industrie der Steine und Erden	1,23	1,78
20—44. Metallverarbeitung	1,71	2,54
45—57. Maschinen, Werkzeuge, Instrumente, Apparate	1,08	1,35
58—63. Chemische Industrie	0,06	0,20
64—68. Forstwirtschaftliche Nebenprodukte, Leuchtstoffe, Fette, Öle, Firnisse	0,05	0,13
69—80. Textilindustrie	0,10	0,05
81—83. Papier	0,04	0,07
84—92. Leder	0,34	0,38
93—105. Holz- und Schnitzstoffe	2,15	1,73
106—119. Nahrungs- und Genußmittel	2,54	3,44
120—137. Bekleidung und Reinigung	3,48	4,54
138—150. Baugewerbe	5,40	8,02
151—156. Polygraphische Gewerbe	0,17	0,20
157—160. Künstler und künstlerische Betriebe zu gewerblichen Zwecken	—	0,00
161. Gewerbl. Personen ohne nähere Bezeichnung	0,06	0,01
C.		
1—9. Handelsgewerbe	2,36	4,34
10. Versicherungsgewerbe	0,01	0,05
11—21. Verkehrsgewerbe	1,72	4,84
22. Beherbergung und Erquickung	1,43	1,91

Die Statistik lehrt also, daß im Kreise Marienwerder die landwirtschaftliche Bevölkerung um $^1/_3$ zahlreicher ist als im Kreise Thorn. Dafür hat Thorn mehr Industrie als Marienwerder und ist in der Abteilung Handel und Verkehr doppelt so stark; auch die freien Berufsarten sind in Thorn mehr vertreten (dies liegt zum großen Teil an dem Militär), ebenso die häuslichen Dienste und die Tagelöhnerarbeit. In folgenden Berufsgruppen überragt Thorn Marienwerder in bemerkenswerter Weise: in der Metallverarbeitung, in der chemischen Industrie, der Nahrungs- und Genußmittelindustrie, in der Bekleidung und Reinigung, im Baugewerbe, im Handelsgewerbe, im Verkehrsgewerbe.

Umgekehrt steht Marienwerder dem Kreise Thorn voran in der Landwirtschaft, in der Fischerei, in der Textilindustrie.

Anhang.

a) Die Berufstätigkeit der Frauen.

Hier müssen wir uns mit den Angaben begnügen, welche die Berufszählung vom 5. Juni 1882 zur Grundlage haben, da das preußische statistische Bureau die Ergebnisse der Zählung von 1895 für die kleineren Verwaltungsbezirke noch nicht veröffentlicht hat.

Nach jener Zählung[1]) gehörten von 1000 Frauen in die Abteilung:

	Marienwerder	Thorn
A. Landwirtschaft	96,94	95,72
B. Industrie und Gewerbe	16,09	20,90
C. Handel und Verkehr	4,96	10,13
D. Hausdienst und wechselnde Lohnarbeit	9,29	12,34
E. Freie Berufe	2,97	4,01
F. Ohne Beruf	33,94	20,17
G. Dienstboten zur Bedienung	76,52	70,09
H. Angehörige ohne Hauptberuf	759,25	766,66

Berufstätig (A—G) sind im Kreise Thorn 233,33 ‰ der Frauen, im Kreise Marienwerder ein wenig mehr, nämlich

[1]) Pr. St. 76, II, S. 278 und 282.

240,74 ‰; die Differenz ist also unbedeutend. Betrachten wir aber die einzelnen Berufsabteilungen, so machen sich einige Verschiedenheiten bemerkbar. Weniger Frauen als in Marienwerder finden wir in Thorn in den Abteilungen der Berufslosen und der Dienstboten, und zwar in der ersteren ganz erheblich weniger, auch in der Landwirtschaft sind sie hier ein wenig schwächer vertreten. Dafür hat Thorn mehr Frauen als Marienwerder in der Industrie, im Hausdienst, in der wechselnden Lohnarbeit, in den freien Berufen und namentlich im Handel (doppelt so viel).

b) Die Berufstätigkeit der Jugendlichen.

Auch hier sind wir auf die Berufszählung von 1882 angewiesen.

Die Statistik[1]) unterscheidet nur 3 Altersklassen, welche die Personen unter 20 Jahren, die von 20—70 Jahren und die von 70 Jahren und darüber umfassen.

Wir können uns also nur an die erste Klasse halten, diese stimmt jedoch mit der Kategorie der im Sinne des Strafgesetzbuchs Jugendlichen keineswegs überein. Wollen wir daher die im folgenden gewonnenen Resultate zu einem Vergleich mit der Kriminalität der Jugendlichen benutzen, so können sie uns nur als ziemlich unsichere Anhaltspunkte dienen.

Es sind berufstätig (Abt. A—G) von je 1000 Jugendlichen im Kreise Marienwerder 199,07, im Kreise Thorn 190,41, also in Marienwerder ein wenig mehr.

Differenzieren wir die Jugendlichen nach dem Geschlecht, so ändert sich das Bild etwas.

Es sind von je 1000 männlichen Jugendlichen berufstätig im Kreise Marienwerder 243,79, im Kreise Thorn 282,02, von je 1000 weiblichen Jugendlichen im Kreise Marienwerder 154,66, im Kreise Thorn 108,82.

Es hat also Marienwerder mehr weibliche Jugendliche unter den Berufstätigen als Thorn, dieses dagegen mehr männliche als Marienwerder.

---

[1]) Pr. St. 76, II, S. 278 und 282.

5. Die Religion.

Im Jahre 1895[1]) waren von 1000 ortsanwesenden Personen

	im Kreise	
	Marienwerder	Thorn
Evangelische	536,48	469,13
Andere Protestanten	6,01	4,05
Katholiken	449,86	507,83
Andere Christen	0,06	0,15
Juden	7,39	18,81
Andere und unbekannten Bekenntnisses	0,20	0,03

D. Die materiellen Verhältnisse.

1. Die Wohnungsverhältnisse.

Es ist außerordentlich schwer, auf Grund des statistischen Materials sich ein Bild von den Wohnungsverhältnissen zu machen. Man könnte zunächst versucht sein, die Zahl der in einem Kreise vorhandenen Häuser mit der Bevölkerungsziffer in Beziehung zu bringen. Doch wäre hiermit durchaus nichts gewonnen. Denn wir kennen ja nicht die Zahl der Zimmer in den einzelnen Häusern und ebensowenig ihre Größe; es ist doch sehr wohl möglich, daß ein Komplex von 5 Häusern für 100 Bewohner günstigere Wohnungsverhältnisse aufweist, als ein solcher von 10 Häusern für nur 50 Bewohner, wenn nämlich der erstere aus schönen, massiven, mehrstöckigen Häusern besteht, letzterer aber aus niedrigen Lehmkaten oder Holzgebäuden.

Das eben Gesagte gilt in gleicher Weise für die sehr nahe liegende Beziehung zwischen den Häusern und der Zahl ihrer Bewohner.

Nun unterscheidet die Statistik[2]) aber zwischen „Wohnhäusern“ und „anderen bewohnten Baulichkeiten“, als da sind „Bahnhöfe, Schulen, Fabriken, Hütten, Zelte, Schiffe u. s. w.“ Diese Unterscheidung nützt uns aber auch nichts, denn wer

---

[1]) Pr. St. 148, I, S. 130.

[2]) Pr. Stat. 148, I, S. 82.

wollte behaupten, daß in einem Wohnhaus, z. B. einer hölzernen Dorfkate, die Lebensbedingungen besser sind als in einer „anderen Baulichkeit“, z. B. einem modernen Bahnhofsgebäude, in welchem der Stationsvorsteher oder der Bahnhofsrestaurateur wohnt? Allerdings haben wir in der Statistik von 1890[1]) eine weitere Differenzierung der „anderen Wohnstätten“ nach „anderen Gebäuden“, „Hütten, Buden, Zelten“ und „Wagen, Schiffen, Flößen“. Es machen die Hütten, Buden und Zelte in Marienwerder 0,17 % und in Thorn 0,11 % aller Wohnstätten aus und die Wagen, Schiffe und Flöße in Marienwerder 0,29 % und in Thorn 0,82 % (die „anderen Gebäude“ müssen aus den soeben dargelegten Gründen außer Betracht bleiben).

Die Ziffern sind jedoch so klein, daß sie überhaupt keine Rolle spielen, und wir können an ihnen in keiner Weise die Wohnungsverhältnisse messen; daher können wir sie ruhig vergessen.

Nunmehr bleibt uns noch ein Maßstab für die Wohnungsverhältnisse übrig, nämlich die Angaben über die Bauart der einzelnen Wohngebäude. Diese Angaben hat das preußische

	1. Gebäude mit massiven Umfassungswänden (aus Feldstein, Ziegeln, Kalkstein, Zementstein, Eisen) und Bedachung von									
	Metall	Ziegeln	Schiefer	Stein- und Holzpappe	Holz	Rohr	Stroh	gemischtem Material	sonstigem Material	Zusammen
Marienwerder										
Städte	18	1280	29	376	21	5	21	114	21	1885
Landgemeinden	3	1909	16	323	4	44	1235	61	14	3609
Gutsbezirke	2	746	17	181	1	51	98	24	10	1130
Zusammen	23	3935	62	880	26	100	1354	199	45	6624
Thorn										
Städte	24	682	23	960	4	—	14	155	161	2023
Landgemeinden	1	751	2	693	4	2	478	28	14	1973
Gutsbezirke	1	641	6	361	4	12	197	26	32	1280
Zusammen	26	2074	31	2014	12	14	689	209	207	5276

[1]) Meitzen, Bd. 5, 1894, Tab. A, S. 4—7.

statistische Bureau auf Grund der Materialien der Gebäudesteuerrevision vom Jahre 1893 veröffentlicht.[1]) Wir geben sie in absoluten Zahlen vollständig wieder.

	2. Gebäude mit Umfassungswänden von Fachwerk oder Riegelwänden (mit Ziegel-, Lehm-, Kalk- u. s. w. Füllung) und Bedachung von									
	Metall	Ziegeln	Schiefer	Stein- und Holzpappe	Holz	Rohr	Stroh	gemischtem Material	sonstigem Material	Zusammen
Marienwerder										
Städte	2	294	1	85	12	—	22	24	1	441
Landgemeinden . .	—	708	—	337	24	88	1844	52	1	3054
Gutsbezirke . .	—	263	—	100	7	59	253	17	—	699
Zusammen	2	1265	1	522	43	147	2119	93	2	4194
Thorn										
Städte	—	91	13	369	—	1	7	7	23	511
Landgemeinden .	1	244	2	497	18	1	813	14	3	1593
Gutsbezirke . .	—	113	1	91	2	7	130	4	1	349
Zusammen	1	448	16	957	20	9	950	25	27	2453

	3. Gebäude mit Umfassungswänden von Holz (in Blöcken, Stöcken, Reisig u. s. w.) und Bedachung von									
	Metall	Ziegeln	Schiefer	Stein- und Holzpappe	Holz	Rohr	Stroh	gemischtem Material	sonstigem Material	Zusammen
Marienwerder										
Städte	1	87	—	110	21	1	42	14	—	276
Landgemeinden .	—	433	6	283	37	87	1510	27	1	2384
Gutsbezirke . .	—	56	—	63	6	9	112	6	1	253
Zusammen	1	576	6	456	64	97	1664	47	2	2913
Thorn										
Städte	—	74	2	318	6	1	35	14	16	466
Landgemeinden .	—	337	—	449	46	3	1437	33	4	2309
Gutsbezirke . .	1	38	—	108	12	11	214	4	3	391
Zusammen	1	449	2	875	64	15	1686	51	23	3166

[1]) Pr. Stat. 146, I, S. 126.

	4. Gebäude mit sonstigen Umfassungswänden und Bedachung von									
	Metall	Ziegeln	Schiefer	Stein- und Holz-pappe	Holz	Rohr	Stroh	gemischtem Material	sonstigem Material	Zusammen
Marienwerder										
Städte	—	25	—	2	1	—	14	3	3	48
Landgemeinden .	—	308	—	37	2	10	865	19	3	1214
Gutsbezirke . .	—	65	3	10	1	21	87	4	1	192
Zusammen	—	398	3	49	4	31	966	26	7	1484
Thorn										
Städte	—	28	—	7	—	—	16	—	3	54
Landgemeinden .	—	97	—	72	4	2	940	16	—	1131
Gutsbezirke . .	—	128	—	65	1	16	439	15	1	665
Zusammen	—	253	—	144	5	18	1395	31	4	1850

	Gebäude und Baulichkeiten überhaupt:			
	Städte	Landgem.	Gutsbez.	Zusammen
Marienwerder	2650	10291	2274	15215
Thorn . . .	3054	7006	2685	12745

Das in den vorstehenden Tabellen niedergelegte, vollständig detaillierte Material könnte genauer untersucht werden, doch wäre dazu ein Fachmann nötig, der ein sachverständiges Urteil über den Wert der einzelnen Bauarten und über ihre Wirkung auf den menschlichen Körper und Geist abgeben kann.

Doch lehrt ein Blick auf die Zahlen, daß es im Kreise Thorn, auch in den Städten, um die Wohnungsverhältnisse, so weit diese von der Bauart der Gebäude abhängig sind, ganz erheblich schlechter bestellt ist. So haben von sämtlichen Gebäuden massive Umfassungsmauern und Ziegeldächer in Marienwerder 25,86 %, in Thorn 16,26 %, dagegen hatten Umfassungswände von Fachwerk und Pappdächer in Marienwerder 3,43 %, in Thorn 7,50 %. Allerdings ist auch bei manchen Bauarten in Marienwerder das schlechtere Material vorherrschend.

Die Höhe der Wohngebäude ergibt sich aus der folgenden Tabelle.[1])

	Wohngebäude überhaupt	mit 1 Stockwerken	2	3	4	5 und mehr
Marienwerder						
Städte	1238	782	376	75	4	1
Landgemeinden	4760	4739	20	1	—	—
Gutsbezirke	765	737	28	—	—	—
Zusammen	6763	6258	424	76	4	1
Thorn						
Städte	1676	593	543	326	190	26
Landgemeinden	3642	3500	134	8	—	—
Gutsbezirke	1032	994	36	2	—	—
Zusammen	6352	5087	713	336	190	26

Die mehrstöckigen Wohnhäuser sind also im Kreise Thorn zahlreicher als in Marienwerder; dadurch wird die geringere Häuserzahl des Kreises Thorn zum Teil wieder ausgeglichen.

2. Die Schulverhältnisse.

Für die Beurteilung der Schulverhältnisse stehen uns eine Reihe von Angaben zu Gebote, die auf einer Erhebung aus dem Jahre 1896 beruhen.[2]) Sie beziehen sich nur auf die Volksschulen, diese können auch allein den Maßstab für den Bildungsgrad des Volkes abgeben.

Die für unsere Zwecke wesentlichen Angaben sollen in folgendem zusammengestellt werden.

---

[1]) Pr. Stat. 146, II, S. 149.

[2]) Pr. Stat. 151, II.

	Marienwerder Stadt	Marienwerder Land	Thorn Stadt	Thorn Land
Zahl der öffentlichen Volksschulen	6	101	8	71
„ „ Klassenräume	33	150	61	123
„ „ Unterrichtsklassen, überhaupt . .	31	184	69	150
Davon: 1. Knabenklassen	12	—	24	13
2. Mädchenklassen	12	—	23	23
3. gemischte Klassen	7	184	22	124
Eingeschulte Kinder, überhaupt	1785	10446	4009	9829
Davon: 1. sind nach vollendetem 6. Lebensjahr noch nicht aufgenommen . .	2	33	10	36
2. sind vor vollendetem 14. Lebensjahr dispensiert	—	1	—	1
3. besuchten wegen körperlicher oder geistiger Mängel die Schule nicht	3	17	12	28
4. besuchten ohne triftigen Grund die Schule nicht	—	3	—	—
5. besuchten die öffentliche Volksschule, überhaupt	1780	10392	3987	9764
Davon: a) Knaben	892	5255	1994	4782
b) Mädchen	888	5137	1993	4982
Von den schulbesuchenden Kindern wurden unterrichtet:				
1. in Knabenklassen	682	—	1322	912
2. in Mädchenklassen	693	—	1340	967
3. in gemischten Klassen, überhaupt .	405	10392	1325	7885
und zwar a) Knaben	210	5255	672	3870
b) Mädchen	193	5137	653	4015
Schulpflichtige Kinder im Alter von 6 bis 14 Jahren am 1. Dez. 1895	2137	10467	5064	10858
Durchschnittlicher Klassenbesuch in 1 Unterrichtsklasse				
1. überhaupt	58	56	58	65
2. bei Knabenklassen	57	—	55	70
3. bei Mädchenklassen	58	—	58	74
4. bei gemischten Klassen	58	56	60	64
Durchschnittlicher Klassenbesuch auf 1 Lehrkraft				
1. überhaupt	59	78	62	79
2. in Schulen mit 1 Lehrerstelle	—	77	—	80
3. in Schulen mit mehreren Lehrerstellen .	59	79	62	79

	Marienwerder		Thorn	
	Stadt	Land	Stadt	Land
Unter den Schulen sind				
1. einklassige	—	44	—	31
mit Schulkindern	—	2562	—	2131
2. zweiklassige mit 1 Lehrkraft	—	30	—	11
mit Schulkindern	—	3161	—	1237
3. zweiklassige mit 2 Lehrkräften	—	8	—	8
mit Schulkindern	—	997	—	1067
4. dreiklassige mit 2 Lehrkräften	1	14	1	10
mit Schulkindern	180	2274	173	1812
5. dreiklassige mit 3 Lehrkräften	—	—	—	4
mit Schulkindern	—	—	—	800
6. vier- und mehrklassige	5	5	7	7
mit Schulkindern	1600	1398	3814	2717
mit vollbeschäftigten Lehrkräften	28	15	62	33
mit Unterrichtsklassen	28	22	66	39
Normale Frequenzverhältnisse, d. h. bis 80 Schüler in einklassigen, bis 70 Schüler pro Unterrichtsklasse in zwei- und mehrklassigen Schulen, bestehen				
in Schulen	6	95	8	61
in Klassen	31	151	60	110
mit Schülern	1780	7746	3315	6458
(darunter mit 30 und weniger Schülern pro Klasse)				
Klassen	—	4	—	2
mit Schülern	—	80	—	43
Anomale Frequenzverhältnisse				
1. 81—100 Schüler in einklassigen, 71 bis 90 Schüler pro Klasse in mehrklassigen Schulen				
Klassen	—	30	9	36
mit Schülern	—	2366	672	2869
2. 101—150 Schüler in einklassigen, 91 bis 120 Schüler pro Klasse in mehrklassigen Schulen				
Klassen	—	3	—	4
mit Schülern	—	280	—	437
3. überhaupt				
in Schulen	—	27	5	27
in Klassen	—	33	9	40
mit Schülern	—	2646	672	3306

Die Schulverhältnisse im Kreise Marienwerder sind bei weitem besser als im Kreise Thorn.

Es kommen auf 100 Schulen Klassenräume

in Marienwerder:	Stadt 1,85,	Land 1,44
„ Thorn:	„ 1,53,	„ 1,25.

Auf 1 Klassenraum kommen Schüler

in Marienwerder:	Stadt 54,	Land 69
„ Thorn:	„ 65,	„ 79.

Der Klassenbesuch in einer Unterrichtsklasse ist für die Städte in beiden Kreisen gleich, in den Landschulen kommen jedoch auf 1 Unterrichtsklasse in Thorn 9 Schüler mehr als in Marienwerder.

Auf 1 Lehrer kommen in Thorner Stadtschulen pro Klasse 3, in den ländlichen Schulen pro Klasse 1 Schüler mehr als in Marienwerder.

Anomale Frequenzverhältnisse herrschen in 5 Stadtschulen (von 8) des Kreises Thorn, in Marienwerder dagegen in keiner Stadtschule. Die Zahl der ländlichen Schulen mit anomalen Frequenzverhältnissen ist in beiden Kreisen gleich, obwohl die ländlichen Schulen in Marienwerder weit zahlreicher sind, aber die Schülerzahl in diesen Schulen ist in Thorn um 660 höher, ebenso die Klassenzahl um 7.

Im übrigen kann auf die Tabelle verwiesen werden.

3. Die soziale Fürsorge.

Von sozialer Fürsorge kann wohl weder in dem einen, noch in dem andern der fraglichen Kreise die Rede sein. In Betracht können höchstens das Armen- und das Kreditwesen kommen. Doch kommen die Kreditinstitute (Vorschußvereine u. s. w.) allein Kaufleuten, Gewerbetreibenden und Landwirten zu gute, jedenfalls nicht den Arbeitern. Das Armenwesen und private Wohltätigkeitseinrichtungen fallen nicht unter den Begriff „soziale Fürsorge“ (diese hat gerade der Verarmung vorzubeugen). Außerdem sind die Angaben, die wir hierüber haben, nicht miteinander zu vergleichen; die für Thorn stammen aus dem Jahre 1866[1]), die für Marienwerder aus dem Jahre 1880[2]).

E. Die wirtschaftlichen Verhältnisse.

1. Die Arbeitslöhne (Arbeitszeit).

Bei Vallentin[3]) finden wir eine Lohntabelle für das Jahr 1889. Hiernach betrugen die ortsüblichen Tagelöhne erwachsener Arbeiter:

im Kreise Marienwerder				im Kreise Thorn			
auf dem Lande		in den Städten		auf dem Lande		in den Städten	
f. Männer	f. Frauen	f. Männer	f. Frauen	f. Männer	f. Frauen	f. Männer	f. Frauen
1,20 M.	0,75 M.	1,50 M.	0,90 M.	1,10 M.	0,90 M.	1,20 M.	0,80 M.

Danach wären die Löhne in Marienwerder auf dem Lande für Männer ein wenig höher als in Thorn, für Frauen aber etwas niedriger; in den Städten sind sie, namentlich für Männer, in Marienwerder höher.

Nach einer anderen Schätzung[4]) betrug im Jahre 1890 das durchschnittliche Jahreseinkommen eines kontraktlich gebundenen Tagelöhners (inkl. Wohnung, Land, Feuerung, Viehhaltung u. s. w.) im Kreise Marienwerder 600—700 M., im Kreise Thorn 500 M. Genaue Angaben für die ländlichen Arbeiter und das ländliche Gesinde im Kreise Thorn finden sich bei Steinmann[5]), doch beziehen sie sich auf eine Zeit, die fast 40 Jahre zurückliegt. Deshalb, und weil wir keine entsprechenden Daten für den Kreis Marienwerder haben, übergehen wir sie.

---

[1]) Steinmann, Der Kreis Thorn, 1866, S. 145ff.

[2]) I. Beitrag zu einer Kreisbeschreibung des Kreises Marienwerder, 1880, S. 66ff. u. S. 98—99.

[3]) Vallentin, S. 212.

[4]) Vallentin, S. 155—156.

[5]) Steinmann, S. 91ff.

Recht wertvolles Material bringt auch Weber[1]) für die Landarbeiter, es ist durch Beantwortung von Fragebogen gewonnen worden; es enthält auch die neuesten zugänglichen Angaben (1892). Wir entnehmen daraus folgende Mitteilungen über die Tagelöhne (es handelt sich um 1 Gut im Kreise Marienwerder und um 2 Güter im Kreise Thorn):

	I. Männliche Tagelöhner							
	a) dauernd beschäftigt				b) zeitweise beschäftigt			
	im Sommer		im Winter		im Sommer		im Winter	
	ohne Kost M.	bei Beköstigung M.	ohne Kost M.	bei Beköstigung M.	ohne Kost M.	bei Beköstigung M.	ohne Kost M.	bei Beköstigung M.
Marienwerder . . .	1,00	0,50—0,60 E. 1,00	0,80—1,00	0,40—0,50	1,50—2,00	0,80—1,00	0,80—1,00	0,40—0,50
Thorn 1	1,25—1,50	0,60—1,00	0,80—1,00	0,25—0,40	1,50—2,00	1,00—1,25	0,60—0,80	0,25—0,30
Thorn 2	1,25—1,75	0,74—1,00	0,80	0,30—0,50	1,25—1,75	0,70—1,00	0,80	0,50
	II. Weibliche Tagelöhner							
Marienwerder . . .	—	—	—	—	—	—	—	—
Thorn 1	0,85	—	0,50—0,60	—	0,80—1,25	—	0,60—0,75	—
Thorn 2	—	—	—	—	—	0,70—0,80	—	—

In diesen Beispielen sind im Thorner Kreis die Sommerlöhne der dauernd beschäftigten männlichen Arbeiter höher als in Marienwerder, dagegen die Winterlöhne der dauernd beschäftigten und die Sommer- und Winterlöhne der zeitweise beschäftigten Arbeiter niedriger.

Aus alledem gewinnen wir das Ergebnis, daß die Arbeitslöhne im Kreise Marienwerder im allgemeinen höher sind als im Kreise Thorn.

Es sei noch bemerkt, daß die Kinderarbeit in Marienwerder mit 0,80—1,00 M., in Thorn mit 0,40—0,60 M. pro Tag bezahlt

[1]) Weber, Die Verhältnisse der Landarbeiter im ostelbischen Deutschland (Schr. d. V. f. Sp. 55). (1892).

wird,[1]) obwohl die Arbeitszeit in Thorn 13 Stunden, in Marienwerder nur 9—10 Stunden beträgt.

Übrigens arbeiten erwachsene ländliche Arbeiter[1]) in Marienwerder im Sommer durchschnittlich 12 Stunden, im Winter 8 Stunden, in Thorn im Sommer 14—15 Stunden, im Winter 9 Stunden (Überstunden werden in Thorn mit 0,10—0,15 M. pro Stunde vergütet).

2. Die Lebensmittelpreise.

Über die Preise der wichtigsten Lebensmittel macht das preußische Statistische Bureau ganz genaue Erhebungen, die alljährlich als besondere Beilage der Zeitschrift des preußischen Statistischen Büreaus veröffentlicht werden.

Unter den Orten, in welchen die Preisnotierungen erfolgen, befindet sich zwar Thorn, aber leider nicht Marienwerder. Um nun aber doch wenigstens einigen Nutzen von der Preisstatistik zu haben, wollen wir den Durchschnitt zweier Orte nehmen, zwischen denen Marienwerder liegt, den Durchschnitt von Marienburg und Graudenz; beide Städte liegen wie Marienwerder an der Weichselstädtebahn, ungefähr gleich weit (30—40 km) von Marienwerder entfernt. Wir haben aber keinerlei Anhalt dafür, daß der erhaltene Durchschnittspreis dem wirklichen Preise der Lebensmittel in Marienwerder entspricht, da für die Preisbildung ja so vielerlei Momente in Betracht kommen. Die Angaben sind daher mit der größten Vorsicht aufzunehmen.

Wir führen nur die jährlichen Mittelpreise an, und zwar für die Jahre 1899 und 1900.[2]) (An der soeben genannten Stelle sind auch die Preise für jeden Monat besonders einzusehen; die hierbei zu Tage tretenden Differenzen sind teilweise recht erhebliche.)

---

[1]) Weber, S. 205—206.

[2]) Besondere Beilage z. Ztschr. d. preuß. Stat. Bureaus, Jahrg. 1900, S. 73 u. do. Jahrg. 1901, S. 73.

		Preis für 1000 kg in Mark									
		Weizen	Roggen	Gerste	Hafer	Koch-erbsen	Speise-bohnen	Linsen	Eß-kartoffeln	Richtstroh	Heu
1. Thorn	1899	154	135	129	127	174	243	407	43,2	38	55,2
	1900	144	132	128	127	177	278	393	50,3	50	67,9
2. Marienburg	1899	150	137	131	123	195	250	500	47	28,8	47,8
	1900	145	132	129	127	174	250	500	54,1	37,9	62,1
3. Grandenz	1899	148	132	123	122	139	191	239	48,1	39	53,2
	1900	140	131	129	123	146	217	232	52,6	43,9	65,3
4. Durchschnitt von 2 und 3	1899	149	134,5	127	122,5	167	220,5	369,5	47,5	33,9	50,5
	1900	142,5	131,5	129	125	160	233,5	366	53,4	40,9	63,7

		Preis f. 100 kg in Mark	Preis für 1 kg bezw. Schock in Pfennig												
			Fleisch im Kleinhandel							Mehl			Javakaffee		
		Rindfleisch im Großhandel	Rind-	Schweine-	Kalb-	Hammel-	Geräuch. Speck	Eßbutter	Eier	Weizen-	Roggen-	Javareis	mittlerer (roh)	gelber (gebr.)	Schweine-schmalz
1. Thorn	1899	96	112	117	120	118	160	210	293	29	26	50	253	347	152
	1900	91	110	116	113	118	158	227	322	28	25	55	260	340	160
2. Marienburg	1899	93	107	118	93	111	146	203	334	31	24	51	280	375	170
	1900	93	100	122	98	110	130	209	349	29	21	51	280	375	170
3. Graudenz	1899	100	120	130	109	110	170	215	308	30	22	55	257	327	150
	1900	97	120	123	110	113	170	233	338	27	22	51	255	325	150
4. Durchschnitt von 2 und 3	1899	96,5	113,5	124	101	110,5	158	209	321	30,5	23	53	268,5	351	160
	1900	95	110	122,5	104	111,5	150	221	343,5	28	21,5	51	267,5	350	160

Irgend welche Schlüsse wollen wir aus diesen Zahlen nicht ziehen, sie geben ein ganz buntes Bild, bei einem Lebensmittel sind die Preise in einem Orte höher, bei einem andern in einem andern Orte, und in jedem Jahr wechseln die Preise, so daß das Verhältnis ganz anders wird; für manche Lebensmittel sind die Preise auch zuweilen konstant, u. s. w. Für unsere Zwecke sind die Ermittelungen der Preise nicht verwertbar, zum mindestens müßten sie auf eine lange Reihe von Jahren untersucht werden.

Außerdem kommt hinzu, daß die Angaben nur für einen

Ort gelten; in anderen Orten des Kreises können sie ganz anders sein.

Der Zusammenhang der Lebensmittelpreise mit der Kriminalität erfordert durchaus eine Spezialuntersuchung, oder vielmehr eine ganze Reiche solcher, da auch nur ganz kleine Gebiete oder sogar nur einzelne Orte untersucht werden dürfen.

3. Die Verteilung des Grundeigentums.

Die Bodenteilung stellt sich für das Jahr 1895 in den folgenden Tabellen dar[1]):

Es waren Betriebe vorhanden: im Kreise Marienwerder 7835, in Kreise Thorn 6601.

	Von je 100 Betrieben entfallen auf die Betriebe in den Größenklassen von				
	unter 2 ha	2—5 ha	5—20 ha	20—100 ha	100 und mehr ha
Marienwerder . . .	71,13	9,97	10,52	6,81	1,57
Thorn	68,82	12,05	12,36	5,33	1,44

Die landwirtschaftliche Fläche der Betriebe betrug: im Kreise Marienwerder 73421 ha, im Kreise Thorn 61136 ha.

	Von je 100 ha landw. Fläche entfallen auf die Betriebe in den Größenklassen von				
	unter 2 ha	2—5 ha	5—20 ha	20—100 ha	100 und mehr ha
Marienwerder . . .	3,20	3,39	11,34	32,71	49,36
Thorn	3,51	4,07	13,20	21,52	57,70

Im Marienwerderer Kreise ist einerseits die Zahl der ganz kleinen Betriebe, der sogenannten Zwergbetriebe, andererseits die der größern und ganz großen Betriebe, die der letztern allerdings nur sehr wenig, zahlreicher als in Thorn. Hier ist also der landwirtschaftliche Mittelstand stärker als in Marienwerder.

Die landwirtschaftliche Fläche, welche von den kleinsten Grundstücken eingenommen wird, ist im Thorner Kreise etwas

[1]) Meitzen und Großmann, VI, Tab. B, S. 72.

größer als in Marienwerder, obgleich deren Zahl kleiner ist; sie müssen also durchschnittlich größer sein als im Kreise Marienwerder. Ebenso ist die von dem Großgrundbesitz im Kreise Thorn besetzte Fläche größer, während jener, nach der Zahl der einzelnen Betriebe berechnet, schwächer ist als in Marienwerder; die ganz großen Grundstücke sind demnach in Thorn durchschnittlich größer.

4. Der Ertrag der Landwirtschaft im allgemeinen.

Die Angaben hierüber sind vollständig spezialisiert in den Bänden 103 und 146 der Preußischen Statistik niedergelegt, die auf den Materialien zu den Gebäudesteuerrevisionen in den Jahren 1878 und 1893 beruhen. Die folgende Tabelle ist jedoch Meitzens großem Werke[1]) entnommen, da hier bereits die Verhältniszahlen berechnet sind; die große Spezialisierung fehlt allerdings, doch dürften die hier angegebenen Zahlen für uns genügen.

		1. Zahl der Besitzungen:							
			mit einem Grundsteuerreinertrag von						
		überhaupt	unter 10 Talern	10—30 Talern	30—50 Talern	50—100 Talern	100—500 Talern	500—2000 Talern	über 2000 Talern
Kreis Marienwerder	1878	3246	1750	511	162	234	435	132	22
	1893	3420	1811	609	197	239	405	136	23
Kreis Thorn	1878	2312	1086	502	169	213	266	45	31
	1893	2684	1443	560	169	194	240	48	30

		2. Von je 100 Besitzungen entfallen auf die Besitzungen in den Grundsteuerreinertragsklassen von						
		unter 10 Talern	10—30 Talern	30—50 Talern	50—100 Talern	100—500 Talern	500—2000 Talern	über 2000 Talern
Marienwerder	1878	53,9	15,7	5	7,2	13,4	4,1	0,7
	1893	53	17,8	5,7	7	11,8	4	0,7
Thorn . . .	1878	47	21,7	7,3	9,2	11,5	2	1,3
	1893	53,8	20,9	6,3	7,2	8,9	1,8	1

[1]) Meitzen und Großmann, Der Boden und die landwirtschaftl. Verhältnisse des preuß. Staats, Band 6 (1901), Tab. A, S. 6/7.

		3. Nutzbare Fläche der Besitzungen						
	überhaupt ha	in den Grundsteuerreinertragsklassen von						
		unter 10 Talern	10—30 Talern	30—50 Talern	50—100 Talern	100—500 Talern	500—2000 Talern	über 2000 Talern
Marienwerder 1878	74359,4	2310,1	2861,4	1927,8	4792,9	18653	20527	23286,8
Marienwerder 1893	74608,5	2487,9	3225,7	2212,3	4404,8	17919,5	21133,4	23224,9
Thorn . 1878	69457,5	2606,7	4289,3	3020,3	5716,2	14394,6	12545,1	26885,3
Thorn . 1893	66624,3	3502,5	4659,1	2839,6	4966,8	12984,7	12701,4	24970,2

	4. Von je 100 ha nutzbarer Fläche entfallen auf die Besitzungen in den Grundsteuerreinertragsklassen von						
	unter 10 Talern	10—30 Talern	30—50 Talern	50—100 Talern	100—500 Talern	500—2000 Talern	über 2000 Talern
Marienwerder 1878	3,1	3,9	2,6	6,4	25,1	27,6	31,3
Marienwerder 1893	3,3	4,3	3	5,9	24,1	28,3	31,1
Thorn . . . 1878	3,8	6,2	4,4	8,2	20,7	18,0	38,7
Thorn . . . 1893	5,3	7	4,3	7,5	19,5	19,0	37,4

Aus der Vergleichung der Tabellen geht hervor, daß die Besitzungen mit dem geringsten Grundsteuerreinertrag in Thorn, obwohl sie nur ganz wenig zahlreicher sind als in Marienwerder, doch eine bedeutend größere Fläche einnehmen als hier, d. h. daß sie durchschnittlich größer sind. Dennoch muß der Boden in Marienwerder ertragreicher sein. Zum demselben Ergebnisse kommen wir, wenn wir das Jahr 1878 betrachten; hier waren die Besitzungen in jener Grundsteuerreinertragsklasse in Marienwerder weit zahlreicher als in Thorn, und dennoch war ihre Fläche (verhältnismäßig) kleiner.

Die Unterschiede in der Verteilung der Besitzungen auf die Grundsteuerreinertragsklassen sind nicht sehr bedeutend. Thorn war 1893 in den Klassen „10—30 Taler" und „über 2000 Taler", Marienwerder in den Klassen „100—500 Taler" und „500—2000 Taler" stärker vertreten. In Marienwerder herrschen also die Besitzungen mit größerem Reinertrag vor, der Grundbesitz mit ganz großem Ertrag ist dagegen in Thorn etwas zahlreicher.

Nach der auf Grund des Gesetzes vom 21. Mai 1861 (betr. die anderweite Regelung der Grundsteuer) erfolgten Katastrierung[1]) betrug der Gesamtreinertrag der Liegenschaften von je 1 Morgen im Kreise Marienwerder **31** Sgr., und zwar auf der Höhe 26 Sgr. in der Niederung 48 Sgr.; im Kreise Thorn **23** Sgr., und zwar auf der Höhe 22 Sgr., in der Thorner Stadtniederung 49 Sgr., in der nicht eingedeichten Niederung 22 Sgr.

5. Die Ernteerträge.

Aus der alljährlich veröffentlichten preußischen Erntestatistik entnehmen wir die Zahlen für die drei letzten Jahre (1899—1901), so weit sie für einen Vergleich der beiden Kreise in Betracht kommen.[2])

	Ertrag vom ha in 100 kg					
	Kreis Marienwerder			Kreis Thorn		
	1899	1900	1901	1899	1900	1901
Winterweizen	17,9	22,4	2,1	15,4	18,0	5,0
Sommerweizen	17,8	16,9	18,4	18,8	20,0	7,3
Winterroggen	13,6	17,5	7,0	17,2	17,4	5,6
Sommerroggen	12,0	15,4	9,6	11,0	16,9	8,9
Sommergerste	19,8	21,2	20,5	16,6	17,1	14,4
Hafer	19,6	21,9	20,4	15,5	15,0	13,0
Kartoffeln	112,4	142,3	152,4	123,8	102,3	146,4
Klee	40,9	22,7	11,1	42,9	20,2	29,2
Luzerne	49,5	35,3	15,7	43,9	23,5	19,5
Wiesen	42,4	28,2	19,8	35,9	19,8	21,2

Das Bild, das wir hier vor uns haben, ist ebenso bunt wie das der Preisstatistik. Für die eine Frucht ist der Boden hier ergiebiger, für die andere dort, im folgenden Jahr ist es umgekehrt u. s. w. Für den Wohlstand der Bevölkerung der einzelnen Kreise läßt sich daher hieraus nichts folgern.

[1]) Meitzen, Bd. IV (1869), S. 20.

[2]) Pr. Stat. 161, S. 6; 165 S. 6; 170, S. 6/7.

6. Der Viehstand.

Eine Darstellung des Viehstandes für jede einzelne Stadt, jede Landgemeinde und jeden Gutsbezirk haben wir im „Viehstandslexikon für den Preußischen Staat“,[1]) und zwar unter Zugrundelegung der Viehzählung von 1892. In der gedachten Spezialisierung können wir die Daten doch nicht bringen, wir benutzen daher lieber die Ergebnisse der letzten Zählung, die am 1. Dezember 1897 stattgefunden hat.[2])

	Bevölkerung am 1. XII. 95	Fläche 1896/7 in ha	Gehöfte		Viehbesitzende Haushaltungen	Pferde	Rindvieh	Schafe	Schweine	Ziegen	Federvieh
			überhaupt	mit Viehstand							
Marienwerder	**65732**	**95360,2**	**6640**	**6107**	**9774**	**12973**	**29693**	**26742**	**29799**	**6248**	**99707**
Städte . . .	14169	2946,7	1054	603	755	683	828	682	1571	321	4868
Landgemeind.	40116	51327,8	4656	4588	6995	9337	20289	2044	20947	5157	70152
Gutsbezirke .	11447	41085,7	930	916	2024	2953	8576	20017	7281	770	24687
Thorn	**92937**	**91443,7**	**6447**	**5592**	**10100**	**10301**	**25227**	**30293**	**23694**	**3745**	**91936**
Städte . . .	35473	2937,6	1539	814	1725	1753	528	29	1994	540	7434
Landgemeind.	41213	37405,4	3770	3654	5733	4867	12979	2042	12869	2590	52036
Gutsbezirke .	16251	51100,7	1138	1124	2642	3681	11720	28222	8831	609	32166

	Es kamen also auf 100 ha	
	in Marienwerder	in Thorn
Pferde . . .	13,60	11,26
Rindvieh . .	31,13	27,58
Schafe . . .	28,04	33,12
Schweine . .	31,24	25,91
Ziegen . . .	6,55	4,09
Federvieh . .	104,55	100,53

Mit Ausnahme der Schafe waren im Kreise Marienwerder sämtliche Vieharten zahlreicher vertreten. In jenen agrarischen Gegenden wird aus dem Viehreichtum ein Schluß auf den Wohlstand der Bevölkerung zulässig sein.

---

[1]) Bd. II (Westpreußen), S. 29ff. und S. 43ff.

[2]) Pr. Stat. 153, S. 16/7.

7. Die Sparverhältnisse.

Im Kreise Thorn befindet sich eine städtische Sparkasse (in Thorn), im Kreise Marienwerder eine Kreissparkasse (in Marienwerder). Beide haben Filialkassen resp. Annahmestellen, so daß ihre Tätigkeit allen Schichten der Bevölkerung zu gute kommen kann. Wie die Sparkassen frequentiert wurden, zeigen die folgende Daten, welche für das Rechnungsjahr 1888 bezw. 1888/9 gelten:[1])

	Betrag der Einlagen am Schlusse des Rechnungs-vorjahres. Mark	Zuwachs im abgelaufenem Jahre durch neue Einlagen. Mark	An Sparkassenbüchern befanden sich im Umlauf mit Einlagen von					
			bis 60 Mark	60—150 Mark	150—300 Mark	300—600 Mark	über 600 Mark	Zusammen
Marienwerder .	1 563 108,73	577 973,49	1050	628	564	579	793	3614
Thorn	950 046,43	537 826,24	1501	741	556	609	523	3930

Wir sehen, daß sowohl der Zuwachs durch neue Einlagen als auch namentlich das gesamte Einlagenkapital in der Marienwerderer Kasse größer ist, letzteres um mehr als $^1/_3$. Die Zahl der im Umlauf befindlichen Sparkassenbücher ist dagegen für die Thorner Kasse größer, demgemäß müssen hier die Einlagen im Durchschnitt bedeutend kleiner sein. Unterscheidet man die Sparkassenbücher nach der Höhe der Einlagen, so ist in Thorn die Zahl der Bücher mit einer Einlage von über 600 M. kleiner als in Marienwerder.

8. Die Steuerergebnisse.

Einen Einblick in die Wohlstandsverhältnisse der beiden Kreise gestatten auch die Steuerergebnisse. Bei deren Darstellung müssen wir uns mit den Daten zufrieden geben, welche sich auf das Rechnungsjahr 1883/4 beziehen.[2])

---

[1]) Zeitschr. d. preuß. stat. Bur., Jahrg. 30 (1890), S. 108 ff.

[2]) Beiträge zur Finanzstatistik der Gemeinden in Preußen (16. Ergänzungsheft zur Zeitschr. d. preuß. stat. Bur.) (1884), S. 16 ff., S. 192 ff.

Rechnungsjahr 1883/4.	Sollbetrag der direkten Staatssteuern. Mark	Gesamtbetrag der Gemeindeabgaben. Mark	Auf den Kopf der Bevölkerung entfallen an dir. Staatssteuern. Mark	an bes. Korporationsabgab. Mark	an Gemeindeabgab. Mark	an dir. Staatssteuern, Korporations- und Gemeindeabgab. Mark
I. Marienwerder.						
Stadtgemeinde Marienwerder	70 858	152 193	8,60	1,33	18,48	28,41
„ Mewe . . .	15 005	21 715	3,18	3,33	4,61	11,12
„ Garnsee . .	3 344	9 031	2,78	0,66	7,49	10,33
Landgemeinden (119) . .	119 441	168 001	2,99	2,71	4,21	9,91
II. Thorn.						
Stadtgemeinde Thorn . . .	138 955	190 950	6,74	—	9,26	16,00
„ Kulmsee . .	14 109	28 300	4,11	0,16	8,25	12,52
„ Podgorz . .	2 643	2 219	1,39	—	1,16	2,55
Landgemeinden (83) . . .	77 864	105 321	2,20	1,11	2,98	6,29

Im Kreise Marienwerder zahlt der Einzelne durchschnittlich an Steuern im ganzen 14,94 M., an Staatssteuern 4,64 M., an Gemeindeabgaben 8,70 M., im Kreise Thorn dagegen im ganzen nur 9,44 M., an Staatssteuern 3,61 M., an Gemeindeabgaben 5,41 M.

Im Kreise Marienwerder werden also im Verhältnis zur Bevölkerung erheblich mehr Steuern aufgebracht als im Thorner Kreise. Und zwar lehrt die Betrachtung unserer Tabelle, daß dies sowohl in den Städten als auch auf dem Lande der Fall ist.

F. Zusammenfassung der Ergebnisse.

Fassen wir nun die Verschiedenheiten, welche wir zwischen den Kreisen Marienwerder und Thorn festgestellt haben, zusammen:

Was zunächst die Nationalität der Bewohner betrifft, so haben wir gesehen, daß die Deutschen im Kreise Thorn minder zahlreich, dafür die Polen und Juden stärken vertreten sind als im Kreise Marienwerder.

Als einen zweiten Unterschied haben wir festgestellt, daß in Marienwerder die schulpflichtigen Kinder und die im Sinne des Strafgesetzbuchs jugendlichen Personen zahlreicher sind. Zahlreicher sind dafür in Thorn die Erwachsenen.

Bei der Betrachtung der Familienverhältnisse haben wir gefunden, daß zwar die Zahl der Eheschließungen in beiden Kreisen die gleiche ist, daß sie aber in Thorn eine starke Tendenz zum Sinken zeigt, die Zahl der Geburten ist ebenso wie die der Sterblichkeit in Thorn größer. Die Zahl der unehelichen Geburten ist in Marienwerder höher. In Marienwerder sind mehr Leute verheiratet als in Thorn. Die Einzelhaushaltungen sind in Marienwerder etwas zahlreicher, dafür werden in Thorn aber mehr Einzelhaushalte von Männern geführt.

Die Dichtigkeit der Bevölkerung ist in Thorn größer als in Marienwerder; es sind größer die Zahl der Menschen, welche auf 1 qkm wohnen, die Zahl der Wohnhäuser, welche auf 1 qkm stehen, sowohl die Zahl der Personen, welche in einem Hause wohnen als auch derjenigen, welche in einer Haushaltung leben, und endlich die Zahl der in einem Hause befindlichen Haushaltungen.

Der Kreis Thorn hat mehr Städter; so weit die Bevölkerung hier aber auf dem Lande lebt, drängt sie sich in wenigen Wohnplätze zusammen; in Marienwerder wohnt sie zerstreut.

Die landwirtschaftliche Bevölkerung ist in Marienwerder zahlreicher, die industrielle, handeltreibende und den freien Berufen obliegende in Thorn.

Marienwerder hat sowohl ein wenig mehr berufstätige Frauen als auch Jugendliche, unter den letzteren namentlich viel weibliche (die männlichen arbeitenden Jugendlichen sind in Thorn zahlreicher); im einzelnen hat Thorn jedoch mehr Frauen als Marienwerder im Handel, in der Industrie, den freien Berufen, dem Hausdienst und der wechselnden Lohnarbeit.

Was die Religion angeht, so sind in Thorn die Katholiken und Juden zahlreicher.

Die Wohnungsverhältnisse sind in Marienwerder besser. Dasselbe ist, allerdings in noch höherm Grade, der Fall bezüglich der Schulverhältnisse.

Die Arbeitslöhne sind in Marienwerder höher, die Arbeitszeit ist aber kürzer als in Thorn.

Die Betrachtung der Bodenteilung hat ergeben, daß in Thorn der landwirtschaftliche Mittelstand stärker vertreten ist.

Der Ertrag der Landwirtschaft ist in Marienwerder ein höherer; ebenso ist hier der Viehreichtum größer.

Die Sparverhältnisse und die Steuerergebnisse sind in Marienwerder günstiger als in Thorn.

III. Die Kriminalität in den Kreisen Marienwerder und Thorn und ihre Beziehung zu den vorher gefundenen Ergebnissen.

A. Einleitung.

Im 132. Bande (Neue Folge) der „Statistik des Deutschen Reichs“ hat das Statistische Amt die Zahlen für die in den einzelnen kleineren Verwaltungsbezirken Verurteilten veröffentlicht, und zwar in einer, wenn auch nicht vollständigen, so doch immerhin dankenswerten Spezialisierung. Aus den Erläuterungen zu dem Tabellenwerk geht hervor, daß man mit dieser Veröffentlichung eine Bearbeitung des Materials in unserem Sinne geradezu provozieren wollte. Es heißt dort:[1] „Eine Erklärung dafür abzugeben, aus welchen Gründen der einzelne Bezirk eine mehr oder weniger günstige Stellung, sei es bezüglich der Gesamtkriminalität der Männer, Frauen oder Jugendlichen oder aber bezüglich der Beteiligung dieser Bevölkerungskategorien an den vier zur Nachweisung gelangten Delikten einnimmt ist das Statistische Amt selbstverständlich nicht in der Lage. Hierzu ist eine eingehende Kenntnis der einschlägigen Verhältnisse in den einzelnen Bezirken erforderlich. Es muß der Spezialforschung überlassen bleiben, den Ursachen der Verschiedenheiten nachzugehen, die sich aus dem hierüber, sowie über die Verteilung der Vorbestraften vorgelegten Material ergeben.“

---

[1]) Stat. d. Deutsch. R., N. F. 132, II, 65.

Eine einigermaßen eingehende Kenntnis der in Rede stehenden Bezirke glauben wir auf Grund des im vorigem Teile dieser Arbeit niedergelegten Materials gewonnen zu haben. Doch sind wir, wie bereits oben betont, nicht im stande, daraus die Ursachen der Kriminalität jener Kreise zweifelsfrei zu erklären. Doch darauf kommt es uns hier ja auch nicht an; diese Untersuchung ist nicht Selbstzweck, sondern sie soll, wie wir vorher ausgeführt haben, einem höhern Zwecke dienen, sie soll eine, wenn auch nur ganz kurze, Teilstrecke des Weges sein, welcher zur Erforschung der Ursachen der Kriminalität überhaupt führt. Der hierzu von uns vorgeschlagenen Methode folgend, haben wir die Ergebnisse der Kriminalstatistik mit den Faktoren des gesellschaftlichen Lebens, und damit auch mit den Faktoren der Kriminalität, zu vergleichen.

B. Die Kriminalität überhaupt.

In den Jahren 1893—1897 wurden im Ganzen (während der 5 Jahre zusammen) verurteilt[1]: im Kreise Marienwerder 3438 Personen, im Kreise Thorn 6316 Personen; d. h. es kommen auf 100000 der strafmündigen Zivilbevölkerung jährlich durchschnittlich im Kreise Marienwerder 1633,7 Verurteilte, im Kreise Thorn 2285,6 Verurteilte. Die Kriminalität ist also im Kreise Thorn ganz erheblich stärker.

Wir haben nun zu untersuchen, welche Faktoren für die ungünstige Stellung des Kreises Thorn kausal sein können.

Wenn wir die zwischen den beiden Kreisen bestehenden Verschiedenheiten durchgehen, so sehen wir zuerst einen Unterschied in der Zusammensetzung der Bevölkerung der Nationalität nach. Thorn hat zunächst eine größere Anzahl Polen als Marienwerder, nämlich 77‰ mehr. Daß dieser Umstand die Kriminalität beeinflußt, ist sehr wahrscheinlich.[2]

Damit sollen die Polen nicht etwa in complexu als schlechte Menschen hingestellt werden. Es ist aber ganz natürlich, daß,

---

[1]) Stat. d. Dtsch. R., N. F. 132, III, 2/3.

[2]) Steinmann, S. 43/4.

wo sich zwei Nationalitäten in erheblicher Stärke gegenüberstehen, vielfach Reibungen zwischen beiden entstehen, die dann zu Verbrechen führen, zumal wenn, auf beiden Seiten leider, der Nationalitätenhaß entfacht wird. Und es wird dabei gewiß mehr von den Polen als von den Deutschen delinquiert, da sich jene diesen gegenüber als die Unterdrückten fühlen.

Daß die größere Zahl der Juden im Kreise Thorn die Kriminalität erhöht, ist nicht denkbar, wurden doch im ganzen Regierungsbezirk Marienwerder durchschnittlich (1882/6[1]) nur 140 Juden verurteilt, im Jahre 1899 nur 108[2]) relativ: von 100000 Juden 798 (von 100000 Nichtjuden dagegen 1119); ihre Zahl ist also einmal sehr klein (im Kreise Marienwerder 7,39‰, im Kreise Thorn 18,81‰) und ihre Kriminalität im Verhältnis zur übrigen Bevölkerung sehr gering; auch als Objekt der Kriminalität können sie auf die Gesamtkriminalität des Thorner Kreises nicht von Einfluß sein (cf. dagegen Konitz im Jahre 1900!).

Was die Verteilung der Bevölkerung nach dem Alter betrifft, so haben wir gefunden, daß in Thorn die Zahl der schulpflichtigen Kinder kleiner ist. Diese Tatsache, daß die Erwachsenen der Sorge um die Kinder mehr enthoben sind, könnte eher günstig auf die Kriminalität wirken, in keinem Falle aber ungünstig.

Es gibt in Thorn mehr Erwachsene als in Marienwerder. In Thorn ist sowohl die Zahl der Geburten als auch der Sterbefälle höher; der Unterschied ist allerdings nicht groß. Der Überschuß an Sterbefällen wird auf die höhere Kindersterblichkeit in Thorn entfallen. (Unter 1000 Gestorbenen sind vor Vollendung des 1. Lebensjahrs gestorbene Kinder: in Thorn 473,3, in Marienwerder 413,8.[3])

Die Anzahl der unehelichen Geburten ist in Thorn etwas geringer. Auch dies mag mit der Kriminalität zusammenhängen, denn einmal ist in Thorn die Prostitution sehr verbreitet, in

[1]) Stat. d. Dtsch. R., N. F. 30, II, 31.
[2]) Stat. d. Dtsch. R., N. F. 132, S. 304.
[3]) Pr. Stat. 169, S. 320/1 (danach berechnet).

Marienwerder garnicht;[1]) dann aber läßt jener Umstand auf Verbrechen wie Abtreibung und Kindesmord schließen, Verbrechen, welche vielfach unentdeckt bleiben, aber auf die Moralität im allgemeinen ungünstig wirken und anderen Verbrechen den Weg ebnen. (Aus diesem Gedankengang folgt, daß es keineswegs mit der Sittlichkeit dort besser bestellt ist, wo wenig uneheliche Geburten vorkommen.)

Die Zahl der verheirateten Personen ist in Thorn niedriger als in Marienwerder, namentlich sind die ledigen Männer zahlreich (Grund: Militär). Es ist leicht möglich, daß die im Ehestande befindlichen Personen durch ihre bessere Hälfte und durch das Familienleben, durch die Rücksicht auf die Familie etc. von der Begehung mancher Verbrechen abgehalten werden.

Daß die Thorner wenig Sinn für Familienleben haben, beweisen auch die vielen männlichen Einzelhaushaltungen.

Ein fernerer Umstand, der für die starke Kriminalität im Kreise Thorn kausal sein kann, ist die größere Dichtigkeit der Bevölkerung und das Wohnen in wenigen Wohnplätzen, namentlich in der Stadt. Im Gegensatz hierzu wohnen die Marienwerderer mehr auf dem Lande, und zwar zerstreut. —

In Thorn haben wir weiter mehr Industrie, mehr Handel und mehr wechselnde Lohnarbeit. Daß auch die freien Berufe hier stärker vertreten sind, wird für die Gestaltung der Kriminalität nicht in Betracht kommen. Die industriellen Berufsgruppen, welche in Thorn namentlich zahlreich vorkommen, sind die Metallverarbeitung, die chemische Industrie, die Nahrungs- und Genußmittelindustrie, die Bekleidungs- und Reinigungsindustrie, das Baugewerbe; hinter Marienwerder steht Thorn dagegen zurück in der Textilindustrie und in den landwirtschaftlichen Berufen. Die Frauen- und Kinderarbeit werden wir heranziehen, wenn wir uns mit ihrer Kriminalität speziell beschäftigen. Allerdings ist wohl zu beachten, daß die Arbeit jugendlicher Personen insofern einen Einfluß auf die Gesamtkriminalität haben kann, als sie eben von Jugend auf an Arbeit

---

[1]) Michelsen S. 72; Steinmann, S. 44.

gewöhnt und dadurch so manchen Verbrechen vorbeugt. Ebenso kann die Frauenarbeit günstig wirken, indem sie die Prostitution verhindert. Natürlich kann es sich hier immer nur um nicht übertriebene und um gut bezahlte Arbeit handeln.

Die Religion als solche kann nicht als ein Faktor der Kriminalität betrachtet werden. Verbrechen aus Aberglauben haben ihren Grund nicht in der Religion, sondern in der Unbildung. Dasselbe ist der Fall, wenn die kulturell tiefstehenden Katholiken Verbrechen begehen zu können glauben in der Hoffnung auf baldige Vergebung der Sünden; der springende Punkt ist nicht die Religion, sondern die Unkultur. Und da ist es wohl kein Zufall, daß die polnisch-katholische Bevölkerung (in jener Gegend haben die Worte „polnisch“ und „katholisch“ dieselbe Bedeutung) in Thorn so viel zahlreicher ist als in Marienwerder. Aber daran muß festgehalten werden: von der Religion kann nur dann als Kriminalitätsfaktor die Rede sein, wenn eine Religion ein Verbrechen befiehlt oder gutheißt. Eine solche Religion kann es aber in Deutschland nicht geben, sonst würde sie ja vom Staate nicht anerkannt werden, denn der Staat wird doch keine Verbrecher großziehen wollen und Waffen gegen sich selbst schmieden. (Darum ist die Frage, ob eine staatlich anerkannte Religionsgesellschaft irgend ein Verbrechen sanktioniert, garnicht diskutabel.)

Die Wohnungsverhältnisse sind im Kreise Thorn schlechter als in Marienwerder, wenigstens was die Bauart der Gebäude betrifft; die Beschaffenheit der Wohnung hat gewiß Bedeutung für die ganze Lebenshaltung des Volkes.

Großes Gewicht wird man auf die Schulverhältnisse legen müssen. Ihre Wirkung auf die Gestaltung der Kriminalität ist evident. Sie sind in Thorn in jeder Beziehung schlechter, sowohl in der Stadt wie auf dem Lande.

Wenn wir uns nun den wirtschaftlichen Faktoren zuwenden, so sind zunächst nach dem uns zur Verfügung stehenden Material die Arbeitslöhne in Thorn im großen und ganzen niedriger, während die Arbeitszeit eine längere ist. Auch im übrigen sind die wirtschaftlichen und die Wohlstandsverhältnisse bedeutend ungünstiger als in Marienwerder, dies beweisen die

Erträgnisse der landwirtschaftlichen Tätigkeit, der Viehstand, die Sparkassenberichte und die Steuerergebnisse.

Bemerkenswert ist, daß im Kreise Thorn der landwirtschaftliche Mittelstand, dessen Angehörige von vielen Seiten als die Stützen der Gesellschaft gepriesen werden, stärker ist als im Kreise Marienwerder. Natürlich beweist dieser eine Fall nichts; erst weitere Untersuchungen müssen ergeben, ob wir es hier mit einer typischen oder mit einer Einzelerscheinung zu tun haben.

Auch die Tatsache erscheint befremdend, daß in Thorn die landwirtschaftlichen Zwergbetriebe (unter 2 ha) der Zahl nach geringer und dem Flächenraum nach durchschnittlich größer als in Marienwerder sind. Wird doch gerade der umgekehrte Zustand als volkswirtschaftlich im höchstem Maße gefährlich bezeichnet.

C. Die Kriminalität der Frauen.

Zerlegen wir die Gesamtkriminalität nach dem Geschlechte[1]) der Verurteilten, so kommen auf 100000 strafmündige Männer der Zivilbevölkerung

im Kreise	Marienwerder	2616,0	verurteilte Männer
„ „	Thorn	3567,8	„ „

auf 100000 strafmündige Frauen

im Kreise	Marienwerder	651,4	verurteilte Frauen
„ „	Thorn	1003,3	„ „

Die Kriminalität der Frauen ist also in Thorn sehr viel höher, um mehr als $^1/_3$, relativ noch höher als die Männerkriminalität und die Kriminalität im ganzen.

Als besondere Erklärungsgründe können zunächst in Frage kommen die größere Anzahl von Geburten und die geringere Anzahl unehelicher Geburten (vgl. das oben (S. 127/8) hierüber Gesagte).

Die Behauptung, daß eine kleine Zahl unehelicher Geburten kein gutes Zeichen für die Moralität ist, wird durch die Aus-

[1]) Stat. d. D. R., N. F. 132, III, 2/3.

lassungen Steinmanns,[1]) der als Landrat des Kreises Thorn Gelegenheit hatte, die dortigen Zustände genau kennen zu lernen, für Thorn vollauf bestätigt: „Die Prostitution ist in der Stadt Thorn in ungewöhnlichem Maße heimisch — Konkubinate finden sich häufig —. Endlich herrscht im allgemeinen unter dem niedern Volke eine geschlechtliche Unsittlichkeit, welche im Vergleiche zu anderen Gegenden, namentlich zu den westlichen Teilen der Monarchie, als besonders stark anzusehen ist."

Auch die geringere Zahl von Ehen wird anzuführen sein. Was die Frauenarbeit angeht, so sind die Frauen in Thorn stärker als in Marienwerder beteiligt am Hausdienst und der wechselnden Lohnarbeit, an der Industrie und vor allem am Handel. In den anderen Berufen sind sie weniger beschäftigt, so daß sie im ganzen noch einen geringeren Anteil an der Arbeit haben.

Die Arbeitslöhne sind in den Städten niedriger, auf dem Lande aber höher als im Kreise Marienwerder.

D. Die Kriminalität der Jugendlichen.

Von 100000 Jugendlichen (12—18 Jahre) wurden verurteilt[2]) im Kreise Marienwerder 947,8, im Kreise Thorn 1376,8. Also ist auch die Kriminalität der Jugendlichen in Thorn stärker als in Marienwerder, und zwar ungefähr in demselben Grade wie die der Frauen.

Hier werden als besondere Faktoren namentlich die Schulverhältnisse zu beachten sein und dann die Arbeitslöhne, die in Thorn bei erheblich längerer Arbeitszeit ungefähr halb so hoch sind als in Marienwerder.

Die Wohnungsverhältnisse dürften auf jugendliche Personen einen noch größern Einfluß haben als auf Erwachsene, ebenso die größere Zahl der in einer Familie und der in einem Hause zusammenlebenden Personen.

---

[1]) Steinmann, S. 44.

Von den männlichen Jugendlichen (allerdings bis zu 20 Jahren gerechnet) sind in Thorn mehr berufstätig als in Marienwerder, von den weiblichen aber weniger.

E. Einzelne Delikte.

In der Kriminalstatistik haben wir in der für unsere Zwecke notwendigen Spezialisierung besondere Nachweisungen nur für 4 Delikte, nämlich 1. für Gewalt und Drohungen gegen Beamte (St.G.B. 113/4, 117—9), 2. für gefährliche Körperverletzung (St.G.B. 223a), 3. für einfachen und schweren Diebstahl, auch im wiederholten Rückfall (St.G.B. 242—4.) und 4.) für Betrug, auch im wiederholten Rückfall (St.G.B. 263—5).[1]

	Auf je 100000 strafmündige Civilpersonen der unten stehenden Kategorien kommen im Durchschnitt der Jahre 1893—7 Verurteilte wegen nachfolgender Delikte:											
	Gewalt u. Drohungen gegen Beamte			Gefährliche Körperverletzung			Einfacher, schwerer u. Rückfallsdiebstahl			Betrug auch im wiederh. Rückf.		
	m.	w.	j.	m.	w.	j.	m.	w.	j.	m.	w.	j.
Marienwerder	66,2	14,7	5,1	653,3	78,9	192,1	637,7	243,7	427,1	51,6	15,6	20,2
Thorn . . .	136,1	42,2	22,6	782,6	113,5	212,8	967,8	351,8	830,6	96,7	17,8	26,4

Bei allen vier Deliktsarten sind die Zahlen für Thorn höher, allerdings ist das Verhältnis verschieden. Am größten ist die Differenz bei den gegen die Beamten gerichteten Verbrechen, das Verhältnis ist bei den Männern 1:2, bei den Frauen 1:3, bei den Jugendlichen 1:4½. Die Hauptursache wird das Vorherrschen des Polentums sein, namentlich die polnische Agitation unter der jugendlichen Bevölkerung. Auch die geringere Bildung wird in Betracht zu ziehen sein.

Jene Delikte scheinen also die Schoßdelikte der Thorner zu sein; schon Steinmann[2]) charakterisiert auf Grund seiner Beobachtungen die Bevölkerung des Kreises Thorn bezüglich des Gesagten: „Mangel an Sinn für Ordnung und ein gewisser Instinkt des Auflehnens gegen alles, was in dieser Beziehung

1) St. d. d. R., N. F. 132, III, 2ff.

2) Steinmann, S. 43.

von Privaten und Behörden geschieht, ist, und zwar vorzugsweise bei der Masse der polnischen Bevölkerung, als das verbreitetste der leichteren sittlichen Gebrechen anzusehen."

Beim Betrug dürfte in erster Linie auf die Verschiedenheit in der Berufsstellung hinzuweisen sein, nämlich auf die größere Ausbreitung des Handels im Kreise Thorn. Verhältnismäßig wenig Frauen wurden hier wegen Betruges verurteilt.

Dagegen ist die Ziffer der Körperverletzungsfälle bei den Frauen sehr hoch.

Der Diebstahl kommt namentlich bei den Jugendlichen oft vor. Dies wird zum großen Teile auf die niedrigen Löhne zurückzuführen sein, welche, an den Marienwerderer Verhältnissen gemessen, noch erheblich geringer sind als die der Erwachsenen.

F. Die Vorbestraften.

	Auf je 1000 im Durchschnitt der Jahre 1893—7 wegen der nachfolgenden Delikte Verurteilten kommen Vorbestrafte[1])				
	Verbrechen und Vergehen gegen Reichsgesetze überhaupt.	Gewalt und Drohung gegen Beamten.	Gefährliche Körperverletzung.	Einfacher und schwerer Diebstahl, auch im wiederholten Rückfall.	Betrug, auch im wiederh. Rückfall
Marienwerder	361,3	435,4	350,4	388,9	507,0
Thorn . . .	371,4	530,4	389,7	410,6	445,9

Die Zahl der Vorbestraften ist in Thorn nur bei den wegen Betrugs Verurteilten niedriger, sonst aber höher, namentlich bei den wegen Verbrechen gegen Beamte Verurteilten.

Doch sind die Zahlen der Vorbestraften nicht weiter zu verwerten, da uns Anzahl, Art und Grund der einzelnen Vorstrafen unbekannt sind.

[1]) St. d. d. R., N. F. 133, III, 2 ff.

Druck von Georg Reimer in Berlin.

Abhandlungen

des

kriminalistischen Seminars

an der Universität Berlin.

Herausgegeben

von

Dr. Franz v. Liszt,

ord. Professor der Rechte zu Berlin.

Neue Folge. Zweiter Band. 3. Heft.

Ernst Rosenfeld: Strafrechtspflege, insbes. Gefängniswesen in Ceylon.

Eugen Friedlaender: Der strafrechtliche Schutz des Geschäfts- und Betriebsgeheimnisses.

Berlin 1903.

J. Guttentag, Verlagsbuchhandlung,

G. m. b. H.

Strafrechtspflege

insbesondere

Gefängniswesen in Ceylon.

Von

Dr. jur. et phil. Ernst Rosenfeld,

Gerichtsassessor in Berlin.

Berlin 1903.

J. Guttentag, Verlagsbuchhandlung,

G. m. b. H.

A. Strafrechtspflege.

Die Insel Ceylon ist eine englische Kronkolonie mit selbständiger, von der des benachbarten indischen Kaiserreichs völlig unabhängiger Verfassung und Verwaltung. Die Verfassung ist niedergelegt in der Charter vom Jahre 1833. An der Spitze der Verwaltung steht ein vom König ernannter Gouverneur. Gesetzgebende Faktoren sind der Gouverneur und der aus 17 Mitgliedern bestehende Gesetzgebende Rat.

Ceylon erfreut sich, im Gegensatz zum Mutterlande, einer ausführlichen Kodifikation seines Strafrechts; dieselbe ist aber nicht original, vielmehr in der Hauptsache den Gesetzbüchern Indiens nachgebildet.[1]) Daher gibt es auch weder Kommentare noch Lehrbücher des Strafrechts Ceylons, sondern neben den Gesetzestexten nur Spruchsammlungen. Die Juristen bedienen sich der Literatur über indisches Strafrecht, insbesondere der Werke von Mayne: Commentaries on the Indian Penal Code. 14th edit. Madras 1890; Starling: Indian Criminal Law. 5th edit. Bombay 1893 etc. Das neueste Gesetzsammlungs-Werk ist: Pereira: Institutes of the Laws of Ceylon. 4 vols. Colombo 1901 ff.

Die Kriminalgesetzgebung Ceylons ist niedergelegt in:

a) The Courts Ordinance 1889. (Gerichtsverfassungsgesetz.)

b) The Criminal Procedure Code 1898. (Strafprozeßordnung.)

---

[1]) Es erübrigt sich deshalb ein Eingehen auf das System des Strafgesetzbuches. Es ist ausführlich behandelt in: v. Liszt-Crusen: Die Strafgesetzgebung der Gegenwart. Bd. II S. 223—268.

c) The Ceylon Penal Code 1883 (St.G.B.) mit seinen beiden Ergänzungen, der „Youthful Offenders Ordinance 1886“ und der „Habitual Criminals' and Licensed Convicts' Ordinance 1899.“

d) Einer erheblichen Zahl kleinerer Strafgesetze mit vorwiegend polizeilichem Charakter, wie Jagd- und Fischereigesetze, Verbot des Besitzes von Opium, Ganja, Arrak etc.

Die Paragraphen (Sections) der einzelnen Gesetze (Ordinances) werden zitiert z. B.: Section 32 O. 14 of 1895. Wie für das indische Strafgesetzbuch, so ist auch für dasjenige Ceylons zweierlei charakteristisch: die große Zahl der Definitionen und die häufige Verwendung von Beispielen (illustrations). Das Gesetz will gleichzeitig ein Gesetzbuch und eine Sammlung von Entscheidungen sein (s. d. Strafgesetzgebg. d. Gegenwart, Bd. II S. 227/228). Der Grund hiervon ist, daß in Ceylon das Richteramt, abgesehen von den Mitgliedern des Obersten Gerichtshofes und des Bezirksgerichts zu Colombo, nicht von gelernten Juristen verwaltet wird, sondern von sogenannten „Civil-Service“ Beamten. Diese erhalten ihre Ausbildung in England: sie haben sich zwei Prüfungen zu unterziehen, davon die der ersten regelmäßig im Alter von 17—21 Jahren. Hat der Kandidat diese bestanden, so hat er sich weitere zwei Jahre in England auf das zweite Examen vorzubereiten; in diesem werden u. a. Kenntnisse in Nationalökonomie, englischem und Kolonialrecht, Sprachen der Eingeborenen etc. verlangt. Während dieser zwei Jahre erhält der Kandidat 100 Pfund jährlich von der Regierung gezahlt. Hat er auch das zweite Examen bestanden, so wird er in die von ihm schon nach der ersten Prüfung bezeichnete Kolonie geschickt, wo er entweder im diplomatischen Dienst, bei der Steuer, bei der allgemeinen Verwaltung (Post, Telegraphie, Landwirtschaft, Unterricht etc.), oder endlich bei der Justiz beschäftigt wird. Um diesem Laien-Richtertum das Finden des Urteils in Strafsachen zu erleichtern, enthält ferner auch die Strafprozeßordnung und zwar als integrierenden Bestandteil, obwohl äußerlich als Anhang, eine ausführliche Tabelle, welche in Spalten nebeneinander enthält: 1. Delikt nach der Reihenfolge des St.G.B., 2. ob dabei Untersuchungshaft obligatorisch, 3. ob Freilassung gegen Kaution zulässig, 4. ob die Strafanzeige zurückgezogen werden kann, 5. Strafdrohung, 6. welches Gericht sachlich zuständig.

Es gibt vier Gerichte in Strafsachen:

A. „The Supreme Court of the Island of Ceylon.“ Dieser oberste Gerichtshof besteht aus drei Richtern, dem „Chief Justice“ und zwei „puisne justices“, die sämtlich vom König ernannt werden. Sie sind stets Europäer, während unter den übrigen Richtern häufig „Burgher“ sind, d. h. Mischlinge von Holländern oder Portugiesen (den früheren Besitzern von Ceylon), auch Engländern, mit Eingeborenen.

Alle Kriminalsachen vor dem Supreme Court werden vor einer Bank von 7 Geschworenen und regelmäßig vor nur einem Richter verhandelt; der Chief Justice kann jedoch anordnen, daß ein „trial at bar“ (wie kürzlich in London in Sachen des Oberst Lynch) stattfinde, in welchem Falle sämtliche drei Richter neben den Geschworenen zu Gericht sitzen. In geeignet scheinenden Fällen kann eine nur aus englisch sprechenden Männern bestehende Geschworenenbank (special jury) auf Antrag der Staatsanwaltschaft berufen werden (Sect. 216, 223, 222 (2), 257 (4), 276 Crim. Proc. C.).

B. District Courts (Bezirksgerichte). Sie sind ebenfalls regelmäßig mit nur einem Richter besetzt. Der Bezirksrichter ist aber ermächtigt, auf Antrag des Angeklagten oder aus eigenem Antriebe in jeder Sache, in der es ihm angebracht erscheint, sich 2—3 Beisitzer (Assessors) aus der jährlich aufzustellenden „Geschworenen- und Beisitzer-Liste“ hinzuzugesellen — eine Ermächtigung, von der jedoch wenig Gebrauch ge-

[1]) Die Gerichtssitzungen in Colombo finden in hohen nach zwei Seiten offenen Hallen statt, die von einem schattigen Säulengange umgeben sind. Die Zeugen lagern unter den Palmen des weiten Hofes. Die Verhandlung spielt sich im allgemeinen in derselben Weise wie bei uns ab, nur geben der besonders hohe Richtersitz, die ständige Mitwirkung eines Dolmetschers, die großen ununterbrochen hin und herwehenden Punkas (Winderzeuger) neben den malerischen Trachten der Sinhalesen, Tamilen, Muhammedaner, Inder etc. dem Ganzen ein eigenartiges Gepräge.

macht wird. (Sect. 72 Courts Ord; 200, 207 ff., 254 ff. Crim. Proc. C.).

C. Police Courts (Polizeigerichte), besetzt mit einem Polizeirichter.

D. Village Tribunals (Dorfgerichte), besetzt mit einem eingeborenen Dorfältesten.

Es gibt in Ceylon eine Staatsanwaltschaft, vertreten durch den Attorney-General, den Solicitor-General und die Crown Counsels. Sie hat im allgemeinen nur prozeßleitende Verfügungen zu treffen; ihre Mitwirkung ist in den Sachen vor den Bezirksgerichten und dem Obersten Gerichtshof obligatorisch, vor den Polizeigerichten fakultativ (Sect. 3, 393, 201, 216, 199 Crim. Proc. C.). Nicht sie leitet die vorbereitende Ermittelung des Tatbestandes, dieselbe erfolgt vielmehr durch das Gericht und zwar durch dieses selbst oder mittels Inquirers. „Inquirers“ sind vom Gouverneur für einen bestimmten Kreis ernannte Beamte, deren Aufgabe es ist, die erforderlichen ersten Feststellungen vorzunehmen; sie sind mit erheblichen Machtbefugnissen ausgestattet, dürfen z. B. einen vorläufigen Haftbefehl erlassen etc. Nach Treffen der erforderlichen Maßnahmen sind die Akten alsbald dem nächsten Polizeigericht einzureichen; dieses gibt sie in Polizeisachen an das zuständige Polizeigericht zum endgültigen Befinden ab, in den übrigen Fällen an die Staatsanwaltschaft. Letztere verfügt dann, ob der Angeklagte außer Verfolgung zu setzen, ob er vor Gericht zu bringen oder ob noch weitere Ermittelungen anzustellen seien.

Die Staatsanwaltschaft ist, ebenso wie die Verteidigung,[1]) in den Sitzungen vor dem Obersten Gerichtshof und den Bezirksgerichten vertreten.

Das Strafrecht von Ceylon kennt folgende Strafen:

1. Todesstrafe, 2. Prügelstrafe, 3. Vermögensentziehung, 4. Geldstrafe, 5. Gefängnis, und zwar strenges und einfaches. 6. Endlich ist hierher auch die in Sect. 83,

[1]) Über die Zulassung und den Vorbereitungsgang der Rechtsanwälte s. Shedule III Anhang der Courts Ordinance.

93, 94 Crim. Proc. C. behandelte Sicherheitsleistung für gutes Verhalten (bei Unvermögen einfaches Gefängnis bis zu 6 Monaten) zu rechnen (vergl. hierzu Aschrott: Strafensystem etc. in England S. 98 ff. Die Friedensbürgschaft).

Die Nebenstrafe der Polizeiaufsicht (bis zu 7 Jahren) ist durch die „Habitual Criminal's and Licensed Convicts' Ordinance No. 7 of 1899" eingeführt worden; dasselbe Gesetz bestimmt, daß Rückfällige, d. h. Individuen, welche zwei- oder mehrmal mit strengem Gefängnis von über 6 Monaten bestraft worden sind, nicht im summarischen Verfahren, d. h. vor dem Polizeigericht, abgeurteilt werden können, und daß das demnach zuständige höhere Gericht bei Rückfälligen neben der zu erkennenden Strafe auf eine Zusatzstrafe von bis zu 4 Jahren strenges Gefängnis erkennen kann. Dieselbe Ordinance endlich führt, wie schon ihr Titel sagt, die vorläufige Entlassung ein und bestimmt, daß der Gouverneur mit Zustimmung des Ausführenden Rats (Executive Council) nach freiem Ermessen jedem Gefangenen in Ceylon die vorläufige Entlassung schriftlich gewähren und ebenso widerrufen kann.

Bezüglich der Bedingten Begnadigung bestimmen §§ 325—327 der Crim. Proced. C.: Wird ein bisher Unbestrafter eines mit nicht mehr als 4 Jahren Gefängnis bedrohten Delikts überführt, so kann das Gericht, wenn es wegen der Jugend, des Charakters oder des Vorlebens des Angeklagten, der Geringfügigkeit der Deliktsnatur oder aus anderen Gründen ihm angebracht erscheint, von einer Verurteilung vorläufig Abstand nehmen und den Angeklagten gegen die Verpflichtung, während einer vom Gerichtshof nach freiem Ermessen zu bestimmenden Zeit sich gut zu führen, freilassen. Diese bedingte Begnadigung kann das Gericht davon abhängig machen, daß der Angeklagte eine Kaution hinterlegt oder dem Geschädigten eine bestimmte Entschädigungssumme zahlt oder endlich, daß er der Staatskasse eine Geldsumme in Höhe der durch ihn verursachten Gerichtskosten zuführt, wobei in den zwei letzteren Fällen Ratenzahlung zugelassen werden kann.

An Stelle der Gefängnisstrafe kann bei der Aburteilung Jugendlicher (7—16 Jahren) gemäß der „Youthful Offenders Ordinance 1886“ treten: a) Verweis, b) Prügel, bestehend aus bis zu 25 Streichen mit einem leichten Rohrstocke, jedoch nur bei Knaben, c) Überweisung des Kindes an seinen Vater oder Vormund, vorausgesetzt daß letztere sich — mit oder ohne Kaution, nach Ermessen des Gerichts — für das Wohlverhalten des Jugendlichen bis auf 1 Jahr verbürgen, d) Überweisung an eine Erziehungs- oder Besserungsanstalt für die Zeit von 2—5 Jahren.

Auf Prügelstrafe und Anstalts-Überweisung kann nebeneinander erkannt werden. Außerdem kann der Vater oder Vormund, wenn ein Mitverschulden auf seiner Seite vorzuliegen scheint, mit einer Geldstrafe bis zu 20 Rupien (etwa 27 Mark) belegt werden.

Es gibt in Ceylon staatliche Erziehungsanstalten (Reformatory Schools) und private (Certified Industrial Schools). Der Richter bestimmt die Anstalt. Hier können die Jugendlichen in keinem Falle über das vollendete 18. Lebensjahr hinaus behalten werden. Flucht aus der Anstalt wird ebenso wie jedes in ihr begangene erhebliche Delikt mit Gefängnis bestraft.

Für jede Anstalt werden durch den Gouverneur ein oder mehrere Besucher (Visitors) bestellt, denen der Zutritt jederzeit freisteht und die auf Verlangen des Gouverneurs Bericht zu erstatten haben. Mit ihrer Zustimmung kann der Anstaltsvorsteher einem Zögling, der mindestens 12 Monate in der Anstalt gewesen ist, gestatten, zunächst auf 3 Monate bei einer vertrauenswürdigen Person zu wohnen; die Vergünstigung kann von 3 zu 3 Monaten erneut werden. Flucht aus der Wohnung des Vertrauensmannes wird wie Entweichen aus der Anstalt bestraft. Jeder in der genannten Weise außerhalb der Anstalt untergebrachte Zögling kann mit Einwilligung des Vorstehers und des Visitors als Lehrling bei einem Handwerker, Gärtner, Bauer oder als Hausdiener etc. in Stellung treten. Mißhandlung des Jugendlichen durch den Arbeitgeber ist ebenso wie Nichtanzeige seiner Flucht mit Strafe bedroht.

Zuständig sind die Polizeigerichte zur Verhängung von Gefängnis bis zu 6 Monaten, Geldstrafe bis zu 100 Rupien und Prügelstrafe über Knaben; die Bezirksgerichte von: Prügelstrafe (an Männer und Knaben), Gefängnis bis zu zwei Jahren und Geldstrafe bis zu 100 Rupien. Darüber hinaus ist der Oberste Gerichthof zuständig, der ebenfalls die alleinige zweite Instanz in Strafsachen ist.

Was nun den Vollzug genannter Strafen anlangt, so wird die Todesstrafe durch Hängen vollstreckt. Sie ist angedroht 1. beim Unternehmen, gegen den König Krieg zu führen (Sect. 114 Pen. Code); 2. wenn jemand durch wissentlich falsches Zeugnis die Hinrichtung eines Unschuldigen herbeiführt (Sect. 191), 3. bei Mord, 4. bei Anstiftung zum Selbstmorde.

Die Zahl der jährlich vorgenommenen Todesurteile ist eine erhebliche, von 1891—1901: 26, 23, 43, 26, 37, 40, 28, 27, 51, 47. Der Richter hat das Urteil mit einem Gutachten darüber dem Gouverneur vorzulegen, ob und warum das Urteil zu vollstrecken sei oder nicht. Der Gouverneur entscheidet nach Beratung mit dem „Executive Council“ (Sect. 309 Crim. Proc. C.). Von den genannten Todesurteilen sind von 1892 bis 1901: 16, 12, 23, 22, 25, 20, 19, 21, 32, 37 vollstreckt worden. Man sieht, die Zahl der jährlichen Hinrichtungen ist in den letzten Jahren absolut und prozentual gestiegen. Der Grund dieser anscheinenden Härte liegt in der starken Zunahme der Verbrechen wider das Leben: wegen Mordes und Totschlages sind 1898: 58 Personen, 1899: 71, 1900: 82 und 1901 sogar 101 Personen verurteilt worden — über 100 Personen haben also in einem Jahre auf der Insel Ceylon (etwa die Größe des Königreichs Bayern) durch Verbrecherhand ihr Leben lassen müssen. Die Täter gehören regelmäßig nicht der Verbrecherklasse an, die meisten haben sich sogar bis dahin tadelfrei geführt. Der Grund der so zahlreichen Tötungen und Körperverletzungen (286 Fälle gefährlicher Körperverletzung im Jahre 1901) liegt einmal in dem Mangel an Selbstbeherrschung und der völligen Geringschätzung des Menschenlebens, des der Opfer sowohl wie des eigenen, andrerseits in dem Umstande, daß jeder Eingeborene ein Messer im Gürtel trägt und sein Oberkörper nackt, also nicht durch Kleider geschützt ist.

Um diesem Unwesen zu steuern, erließ der Gouverneur vor mehreren Jahren die Anweisung, bei Messerstechereien den umfassendsten Gebrauch von der Prügelstrafe zu machen. Die Folge war aber, nicht, daß die Zahl der Tätlichkeiten zurückging — im Gegenteil, mancher Eingeborene, um sich an seinem Feinde zu rächen, ritzte sich selbst die Haut und erreichte mit Hülfe zweier meineidiger Zeugen, daß sein Gegner Prügel erhielt.

Kürzlich mußte nun der Gouverneur öffentlich zugeben, daß er mit seinem Prügel-Erlaß einen Fehlgriff getan habe.

Das Strafgesetzbuch bedroht eine erhebliche Zahl von Delikten mit Prügelstrafe, so: gefährliche Körperverletzung, Raub, räuberische Erpressung, Notzucht, widernatürliche Unzucht, Diebstahl und Hehlerei von Vieh etc. (Sect. 315—317, 320, 345, 364, 365, 368, 371, 377—381, 383, 397). Prügelinstrument ist bei Erwachsenen (nur Männern) eine mehrschwänzige „Katze“, bei Knaben unter 16 Jahren ein dünner Rohrstock. An Männern wird die Strafe nach Rechtskraft des Urteils mit Zustimmung der Gouverneurs (außer in Sachen des Obersten Gerichtshofes, wo diese Zustimmung nicht vorgeschrieben) und nach Erklärung des Arztes im Gefängnis vollzogen; erklärt der Arzt den Verurteilten für körperlich zu schwach, so wird die Sache erforderlichenfalls erneut vor Gericht gebracht.

An Knaben unter 16 Jahren wird die Prügelstrafe ohne Hinzuziehung eines Arztes, aber, falls verlangt, in Gegenwart des Vaters oder Vormunds alsbald an Gerichtsstelle vollzogen — jedoch nur wenn lediglich auf Prügelstrafe erkannt worden ist. In diesem Falle darf nur bis zu 10 Streichen, in allen übrigen Fällen aber bei Männern und Knaben bis zu 25 Streichen erkannt werden.

Bei Personen, die zum Tode oder zu mehr als 5 Jahren Gefängnis verurteilt worden sind, ist Prügelstrafe ausgeschlossen (Sect. 55—58 Penal Code; Sect. 19 No. c Youthful Offend. Ordin.; Sect. 315—319 Crim. Proc. Code; Sect. 248—251 Manual of Prison Rules).

B. Gefängniswesen.

Das Gefängniswesen in Ceylon ist geregelt durch:

1. The Prisons Ordinance 1877. (No. 16.) (Strafvollzug-Gesetz.)
2. The Prisons Amendment Ordinance 1890. No. 24.
3. Ordinance No. 3 of 1894 (hebt Sect. 62 und teilweise 63 der Ordinance von 1877 auf).
4. Manual of Rules for the Management of Prisons in the Island of Ceylon. (Dienstordnung.)

Seit 1878 erscheint alljährlich der amtliche Gefängnis-Bericht (Blaubuch) nebst ausführlicher Gefängnis-Statistik: Administration Reports. Part III. Judicial: Prisons.

Das Gefängniswesen Ceylons ist nach englischem Muster eingerichtet; immerhin bringt es die Eigenheit der Eingeborenen, der Gefangenen sowohl wie der Beamten, mit sich, daß gewisse Abweichungen eingeführt werden mußten; auf sie soll im folgenden das Hauptgewicht gelegt werden.

An der Spitze der Gefängnisverwaltung steht der Direktor and Inspector General of Prisons, zur Zeit Herr Major de Wilton[1]). Er ist zugleich General-Polizei-Inspektor der Insel. An jedem Gefängnis ist ein Direktor (Superintendent), ein Arzt (medical officer), ein Inspektor (jailor) und die erforderliche Zahl von Aufsehern (head overseer, overseers, sub-overseers, guards) angestellt, endlich tun auch Gefangene als prison orderlies Aufseherdienste; sie sind nicht zu verwechseln mit den auch in Ceylon unentbehrlichen Kalefaktoren oder Hausknechten (jail service men). An größeren Anstalten

---

[1]) Ihm bin ich für sein überaus liebenswürdiges Entgegenkommen zu großem Danke verpflichtet.

kommen hinzu: der stellvertretende Direktor (assistant superintendent), der zweite Arzt (assistant medical officer) und der Sekretär (deputy jailor).

An Weiber-Abteilungen sind — bei der geringen durchschnittlichen Tageszahl von 35 gefangenen Weibern (gegen 2412 Männer) im Jahre 1901 sind eigene Weiberanstalten entbehrlich — weibliche Unterbeamte (matrons) angestellt.

Während der Generalinspektor und die Direktoren der großen Anstalten Engländer, die Oberbeamten meist Burgher (eingeborene Europäer-Mischlinge) sind, rekrutieren sich sämtliche Unterbeamten aus Eingeborenen, Sinhalesen und Tamilen. Das Material dieser Unterbeamten ist nun ein recht schlechtes. Seit Jahren klagen die Berichte mit anerkennenswerter Offenheit, daß es nicht glücken wolle, nur einigermaßen geeignetes Personal zu erhalten. Charakteristisch ist, daß z. B. im Jahre 1901 nicht weniger als 1255 Bestrafungen von Beamten, prozentual mehr, als es bei den Gefangenen der Fall war, stattgefunden haben. Und dabei waren in einer einzigen Anstalt 15—20 Aufseherstellen unbesetzt. Von 151 neu angestellten Aufsehern mußten 62 im Laufe des Jahres entlassen werden: 15 wegen Unfähigkeit, 24 wegen schlechter Führung, 23 auf eigenen Antrag. Der Grund, daß sich so wenig gutes Material meldet, liegt einerseits in der Abneigung des Eingeborenen gegen alles, was mit dem Gefängnis zu tun hat, andrerseits in der mäßigen Besoldung. In letzter Zeit hat man versucht, durch Gewährung von Dienstwohnungen, von Uniform, endlich des Mittagmahles (Gefangenenkost) — letzteres ist empfehlenswert für unverheiratete Aufseher — die Stellung begehrenswerter zu machen. Die Zulassung von Geistlichen und Religionslehrern ist vorgesehen, ebenso christlicher Gottesdienst an Sonntagen.

Es gibt zur Zeit 23 Gefangenenanstalten in Ceylon; eine kurze Beschreibung von ihnen gibt der amtliche Bericht für 1891 S. 1 ff. Ihr baulicher Zustand ist ein im allgemeinen genügender; immerhin ist es ebenso der mangelhaften Anlage des Baues wie der Unaufmerksamkeit der Aufseher zuzuschreiben, daß Entweichungen ziemlich häufig sind. Daß ihre Zahl nicht größer ist, insbesondere früher vor Schließung der alten Anstalten nicht erheblicher war, ist einmal der Indolenz des Eingeborenen, andererseits aber auch dem Umstande zuzuschreiben, daß die Flüchtlinge mit Hülfe der Dorfhäuptlinge, welche jeden Bewohner ihrer Gemeinde kennen, regelmäßig wieder eingefangen werden.

An jedem Gefängnis sind ein oder mehrere „Visitors" angestellt; sie haben sich in regelmäßigen Zwischenräumen in die betreffende Anstalt zu begeben, sich über ihren Zustand zu orientieren, auch dem Gouverneur auf Verlangen Bericht zu erstatten. Insbesondere liegt ihnen ob, erhebliche Disziplinarvergehen der Gefangenen, deren Aburteilung die Kompetenz des Direktors überschreitet, zu untersuchen, dabei Zeugen eidlich zu vernehmen, und sie eventuell zu ahnden. Andererseits nehmen sie Beschwerden seitens der Gefangenen entgegen; sind sie begründet, so wird dem Kolonialsekretär Mitteilung gemacht, anderenfalls kann der Visitor den Beschwerdeführer auf 48 Stunden in Arrest schicken.

Was die Nationalität der Gefangenen anlangt, so ist die Anzahl der in Ceylon wohnenden bestraften Europäer sehr gering, 2 oder 3 jährlich; die übrigen etwa 40 Europäer sind fast durchweg Matrosen, die sich auf See der Insubordination schuldig gemacht haben und nun im nächsten Hafen zur Bestrafung ausgesetzt werden. Die anderen Gefangenen sind vor allem Sinhalesen, dann Tamilen, Muhammedaner, Malayen, Inder etc.

Etwa 20 Burenkämpfer, die sich geweigert haben, der neuen Regierung den Treueid zu leisten, befinden sich noch heute im Welikada-Gefängnis zu Colombo, wo sie einen besonderen Flügel bewohnen. Ihre Verpflegung kostet den Staat eine unverhältnismäßig große Summe: nicht nur kann ein ganzer Anstaltsflügel zur Zeit nicht mit Gefangenen belegt werden, die Bewachung dieser Kriegsgefangenen, welche durch Soldaten erfolgen muß, und die besonders gute Kost, die ihnen verabreicht wird, machen ihren Aufenthalt so teuer, daß die Regierung wohl bald ihre Freilassung anordnen wird.

Nicht bei ihnen, sondern in einem mit Gefangenen belegten Flügel befindet sich ein anderer Kriegsgefangener, der beschuldigt wird, als Engländer auf Feindesseite gekämpft zu haben; er behauptet bei Ausbruch des Krieges bereits Bure geworden zu sein.

Der Religion nach waren im Jahre 1901 von 6935 Strafgefangenen 76 Protestanten, 693 Katholiken, 4609 Buddhisten, 1013 Hindus, 78 Muhammedaner und 78 anderen Glaubens. Eigentümlich ist, daß die Zahl der bestraften Muhammedaner von Jahr zu Jahr abnimmt; von den 37 im Jahre 1901 Hingerichteten waren nur 2 Muhammedaner, die übrigen 35 Mörder waren Buddhisten — und ihnen gerade verbietet ihre Religion aufs strengste die Tötung irgend welches lebenden Wesens, ein Gebot, das auch, bei ruhigem Blute, aufs genaueste befolgt wird.

Bis zum Jahre 1891 wurde jeder kurzzeitige Gefangene in die nächstliegende Anstalt gebracht; hier arbeitete er vom ersten Tage an in Außenarbeit, er konnte täglich von seinen Angehörigen gesehen werden und nur zu leicht mit ihnen in Verbindung treten und bleiben. Der langzeitige Gefangene aber wurde nach Colombo in die großen Anstalten zu den Gewohnheitsverbrechern gebracht, wo er bald hoffnungslos verdorben wurde.

Seit 1891 soll jeder Bestrafte zunächst in das naheliegende Gefängnis in Einzelhaft gebracht werden, bis er von einem der mehrmals wöchentlich gehenden Eisenbahn- oder Schiffs-Gefangenen-Transporte in eine von seinem Heimatsorte hinreichend entfernte Anstalt gebracht, von dort erst kurz vor der Entlassung in das erste Gefängnis zurückversetzt wird.

Bei ganz kurzzeitigen Gefangenen ist der Transport allerdings unausführbar.

Die Vorschrift, daß jeder Gefangene zunächst in Isolierhaft kommen soll, läßt sich zur Zeit in Ceylon noch nicht verwirklichen; es fehlt erheblich an Einzelhaftzellen. Infolgedessen ist weitaus der größte Teil der Gefangenen in Gemeinschaft und zwar bei Tage und bei Nacht. In schlecht erleuchteten großen Räumen, nur durch eine Luke in der Tür vom Beamten beaufsichtigt, verbringen hier oft mehr wie 50 Gefangene die lange Nachtzeit. Die in einigen Anstalten getroffene Einrichtung, daß sich über jedem Lager ein käfigartiger vorn verschließbarer Aufbau aus Holz und Netzwerke erhebt, ist praktisch fast wertlos, da es dem Gefangenen ein leichtes ist, den Riegel von innen zurückzuschieben.

Bei dem Betrachten von Gefangenen in Ceylon fällt zweierlei auf: einmal das ovale Blechschild, das ein jeder an hanfenem Bande auf dem Leibe trägt, zweitens die Mannigfaltigkeit der blau-gelb gestreiften oder gewürfelten Kleidung.

Das Blechschild gibt in einfacher Weise die wichtigsten den Gefangenen betreffenden Tatsachen wieder. So sagt z. B. das abgebildete Schild:

Erste Reihe. Zehn Löcher. Der Gefangene hat 10 Jahre zu verbüßen.

Zweite Reihe. Sieben Löcher. Der Gefangene hat bereits 7 Jahre verbüßt und zwar sich in den ersten 5 Jahren gut (senkrechtes Loch), im sechsten mäßig (Kreuz), im siebenten Jahre schlecht (wagerechtes Loch) geführt.

Weil der Gefangene sich in den ersten 5 Jahren tadellos geführt hat, wird ihm vom zweiten Jahre der Haft ab je $^1/_4$ Jahr Strafzeit erlassen und dies durch Umstanzen des runden Loches in ein quadratisches (s. Erste Reihe) bekanntlich gemacht.

Dritte Reihe. Dreimal ist der Gefangene im Lazarett gewesen.

Fünfte Reihe. Vier Löcher: Er ist viermal vorbestraft.

Er ist im Dezember (Zahl 12) 1896 (Buchstabe A bedeutet 1892 also D: 1896) bestraft worden vom ersten Bezirksgerichtshof (1 □) wegen Körperverletzung (△ Ausschnitt am Rande).

Mögen diese Schilder auch manches Überflüssige enthalten, so ist es doch als entschieden praktisch zu bezeichnen, daß jeder Beamte aus den Angaben des Schildes sofort Strafdauer, Vorstrafen, Betragen, Deliktsnatur des vor ihm stehenden Gefangenen ersehen kann.

Ergänzt wird diese Charakteristik durch die Kleidung der Gefangenen: je nachdem sie breit oder schmal gestreifte, eng oder weit karrierte Röcke oder solche Beinkleider tragen, sind

D104
12
1

sie fluchtverdächtig, zu Tätlichkeiten gegen Beamte geneigt oder gehören einer der 5 Gefangenen-Klassen an.

Jeder Gefangene in Ceylon kann sich, vorausgesetzt, daß seine Strafdauer hinreichend lang ist, von der niedrigsten zur höchsten Klasse mit steigenden Vergünstigungen durcharbeiten.

Die ersten 3 Monate sind die des „penal stage"; hier ist Außenarbeit regelmäßig ausgeschlossen, auch die Kost auf das zulässige Minimum beschränkt. Von der Klasse IV an ist Außenarbeit statthaft; die Gefangenen erhalten etwas bessere Kost. Haben sie sich hier während 275 Tage gut geführt, so rücken sie in Klasse III auf, in welcher die Verpflegung wiederum besser ist; auch können sie hier mehr als 6 Striche täglich verdienen (s. hierüber weiter unten). Ist der Gefangene nach 1 Jahr in Klasse III in die zweite Klasse gerückt, so kann er als Hausknecht Verwendung finden. Nach wiederum 1 Jahr in Klasse I versetzt, kann er, falls er nicht vorbestraft ist, als prison orderly Aufseher- und Schreiberdienste tun.

Neben der früher erwähnten im Gnadenwege erteilten vorläufigen Entlassung kann der Gefangene sich durch Fleiß und gutes Betragen eine hinreichende Zahl guter Striche erwerben, um den Entlassungstermin näher zu rücken, als im Urteil bestimmt war.

Das in Ceylon eingeführte Strich-System (fälschlich überall Marken-System genannt) besteht in folgendem: Die zur Entlassung erforderliche Zahl von Strichen ist sechsmal die Zahl der urteilsmäßigen Hafttage weniger den 365 Tagen des ersten Strafjahres. Jeder Gefangene, wie schlecht er sich auch führe, erhält er vom zweiten Jahre ab 6 Striche; verdient er keinen Strich hinzu, so hat er die erforderliche Gesamtzahl von Strichen gerade mit Ablauf der urteilsmäßigen Strafzeit erreicht und wird entlassen. Bei guter Führung kann der Gefangene von der dritten Klasse an 7 oder höchstens 8 Striche täglich verdienen. Hat er täglich 8 Striche, also das Maximum, verdient, so hat er die erforderliche Gesamtzahl von Strichen bereits in drei Viertel der Strafzeit des Urteils und damit seine Freilassung erreicht.

Neben guter Führung ist Fleiß bei der Arbeit erfordert.

Die Arbeits-Frage verursacht der Gefängnisverwaltung viel Schwierigkeit. Man ist in Ceylon bis heute keineswegs von der Verwerflichkeit unproduktiver Arbeit durchdrungen; im Gegenteil, man hält sie kurzzeitigen Gefangenen gegenüber für unentbehrlich. Auf den meist stumpfsinnigen Eingeborenen kann eine kurze Freiheitsstrafe nur dann Eindruck machen, wenn sie so abschreckend wie möglich gestaltet wird; abschreckend auf sie wirkt aber nur eine schwere, eintönige Arbeit, die von morgens bis abends dauert und bei welcher Faullenzen unmöglich ist.

Der Versuch, von den kurzzeitigen Gefangenen bei produktiver Arbeit ein Pensum zu verlangen, ist völlig gescheitert; weder Nachsicht, noch Prügel, noch Kostentziehung konnten sie zum Fleiß bewegen. Man beschloß daher, die Tretmühle einzuführen, ließ eine von England kommen und nahm die erste im Dezember 1893 in Betrieb. Ehe sie aber Resultate liefern konnte, wurde das Pingo-Tragen und die dazu gehörige Maschine eingeführt. Letztere besteht in folgendem: Ein sehr langes schmales Holzdach auf Säulen ruhend; der Raum zwischen den Säulen ist der Länge nach durch eine bis zum Dach reichende Holzwand in zwei Teile geteilt. Etwa 1 Meter hoch von der Erde läuft ein starkes Tau über zwei an dem jeweiligen Wandende befindliche Holzrollen um die Holzwand herum; an diesem Tau hängt etwa alle drei Schritt ein kurzes Band. (s. Abbildung.)

Dieses Band ergreift nun je ein Gefangener mit der einen Hand, mit der anderen hält er auf seiner Schulter den Pingo, eine Bambusstange mit beiderseits herabhängenden Gewichten von je 20 Pfund, fest und geht nun in flottem Tempo hinter seinem Vordermann um die Wand herum; nach sechs Runden wird kehrt gemacht. Ein Faullenzen ist bei dieser Arbeit unmöglich; der Gefangene kann nur aus der Reihe treten oder den Pingo hinwerfen.

Jeder zur Verbüßung harter Gefängnisstrafe neu Eingelieferte muß die ersten 4 Tage Pingo tragen und zwar die 40 Pfund täglich 8 Stunden lang im Tempo von 2 englischen

Das Pingo-Tragen.

Der Gefangene, der einzige, welcher auf seinem Pingo die senkrechte Stange trägt, schiebt mit dieser bei jedem vollendeten Rundgang das Holzrad (rechts an der Zwischenwand) um einen Pflock herum, sodaß der Aufseher sehen kann, wann 6 Runden vollendet sind und daher Kehrt zu machen ist.

Meilen pro Stunde. Am fünften Tage kann er wählen, ob er beim Pingo bleiben oder Kokosnuß-Schalen zu Fibern klopfen will. Wählt er das Letztere, macht er aber hier sein Pensum nicht, so kommt er zum Pingo zurück. Auch für die spätere Zeit dient die Verweisung zum Pingo-Tragen als Disziplinarmittel.

Die einzige industrielle Arbeit neben dem Zerklopfen von Kokosnuß-Schalen ist das Zerkleinern von Steinen, eine Arbeit, die jedoch als Innenarbeit allmählich abgeschafft wird, weil die Kosten des Materialverbringens in die Anstalt und aus ihr hinaus zu groß sind.

Heute liegt die Sache so, daß die Gefangenen, die zu harter Gefängnisstrafe Verurteilten, sobald sie die ersten 3 Monate hinter sich haben, zu Außenarbeit in Steinbrüchen für die wahrhaft großartigen Hafenbauten von Colombo angehalten werden.

Mit alleiniger Ausnahme von Newara Eliya, dem im Gebirge liegenden Erholungsorte der Europäer, wo mit Genehmigung des Gouverneurs seit Jahren Verschönerungsarbeiten durch Gefangene ausgeführt werden, findet ihre Verwendung zu Landeskulturarbeiten nicht statt.

An Disziplinarstrafen stehen dem Direktor neben der Prügelstrafe, von der noch heute zumal bei widersetzlichen Pingo-Trägern viel Gebrauch gemacht wird, zu Gebote: Kostverlust bis zu 3 Tagen, Einzelhaft ohne Beschäftigung bis zu 14 Tagen, Versetzung in eine niedrigere Klasse, Verlust verdienter guter Striche und Pingo-Tragen. Erheblichere und wiederholte Vergehen der Gefangenen werden vom Direktor entweder dem Gericht zur Bestrafung oder zwei Visitors zur Ahndung im Disziplinarwege mit Arrest bis zu einem Monat oder mit Prügel oder endlich mit einer Zusatzstrafe bis zu 6 Monaten (mit oder ohne Pingotragen) Gefängnis überwiesen. Im übrigen ist der Direktor ermächtigt, jeden Gefangenen in Fesseln oder in die Zwangsjacke zu legen; er muß aber hiervon dem General-Inspektor unverzüglich Anzeige machen.

Das Medizinal- und Krankenhauswesen ist als ein befriedigendes zu bezeichnen; die Blaubücher veröffentlichen jährlich die eingehenden Berichte der Ärzte der größeren Anstalten. Malaria und andere Fieber, Durchfall, Lungen- und Augenleiden sind die zahlreichsten Krankheiten. Für geisteskranke Gefangene sind in den Hauptanstalten sowohl wie im Lazarett besondere Zellen vorgesehen. Verbrecherisch Irre sowohl wie irre Verbrecher werden auf unbestimmte Zeit regelmäßig in den Gefängnissen in Einzelhaft gehalten; der General-Inspektor ist verpflichtet, sie wenigstens halbjährlich zu besuchen und über sie dem Gouverneur zu berichten (Sect. 367—379 Crim. Proced. Code).

In den größeren Anstalten und Lazaretten sind besondere Abteilungen für Jugendliche eingerichtet.

Das einzige größere Untersuchungsgefängnis ist das Hulftsdorp-Gefängnis in Colombo. Die meisten Untersuchungsgefangenen sitzen hier in Gemeinschaftshaft in großen Zellen zu zehn und mehr Personen oft monatelang ohne Arbeit — und fühlen sich dabei offenbar recht wohl. Dieselbe Art der Unterbringung wird den Schuldgefangenen zu teil; während man aber für die Behandlung eingeborener Untersuchungsgefangener nicht den Maßstab anlegen muß, der bei europäischen Gefangenen dieser Art angebracht erscheint, ist eine Änderung der heutigen Lage der Schuldgefangenen, insbesondere ihre Isolierung, dringend geboten; sie wird auch an zuständiger Stelle erwogen.

Auch auf dem Gebiete der Entlassenen-Fürsorge könnte mehr geschehen. Arbeitsverdienstanteil existiert nicht, wohl aber erhalten die Gefangenen, allerdings nur die der Klasse I, 25 cents im Monat, sodaß sie bei langer Strafe und guter Führung etwas Geld beim Verlassen der Anstalt besitzen. Im übrigen nimmt sich die Prison Gate Brigade der Heilsarmee der Entlassenen an. Sie erhält von der Regierung einen jährlichen Zuschuß von 100 Rupien, den sie vor allem verwendet, um hungernde Entlassene zu speisen. Die Regierung will die Gründung von Fürsorgevereinen anregen.

Der strafrechtliche Schutz des Geschäfts- und Betriebsgeheimnisses.

Von

Dr. Eugen Friedlaender,
Kammergerichtsreferendar.

Berlin 1903.
J. Guttentag, Verlagsbuchhandlung,
G. m. b. H.

Gedankengang.

Abkürzungen.

Gew.-Ord. = Gewerbeordnung für das Deutsche Reich.
R.Str.G.B. = Reichsstrafgesetzbuch.
Str.P.O. = Strafprozeßordnung.
B.G.B. = Bürgerliches Gesetzbuch.
H.G.B. = Handelsgesetzbuch.
Gew.U.G. = Gewerbeunfallversicherungsgesetz.
L. = Unfallversicherungsgesetz für Landwirtschaft und Forstwesen.
B. = Bauunfallversicherungsgesetz.
Inv. = Invalidenversicherungsgesetz.
Hauptges. = Gesetz betr. die Abänderungen des Unfallversicherungsgesetzes.
Margarinegesetz = Gesetz betr. den Verkehr mit Ersatzmitteln von Butter vom 12. Juni 1897.
Weingesetz = Gesetz betr. den Verkehr mit Wein, weinhaltigen und ähnlichen Getränken vom 24. Mai 1901.

I. Die Entwicklung des Schutzes von Geschäfts- und Betriebsgeheimnissen.

Zuerst hat Frankreich, welches ja überhaupt in der Entwicklung des Begriffes des „unlauteren Wettbewerbes“, der „Concurrence déloyale“, allen übrigen Ländern vorangegangen ist, einen Schutz von Geschäfts- und Betriebsgeheimnissen in Anlehnung an diesen Begriff gekannt. Dieser Schutz war außerordentlich weitgehend. Zunächst boten ihn die Artikel 1382 und 1383 des Code civil.[1]) Diese allgemeinen Bestimmungen wurden in den Händen der feinfühligen französischen Praxis, die auch hier wieder ihren oft gerühmten Vorzug, die Bedürfnisse des praktischen Lebens zu kennen und zu erkennen, bekundete, zu einer sehr wirksamen Waffe für den ehrlichen Gewerbetreibenden. Diesen Bestimmungen und ihrer Handhabung durch die Praxis gesellte sich als — wie die Statistik der Bestrafungen[2]) zeigt — wirksames Abschreckungsmittel der drakonische Artikel 418 des Code pénal hinzu.[3]) Hier wird

---

[1]) Tout fait quelconque, qui cause à autrui un dommage, oblige celui par la faute duquel il est arrivé à le réparer.

[2]) Vgl. Stegemann, Unlauteres Geschäftsgebahren Bd. 2 S. 59.

[3]) Tout directeur, commis, ouvrier de fabrique, qui aura communiqué ou tente de communiquer à des étrangers ou à des français residant en pays étranger des secrets de la fabrique où il est employé sera puni d'un emprisonnement de deux à cinq ans et d'une amende de cinquante francs à vingt mille francs. Il pourra en outre être privé des droits mentionnés en l'art. 42 du présent Code pendant cinq ans au moins et dix ans au plus, à compter du jour ou il aura subi sa peinte. (Il pourra aussi être mis sous la surveillance de la haute police

allerdings nur das Fabrikationsgeheimnis getroffen, das Geschäftsgeheimnis bleibt ungeschützt — ein Umstand, auf den bei Beratung der jetzt geltenden Bestimmung vielfach hingewiesen worden ist. Bemerkenswert ist ferner die Beschränkung des Schutzes auf die Dauer des Vertragsverhältnisses, ebenfalls ein später viel umstrittenes Tatbestandsmerkmal. Auch andere Länder haben Bestimmungen zum Schutze des gewerblichen Geheimnisses[1]) — doch sind sie für uns von geringerem Interesse, da nur die französische Gesetzgebung auf diesem Gebiete mit unserer Rechtsentwicklung in Berührung gekommen ist und sie da und dort beeinflußt hat.

Das ältere deutsche Gewerberecht kannte keine Bestimmungen, die direkt den Verrat des gewerblichen Geheimnisses verboten. Erst im Beginn des 18. Jahrhunderts finden sich solche. Sie beruhen aber vorzugsweise auf rein volkswirtschaftlichen Erwägungen und ihre Verbindung mit dem Begriffe des unlauteren Wettbewerbs wird schwer herzustellen sein. Denn sie stellen sich als Beschränkungen der gewerblichen Freizügigkeit dar, gegeben, nicht um den Gewerbetreibenden des Rechtsgebiets gegen das Eindringen der Konkurrenten in seine gewerblichen Geheimnisse oder gegen den Verrat seiner Angestellten zu schützen, sondern um das gesamte Gewerbe des Auslandes von den dem Rechtsgebiete eigenen Vorteilen auszuschließen, mögen diese in der Kenntnis und im Wissen der inländischen Arbeiter oder in den Fabrikgeheimnissen selbst bestehen. Dahin gehört die No. 18 Kap. 5 Corp. const. March. vom 19. Okt. 1719, die Verordnung der Königl. Kriegs- und Domänenkammer zu Cleve vom 4. Mai 1730, das Kurhessische Regierungsausschreiben vom 24. September 1765,

pendant le même nombre d'années). Si ces secrets ont été communiqués à des français residant en France, la peine sera d'un emprisonnement de trois mois à deux ans et d'une amende de seize Francs à deux cents francs. — Le Maximum de la paine prononcée par les paragraphes 1er et 3 du présent article sera nécessairement appliqué, s'il s'agit de secrets de fabriques d'armes et munitions de guerre appartenant à l'Etat. Den Art. 418 ergänzte ein Gesetz vom 13. Mai 1863. Die eingeklammerte Bestimmung ist aufgehoben durch ein Gesetz vom 27. Mai 1885.

[1]) Vgl. Daniel a. a. O. S. 135 ff.

bestätigt durch Verordnung vom 7. Juli 1801, das Publicandum des Kgl. Gewerbedirektoriums zu Berlin vom 4. Dezember 1805 für die Grafschaft Mark und die Länder Essen und Werden, die Verordnung des Generalgouverneurs vom Nieder- und Mittelrhein wider die Anreizung diesseitiger Fabrikarbeiter zum Auswandern, die Exportation von Maschinen, und die Offenbarung der Fabrikgeheimnisse an Auswärtige vom 20. September 1814, aufgehoben durch Verordnung vom 2. Februar 1833; schließlich die sächsischen Bestimmungen: das Reskript, die Exportationen künstlicher Fabrikmaschinen betreffend, vom 20. März 1800, die Verordnung für Spitzenmanufakturen vom 6. Februar 1804 und die Verordnungen für Damastweber vom 1. Mai 1743 und 8. April 1812.

Ein zivilrechtlicher Schutz, etwa auf einem ähnlichen Grundsatze beruhend wie auf dem des Art. 1382 C. c., war nicht vorhanden. Zwar war dem gemeinen Rechte ein solcher Grundsatz nicht fremd, aber der Standpunkt der romanistischen Theorie, daß keine Rechtsverletzung da sein könne, wo kein Recht anerkannt werde, und die Schwierigkeit, den Schaden selbst, der durch Offenlegung von gewerblichen Geheimnissen entstand, und den Umfang des Schadensersatzes zu substanziieren, verhinderte seine Anwendung auf die hier in Frage kommenden Handlungen. Es war nämlich weder ein Recht auf den Gewerbebetrieb, wie im französischen Recht, noch etwa ein Recht an dem gewerblichen Geheimnis anerkannt, aus dem ein Schutz hätte hergeleitet werden können. Auch die Partikularrechte hatten ähnliche Bestimmungen auf dem Gebiete des Civilrechts,[1] aber die Rechtsprechung hat von ihnen in dieser Richtung keinen Gebrauch gemacht.

Dagegen ist der Schutz von Geschäfts- und Fabrikgeheimnissen fast in allen deutschen Bundesstaaten mit Ausnahme Preußens immerhin strafrechtlich geregelt worden.[2] Die Stellung der einzelnen Gesetzgeber war verschieden. Überwiegend erfolgt

---

[1]) Preuß.A.L.R. I 6 §§ 8—14. Bayr.L.R. IV 16 § 6. Sächs.B.G.B. § 116, Baden und Pfalz Art. 1382 C. c. Vgl. Träger bei Gruchot 36 S. 224, Finger in der Jur. Zeitschr. für Elsaß-Lothringen Bd. 21 S. 471.

[2]) Vgl. Daniel a. a. O. S. 131 fg. und Stegemann II S. 31 fg.

die Zusammenstellung aller dieser Bestimmungen mit denjenigen, welche das Privatgeheimnis überhaupt, insbesondere das Briefgeheimnis schützen, teils in demselben Abschnitt, teils sogar in demselben Paragraphen, wie z. B. in Württemberg und Hannover. Die Ausdehnung des Schutzes ist ungleich und zeigt trotz der meist umfangreichen und eingehenden Formulierung der betreffenden Bestimmung, daß eine klare Auffassung darüber, worin und aus welchem Grunde der Gewerbetreibende zu schützen sei, noch nicht vorhanden ist. So ist in dem hannöverschen und thüringischen St.G.B. noch keine Beschränkung hinsichtlich der Täterschaft erfolgt: jeder kann das Delikt begehen. Andere Strafgesetzbücher wie z. B. das württembergische und braunschweigische unterscheiden schon, ob ein Privat- und Urkundengeheimnis oder ein in Fabriken und Handelshäusern erlangtes Geheimnis vorliegt, und beschränken im letzteren Falle die Täterschaft auf die „angestellten Gehülfen". Auch die Regelung dessen, was geschützt sein soll, ist abweichend. Überall wird zwar das Privatgeheimnis, insbesondere soweit es schriftlich niedergelegt ist, geschützt, aber das gewerbliche Geheimnis nicht überall durchgreifend. So schützt Baden nur das Fabrikgeheimnis. Sonst werden allerdings die Geheimnisse, die „in Fabriken oder Handelshäusern" erlangt sind, gesichert. Dabei werden gewöhnlich die „Handelsbücher oder sonstigen Papiere" von den übrigen gewerblichen Geheimnissen ausgenommen und vorweg mit dem Briefgeheimnis kopuliert. Bayern nennt sogar „Handels-, Fabriks- und Gewerbsgeheimnisse" nebeneinander. Was diese partikularen Gesetzbücher in den Begriff des gewerblichen Geheimnisses einbezogen haben, wird daher schwer zu bestimmen sein, zumal die Kommentare weder das Material zu den Gesetzen, noch etwa ergangene Entscheidungen aufweisen.[1]) Abweichende Regelung erfahren diese Tatbestände weiter nach der subjektiven Seite hin. Während ein Teil der Strafgesetzbücher, wie das Hamburgische,

[1]) Hesse, Sachs.-Alt. Privatr., Leonhardt, Komm. zum Krim. Ges. B. des Kgr. Hannover, Puchelt Bad. Str.G.B., v. Dollmann Bayr. Str.G.B., Bingner und Eisenlohr, Badisches Strafrecht, Hufnagel, Württ. Str.G.B., v. Wächter, Das kgl. sächs. u. thüring. Str.R. zu den betr. Paragraphen.

Badische und Altenburgische, eine spezifische Deliktsabsicht nicht kennt, fügen andere, z. B. das Württembergische und Hannöversche, eine solche ein und unterscheiden, ob der Täter die Absicht hatte, zu schaden oder sich einen rechtswidrigen Vermögensvorteil zu verschaffen. Feiner unterscheiden Bayern, welches die Beurteilung des Tatbestandes und das Strafmaß davon abhängig macht, ob die Absicht der Schadenszufügung ohne den Zweck der Bereicherung oder ob eine Schadenszufügung mit dem Zweck eines rechtswidrigen Vorteilverschaffens vorliegt, ferner Thüringen, welches die Absicht zu schaden oder sich einen rechtswidrigen Vorteil zu verschaffen als qualifizierend ansieht.

Am eingehendsten hat sich das Königreich Sachsen — erklärlicherweise, da es einer der industriereichsten deutschen Staaten ist — mit der Frage des gewerblichen Geheimnisschutzes beschäftigt.

Zunächst[1]) wurde die Mitteilung von Fabrikgeheimnissen, denen der Gesetzgeber nun auch die „Verfahrungsweisen" unterordnete, durch den § 72 des Sächs. Gewerbegesetzes mit Strafe bedroht und im § 74 daselbst der Begriff der „Arbeiter" in weitgehender Weise deklariert. Der § 56 der Verordnung zur Ausführung des Gewerbegesetzes[2]) äußerte sich sodann über das Verhältnis des genannten § 72 zu den Artt. 372, 373[3]) des allgemeinen Strafgesetzbuches für Sachsen, welche die Geheimnisse der „Fabriken und anderen gewerblichen Unternehmen" schützten.

Einzig und allein das preußische Str.G.B. von 1851 kannte keine ähnliche Bestimmung. Dieses Gesetzbuch liegt dem jetzt geltenden R.Str.G.B. zu Grunde. Letzteres aber hat der ganzen partikularrechtlichen Entwicklung durch Nichtaufnahme einer einschlägigen Bestimmung in den die Verletzung fremder Geheimnisse regelnden Abschnitt 25 ein Ende gemacht. Warum dies geschehen ist, darüber hat einer der Mitarbeiter am R.Str.G., Rubo, auf dem 19. deutschen Juristen-

---

[1]) Gesetz vom 15. Oktober 1861, abgedruckt bei Schmid Schutz des gewerblichen Eigentums S. 252.

[2]) Gesetz- und Verordnungsblatt 1861 S. 246, ebenfalls bei Schmid daselbst.

[3]) Abgedruckt bei Daniel S. 132.

tag[1]) eine Erklärung abgegeben, nach welcher der Verrat von Fabrikgeheimnissen deshalb nicht im R.Str.G.B. zu finden ist, weil das zum preußischen St.G.B. Motivierte nicht einer nochmaligen Motivierung unterworfen wurde, und weil bei Aufstellung des ersten Entwurfs die Ansicht bestanden habe, daß der Verrat von Fabrikgeheimnissen nicht strafbar sei, weil ferner, „weder seitens der Kommission zur Revidierung des Str.G.B. noch seitens des Bundesrats noch seitens der Kommission des Reichtags noch im Plenum des Reichstags ein Antrag gestellt oder angeregt worden sei". Der Grund, weshalb das preußische Str.G.B. den Verrat von Fabrikgeheimnissen nicht bedrohte, ist von anderer Seite treffend dahin angegeben worden: es lag das für strafrechtliche Verfolgung nötige öffentliche Interesse nicht vor. Ob außer den von Rubo angegebenen noch andere Gründe für diese Unterlassung maßgebend gewesen sind, läßt sich nicht mit Bestimmtheit sagen. Daß eine derartige Bestimmung vergessen worden sei[2]) oder daß die „damals ziemlich geringschätzige Anschauung von der Gesetzgebung zum Schutze des geistigen Eigentums" oder eine allzuweit gehende individualistische Auffassung die Veranlassung gewesen sei,[3]) sind bloße Vermutungen. —

Fraglich war auch noch, ob der Schutz von Geheimnissen im St.G.B. eine abschließende Regelung erfahren hatte. Sieht man als Materie im Sinne des § 2 E.G.z.R.Str.G.B. die einzelnen für strafbar oder nicht strafbar erklärten Handlungen an,[4]) so kann die Frage hier nur dahin lauten, ob aus der Fassung und der Stellung des § 300 Str.G.B. zu entnehmen ist, daß nur die Verletzung der dort bezeichneten Geheimnisse mit Strafe bedroht ist. Die Frage ist zu bejahen. Denn die Fassung des § 300 ist durchaus präzis.[5]) Was der Gesetzgeber in ihn nicht aufgenommen hat, ist demnach als schutzbedürftig oder schützens-

---

1) Verhandl. Bd. 3 S. 251.

2) Katz auf dem 19. Jur.-Tage Verhandl. Bd. 3 S. 255.

3) Gutachten der Mannheimer Handelskammer. Verhandl. des 19. Jur.-Tages Bd. 1 S. 101.

4) v. Liszt Lehrb. § 19.

5) Vgl. Hippe in Goltd. Arch. Bd. 46 S. 283 f. § 2.

wert nicht anerkannt. Aus seiner Stellung im 25. Abschnitt ist ein weiteres Argument zu entnehmen. Denn die Verletzung fremder Geheimnisse ist neben dem Sammelausdruck „strafbarer Eigennutz“ noch besonders erwähnt. Während jener Ausdruck die verschiedenartigsten Delikte in sich begreift, die unbestritten nicht als „Materie“ gelten, wird dies unter die Bezeichnung „Verletzung fremder Geheimnisse“ fallende Delikt genau im Sinne dieser Überschrift strikt begrenzt.[1])

Danach ergibt sich folgender Rechtszustand auf dem Gebiete des Geheimnisschutzes überhaupt vor dem Inkrafttreten des Gesetzes vom 27. Mai 1896: Privatgeheimnisse werden durch die §§ 299, 300 Str.G.B. geschützt. Diesen Bestimmungen steht am nächsten der Art. 69 Ziff. 5 des Handelsgesetzbuchs, nach dem Handelsmäkler zur Verschwiegenheit über die Aufträge, Verhandlungen und Abschlüsse verpflichtet sind, soweit nicht das Gegenteil durch die Parteien bewilligt oder durch die Natur des Geschäfts geboten ist. Die Artt. 81 und 84 Abs. 1 a. a. O. regeln sodann die Folgen der Verletzung dieser Schweigepflicht.

Gewerbliche Geheimnisse genießen Schutz gegen das Eindringen solcher Personen, die auf Grund öffentlichen Amtes oder Auftrags Kenntnis erlangen können, durch die Reichsversicherungsgesetzgebung und die Gewerbeordnung, auf deren einzelne Bestimmungen später einzugehen sein wird. Denselben Charakter hat wohl auch § 383 Ziff. 5 C.P.O. Die §§ 384 Ziff. 3 und 408 gewähren dem Kunst- und Gewerbegeheimnis Schutz, indem sie die Zeugnispflicht beschränken. Endlich wird der Verrat von Staatsgeheimnissen in den §§ 82 Ziff. 1, 353a Str.G.B. und der Verrat militärischer Geheimnisse durch das Reichsgesetz vom 3. Juli 1893 mit Strafe bedroht.

Die Landesgesetzgebung gewährt, wie dargelegt, keinen direkten civilrechtlichen Schutz gegen den Verrat von Geschäfts-

[1]) Vgl. Hälschner St.R. Bd. 2 S. 117, v. Liszt Lehrb. S. 417, Olshausen Komm. n. 1 zu § 300, Frank V zu § 300, Oppenhoff Kom. n. 10, Entsch. der R.G. in Strafsachen Bd. 15 S. 140, wo Art. 418 C.P. für noch gültig erklärt wird, da die Materie des Fabrik- und Industrieschutzes im Strafgesetzbuch nicht berührt sei. Vgl. auch Dammes Erört. Bd. 80 Preuß. Jahrb. S. 67 ff.

und Betriebsgeheimnissen, sie kann keinen strafrechtlichen gewähren. Die zum größten Teile strafrechtlichen Bestimmungen der Reichsgesetze können zwar einzelne Fälle, wie sie die §§ 9, 10 des Gesetzes betreffend unlauteren Wettbewerb im Sinne haben, treffen, doch dienen sie anderen Zwecken als die letztgenannten Paragraphen. Sie können demnach auch nicht als allgemeiner Schutz von Geschäfts- und Betriebsgeheimnissen angesehen werden. Der § 300 Str.G.B. ließ mit seiner ausschließenden Aufzählung der als Täter in Betracht kommenden Personen und bei seinem Zweck, das persönliche und Familienleben zu schützen,[1]) eine Anwendung für das gewerbliche Leben nicht zu. § 299 bedroht nur das „Eröffnen" von Urkunden, die nicht zur Kenntnisnahme des Täters bestimmt sind. Er versagte auf unserem Gebiet, weil nur ein Teil der gewerblichen Geheimnisse schriftlich niedergelegt ist und hier meist in offenen Urkunden, und weil er auch die Mitteilung oder sonstige Verwertung der durch die strafbare Handlung zur Kenntnis gelangten Tatsachen nicht trifft. Ähnlich liegt die Sache in den Fällen, wo Beamte als Verletzer in Frage kommen. Der § 354 Str.G.B. bestraft nur die Eröffnung oder Unterdrückung von Briefen oder Packeten. § 355 Str.G.B., der das Depeschengeheimnis schützt, ist schon umfassender, da er sowohl die Eröffnung und Unterdrückung, als auch die rechtswidrige Benachrichtigung Dritter bedroht.[2]) Ein Ansatz zum Schutze des gewerblichen Geheimnisses läßt sich auch in dem § 422 C.P.O. erkennen. Prinzipiell sind nämlich Handlungsbücher und andere auf den Geschäftsbetrieb bezügliche Urkunden als gemeinschaftliche und damit vorlegungspflichtige Urkunden nicht anzusehen,[3]) sondern nur,

---

[1]) Vgl. v. Liszt Lehrb. § 120 I.

[2]) Die Grundsätze für die Unverletzlichkeit des postalischen Geheimnisses finden sich im § 5 des Postgesetzes von 1871: „Das Briefgeheimnis ist unverletzlich," und § 8 des Gesetzes über das Telegraphenwesen vom 6. April 1892: „Das Telegraphengeheimnis ist unverletzlich". Die in diesen Bestimmungen vorgesehenen Ausnahmen sind durch die §§ 99—101 Strafprozeßordnung und § 121 Reichskonkursordnung festgelegt worden.

[3]) Vgl. Sydow-Busch Civilprozeßordnung zu § 422 Anm. 2.

wenn nach bürgerlichem Recht ihre Herausgabe oder Vorlegung verlangt werden kann, oder auf sie zur Beweisführung Bezug genommen ist.[1]) Zwar gibt § 45 H.G.B. dem Richter die Befugnis, auch in andern Fällen die Vorlegung der Handelsbücher anzuordnen, doch soll, wie die Praxis entschieden hat, der Kaufmann nicht ohne dringenden Grund gezwungen werden, seinen Geschäftsverkehr offen zu legen. Auch § 46 H.G.B. sucht die Offenlegung auf das für den betreffenden Rechtsstreit notwendige Maß zu beschränken.

Das Ziel, diesen Mangel eines ausreichenden Schutzes zu beseitigen, verfolgte eine Bewegung, die Anfang der achtziger Jahre einsetzte, und die trotz mancher Gegenströmung, die sich eigentümlicherweise auch unter denjenigen geltend machte, denen der angestrebte Schutz zu teil werden sollte, zu einem völligen Siege führte. Im Jahre 1883 erschien in Schmollers Jahrbüchern ein Aufsatz von Ortloff, „Zur Bekämpfung des Geheimnisverrats" überschrieben, in dem ein Zusatzparagraph zu § 300 Str.G.B. vorgeschlagen wurde, um „den eingebüßten und recht sehr vermißten, strafrechtlichen Schutz wiederzuerlangen, der allen in gleicher Lage Befindlichen im ganzen Deutschen Reiche ebenso willkommen sein würde, wie er den auf Verrat spekulierenden und sich mit fremden Federn schmückenden Geheimniskäufern ein Ziel ihres unsauberen Treibens setzen würde". Ortloff wies auch zuerst darauf hin, daß die hier zu schützenden Geheimnisse Güter seien, in denen die Persönlichkeit sich verkörpert und repräsentiert. Die Frage, die bisher in der Literatur ziemlich vernachlässigt war (Kohler hatte sie mehrfach nebenher in seinem „Autorrecht" und später im „Markenschutz" erörtert), fand nun eine lebhafte Besprechung in industriellen Zeitschriften. Demnächst war es der „Verein zur Wahrung der Interessen der chemischen Industrie Deutschlands", dessen an den Reichskanzler gerichtete Eingabe vom Jahre 1884 die Bitte aussprach, „dahin wirken zu wollen, daß der Industrie gesetzlicher Schutz des geistigen Eigentums

---

[1]) § 423 der Civilprozeßordnung.

[2]) Entscheidung des Reichsgerichts in Civilsachen Bd. 15 S. 380 Bd. 18 S. 24, 25.

an Fabrik- und Geschäftsgeheimnissen baldmöglichst zu teil werde", und die Reichsregierung zum Vorgehen veranlaßte. Diese Eingabe unterschied drei Fälle des Vertrauensmißbrauchs, indem entweder Arbeiter und Beamte eines gewerblichen Unternehmens (Geschäft oder Fabrik), solange sie darin noch angestellt sind, oder Arbeiter und Beamte nach ihrem Ausscheiden aus dem Verbande des Unternehmens oder endlich dritte Personen, welche vermöge ihrer Stellung (wie Baumeister, Ingenieure, Maschinenfabrikanten), oder aus anderem Anlaß von den inneren Verhältnissen des Unternehmens Kenntnis erlangt haben, über die bis dahin geheimgehaltenen Einrichtungen, Geschäftsbeziehungen u. s. w. anderen unbefugt Mitteilung machen. Diese Einteilung wurde als Grundlage für eine Enquête genommen, welche die Reichsregierung durch die einzelnen Bundesstaaten im Jahre 1885 darüber anstellen ließ, ob Mißstände von solcher Schwere und Ausdehnung sich ergeben haben, daß das Einschreiten der Gesetzgebung gerechtfertigt werden kann. Das Resultat dieser Erhebungen ist für die Entstehung der §§ 9, 10 des Gesetzes betr. unlauteren Wettbewerb interessant genug, um es etwas genauer zu referieren. Die zur Äußerung angerufenen Vertretungen des deutschen Handels und die ohne Aufforderung erfolgten Erklärungen wie die des „Vereins deutscher Ingenieure" nahmen einen verschiedenen Standpunkt ein. Die Auffassung wurde, wie Andree treffend bemerkt hat,[1]) durch den Standpunkt, welchen dem einzelnen die Lebensstellung anwies, bis zu einem gewissen Grade beeinflußt. Auffällig ist, daß einzelne der befragten Handelskammern, deren Mitglieder als Inhaber großer Fabrikations- und Handelsgeschäfte unzweifelhaft an dem Geheimnisschutz interessiert waren, sich gegen den Erlaß strafrechtlicher Bestimmungen aussprachen. Ein ferneres Moment, das in die Augen fällt, ist, daß vielfach das Geschäftsgeheimnis von dem Schutze ausgenommen werden sollte, während für einen Schutz des Fabrikgeheimnisses mehr Geneigtheit vorhanden war. So hat die Handelskammer zu Halle die Befürchtung ausgesprochen, der Begriff des Geschäftsgeheimnisses

---

[1]) Verhandl. des 19. Jur.-Tages Bd. 1 S. 71.

könnte zur Geheimniskrämerei erweitert werden.[1]) Die Münchener Handelskammer verhielt sich in ihrem Bescheide wenigstens für die Zeit der Anfrage ablehnend; eine Minderheit in der Kammer wollte mindestens den Verrat von Fabrikgeheimnissen bestraft wissen. Eigentümlich war in diesem Berichte der Hinweis auf die Tatsache, daß auf die Anfrage der Handelskammer nicht das geringste Material zu der Frage aus den von ihr vertretenen Kreisen von Handel, Industrie und Gewerbe eingelaufen war.[2]) Die gleiche auffallende Tatsache ergibt sich aus dem Gutachten der Leipziger Handelskammer. Sie sprach sich für den Schutz von Fabrikgeheimnissen ähnlich demjenigen des oben erwähnten § 72 der sächsischen Gewerbeordnung vom 15. Oktober 1861 aus, wollte dagegen von einem Schutz der Geschäftsgeheimnisse, auch derjenigen der kaufmännischen Leitung einer Fabrik absehen, weil die Grenze zwischen Erlaubtem und Unerlaubtem nicht endgültig festgestellt werden könnte.[3])

Die Ältesten der Berliner Kaufmannschaft sprachen in ihrem Bericht Zweifel daran aus, daß durch ein Strafgesetz allein den Wünschen der Beteiligten abzuhelfen sein würde, und empfahlen eine Ausgestaltung des zivilrechtlichen Schutzes, indem sie auf den § 260 der alten C.P.O. hinwiesen.[4])

Völlig ablehnend verhielt sich der „Verein deutscher Ingenieure“, der in seiner an das Ministerium für Handel und Gewerbe gerichteten Eingabe[5]) vom 18. Oktober 1886 seinen am 24. August 1886 nahezu einstimmig gefaßten Beschluß kundgab, „daß der Erlaß strafrechtlicher Bestimmungen über Verrat von Fabrik- und Geschäftsgeheimnissen sich keineswegs genügend rechtfertigen lasse und zu Übelständen führen würde, welche die Gesamtindustrie schädigen könnten.“[6])

---

1) Stegemann a. a. O. Bd. 2 S. 46.

2) Stegemann a. a. O. S. 47.

3) Stegemann a. a. O. S. 48.

4) Verhandl. des 19. Jur.-Tages I S. 123 u. 124.

5) Vgl. Zeitschr. d. Ver. deutsch. Ing. XXX S. 824, 950, vgl. aber auch die Gegenerklärung das. S. 897.

6) Verhandl. des 19. Jur.-Tags I S. 125.

Dagegen hat die Mannheimer Handelskammer in einer eingehenden Resolution unter dem 19. Mai 1885 die civilrechtliche und kriminalrechtliche Bestrafung der Verletzung von Betriebsgeheimnissen in kommerziellen und industriellen Betrieben befürwortet. Sie hat auch Bestrafung der Teilnahmehandlungen verlangt und ist insofern sehr weit gegangen, als sie die Tatsache, ob der Verat von Betriebsgeheimnissen während oder nach der Dienstzeit geschehen ist, für die Verantwortlichkeit unerheblich sein lassen wollte. Die Handelskammer für Oberbayern empfahl den Erlaß strafrechtlicher Bestimmungen für den Verrat von Fabrikgeheimnissen, einen gesetzlichen Schutz der Geschäftsgeheimnisse erklärte sie dagegen für untunlich.[2]

Die Bewegung veranlaßte den deutschen Juristentag, die Frage, „ob es ratsam ist, das Strafgesetzbuch dahin zu ergänzen, daß der Verrat von Geschäftsgeheimnissen und Fabrikgeheimnissen als Vergehen strafbar ist", auf die Tagesordnung der 19. Tagung im Jahre 1888 zu setzen.

Der Gutachter, Oberbürgermeister Andree zu Chemnitz, verneinte die Frage, weil eine strafrechtliche Bestimmung nicht so zu treffen sei, daß sie praktisch brauchbar und hinlänglich genau sei; er meinte, daß sie praktisch bedeutungslos werde, wenn man sie so genau fasse, wie es das Strafrecht erfordere; daß sie dagegen die Rechtssicherheit gefährde und die Entwicklung behindere, wenn sie der praktischen Brauchbarkeit entsprechend ausfalle.[3] Drei Bedenken führte Andree hauptsächlich ins Treffen: die Geheimhaltung, die der Patengesetzgebung und dem öffentlichen Nutzen widerspräche, die Schwierigkeit, den Begriff des Fabrik- und Geschäftsgeheimnisses zu formulieren, und die Möglichkeit von Erpressungen gegen Angestellte und von Gewerbetreibenden untereinander.

Im Gegensatz zu diesem Gutachten kam der Juristentag entsprechend dem von Olshausen gestellten Antrage zu einer

---

[1]) a. a. O. S. 110.
[2]) a. a. O. S. 115.
[3]) I a. a. O. S. 84.

bejahenden Antwort und zwar wollte er gemäß einem Amendement des Rechtsanwalts Dr. Katz-Berlin den Verrat unter dem Gesichtspunkte der Untreue bestraft wissen.

Die Frage wurde in den folgenden Jahren lebhaft in vielen industriellen Zeitschriften diskutiert und erfuhr eine weitere Anregung, als das Bestreben sich geltend machte, den unlauteren Wettbewerb allgemein im Wege der Gesetzgebung zu bekämpfen,

Diesem Bestreben diente die am 18. und 19. September 1894 zu Braunschweig abgehaltene Versammlung von Industriellen und Vertretern der Handelskammern. Erster Verhandlungsgegenstand war der Verrat von Betriebsgeheimnissen. Noch einmal trafen hier die unter den Handelskammern herrschenden Gegensätze zusammen — der Vertreter der Handelskammer Halberstadt, Dr. Siewert, sprach sich für civil- und strafrechtlichen Schutz durch den Erlaß eines Spezialgesetzes zum Schutz des gewerblichen Betriebsgeheimnisses aus[1]), während die Handelskammer Halle durch ihren Syndikus Dr. Wermert sich gegen ein solches Gesetz erklärte.[2]) Wie vorausgesehen worden war, stellte sich die Versammlung auf den ersteren Standpunkt und kam zu folgenden Beschlüssen:[3])

1. Der Verrat von Betriebsgeheimnissen, der seiner Natur nach sowohl Fabrikationsgeheimnisse wie Geschäftsgeheimnisse in sich schließt, ist nicht nur civilrechtlich, sondern daneben auch strafrechtlich zu verfolgen, auch hat das Prinzip der Buße Anwendung zu finden.

2. Nicht nur der Verrat in seiner Vollendung, sondern schon der Versuch und die Verleitung hierzu müssen strafbar sein. Demgemäß ist auch nicht nur der eigentliche Verräter, sondern ebenso der Anstifter und der Begünstiger zur Verantwortung zu ziehen; insbesondere muß auch der Anstifter für Schadensersatz und Buße regreßpflichtig gemacht werden.

3. Unter Betriebsgeheimnis ist alles das zu verstehen, was

---

[1]) Stegemann a. a. O. II S. 43.

[2]) Stegemann a. a. O. II S. 62.

[3]) Stegemann II S. 76.

die in einem Betriebe beschäftigten Personen geheimzuhalten verpflichtet worden sind. Was seiner Natur nach nicht als Betriebsgeheimnis gelten kann, soll auch nicht durch dieses Gesetz geschützt werden.

4. Den in einem Betriebe angestellten Personen sind auch solche Personen gleich, die kraft eines besonderen Auftrags als Vertrauenspersonen in die Fabrik Eingang erhalten haben. Personen, die unter falcher Vorspiegelung zum Zwecke der Betriebserkundung sich Zutritt verschaffen, fallen ebenfalls unter die Bestimmungen des Gesetzes, wenn ihnen eine eigennützige Absicht nachgewiesen werden kann.

5. Für den civilrechtlichen Schutz der Geschäfts- und Betriebsgeheimnisse sind die Bestimmungen des I. Entwurfs des B.G.B. §§ 704, 705 wieder herzustellen.

Die Bewegung trat in ein neues Stadium, als bei Gelegenheit der Beratung des Gesetzes zum Schutze der Warenbezeichnungen der Abgeordnete Roeren im Reichstage einen die unlautere Reklame treffenden Paragraphen in dies Gesetz aufzunehmen beantragte. Der Antrag wurde auch angenommen, die ihm entsprechende Bestimmung aber bei der dritten Beratung vom Reichstage gestrichen, da der Staatssekretär Dr. von Bötticher am 16. April 1894 folgende Erklärung abgab.

„Um nun die Herren, welche Wert darauf legen, daß auf dem Gebiete des Warenhandels durch die in § 15b vorgesehene Vorschrift dem unlauteren Wettbewerbe Einhalt getan werde, zu beruhigen, will ich die Zusicherung, die ich schon neulich (sc. am 16. April 1894) abgegeben habe, hiermit wiederholen, daß ich mich ernstlich bemühen werde, bis zur nächsten Sitzung dem Hause einen Gesetzentwurf vorzulegen, der das Gebiet des unlauteren Wettbewerbes behandelt und der darauf abzielt, auf dem ganzen Gebiete unserer Gewerbetätigkeit wieder Treue und Glauben zur Geltung zu bringen.“

Die Regierung erfüllte ihr Versprechen rechtzeitig. Das Resultat der Beratungen einer von ihr im Oktober 1894 zusammengerufenen, aus Juristen, Abgeordneten und Gewerbetreibenden bestehenden Versammlung, soweit es hier interessiert, waren folgende Grundzüge eines Entwurfs:

V. „Wer Geschäfts- oder Betriebsgeheimnisse, die ihm als Angestellter, Arbeiter oder Lehrling eines Geschäftsbetriebes vermöge des Dienstverhältnisses anvertraut oder sonst zugänglich geworden sind, vor Ablauf von 5 Jahren seit Beendigung des Dienstverhältnisses zum Zwecke des Wettbewerbes mit jenem Geschäftsbetriebe unbefugt an andere mitteilt oder anderweit verwertet, wird mit Geldstrafe bis zu 3000 M. oder mit Gefängnis bis zu einem Jahre bestraft und ist zum Ersatze des entstandenen Schadens verpflichtet.

VI. Wer es unternimmt, einen anderen zu einer Zuwiderhandlung gegen die Vorschrift unter V zu verleiten, wird mit Geldstrafe bis zu 1500 M. oder Gefängnis bis zu 6 Monaten bestraft und ist zum Ersatze des entstandenen Schadens verpflichtet."

Diesen beiden Bestimmungen entsprachen die §§ 7, 8 des am 7. Januar 1895 im Reichsanzeiger veröffentlichten Entwurfs eines Gesetzes zur Bekämpfung des unlauteren Wettbewerbs, mit dem Unterschiede, daß die Schutzfrist nach Ablauf des Dienstverhältnisses von 5 auf 2 Jahre herabgemindert wurde. Der Inhalt dieses Entwurfes wurde in Fachzeitschriften, Broschüren und Vorträgen erörtert, besonders eingehend in der Ztschr. f. gewerbl. Rechtsschutz durch Paul Schmid.[1]) Auch der 23. deutsche Juristentag beschäftigte sich mit der Frage. Hauptgegenstand der Erörterungen bildete die Frage nach der Dauer der Schweigepflicht der Angestellten nach Ablauf des Dienstverhältnisses. Unmittelbar vor Eröffnung der Reichstagssession 1894/1895 wurde ein zweiter Entwurf veröffentlicht, dem ein bei der Eröffnung der Session 1895/1896 vorgelegter dritter Entwurf folgte. Die Entwürfe stimmen, was den Schutz des Geschäfts- und Betriebsgeheimnisses anlangt, im wesentlichen überein:

§ 9. „Mit Geldstrafe bis zu 3000 M. oder mit Gefängnis bis zu 1 Jahr wird bestraft,

1. wer als Angestellter, Arbeiter oder Lehrling eines Geschäftsbetriebes Geschäfts- oder Betriebsgeheimnisse, die ihm vermöge des Dienstverhältnisses anvertraut oder sonst zu-

[1]) Jahrg. 1895 S. 132, 181, 193.

gänglich geworden sind, während der Geltungsdauer des Dienstvertrages;

2. wer Geschäfts- oder Betriebsgeheimnisse, die ihm als Angestellten, Arbeiter oder Lehrling eines Geschäftsbetriebes gegen die schriftliche, den Gegenstand des Geheimnisses ausdrücklich bezeichnende und für einen bestimmten Zeitraum gegebene Zusicherung der Verschwiegenheit anvertraut worden sind, dieser Zusicherung entgegen nach Ablauf des Dienstvertrages unbefugt an andere zu Zwecken des Wettbewerbes mitteilt.

Gleiche Strafe trifft denjenigen, welcher Geschäfts- und Betriebsgeheimnisse, deren Kenntnis er durch eine der im Abs. 1 unter 1 und 2 bezeichneten Mitteilungen oder durch eine gegen das Gesetz oder die guten Sitten verstoßende eigene Handlung erlangt hat, zu Zwecken des Wettbewerbes unbefugt verwertet oder an andere mitteilt. Zuwiderhandlungen verpflichten außerdem zum Ersatze des entstandenen Schadens. Mehrere Verpflichtete haften als Gesamtschuldner.

§ 10. Wer zum Zwecke des Wettbewerbes unternimmt, einen anderen zu einer unbefugten Mitteilung der im § 9 Abs. 1 unter 1 und 2 bezeichneten Art zu bestimmen, wird mit Geldstrafe bis zu 1500 M. oder mit Gefängnis bis zu 6 Monaten bestraft."

Vom Reichstage wurde der Entwurf einer Kommission von 21 Mitgliedern überwiesen, welche ihn ebenso wie später das Plenum mehrfach abänderte. Nachdem der Passus in § 9 Abs. 1 Ziff. 2 über die schriftliche Zusicherung gestrichen, der subjektive Tatbestand auf die Absicht der Schadenszufügung ausgedehnt, und die Strafe in § 10 auf 2000 M. oder 9 Monate Gefängnis erhöht worden war, wurde die Vorlage in der Sitzung des Reichstages vom 8. Mai 1896 in der Gesamtabstimmung angenommen.

Sucht man nach den Gründen dieser ganzen Bewegung, die Stegemann[1]) dahin charakterisiert, daß sie alle Merkmale elementaren Charakters an sich trage, d. h. daß ihr Ursprung

[1]) Bd. II S. 7.

in einem plötzlich zum Durchbruch gelangten Allgemeingefühl zu suchen sei, so wird man wohl zu folgenden Erwägungen kommen. Im voraus ist dabei zu bemerken, daß zum großen Teil dieselben Gründe zu dem Bestreben nach einem Schutze des gewerblichen Geheimnisses und gegen unlauteren Wettbewerb überhaupt führten. Diese letzteren sind den ersteren nur gefolgt und haben sich zuletzt mit ihnen vereinigt. Man suchte eben den Schutz der gewerblichen Arbeit nicht nur „auf dem Markte“, sondern auch „im eigenen Hause“.[1])

Das ältere Gewerbe[2]) hatte eines Schutzes wie des von der eben geschilderten Bewegung angestrebten nicht bedurft. Noch war die Arbeitsteilung sehr wenig entwickelt[3]), die Arten von gewerblicher Arbeit waren tatsächlich beschränkt. Die gewerblichen Verhältnisse waren trotz dem Aufblühen der gewerblichen Arbeit in den Städten sehr einfach und leicht zu übersehen. Die abhängigen Gewerbetreibenden waren infolge der allgemeinen Beschränkungen der Freizügigkeit und der gewerblichen Freizügigkeit insbesondere in dem Wechsel ihrer Arbeitsverhältnisse stark beschränkt. Der Übergang aus einem Beruf in den anderen, ja aus einem Gewerbe in das andere war erschwert, vielfach ganz unmöglich gemacht. Damit war besonders einem Geheimnisverrat, soweit man überhaupt gewerbliche Geheimnisse hatte, die zu verraten sich lohnte, ein Riegel vorgeschoben. Es kam hinzu, daß die Herrschaft des Gewerbetreibenden über bestimmte Kundenkreise, sein ausschließliches Recht, die Erzeugnisse seiner gewerblichen Arbeit dort abzusetzen, eine besonders scharfe Art des Wettbewerbs überflüssig machte. Wo sie sich dennoch geltend machte, da unterdrückte die Zunft mit ihrer straffen Disziplin schnell und leicht solche Bestrebungen.[4])

---

[1]) Siewert bei Stegemann II S. 2.

[2]) Vgl. Neuburg Abschnitt Gewerberecht und Gewerbepolizei S. 89f.

[3]) Als die Arbeitsteilung merklich wuchs, hatten sich auch die Zünfte mit Eingriffen zu beschäftigen. Vgl. Neuburg a. a. O. S. 120.

[4]) vgl. Neuburg a. a. O. S. 110f., 130. So wurden Verbote des Abwendigmachens von Gehülfen erlassen, um eine unrechtmäßige Konkurrenz zwischen den Mitgliedern der Zünfte zu verhindern. Das Verbot wurde entweder speciell aus-

Die oben S. 164 und 165 erwähnten Vorschriften aus dem 18. und 19. Jahrhundert, die den Verrat von gewerblichen Geheimnissen verboten, sind, wie bereits gesagt, nicht Schutzvorschriften für die Gewerbetreibenden des Landes gegeneinander, wie die zit. §§ 9, 10, sondern für das Inland gegen das Ausland. Hier machten sich die wirtschaftlichen Anschauungen ihrer Entstehungszeit geltend. Sie tragen unverkennbar die Züge des Merkantilismus. Daher das Bestreben, die gewerbliche Produktion des Inlandes gegen das Ausland zu schützen. Sie zeigen uns, daß wenigstens die Industrie, wenn auch noch nicht der Handel, solche Fortschritte gemacht hatte, daß es Geheimnisse gab, deren Kenntnis sich für andere lohnte. Es war ein schutzbedürftiges Objekt entstanden.

Als die Schranken, die das ältere Gewerberecht aufgerichtet hatte, mehr und mehr gefallen waren, und auch die Industrie und daneben allmählich der Handel immer zahlreichere Schutzobjekte in diesem Sinne hervorgebracht hatten, da sehen wir auch schon die Partikularrechte an der Arbeit, Schutz zu gewähren, ganz besonders Sachsen mit seiner aufstrebenden Industrie. Auch Hamburg mit seinem starken Handel fehlt nicht.

Um so eigentümlicher war die bereits erörterte Stellung des Reichsstrafgesetzbuchs zu dieser Frage. Denn nunmehr waren einerseits der schutzbedürftigen Objekte immer mehr geworden, andrerseits hatten sich die Formen, in denen sich der Wettbewerb vollzog, völlig verändert und veränderten sich in der Folgezeit immer mehr.

Jetzt nämlich waren die einfachen gewerblichen Verhältnisse sehr kompliziert geworden. Die Arbeitsteilung wurde in großartigem Maßstabe durchgeführt. Die Technik erfand immer neue Hülfsmittel für die Industrie. Damit erweiterte sich aber auch — was für unsere Frage ausschlaggebend ist und worauf

---

gesprochen, wie bei den Hamburger Armborstern 1548, oder allgemein wie bei den Hamburger Bäckern 1375 durch Verbot des Mietens außer der Zeit. Auch wurden Lohnmaxima festgesetzt, damit nicht ein geschickter Knecht durch höhere Lohnversprechungen in einen andern Dienst gelockt werde. Neuburg S. 131, 132, Anm. 1.

Siewert mit Recht hingewiesen hat[1]) — die Anforderungen an die Ehrlichkeit und Zuverlässigkeit der Angestellten und Arbeiter. Nun war die Kontrolle des Brotherrn über die einzelnen nicht mehr in dem Maße möglich wie ehedem. Große Teile des Arbeitsprozesses mußten ihnen zu selbständiger Behandlung überlassen werden. Auch der Handel hatte, wie später noch beim Begriffe des Geschäftsgeheimnisses nachzuweisen sein wird, Geheimnisse in seinen Betrieben. Denn da es kein Recht auf die Kundschaft mehr gab und das Aufsuchen der Bezugsquellen jedem einzelnen überlassen blieb, mußte es den Gewerbetreibenden wünschenswert erscheinen, die Einzelheiten über den Verkehr mit Lieferanten und Abnehmern vor seinem Konkurrenten zu verbergen.

Wie hatten sich nun die Formen und Verhältnisse gestaltet, in denen sich der Wettbewerb vollzog? Die Antwort gibt der Satz: Wir leben im Zeitalter der freien Konkurrenz.[2]) Was bedeutet das? Der ökonomische Individualismus und Liberalismus hatte auf allen Gebieten die Herrschaft gewonnen. Auf dem uns interessierenden Gebiete war es die Verkündung der Gewerbefreiheit, die den Wettbewerb von den bisherigen Beschränkungen befreite. Die Wirkung dieses Satzes läßt sich nicht besser darstellen, als es Gierke getan hat: „In ungeahnter Weise hat die freie Konkurrenz ihre zugleich schaffende und zerstörende Gewalt enthüllt. Sie weckt schlummernde und spornt erschlaffende Kräfte; sie erhöht die wirtschaftliche Tätigkeit und mehrt den Kulturbesitz. Aber erbarmungslos verschlingt sie ihre eigenen Kinder; in stets wachsender Zahl opfert sie die Schwächeren, um wenige Starke auf den Thron zu heben; sie löst die sittlichen Bande und entfesselt die egoistischen Triebe.“ Es erfolgte auch bald ein Rückschlag. Der Standpunkt des „laisser faire, laisser aller“ wurde vielfach verlassen. Die entgegenstehenden wirtschaftlichen Anschauungen, insbesondere der Sozialismus, suchten der Kontrolle des gewerblichen Wettbewerbs durch den Staat Geltung zu verschaffen.

---

[1]) Stegemann II S. 27.

[2]) Gierke in der Zeitschr. f. gewerbl. Rechtsschutz 1895 S. 109.

Mannigfache Einschränkungen der Gewerbefreiheit waren die Folge. Welcher der wirtschaftlichen Richtungen der Vorzug zu geben ist, das zu erörtern ist hier nicht der Ort. Immerhin ist mit Recht darauf aufmerksam gemacht worden, daß die Bestrebungen zu Gunsten einer weitgehenden Beschränkung der freien Konkurrenz mit Vorsicht aufzunehmen seien.[1])

Einer dieser Bestrebungen entspricht auch das Gesetz vom 27. Mai 1896, insbesondere seine uns hier interessierenden Bestimmungen. Aber diese Reaktion gegen die herrschende wirtschaftliche Anschauung war nicht der einzige Grund, der die Bewegung entfachte. Diese Reaktion richtete sich unmittelbar gegen die Freiheit des Wettbewerbes überhaupt, nur mittelbar gegen die uns hier beschäftigende Form desselben, den unlauteren Wettbewerb, Denn es hatten sich in den immer erbitterter werdenden Konkurrenzkampfe viele gefunden, die zu unehrlichen und unanständigen Mitteln griffen, um den Konkurrenten zu überflügeln. Schuld daran war die immer mehr zunehmende Überproduktion in Gewerbe und Industrie, der die Aufnahmefähigkeit des Marktes nicht zu folgen vermochte. Es wurde Mißbrauch mit der Gewerbefreiheit getrieben. Die genannten Umstände erklären ihn u. E. vollkommen, so daß es eigentlich eines Eingehens auf die Frage, ob die geschäftliche Moral im deutschen Gewerbe gesunken war, nicht bedarf. Schmid bejaht die Frage, weil gerade aus den Bestrebungen gegen den unlauteren Wettbewerb, trotz der zahlreichen wirklichen Verstöße gegen Betriebs- und Geschäftsgeheimnisse[2]), eine größere Empfindlichkeit gegen sie zu schließen sei.[3]) Weit auffallender könnte es erscheinen, daß diese Bestrebungen sich in Deutschland erst so spät eingestellt haben, trotzdem der wirtschaftliche Kampf schon längst in der Wahl seiner Mittel skrupellos geworden war. Stegemann[4]) gibt uns dafür eine treffende Erklärung. Die Schuld trifft nach

[1]) Verhandl. des 23. Jur.-Tages Bd. I S. 227, Rosenthal im 1. Supplementband des Handwörterb. f. Staatswissenschaften S. 870.

[2]) a. a. O. S. 258.

[3]) Vgl. die Zusammenstellung von Stegemann in Bd. I und II S. 8.

[4]) II S. 7.

seiner Ansicht die lange Zeit der Unfertigkeit und Unselbständigkeit, die der damaligen kraft- und zielbewußten Bewegung des deutschen Gewerbes vorangegangen war. Dabei hatte sich das in anderen Staaten schon stärker entwickelte moralische Gemeingefühl nicht so leicht zu der für den Selbstreinigungsprozeß nötigen Kraft herausarbeiten können.

Ein weiterer Grund für die Bewegung, insbesondere bei den Bestrebungen zu Gunsten des Betriebs- und Geschäftsgeheimnisses war der Umstand, daß die Gesetzgebung zum Schutze des „geistigen Eigentums", wie die Verfassung sich ausdrückt, in Fluß gekommen war. Es war überall das Bestreben zu erkennen, geistige und gewerbliche Arbeit zu schützen. „Schon hatte eine umfassende Gesetzgebung einzelne wohlerworbene Bestandteile der gewerblichen Betriebe, indem sie aus ihnen besonders geschützte Rechte formte, dem freien Wettbewerbe entzogen[1])". Als man dies erreicht hatte, entdeckte man die Lücken, die sie besonders auf dem Gebiet des Geheimnisschutzes aufwies. So begegnen wir besonders bei den Erörterungen um den Schutz der technischen Geheimnisse in der chemischen und Maschinenindustrie diesen Gedanken. Jetzt verlangte man Ausdehnung des Schutzes und Ausfüllung der Lücken.

Den unmittelbaren Anstoß zu der Bewegung gab dann die Revision des Markenschutzgesetzes vom 30. November 1874.[2]) Die weitere Entwicklung kennen wir bereits. So stark war die Bewegung ganz besonders zu Gunsten des Schutzes von Betriebs- und Geschäftsgeheimnissen, daß sie die zahlreichen Bedenken auf diesem umstrittensten der Gebiete des unlauteren Wettbewerbs aus dem Wege räumte und so in Wahrheit die ihr von Stegemann nachgerühmte „elementare Kraft" bekundete.

---

1) Gierke Zeitschr. S. 110.
2) Stegemann II S. 8.

II. Der Begriff des Geschäfts- und Betriebsgeheimnisses.

Selten hat wohl ein Begriff in einer strafrechtlichen Materie, die schon als solche eine besonders scharfe Begrenzung und feste Greifbarkeit der Begriffe verlangt, so viele Bedenken während der legislativen Ausarbeitung hervorgerufen, wie der Begriff des Geschäfts- und Betriebsgeheimnisses. Trotzdem ist der Erfolg aller der Bemühungen, ihn zu begrenzen und greifbar zu gestalten, außerordentlich gering gewesen. Denn keine einzige der einschlägigen Bestimmungen, sei es, daß sie den Ausdruck Betriebs- und Geschäftsgeheimnis, sei es, daß sie ähnliche Ausdrücke enthalten, gibt eine Definition. Der Gesetzestext sagt uns weder, was ein Geheimnis ist, noch insbesondere, was ein Geschäfts- oder ein Betriebsgeheimnis ist, obgleich gerade der hier am meisten interessierende § 9 des Gesetzes vom 27. Mai 1897 Geschäfts- und Betriebsgeheimnisse unterscheidet. Gerade hierüber ist die Diskussion am lebhaftesten gewesen, und das Resultat? „Der Begriff ist dem Sprachgebrauch des täglichen Lebens wie auch der Gesetzessprache ohnehin geläufig", so sagt die Begründung zum Entwurf des Gesetzes.[1]) Der Gesetzgeber hat eine Definition nicht für notwendig erachtet, und auch wegen der Schwierigkeit einer zufriedenstellenden Begriffsfeststellung es auch nicht für ratsam gehalten, dem Richter in der Würdigung des einzelnen Falles Schranken zu setzen.[2])

Auch die Partikularrechte haben es unterlassen, eine Definition des Begriffes des Geschäfts- und Betriebsgeheimnisses zu geben. Vielleicht gingen deshalb auch die ersten Erörterungen, die sich um den Schutz von Geschäfts- und Betriebsgeheimnis drehten, über diese Frage hinweg. Zuerst hat

---

[1]) Nr. 35 der Drucksachen des Reichstages. 9. Legislaturp. IV. Session 1895/6 S. 2.

[2]) Nr. 35 der Drucksachen des Reichstages. 9. Legislaturp. IV. Session 1895/6 S. 2.

Andree auf dem 19. deutschen Juristentage den Begriff etwas näher betrachtet und ihm mit Rücksicht sowohl auf das Fabrik- wie auf das Geschäftsgeheimnis die strafrechtliche Greifbarkeit abgesprochen.[1] Eine so schroff ablehnende Auffassung ist seitdem nie wieder zu Tage getreten. Immerhin wurden Bedenken geäußert. Sie lassen sich etwa so zusammenfassen: Am schärfsten wurde der Begriff des Geschäftsgeheimnisses bestritten. Während sich die meisten anscheinend darüber einig waren, daß es ein Fabrikgeheimnis, das sich mit dem „Betriebsgeheimnis" des § 9 decken sollte" gäbe (beide Ausdrücke werden wahllos nebeneinander gebraucht), fanden sich einige, die meinten, daß es überhaupt keine kaufmännischen Geheimnisse gäbe;[2] andere bestritten zwar nicht ihr Vorkommen, hielten sie aber nicht für schutzbedürftig, mindestens nicht für so schutzbedürftig, wie die Betriebsgeheimnisse.[3] Schließlich wurde die Möglichkeit, eine Grenzlinie zu ziehen, zwischen dem, was geheimzuhalten sei und dem, was offenbart werden dürfe, bestritten, dann auch auf die Schwierigkeit, Geschäfts- und Betriebsgeheimnisse abzugrenzen, hingewiesen. An diesen Gedanken hat der Gesetzgeber angeknüpft, allerdings, um zu dem entgegengesetzten Resultat zu gelangen, wie derjenige, der die Bedenken geäußert hat. Er hat dies als einen der Gründe angeführt, aus denen auch das Geschäftsgeheimnis geschützt wurde.[4]

Forscht man nach, welcher Ausdrücke sich die Reichsgesetze bedienen, um ein gewerbliches Geheimnis zu bezeichnen, so findet man eine Terminologie, die nicht sehr scharf unterscheidet. Die Versicherungsgesetze sprechen zunächst von der Offenbarung von Betriebsgeheimnissen und unterscheiden

[1]) Verhandl. des 19. Jur.-Tages S. 73 (Andrees Gutachten), Freudenstein in Goltdammers Archiv Bd. 32 S. 265 ff. III.

[2]) Insbesondere für den kaufmännischen Großhandel wurde ihr Vorkommen bestritten.

[3]) Vgl. Wermert bei Stegemann II S. 48.

[4]) Begr. S. 12 „Eine Aussonderung der Geschäftsgeheimnisse würde praktisch undurchführbar sein, weil für manche Verkehrszweige die Grenzlinie zwischen der auf Herstellung und der auf den Vertrieb von Waren gerichteten Tätigkeit nicht mit Sicherheit festgestellt werden könne."

sodann in einer besonderen Strafbestimmung Betriebsgeheimnisse einerseits und geheim gehaltene Betriebseinrichtungen oder Betriebsweisen, solange als diese Betriebsgeheimnisse sind, andererseits. Das Reichsgesetz vom 15. Juni 1897, betreffend den Verkehr mit Ersatzmitteln für Butter und das Weingesetz, unterscheiden ebenso. Der § 139b der Gewerbeordnung verpflichtet gewisse Beamte zur Geheimhaltung der amtlich zu ihrer Kenntnis gelangenden Geschäfts- und Betriebsverhältnisse. Die Partikulargesetze unterschieden meist Fabrikgeheimnisse und Geheimnisse eines Handelsgeschäfts.

Ähnlich unterschied der 19. Juristen-Tag Fabrik- und Geschäftsgeheimnisse. In den Äußerungen der Handelskammern schwankt die Terminologie. Es wird von Fabrik-, Betriebs-, technischen und andererseits von kaufmännischen, kommerziellen, geschäftlichen Geheimnissen gesprochen.

Das Gesetz von 1897 stellt im § 9 nebeneinander die Bezeichnungen „Geschäftsbetrieb“ und „Geschäfts- oder Betriebsgeheimnis“, unterscheidet also offenbar „Geschäft“ und „Betrieb“ und spricht dennoch wieder in den §§ 6, 7 vom „Betriebe des Geschäfts“, macht also den Begriff des „Geschäftes“ von dem des „Betriebes“ im Genetiv abhängig, obgleich es ihn an anderer Stelle in den Gegensatz gestellt hat. Es begeht die zweite Inkonsequenz, indem es in den §§ 6, 7 den Begriff des „Geschäftsbetriebes“ sowohl für Fabrikations- als auch für Handelsgeschäfte gebraucht.

Danach scheint es fast unmöglich, wenigstens für das Gesetz vom 27. Mai 1896, zu bestimmen, worin Geschäfts- und Betriebsgeheimnisse sich begrifflich unterscheiden, abgesehen schon von dem Versuch, diese beiden Begriffe auf der einen Seite gegen die „Betriebseinrichtung und „Betriebsweisen“ auf der anderen Seite abzugrenzen. Die Begründung zum Entwurf des Gesetzes weist die Auslegung auf den Sprachgebrauch des täglichen Lebens und auf die Sprache früherer Gesetze hin, von denen sie die §§ 92, 300 Str.G.B., die §§ 107, 108 des Unfallversicherungsgesetzes vom 16. Juli 1884 und § 349 Ziffer 3 C.P.O. anführt. Der § 92 cit. handelt von Staatsgeheimnissen, der § 300 von Privatgeheimnissen, der § 349 von „Kunst- und

Gewerbegeheimnissen", die §§ 107, 108 sind bereits oben genannt.

Diese Handhaben werden wir nicht außer acht lassen dürfen.

Was zunächst den Begriff des Geheimnisses überhaupt anlangt, so hat man darunter Tatsachen und Vorgänge zu verstehen, die der Allgemeinheit unbekannt sind. Jede Tatsache und jeder Vorgang ist an sich geeignet, Gegenstand des Geheimnisses zu sein. Aber von dieser Eignung zum Geheimsein und Geheimgehaltenwerden unterscheidet sich die Eigenschaft, Geheimnis zu sein. Diese Eigenschaft wohnt keinem Gegenstande an und für sich inne. Es müssen vielmehr sowohl nach der objektiven wie nach der subjektiven Seite hin gewisse Voraussetzungen erfüllt sein. Wichtigstes Erfordernis ist hier nach der objektiven Seite das Geheimsein, die tatsächliche Ausschließlichkeit oder negativ ausgedrückt, der Mangel der Offenkundigkeit. Haupterfordernis nach der subjektiven Seite ist der irgendwie ersichtliche Wille des Geheimnisbewahrers, einen Gegenstand geheim zu halten. Allgemein wird dieser Wille seine Grenze nur in der Möglichkeit der Geheimhaltung finden, denn selbst der Gedanke in meinem Kopfe ist nicht immer geheimzuhalten — er kann dem scharfen Beobachter aus meinen Mienen ersichtlich sein, wie sehr ich ihn auch verbergen will. Schon hier zeigt sich eine der Grenzen des Geschäfts- und Betriebsgeheimnisses als in der Persönlichkeit des Inhabers wohnend — ein Moment, auf das zurückzukommen sein wird.

So allgemein allerdings, wie es hier eben geschehen ist, wird der Begriff des Geheimnisses namentlich im Strafrecht nicht aktuell werden können. Er gewinnt erst Leben, sobald eine Beziehung zu enger begrenzten Kreisen hergestellt ist.[1]) So erhalten wir den Begriff des Privatgeheimnisses, des Staatsgeheimnisses, des militärischen Geheimnisses, des Briefgeheimnisses, des Kunst- und Gewerbegeheimnisses. Unter ihnen wird uns der Begriff des Privatgeheimnisses, wie ihn § 300 Str.G.B.

[1]) Finger Kom. S. 252.

gebraucht, am meisten interessieren, denn auf ihn weisen uns die Materialien zum Gesetz vom 27. Mai 1896 vor allem hin, und im Anfange der Bewegung zum Schutze des Geschäfts- und Betriebsgeheimnisses war ja daran gedacht und in Vorschlag gebracht worden, diesen Schutz durch eine Zusatzbestimmung zu § 300 cit. zu bewirken.

Obgleich das Gesetz auch hier keine Begriffsbestimmung gibt, ist es der Doktrin sowohl wie der Praxis nicht schwer gewesen, das, was als Privatgeheimnis anzusehen sei, festzulegen. Denn hier schwankt das Gesetz wenigstens nicht in der Terminologie. Allgemein werden als Privatgeheimnisse diejenigen Tatsachen des Privatlebens bezeichnet, an deren Geheimhaltung derjenige, den sie betreffen, ein Interesse hat, und es wird Mangel der Offenkundigkeit verlangt. Hier finden wir eine neue Voraussetzung nach der subjektiven Seite, die des Interesses, die für unsere Aufgabe zu verwerten und nur noch schärfer nach der vermögensrechtlichen Seite auszuprägen sein wird. Der § 300 zieht dann eine weitere Grenze durch den Relativsatz, „die — sind“, eine Grenze, die aber außerhalb des Begriffes der Geheimnisse und insbesondere der Privatgeheimnisse liegt. Auch über den Begriff der Staatsgeheimnisse sind keine Zweifel vorhanden. Der den cit. § 92 ausdehnende § 1 („Wer vorsätzlich Schriften, Zeichnungen oder andere Gegenstände, deren Geheimhaltung im Interesse der Landesverteidigung erforderlich ist, in den Besitz oder zur Kenntnis eines anderen gelangen läßt, wird u. s. w.“) des Gesetzes gegen den Verrat militärischer Geheimnisse vom 3. Juli 1893 nimmt den Ausdruck „militärisches Geheimnis“ garnicht auf, sondern konkretisiert das, was Gegenstand des Geheimnisses sein soll. Er zieht sogar dessen Grenzen innerhalb des Begriffes des Geheimnisses selbst durch den Relativsatz „deren — erforderlich ist“ enger. Hier haben wir das, was aus § 300 erst herausgelesen werden muß, ausdrücklich zum Tatbestandsmerkmal erhoben.

Auch unserem Ziele wird wohl näher zu kommen sein, wenn wir zunächst den Oberbegriff für die Geschäfts- und Betriebsgeheimnisse feststellen, durch den sie in Gegensatz zu den genannten Arten der Geheimnisse treten. Wir haben es hier nur mit dem gewerblichen Geheimnis zu tun. Die Absicht bei der Herstellung des Gesetzes war, wie die Erklärungen der Regierungsvertreter, die Verhandlungen der Kommission und die Materialien zum Gesetz ergeben,[1] auf den Schutz der Gewerbetätigkeit gerichtet. Darunter ist jede auf Erwerb gerichtete Tätigkeit zu verstehen. In den Beratungen wird ausdrücklich hervorgehoben, daß das Wort „gewerblich" nicht im Sinne der Gewerbeordnung, sondern im Sinne des täglichen Lebens zu verstehen sei.

Dies gilt für alle im Gesetz geregelten Fälle des unlauteren Wettbewerbs. Aber dort wie ganz besonders für den § 9 wird der Begriff eine Einschränkung erfahren müssen. Denn es wird ein Eingriff in einen „Geschäftsbetrieb" verlangt. Man wird daher eine dauernde auf Erwerb abzielende Tätigkeit verlangen müssen. Dabei wird es gleichgültig sein, ob diese Tätigkeit auf dem Gebiete der Produktion, der Fabrikation, also der Herstellung von Gütern, oder auf dem Gebiete des Güterumsatzes, des Handels liegt. Aber die Erklärung des Begriffes des Geschäftsbetriebes liefert uns eine Aufklärung über den Unterschied zwischen Geschäfts- und Betriebsgeheimnis nicht.

Bevor dieser Unterschied untersucht wird, dürfte es nötig sein, darzulegen, welches die Eigenschaften sind, die Geschäftsgeheimnis und Betriebsgeheimnis gemeinsam haben. Auch sie lassen sich wie bei dem Begriff des Geheimnisses überhaupt in zwei Arten zerlegen, objektive und subjektive.

Was zunächst die objektiven Erfordernisse anlangt, so wird wie bei dem Geheimnis überhaupt eine Ausschließlichkeit des geheim zu haltenden Gegenstandes verlangt werden müssen. Das Geheimnis muß einem oder mehreren ausschließlich gehören.[2] Nun schließt aber nicht jede Verallgemeinerung den Begriff aus. Der Gegensatz zum Geheimsein ist offenkundig sein. Wann ist eine Tatsache oder ein Vorgang offenkundig? Schmid[3] will den Begriff der Offenkundigkeit aus § 2 des

[1] Vgl. Schmid Komm. S. 277.
[2] Freudenstein S. 265 ff.
[3] S. 345.

Patentgesetzes heranziehen. Das kann nur zum Teil gerechtfertigt erscheinen, da der § 2 cit. eine bestimmte Art der Offenkundigkeit verlangt.[1]) Es wird allgemein anerkannt und ist schon vom Reichsgericht für den Begriff des Privatgeheimnisses in mehreren Entscheidungen[2]) anerkannt worden, daß ein absolutes Geheimsein nicht erforderlich ist. Vielfach wird aber zu Unrecht betont, daß die Zahl der um das Geheimnis wissenden Personen eine bestimmte sein muß. Eine solche Bestimmtheit ist nicht möglich mit Rücksicht darauf, daß die Personen, die Mitbewahrer des Geheimnisses sein können, innerhalb eines Geschäftsbetriebes oft wechseln, man denke z. B. an einen großen Fabrikbetrieb. Man wird zur Erläuterung vielleicht den Begriff der Öffentlichkeit heranziehen dürfen, wie ihn das R.Str.G.B. in § 110 z. B. gebraucht, obgleich er sich nicht mit dem Begriff der Offenkundigkeit deckt. Das Reichsgericht hat in ständiger Praxis[3]) „öffentlich" als „von unbestimmt welchen und wie vielen Personen wahrnehmbar" definiert. Es hält ferner etwas für öffentlich, wenn es innerhalb eines durch Beruf und Interessen abgegrenzten Personenkreises wahrnehmbar ist, wenn die so begründeten Beziehungen nicht solche sind, daß die Beteiligten dadurch in näherer Verbindung stehen. Das R.G. bezeichnet gelegentlich den „vertrauten Kreis" als Gegensatz zur Öffentlichkeit. Somit wäre ein Gegenstand dann nicht mehr geheim, sondern öffentlich bekannt, wenn er den Angehörigen eines Geschäftsbetriebes wahrnehmbar wäre, falls man nicht die Beziehungen derselben als „nähere" bezeichnet, denn durch Beruf und Interesse ist auch ihr Kreis abgegrenzt. Nun ist allerdings, wie bereits bemerkt, der Begriff der Öffentlichkeit und derjenige der Offenkundigkeit nicht derselbe. Der Gegenstand ist öffentlich bekannt, wenn er unbestimmt welchen und

---

[1]) „Eine Erfindung gilt nicht als neu, wenn sie zur Zeit der auf Grund dieses Gesetzes erfolgten Anmeldung in öffentlichen Druckschriften aus den letzten hundert Jahren bereits derart beschrieben oder im Inlande bereits so offenkundig benutzt ist, daß danach die Benutzung durch andere Sachverständige möglich scheint."

[2]) Entsch. des R.G. in Str.S. Bd. 13 S. 60, Bd. 26 S. 5.

[3]) Entsch. des R.G. in Str.S. Bd. 21 S. 254, Bd. 22 S. 241 Bd. 15 S. 274 Rechtsprechung Bd. 9 S. 134.

unbestimmt wie vielen bekannt ist; er kann aber schon offenkundig sein, wenn er einer bestimmten Klasse und einer bestimmten Anzahl von Menschen bekannt ist. Man wird immerhin die Eigenschaft der Ausschließlichkeit dahin auffassen können, daß zwar nicht absolute Ausschließlichkeit erforderlich ist, daß aber der Kreis der Personen, denen ein Gegenstand bekannt ist, einmal durch Beruf — in dem gleichzeitig meist die rechtliche oder moralische Verpflichtung zur Geheimhaltung liegen wird — sodann durch Interessen begrenzt sein muß, so aber, daß die Beteiligten zueinander in näherer Verbindung stehen. Diese Verbindung ist ohne weiteres innerhalb des Geschäftsbetriebes durch das gemeinsame Band der Zugehörigkeit zu diesem Betriebe gegeben. Ist ein geheimgehaltener Gegenstand einem oder mehreren am Geschäftsbetriebe nicht Beteiligten bekannt, so wird man zwischen ihnen und dem Geschäftsherrn eine solche nähere Verbindung verlangen müssen. Man wird kurz diese Verbindung so charakterisieren können, das man alle diese Teilhaber am Geheimnisse als die zu seiner Kenntnis Berufenen bezeichnet.[1]) Insoweit, aber auch nur insoweit, wird die Begrenzung hier Sache des einzelnen Falles sein, während im übrigen die oben entwickelten Grundsätze allgemeine Geltung haben werden.

Zum Begriffe des Geschäfts- und Betriebsgeheimnisses wird sodann eine gewisse Neuheit des geheimgehaltenen Gegenstandes zu erfordern sein. Ihr Vorhandensein wird häufig mit dem Vorhandensein der Ausschließlichkeit zusammenfallen. Auch hier wird die Offenkundigkeit dem Begriffe entgegen sein. Es wird aber der Begriff nicht dadurch aufgehoben, daß es sich um einen schon dagewesenen Gegenstand handelt, wofern er nur nicht in dem oben dargelegten Sinne bekannt ist.[2])

---

[1]) Ein interessantes Beispiel führt Hancke im Arch. f. öffentl. R. Bd. 4 S. 481 an. Er weist darauf hin, daß Losung und Parole Tausenden von Soldaten bekannt sind und dennoch durch ihre Mitteilung Verrat begangen werden kann.

[2]) Es ist gleichgültig, ob das Geheimnis auf Erfindung oder Entdeckung beruht. Vgl. die Entsch. des R.G. in der Zeitschr. für unlauteren Wettbewerb 1901 Heft No. 3.

Schon in den Vorbesprechungen zu den §§ 9, 10 des Gesetzes vom 24. Mai 1896 war stets als Grund für den Schutz der Geschäfts- und Betriebsgeheimnisse angeführt worden, daß viele Geschäftsbetriebe Eigentümlichkeiten und Besonderheiten hätten, auf denen gerade ihr geschäftlicher Erfolg beruhe und die deshalb schutzbedürftig erscheinen. Man wird auch dieses Erfordernis für den Begriff aufzustellen haben. In diesem Merkmal liegt auch ein Schutzmittel für die im § 9 genannten Angestellten gegen die von ihnen gefürchtete Erschwerung ihres Fortkommens. Nur das, was Bestandteil der Individualität dieses Geschäftsbetriebes ist (vgl. den nächsten Abschnitt), kann als Geheimnis gelten, nicht dasjenige, was in gleichen oder ähnlichen Betrieben in derselben Weise zu finden ist. Kenntnisse und Erfahrungen dieser Art darf der Angestellte ungehindert in jeder Weise verwerten. Die Grenze wird auch hier oft schwer zu finden sein, denn sie liegt oft im Urteile des Angestellten.

Was sodann die subjektive Seite anlangt, so wird, die Eignung des Gegenstandes zur Geheimhaltung vorausgesetzt, zunächst der Wille des Inhabers des Geschäftsbetriebes in Betracht kommen. Hier wird der für jede Willensäußerung geltende Grundsatz Anwendung finden, daß die Erklärung ausdrücklich oder durch konkludente Handlungen erfolgen kann. Wie schon von Hippe[1]) für den Begriff des Privatgeheimnisses ausgeführt worden ist, muß man hier dem Inhaber des Geheimnisses ein Bestimmungsrecht zugestehen. Eine irgendwie geartete Willensäußerung wird man aber verlangen müssen, da „keinen Schutz verdient, wer so wenig Interesse an der Geheimhaltung hat, daß er nicht einmal Mitteilung seines Wunsches macht“. Man wird jedoch in dem Urteil über den Inhalt dieser Willenserklärung nicht so rigoros sein können, zu fordern, daß sie sich auf einzelne bestimmt bezeichnete Gegenstände richten muß.[2]) Es wird auch eine allgemeine Bezeichnung genügen, wenn sie nur für den sachkundigen Angestellten genügend deutlich ist.

---

[1]) Goldt. Arch. Bd. 46 S. 263 ff.

[2]) a. M. Schmid a. a. O. S. 346.

Natürlich kann der Inhaber des Geschäftsbetriebs, worauf Reuling mit Recht hinweist, diese Schweigepflicht nicht für das ganze Personal einheitlich regeln. Der Unterschied zwischen den für höhere Dienste und den für handwerksmäßige Tätigkeit Angestellten wird sich geltend machen.

Es ist selbstverständlich, daß dieser Wille des Inhabers des Geschäftsbetriebes feste Grenzen haben muß, ganz besonders da hier auch strafrechtliche Bestimmungen in Frage kommen. Der Angestellte muß wissen, was sein Prinzipal als geheim ansieht. Drei Merkmale lassen sich hier für die Begrenzung aufstellen: das eine liegt in dem Urteil des Angestellten selbst, das andere in der Möglichkeit der Geheimhaltung, das dritte darin, daß ein Interesse des Prinzipals an der Geheimhaltung des betreffenden Gegenstandes vorhanden sein muß. Die wichtigste Begrenzung ist die zweite. Was tatsächlich, d. h. objektiv genommen, kein Geheimnis ist, kann der Wille des Inhabers des Geschäftsbetriebes nicht zum Geheimnis machen. Läßt er sich von seinem Angestellten die Geheimhaltung eines solchen Gegenstandes zusichern oder schärft er sic ihm ein, so wird er im Wege des Vertrages civilrechtliche Folgen festsetzen müssen. Das Strafrecht reagiert darauf nicht. Es wäre auch ganz undenkbar, den am Schutze Interessierten gleichsam zum Urteiler über ein wichtiges Tatbestandsmerkmal zu machen. Das Geheimsein muß objektiv vorhanden und auch möglich sein. Nun ist es allerdings nicht immer angängig, selbst wo der Wille des Geschäftsinhabers ein wirklich vorhandenes Geheimnis zu schützen sucht, diesen Willen auch erklären zu können. In einem Fabrikationsgeschäft wird die Schwierigkeit in dem Unterschiede zwischen der Tätigkeit der einzelnen Angestellten, in einem Handelsgeschäfte in der großen Zahl und dem raschen Wechsel der geheimzuhaltenden Tatsachen und Vorgänge liegen. Insofern tritt nun erweiternd das Urteil des Angestellten hinzu. Es begrenzt aber auch wiederum, da der Angestellte dadurch im stande gewesen sein muß, zu erkennen, ob ein Gegenstand geheimgehalten wird. Das Urteil des Angestellten erweitert, weil aus den Tatbestandsmerkmalen des § 9 („oder sonst zugänglich geworden sind") sich ergibt, daß nicht immer eine Willenserklärung, daß ein Gegenstand geheimzuhalten sei, erforderlich ist, sondern auch einzelne Umstände einen Gegenstand als einen geheimzuhaltenden erscheinen lassen. Hier wird die Willensentscheidung des Prinzipals durch die auf dem Verantwortlichkeitsbewußtsein des Angestellten beruhende Willensentscheidung dieses selbst ersetzt. Dies wird ganz besonders praktisch bei denjenigen Geheimnissen werden, von denen ein Angestellter außerhalb des Kreises seiner Obliegenheiten erfährt. Denn innerhalb dieses Kreises wird sich der Prinzipal durch besondere Willenserklärung, durch „Anvertrauen" des Geheimnisses schützen können.[1])

Ähnlich steht es in den Bestimmungen der Versicherungsgesetze, im § 145a Gewerbeordnung § 15 des Margarinegesetzes und § 12 des Weingesetzes durch den dort gemachten Zusatz „die kraft ihres Amtes oder Auftrags bezw. durch die Aufsicht zu ihrer Kenntnis gelangt sind". Hier ist es völlig dem Urteil der Beamten überlassen, die Geheimnisqualität zu erkennen. Dieses Urteil wird, wie erwartet werden muß, ebenfalls von ihrem Verantwortlichkeitsbewußtsein geleitet und, wo die Unterscheidung zwischen Geheimgehaltenem und Offenkundigem nicht deutlich erkennbar ist, in der Richtung zu Gunsten des Betriebsunternehmers beeinflußt werden. Wo der Beamte im Zweifel ist, muß er schweigen.

Die dritte Grenze findet die Willkür des Prinzipals in dem Umstande, daß ein Interesse an der Geheimhaltung verlangt wird, wie dies schon beim Begriffe des Privatgeheimnisses fast übereinstimmend geschehen ist.[2]) Dort handelt es sich um

---

[1]) Auch hier ist das, was Hippe für den Begriff des Privatgeheimnisses ausgeführt hat, zu verwerten. Er sagt, daß dasjenige, was ohne ausdrückliche Bezeichnung als Privatgeheimnis anzusehen sei, dem Ermessen des Arztes überlassen bleibe müsse, der sich von der Erwägung leiten lassen werde, ob der Anvertrauende ein Interesse an der Geheimhaltung habe. Im § 9 zit. wird das Urteil darüber allerdings in das Ermessen von Angestellten, Arbeitern und Lehrlingen gestellt.

[2]) Vgl. Liszt Lehrb. § 120, Stenglein Rechtlexikon S. 1187, Olshausen Komm. Anm. 2 zu § 300 Str.G.B., Entsch. der R.G. in Str.S. Bd. 13 S. 60.

Tatsachen des Privatlebens. Daher muß ein persönliches Interesse an der Geheimhaltung vorliegen. Hier steht man, wie oben ausgeführt, auf dem Boden des gewerblichen Schutzes. Deshalb wird das Interesse dann immer gegeben sein, wenn das Bekanntwerden geeignet ist, den Inhaber des Geheimnisses in seiner Wettbewerbstätigkeit zu schädigen. Das Interesse wird der rein subjektiven Beurteilung des Prinzipals unterliegen; es findet seine objektive Begrenzung ebenso wie das Bestimmungsrecht in dem Umstande, daß nur das objektiv Geheime als geeigneter Gegenstand des Interesses in Frage kommen kann. Das Interesse wird ein vermögensrechtliches sein können, doch auch das Interesse an der Urheberschaft[1]) wird, wie im Patent recht dasjenige an Erfinderruhm und Erfinderehre, genügen. Erforderlich ist nur, daß dieses Interesse innerhalb des Rahmens des Geschäftsbetriebs vorhanden ist, dem das Geheimnis dient.

Nachdem so die Eigenschaften festgestellt sind, die Geschäfts- und Betriebsgeheimnis besitzen müssen, um als solche zu gelten, wird man sich mit den Unterschieden zwischen Geschäfts- und Betriebsgeheimnis, geheimgehaltenen Betriebseinrichtungen und Betriebsweisen abzufinden haben. In der Begründung[2]) zum Gesetze vom 27. Mai 1896 wird ausgeführt, daß als Betriebsgeheimnis die Geheimnisse industrieller Unternehmungen[3]) die sich mit der Herstellung von Waren oder gewerblichen Leistungen befassen, dagegen als Geschäftsgeheimnis die, welche sich auf die den Vertrieb von Waren oder die Verwertung von gewerblichen Leistungen bezweckende, also die kaufmännische Tätigkeit beziehen. Es wird dann weiter gesagt, daß die Grenzlinie zwischen der auf die Herstellung und der auf den Vertrieb von Waren oder gewerblichen Leistungen gerichteten Tätigkeit nicht mit Sicherheit festgestellt und daher lediglich nach den Umständen des einzelnen Falles entschieden

---

[1]) Vgl. Freudenstein a. a. O. S. 268, zu eng Finger Komm. S. 252, der nur das finanzielle Interesse gelten lassen will.

[2]) S. 12.

[3]) Die Größe dieser Unternehmungen ist für den Begriff des Geschäftsgeheimnisses gleichgültig. Auch in einem handwerksmäßigen Betriebe können sie vorkommen. Vgl. Finger Komm. S. 253.

werden kann. Man hat — ohne eine Definition jedes einzelnen dieser Begriffe geben zu können — einen begrifflichen Unterschied darin gefunden,[1]) daß man einen Teil der hinter dem Betriebsgeheimnis stehenden Rechtsschutzobjekte, nämlich die reinen Fabrikgeheimnisse, als zum geistigen Besitz bestimmter Personen gehörige, sog. immaterielle Rechtsgüter ansah, während man dem Geschäftsgeheimnis die Fähigkeit, besonderes Rechtsschutzobjekt sein zu können, absprach. Ist es aber richtig, daß eine Grenzlinie zwischen Geschäfts- und Betriebsgeheimnis zu ziehen nicht möglich ist, dann mußte umsomehr auch diese Unterscheidung im Ausdruck vom Gesetze vermieden werden, zumal in dem Umstande, daß beide in gleicher Weise geschützt werden sollten, ein Zugeständnis des Gesetzgebers lag, daß eine gemeinsame Bezeichnung möglich war. Diese hätte dann lauten müssen: die gewerblichen Geheimnisse eines Geschäftsbetriebs.

Reuling unterscheidet dahin, daß es sich bei den Geschäftsgeheimnissen um geheimgehaltene geschäftliche Vorgänge und Ereignisse und bei den Betriebsgeheimnissen um persönliche Qualitäten, nämlich den geistigen Besitz und das dadurch bedingte Können bestimmter Personen handelt. Diejenigen Personen, die diese Wissenschaft und dieses Können innehaben, sind innerhalb des betreffenden Arbeitsfeldes leistungsfähiger als diejenigen Personen, denen sie fehlen. Diese Unterscheidung reicht nicht aus. Denn das, was Reuling für die Betriebsgeheimnisse anführt, trifft vielfach auch für die Geschäftsgeheimnisse zu.[2])

Wir werden noch auf den Nachweis, ob es sich bei den Betriebsgeheimnissen um immaterielle Rechtsgüter handelt, zurückkommen müssen. Das Geschäftsgeheimnis sowohl wie das Betriebsgeheimnis wird wohl vorwiegend ein Gebiet der Kasuistik, der reinen Aufzählung bleiben,[3]) wobei die Unterscheidung

---

[1]) Reuling in der Zeitschr. f. chem. Industrie Jahrg. 1895.

[2]) Auch die von M. M. Kohler „Das Verbrechen des unlauteren Wettbewerbs" S. 181 ff. gemachte Unterscheidung zwischen offensiven und defensiven Geheimnissen liefert trotz ihrer scharfsinnigen Durchführung hier keine Resultate.

[3]) Vgl. die reichhaltige Aufstellung bei Finger Komm. S. 253—257.

zwischen der auf die Herstellung und der auf den Vertrieb gerichteten Tätigkeit eine Richtschnur bilden wird. Der Wert dieser Unterscheidung wird in den Kommentaren vielfach unterschätzt. Sie reicht unserer Meinung nach in den meisten Fällen aus.

Was nun weiter den Begriff der Betriebseinrichtungen und Betriebsweisen anlangt, so sind darunter diejenigen Eigentümlichkeiten eines Geschäftsbetriebs zu verstehen, die sich auf seine Organisation oder die Art der Warenerzeugung beziehen. Durchweg werden diese Eigentümlichkeiten von den Kommentaren zum Gesetz betreffend unlauteren Wettbewerb als zu den Betriebsgeheimnissen, teilweise auch als zu den Geschäftsgeheimnissen gehörig aufgeführt. Danach hätte genügt, wenn die Versicherungsgesetze, die Gewerbeordnung, das Margarinegesetz und das Weingesetz gesagt hätten „solange als diese geheim sind“. Nach Gebhard[1]) fällt alles das unter die Bestimmung des § 185 des Inval. Versich. Ges. vom 13. Juli 1899, was im Interesse des Geschäfts geheim gehalten wird. Soweit kann aber die Bestimmung schon mit Rücksicht darauf, daß sie gegen Indiskretionen der Aufsichtsbeamten in Bezug auf den Fabrikbetrieb gerichtet ist, nicht gehen. Solche Geheimnisse, von denen sich mit Sicherheit sagen läßt, daß sie kaufmännische seien, werden nicht dazu gehören. Andrerseits läßt sich nicht verkennen, daß auch der Vertrieb von Waren eine besondere Einrichtung haben und auf eigenartige Weise vor sich gehen kann. Eine Aussonderung der Betriebseinrichtungen und Betriebsweisen aus den Betriebsgeheimnissen oder eine Gegenüberstellung der Betriebs- und Geschäftsgeheimnisse auf der einen und der Betriebseinrichtungen und Betriebsweisen auf der anderen Seite erscheint demnach ausgeschlossen.[2])

Für den Begriff der Geschäfts- und Betriebsgeheimnisse sind Definitionen in großer Anzahl gegeben worden. Lobe[3]) definiert „die ureigene und deshalb seiner allgemeinen Ver-

---

[1]) Das Invalidenversicherungsgesetz S. 784.

[2]) Ebenso v. Liszt Lehrb. § 124 II No. 3.

[3]) Komm. S. 103.

fügungsgewalt unterstehende schöpferische Tätigkeit des Wettbewerbers mit ihren Ergebnissen, die geeignet sind, der Förderung seiner Wettbewerbstätigkeit zu dienen". Schmid[1]) rechnet dazu alles, was Gegenstand des Herstellungs- oder Geschäftsbetriebes ist, sofern es noch nicht offenkundig ist, und will als Geheimnis alles dasjenige ansehen, was jemand als Geheimnis zu wahren wünscht und im stande ist. Nach Finger[2]) sind es alle Eigentümlichkeiten eines industriellen oder kaufmännischen Unternehmens, an deren Geheimhaltung ein begründetes geschäftliches Interesse besteht, und welche deshalb nach dem Willen des Unternehmers geheim gehalten werden sollen und geheim gehalten werden.[3])

Was zunächst die Definition Lobes angeht, so verlangt sie von dem Begriffe zu viel. Nicht nur das, was auf ureigener schöpferischer Tätigkeit des Wettbewerbers beruht, kann Gegenstand seines Geheimnisses sein. Abgesehen davon, daß die schöpferische Tätigkeit von Angestellten vielfach in Frage kommen wird, kann auch absolute Neuheit nicht verlangt werden. Ferner hat auch derjenige Geschäftsmitinhaber Schutz, der Mitbesitzer am Geheimnisse ist, auch wenn er keinen Anteil am Geschäftsbetriebe, geschweige denn an der auf der schöpferischen Tätigkeit eines einzelnen beruhenden geheim gehaltenen Tatsache hat. Auch der Zufall[4]) kann dem Wettbewerber einen tatsächlichen Vorteil in den Schoß werfen, der als Geschäfts- oder Betriebsgeheimnis aufzufassen ist. Dabei kann von „ureigner, schöpferischer Tätigkeit" nicht die Rede sein. Der größte Teil der übrigen Kommentatoren hat sich damit begnügt, die wesentlichen Merkmale aufzuzählen. Hauß und Birkenbihl begrenzen den Begriff nur negativ. Manche nehmen das Merkmal „Geheim", das sie erklären sollen, in die Definition hinein. Man wird so definieren können: Geschäfts-

---

[1]) Komm. S. 342.

[2]) Finger Komm. S. 253.

[3]) Vgl. wegen der anderen Definitionen noch Fuld S. 159, Hauß S. 88, Meyer S. 34, Birkenbihl S. 65.

[4]) Vgl. Finger in der Zeitschr. für unlauteren Wettbewerb Jahrg. 1901 Heft No. 3.

oder Betriebsgeheimnisse sind alle einem Geschäftsbetriebe eigentümlichen, nicht offenkundigen Tatsachen, welche, wie erkennbar zum Ausdruck gekommen ist, nicht offenbart werden sollen und an deren Nichtoffenbarung der Inhaber des Geschäftsbetriebes ein Interesse hat.

III. Gegenstand und Grund des Schutzes von Geschäfts- und Betriebsgeheimnissen.

Als die Frage nach dem Rechtsschutze von Geschäfts- und Betriebsgeheimnissen zuerst auftauchte, war die erste Erwägung, ob nicht im geltenden Rechte sich ein Institut oder eine Bestimmung fände, an welche die zu erlassenden Schutzbestimmungen angeknüpft werden könnten. Ortloff, dessen Ausführungen, wie bereits erwähnt, die ganze Frage in Fluß gebracht hatten, schlug die Anknüpfung an § 300 Str.G.B. vor, und damit befaßten sich auch die ersten Erörterungen. Sobald aber die industriellen Kreise den Fall der Verletzung der Schweigepflicht durch Angestellte als besonders wichtig hervorhoben, ja als wichtigsten der ganzen Gruppe von Fällen des unlauteren Wettbewerbes hinstellten, wurde an § 266 Str.G.B. gedacht, und eine Erweiterung der Bestimmungen über die Untreue vorgeschlagen. Erst nachdem schon ein Entwurf des Gesetzes vom 27. Mai 1896 vorhanden war, wurde eine Anknüpfung an die Vorschriften zum Schutze des „geistigen Eigentums" ernstlich besprochen, ein Gesichtspunkt, auf den allerdings schon Brunstein[1]) aufmerksam gemacht hatte und der von anderen, z. B. Gareis, Mayer für den unlauteren Wettbewerb überhaupt diskutiert worden war.

Wir haben zunächst rein formal den Gegenstand des Schutzes festgestellt, das im vorigen Abschnitt erörterte Ge-

[1]) Der Schutz des Fabriks- und Geschäftsgeheimnisses S. 7 ff.

schäftsgeheimnis und Betriebsgeheimnis. Jetzt ist danach zu fragen, welches das Rechtsgut ist, das im Geschäfts- und Betriebsgeheimnis geschützt wird. Es soll dabei der Standpunkt maßgebend sein, daß alles Recht Rechtsgüterschutz, d. h. Schutz von als schutzbedürftig erkannten Interessen ist, ein Standpunkt, der heute von einer großen Zahl von Rechtslehrern vertreten wird,[1]) dessen Begründung uns hier zu weit führen würde.

Es ist bestritten, ob ein einzelnes Recht durch die Bestimmungen zum Schutze des Geschäfts- und Betriebsgeheimnisses geschützt wird, oder ob es sich um den Schutz des Vermögens als solchen handelt. Die Frage ist von großer, praktischer Bedeutung. Denn § 823 B.G.B. verlangt, daß ein Recht eines andern verletzt sei, um die Schadensersatzpflicht zu begründen, § 826 B.GB. sagt von dieser Voraussetzung nichts; ferner macht nach § 826 nur die vorsätzliche, nach § 823 aber auch die fahrlässige Schadenszufügung ersatzpflichtig. Diese Bestimmungen sind subsidiär neben den civilrechtlichen Vorschriften des Gesetzes betreffend unlauteren Wettbewerb anzuwenden; in den Fällen, wo die Schweigepflicht nach den Bestimmungen der Versicherungsgesetze der Gewerbeordnung, des Margarine- und Weingesetzes verletzt wird, regeln sie allein die Ersatzpflicht. Allerdings mindert die Möglichkeit, den § 823 Abs. 2 B.G.B. anzuwenden und die förmlich auf das Gesetz betreffend unlauteren Wettbewerb zugeschnittene Gestaltung des § 826 die praktische Bedeutsamkeit der Unterscheidung herab.

Um dem Ziele unserer Untersuchung näher zu kommen, müssen wir zunächst diejenigen Gesichtspunkte ausscheiden, die u. E. völlig ungeeignet sind, dieses Ziel erreichen zu lassen. Dazu gehört zunächst das von Ortloff[2]) anfangs verteidigte Recht auf Bewahrung des Geheimnisses. Es ist in dieser Hinsicht angeführt worden,[3]) daß es nicht Aufgabe des Staates sein könne, Geheimnisse zu schützen, daß dies vielmehr jeder

---

[1]) Vgl. von Liszt Lehrb. S. 53 und die dort Citierten.

[2]) Schmollers Jahrb. f. Gesetzgebung und Sozialwissenschaften Jahrg. 1883.

[3]) Reuling a. a. O. S. 349.

selbst tun müsse. So allgemein wird dies nicht richtig sein. Denn nicht jeder wird dazu im stande sein, und der Staat könnte Grund haben, ihm zu helfen. § 300 spricht jedenfalls dagegen. Man wird aber sagen müssen, daß nicht der Schutz eines jeden Geheimnisses Aufgabe des Staates sei und daß auch nicht eine allgemeine Schweigepflicht bestehen könne. Die Privatgeheimnisse des § 300 werden geschützt, weil die menschlichen Verhältnisse es zwingend erheischen, daß man sich gewissen Personen offenbart, und weil hier auch ein Interesse des Staates an dem Schutze besteht, da er diesen Vertrauenspersonen eine bevorzugte Stellung eingeräumt hat. Selbst wenn man für § 300 Str.G.B. ein Recht auf Bewahrung von Geheimnissen annimmt, so reicht diese Erklärung hier wegen der besonderen, von der der Geheimnisse des cit. § 300 ganz verschiedenen Natur des gewerblichen Geheimnisses nicht aus. Sie ist zu formalistisch und zu wenig in die Tiefe dringend, als daß sie befriedigen könnte, denn sie sagt nicht, warum gerade das gewerbliche Geheimnis geschützt wird.

Auch eine Erklärung. die den Begriff der Untreue herbeizieht,[1]) ist nicht zu billigen. Die Untreue würde hier in der Verletzung einer Treupflicht des Angestellten gegenüber dem Geschäftsherrn gesucht werden müssen. Nun ist zunächst die Untreue im Sinne des Str.G.B. kein einheitlicher, rechtlicher Begriff. Denn das Str.G.B. hat nur eine Anzahl in sich nicht zusammenhängender Fälle im § 266 zusammengefaßt, denen nie von der Wissenschaft die systematische Zusammengehörigkeit unter einem „Untreue“ genannten Begriffe zuerkannt worden ist. Die Untreue ist reines Vermögensdelikt.[2]) Dieser Gesichtspunkt trifft hier nicht zu, wie weiter unten nachzuweisen sein wird. Zwar wird eine moralische Verpflichtung des Angestellten bestehen, die Interessen desjenigen, durch den er seinen Unterhalt bezieht, zu achten, und dieser Umstand wird auch die Auslegung des Gesetzes beeinflussen, doch ist mit Recht darauf

---

[1]) Vgl. Siewert bei Stegemann S. 24ff., Olshausen auf dem 19. deutsch. Jur.-Tag.

[2]) Vgl. v. Liszt Lehrb. § 36.

hingewiesen worden,[1]) daß bei dem Vertragsverhältnisse zwischen Geschäftsinhaber und Angestellten, wie es sich im heutigen gewerblichen Leben gestaltet hat, von einem „Treueverhältnisse" nicht mehr gesprochen werden könne. Einmal sind in den zahlreichen großen Unternehmungen die persönlichen Beziehungen zwischen dem Geschäftsinhaber und dem Personal, ohne die sich ein Treueverhältnis nur schwer konstruieren läßt, lose oder garnicht mehr vorhanden, sodann treten sie in den Hintergrund mit Rücksicht auf die uneingeschränkte Freizügigkeit der Angestellten, die sich sowohl auf den Ort wie die Art der Beschäftigung erstreckt. Es bliebe somit nur möglich, von einer positiven Verletzung des Vertragsverhältnisses zu reden. Die positiven Vertragsverletzungen sind aber allgemein nicht strafbar, ja sogar die gesetzliche Unterlage für die aus ihnen folgende Schadensersatzpflicht ist nicht sicher und bestritten.[2]) Es ist daher auch nicht anzunehmen, daß hier das Gesetz die Strafbarkeit einer Vertragsverletzung hat statuieren wollen.

Das wichtigste Argument gegen die Annahme, daß das Vertragsverhältnis Grundlage des Schutzes (was natürlich auch nur für das Gebiet des Gesetzes vom 27. Mai 1896 gilt) sein kann, ist die Erwägung, daß der Schutz gegen Angestellte nur ein Fall in der Reihe der Schutzbestimmungen ist, und ihre Mehrzahl sich gegen Nichtangestellte richtet. Dazu kommt, daß in einer großen Anzahl von Fällen der Angestellte direkt zum Konkurrenten seines Geschäftsherrn wird, indem er, ohne seine Stellung zu verlassen, seine auf der Kenntnis des Geheimnisses beruhende Leistungsfähigkeit in die Dienste eines anderen stellt.[3]) Als Gierke den hier angegriffenen Standpunkt vertrat, lag erst der zweite Entwurf des Gesetzes vom 27. Mai 1896 vor, der einen Schutz gegen das widerrechtliche Eindringen Nichtangestellter noch nicht kannte.[4])

---

[1]) Damme S. 62 ff.

[2]) Vgl. Staub in den Festgaben für den 26. deutsch. Jur.-Tag 1902.

[3]) Ebenso Finger Jurist. Zeitschr. f. Elsaß-Lothr. S. 479, vgl. weiter unten über diese Erweiterung des Begriffes des unlauteren Wettbewerbs.

[4]) Gierke hat für den Fall, daß dies strafbar sein sollte, seine Auffassung geändert. Vgl. S. 119 Zeitschr. für gewerbl. Rechtsschutz Jahrg. 1895.

Es muß das Ziel der Aufgabe sein, die Frage nach Gegenstand und Grund des Rechtsschutzes der Geschäfts- und Betriebsgeheimnisse für alle hier in Betracht kommenden Bestimmungen, also auch die der Versicherungsgesetze, der Gewerbeordnung und des Margarinegesetzes, einheitlich zu lösen. Deshalb muß das Schutzobjekt aufgesucht werden, das allen diesen Bestimmungen gemeinsam ist. Schon innerhalb des Gesetzes vom 27. Mai 1896 selbst reicht die obige Erklärung nur für § 9 Abs. 1 aus. Sie berücksichtigt die §§ 9 Abs. 2 und 10 nicht, die nach dem Gesetz delicta sui generis und nicht bloß akzessorische Handlungen zu denjenigen des § 9 Abs. 1 sind.

Es muß davon ausgegangen werden, daß das Rechtsgut, das durch alle die erwähnten Bestimmungen geschützt wird, immer desselbe ist, mag der Angriff von Angestellten oder anderen Personen erfolgen.[1]) Jeder Angriff auf das Geschäfts- oder Betriebsgeheimnis richtet sich gegen die Unversehrtheit gewisser Beziehungen des Mitbewerbers zur Außenwelt, die unter dem Namen „Kundschaft“ zusammengefaßt werden, und die ihm das wichtigste Verwertungsmittel seiner Erzeugnisse schaffen, den Absatz.[2]) Kundschaft ist die Gesamtheit der ständigen und nichtständigen Abnehmer eines Gewerbetreibenden. Diejenigen Handlungen nun, die eine Minderung des Absatzes des Konkurrenten und die Erhöhung des eigenen in anderer Weise als durch redliche Mittel, wie es das Einsetzen eigner Tüchtigkeit ist, bezwecken und dadurch fremde Kundschaft zu sich herüberzuziehen suchen, begreift man unter dem Namen des „unlauteren Wettbewerbs“. Die §§ 9, 10 des Gesetzes vom 27. Mai 1896 lassen durch den Passus „zu Zwecken des Wettbewerbs“ keinen Zweifel darüber, daß dort Handlungen gemeint sind, die unter jenen Begriff fallen. Nicht nur der Nichtangestellte, der Konkurrent, schädigt den Absatz des Gewerbetreibenden durch Verletzung seines Geheimnisses, sondern auch der Angestellte, der Verrat übt.[3]) Denn es ist nicht

---

[1]) Ebenso Schuler, Die concurrence déloyale S. 186.

[2]) Vgl. Träger bei Gruchot Bd. 36 S. 211.

[3]) Vgl. Freudenstein am Schlusse seines Aufsatzes in Goltd. Arch. Bd. 32.

wesentlich, daß der schädigende Eingriff erfolgt, um unmittelbar den eigenen Wettbewerb zu erleichtern, er kann vielmehr auch für die Zwecke und den Vorteil eines anderen erfolgen, wenn nur die Voraussetzung bestehen bleibt, daß durch die Verletzung des Geheimnisses der Absatz des angegriffenen Gewerbetreibenden geschädigt wird. Zwar wird für den gewöhnlichen Begriff des unlauteren Wettbewerbs Erfordernis sein, daß ein Konkurrent Handelnder ist.[1]) Die uns hier interessierenden Bestimmungen reichen aber über den gewöhnlichen Begriff des unlauteren Wettbewerbs hinaus, ohne ihn ganz aufzugeben. Denn auch der verräterische Angestellte benutzt fremde Kraft beim Wettbewerb.[2]) Der § 9 Abs. 1 des Gesetzes vom 27. Mai 1896 und die versicherungsgesetzlichen Bestimmungen sind noch in anderer Weise über den Rahmen des Begriffes des unlauteren Wettbewerbs hinausgegangen, indem ersterer die Schädigungsabsicht, letztere die gewinnsüchtige Absicht in den Tatbestand aufgenommen haben. Die Schädigungsabsicht im Tatbestande des § 9 Abs. 1 ist den meisten Bearbeitern des Gesetzes als gänzlich unsystematische Hinzufügung erschienen. Dies konnte mit Rücksicht auf den gewöhnlichen Begriff des unlauteren Wettbewerbs auch nicht anders sein. Wird als ausschlaggebend, wie wir meinen, durchweg lediglich die Schädigung des Absatzes des Gewerbetreibenden angesehen, so passen diese Qualifikationsmomente, die Schädigungs- und die Gewinnabsicht, ohne weiteres in die Tatbestände der Bestimmungen zum Schutze des gewerblichen Geheimnisses hinein. Dies Moment ergibt auch den Berührungspunkt zwischen den Bestimmungen im Gesetz von 1897 und den Bestimmungen, die gegen Verrat vor gewissen Beamten schützen, denn der wesentliche Unterschied, der hier in Betracht kommt, liegt nur im Täterkreis. Auch durch den Verrat einer

---

Auch Siewert a. a. O. S. 25 verkennt dies nicht. Es handelt sich aber hier nicht bloß um persönliche Rechtsstreitigkeiten, wie er annimmt, sondern auch um Interessestreitigkeiten, die nicht weniger Auswüchse des Geschäftslebens sind, als die Handlungen von Nichtangestellten.

[1]) Schmid Zeitschr. für gewerbl. Rechtsschutz Jahrg. 1895 S. 211.

[2]) Vgl. oben S. 202 und die Note 3 daselbst.

geheim gehaltenen Betriebsweise oder Betriebseinrichtung wird der Absatz des Betriebsunternehmers geschädigt.

Ist so das einheitliche Rechtsgut gefunden, so wird jetzt die Frage aufzuwerfen sein, welches seine rechtliche Bedeutung ist. Die beiden Hauptgegensätze, die uns, um es nochmals hervorzuheben, in dieser Frage begegnen, sind einerseits, ob ein Recht des Gewerbetreibenden geschützt wird und, wenn ein solches Recht vorhanden ist, was es für ein Recht ist, und andrerseits, ob nicht ein einzelnes Recht, sondern das Vermögen des Gewerbetreibenden im gewerblichen Geheimnisse geschützt wird.

Die Auffassung, daß das Vermögen Gegenstand des Rechtsschutzes sei, ist von Katz,[1]) später von Schuler[2]) und Daniel[3]) vertreten worden. Katz hat ausgeführt, daß dem Angestellten die Schweigepflicht über die Geschäfts- und Betriebsverhältnisse seines Prinzipals obliege, weil diese meist Gegenstände pekuniären Wertes seien. Schuler geht von dem Gegensatze unserer Schutzbestimmungen zu § 300 Str.G.B. aus und meint, daß durch die Veröffentlichung von Geschäfts- und Betriebsgeheimnissen die persönliche und soziale Ehrenstellung des Geschäftsinhabers in der Regel nicht gemindert werde und daß, da die allein als persönliches Rechtsgut hier in Frage kommende Erwerbsfähigkeit des Gewerbetreibenden nur um seiner ökonomischen Lage oder seiner persönlichen Ehrenstellung wegen schutzbedürftig sei, nur der erstere Grund in Frage kommen könne. Er tritt, da es sich nach seiner Ansicht hier um vorzugsweise vermögensrechtliche Interessen handelt, von denen die Wahrung der güterrechtlichen Existenz des einzelnen abhängt, für eine Zurückführung des Schutzes der gewerblichen Geheimnisse „auf die reale Grundlage des Vermögensschutzes“ ein. Schuler macht in seiner Beweisführung gerade das zur Voraussetzung, was er erst beweisen soll, daß nämlich die persönliche Ehrenstellung des Geschäftsinhabers

---

[1]) Die unredliche Konkurrenz 1892 S. 52.

[2]) Schuler a. a. O. S. 202.

[3]) a. a. O. S. 61.

durch die Offenlegung seines gewerblichen Geheimnisses nicht gemindert werde. Zwar kann nicht bestritten werden, daß es sich bei den Geschäfts- und Betriebsgeheimnissen fast immer um vermögensrechtliche Interessen handelt. Aber gegenteils kann ebensowenig außer acht gelassen werden, daß auch persönliche Interessen dabei in Betracht kommen. Deshalb wird die Frage nicht dahin lauten dürfen, ob rein vermögensrechtliche oder rein persönliche Interessen vorliegen, sondern welche von ihnen überwiegen. Es handelt sich nur zunächst um die gewinnbringende Ausnutzung des Geheimnisses. In dem Rechte, andre von dieser Ausnutzung auszuschließen, erschöpft sich das Recht am Geheimnisse nicht. Der Besitz des gewerblichen Geheimnisses ist — was Schuler gerade bestreitet — vielfach die Vorbedingung für die persönliche und soziale Stellung des Gewerbetreibenden.[1]) Er ist oft die Hauptgrundlage für ein erlangtes geschäftliches Renommee, das sich in dem Urteile der Erwerbsgenossen und vor allem der Abnehmer über seine Leistungsfähigkeit offenbart. Er hat den denkbar größten Einfluß auf die Geltung seines Namens, seiner Firma, wie das in der Vorgeschichte zum Gesetz betreffend unlauteren Wettbewerb mehrfach erwähnte Beispiel Krupps zeigt, der seine Gußstahlbearbeitung bis auf den heutigen Tag geheimgehalten hat. Ehe diese Methode zu dem gewaltigen Vermögensobjekt wurde, das sie heute ist, mußte der Name ihres Schöpfers bekannt geworden sein. Die Geltung der Leistungsfähigkeit und die persönliche Stellung ihres Inhabers war vor dem Vermögen da. Daher ist die Auffassung, daß im gewerblichen Geheimnisse nur das Vermögen des Gewerbetreibenden geschützt werde, nicht umfassend genug, sie berücksichtigt nur die eine Seite der Sache und zwar die weniger wichtige.

Sie vermag auch nicht zu erklären, und dies scheint uns entscheidend gegen sie zu sprechen, warum der Rechtsschutz des gewerblichen Geheimnisses mit der Offenlegung des Geheimnisses sein Ende erreicht. Ein Recht auf Geheimhaltung gibt es, wie wir gesehen haben, nicht. Hört nun der geheim

---

[6]) Ebenso M. M. Kohler Unlauterer Wettbewerb. S. 13ff.

gehaltene technische Handgriff oder die Kundenliste auf, Vermögensobjekt zu sein, hören die Beziehungen des Gewerbtreibenden zu bestehen auf, weil unbestimmt, welche und wie viele Menschen sie kennen? Dies ist sicherlich nicht der Fall. Schulers Erklärung kann demnach nicht die richtige sein.

Es mag in diesem Zusammenhange ein von uns gemachter Versuch erwähnt werden, das Schutzobjekt außerhalb des Privatrechts zu finden. Schäffle hat in seiner „Theorie der ausschließenden Absatzverhältnisse“ eine außerprivatrechtliche Begründung der Urheberrechte und des Erfinderrechts versucht. Er stellt unter die herkömmlich aufgestellten beiden Gütergattungen, nämlich die unpersönlichen Sachgüter und die persönlichen Leistungen eine dritte, die von ihm sogenannten „Verhältnisse“, zu denen er auch die Kundschaft und überhaupt alle Erwerbsrechte, Erleichterungsmittel und Gelegenheiten des Absatzes oder Kaufes aller Art rechnet, über deren Genuß einzelne ausschließlich verfügen können. Er unterscheidet, ob diese „Verhältnisse“ tatsächlich ausschließend oder auf künstliche Weise rechtlich ausschließend gemacht sind. Es wird kaum fraglich sein, daß die von uns hier behandelten gesetzlichen Bestimmungen nicht den Zweck verfolgen, einen rechtlich ausschließenden Absatzkreis für diejenigen Produkte eines Gewerbebetriebs zu schaffen, deren Entstehung auf einem gewerblichen Geheimnisse beruht. Davon kann schon deshalb keine Rede sein, weil, wie unbestritten ist, ein und dasselbe gewerbliche Geheimnis von mehreren nebeneinander besessen und ungehindert ausgenutzt werden kann, und jeder einzelne von ihnen den Schutz unserer Bestimmungen genießt, wenn die Gegenstände des Geheimnisses nur nicht offenbar sind. In solchen Fällen, wo das Geheimnis in anderer als in der durch das Gesetz verpönten Weise gewonnen wird, gibt es kein Verbietungsrecht eines Geheimnisinhabers gegenüber dem andern, der auf Grund desselben Geheimnisses in den Wettbewerb tritt. Es handelt sich also hier nur um einen Absatzkreis, der durch die Tatsache, daß das Mittel, wie er erworben und festgehalten wird, anderen Gewerbetreibenden nicht bekannt ist, zu einem ausschließenden geworden ist. Schäffles Theorie kann also für unsere Aufgabe keine Resultate liefern, da sie die Frage offen läßt, ob der Absatzkreis als Bestandteil des Vermögens oder aus anderen Gründen geschützt wird.

Geht man nunmehr davon aus, daß nicht allein und nicht in erster Linie das Vermögen des Gewerbtreibenden Gegenstand des Schutzes ist, sondern auch und in erster Reihe das persönliche Interesse des Geheimnisinhabers, so fragt es sich, wie dieses Resultat juristisch zu formulieren ist. Auch hier sind verschiedene Auffassungen zu Tage getreten.

Reuling[1]) ist der Meinung, daß von einem Rechtsschutz von Geheimnissen zu reden, widersinnig sei, daß man vielmehr diesen Begriff auflösen und die hinter ihm stehenden Schutzobjekte aufsuchen müsse. Diese teilt er in Fabrikgeheimnisse und sonstige Geheimnisse ein, wie sie insbesondere in kaufmännischen Betrieben in Frage kommen. Die ersteren, unter denen er wiederum zwischen patentfähigen Erfindungen, den sog. Erfindungen höherer Ordnung, und nicht patentfähigen Erfindungen, Erfindungen niederer Ordnung, unterscheidet, hält er abgesehen vom Patentschutz selbst für Erzeugnisse eines eigenartigen Produktionsprozesses und sieht sie als völlig gleichartige und gleichwertige immaterielle Rechtsgüter an. Bei allen anderen Geheimnissen handelt es sich nach seiner Ansicht nur um geschäftliche Vorkommnisse, über die zu schweigen das Personal verpflichtet ist. Er stellt daher bei letzteren nur in Frage, ob jemand durch rechtswidrige Tat oder ohne solche zum Mitwisser des Geheimnisses geworden ist, während er bei ersteren auch eine Verletzung eines Rechts am immateriellen Rechtsgut annimmt.

Es ist nicht zu verkennen, daß zwischen dem Geheimnisse des Fabrikanten an der Zusammensetzung eines chemischen Stoffes und einem Geheimnisse seiner Absatzquellen ein großer Unterschied besteht. Es muß Reuling zugegeben werden, daß bei patentfähigen Erfindungen schon vor Erteilung des Patentes ein durch das Patentrecht geschütztes Rechtsgut vor-

---

[1]) a. a. O. S. 347.

handen ist,[1]) wie aus § 2 des Patentgesetzes hervorgeht. Aber Reulings ganze Unterscheidung, von der er sich so viel verspricht, ist höchst unfruchtbar, denn sie sieht in den im gewerblichen Geheimnisse doch nun einmal vom Gesetze zusammengefaßten Objekten nur das, was sie trennt, nicht das, was sie zusammenhält. Er trägt in die vom Gesetze gemachte Unterscheidung zwischen Geschäfts- und Betriebsgeheimnissen noch die des Fabrikgeheimnisses hinein, das sowohl in die eine Kategorie wie in die andre fallen kann. Die nichtpatentablen Erfindungen analog den patentablen zu behandeln, geht nicht an, da das Patentrecht als singulärer Rechtsschutz keine Ausdehnung durch Analogie verträgt. Auch in den Vorerörterungen zum Gesetz betreffend unlauteren Wettbewerb ist schon getadelt worden,[2]) daß etwa der Rechtsschutz der gewerblichen Geheimnisse an die Patentfähigkeit geknüpft werde, und das Gesetz ist eben durch den Schutz des Geschäftsgeheimnisses darüber hinausgegangen. Dafür bietet Reulings Auffassung aber keine Erklärung, was im geschäftlichen Vorkommnisse geschützt wird. Allgemein ist aber gegen seine Auffassung geltend zu machen, daß es Rechte an Immaterialgütern nicht gibt. Die Theorie von den Immaterialgüterrechten ist eine Abzweigung der Theorie vom sog. „geistigen Eigentum“. Diese Theorie findet heute kaum noch einen Vertreter und es darf hier wohl von ihrer Widerlegung mit Rücksicht auf das eingehend begründete, ablehnende Verhalten der Literatur zu dieser Frage abgesehen werden. Die Theorien, die ein Immaterialgüterrecht annehmen, können, abgesehen von den allgemeinen Gründen, die dagegen sprechen,[3]) nicht erklären, warum das immaterielle Gut, das im Geheimnis geschützt wird, mit seiner Offenlegung aufhört, ein solches zu sein.

In einem Rechte des Gewerbtreibenden ist der Gegenstand des Schutzes zu suchen. Aber nicht das Immaterialgüterrecht ist

---

[1]) So Kohler Patentrecht zu § 2, Autorrecht S. 245. Gareis Patentgesetz S. 21.

[2]) Vgl. Stegemann II S. 38.

[3]) Vgl. gegen sie Gierke Lehrb. S. 762.

es, sondern ein Recht der Persönlichkeit. Ein solches Recht ist lange nicht anerkannt worden, aber die Zahl seiner Anhänger wächst in immer höherem Grade. Es ist dagegen geltend gemacht worden, daß das Recht der Persönlichkeit nur ein tatsächlicher Genuß sei. Dies gilt aber für jedes subjektive Recht, da dies ein Anteil an den Lebensgütern ist.[1]) Man hat ferner gesagt, daß die Annahme von Persönlichkeitsrechten zu einem dem Rechte widerstrebenden fiktiven Dualismus in der Person des Rechtsträgers führe, bei dem der Gegenstand seiner Herrschaft die mit der eigenen Person untrennbar verknüpfte Persönlichkeitssphäre sei.[2]) Dieser Einwand sagt nicht, warum es dem Rechte, welches die Glieder, die doch auch mit der Persönlichkeit untrennbar verbunden sind, schützt, widerstrebt, die inneren Güter Gegenstand eines besonderen Rechtes sein zu lassen.[1])

Auch der Einwurf, daß der Begriff des Persönlichkeitsrechts in das Gebiet der Philosophie gehöre, erscheint nicht stichhaltg, da, selbst wenn man die Richtigkeit dieser Behauptung unterstellt, keine juristische Regel verbietet, die Philosophie zur Konstruktion heranzuziehen, wie es z. B. im Strafrecht mehrfach geschieht.

Als man an die Schaffung der Bestimmungen zum Schutze der Geschäfts- und Betriebsgeheimnisse ging, hatte man die Absicht, die redliche, gewerbliche Arbeit zu schützen. Ihr Produkt ist das Geschäfts- und Betriebsgeheimnis und in ihm offenbart sich die gewerbliche Individualität.[4]) In den Berichten der Handelskammer findet sich immer wieder angedeutet, welche ungeheure geistige Anstrengung, abgesehen von den pekuniären Aufwendungen, der Herstellung eines einfachen Betriebsvorteils voraufgehen, und wer wüßte nicht, welche Fülle von Scharfsinn und physischer Arbeit die Erkundung der Bedürfnisse des Marktes und danach die Herstellung eines Absatz-

---

[1]) Vgl. Dernburg Pand. Bd. I § 39.

[2]) Vgl. Binding Lehrb. des Str.R. I S. 699, Daniel a. a. O. S. 30.

[3]) Vgl. die geistvolle Widerlegung des Einwandes bei Kohler Autorrecht S. 254ff.

[4]) Vgl. v. Liszt Lehrb. S. 399.

kreises, wie er dann z. B. in der geheimen Kundenliste fixiert wird, bedarf. Deshalb ist das kaufmännische Geheimnis nicht weniger geistiges Erzeugnis als der patentable Betriebsvorteil. Selbst der einfachen, geheim gehaltenen Tatsache, daß der Chef demnächst eine Einkaufsreise nach dem Orte X unternehmen werde, ist diese „Geistigkeit“ eigen. Denn jenes Vorhaben ist meist das Ergebnis eingehender Berechnung, daß der Markt in nächster Zeit für die einzukaufende Ware aufnahmefähig sein werde. Diese Erwägungen treffen in noch höherem Grade bei anderen kaufmännischen Geheimnissen zu, wie z. B. der Kalkulation eines Warenpostens. Es liegen hier alle Gesichtspunkte vor, die man für Schaffung des Patentrechts geltend gemacht hatte. Es ist ein wesentlicher Charakterzug unseres Zeitalters der Technik und Industrie, daß es eben dem menschlichen Geist im Wirtschaftsleben die gebührende Geltung zuweist.[1]) Das Geheimnis ist auch, wie bereits erwähnt, Ausdruck der Individualität des Geschäftsbetriebes.[2]) Denn je nach den Fähigkeiten und Anschauungen des Geschäftsinhabers richtet sich die Art und Ausdehnung seiner Kundschaft. Man vergleiche nur den Absatzkreis eines großen Warenhauses mit dem eines kleinen, aber nur die teuersten Exemplare des Genres feilbietenden Spezialgeschäftes. Jenes will jedermann kaufen sehen, dieses beabsichtigt das garnicht, sondern hat es nur auf einen kleinen, ganz bestimmten Kreis von Abnehmern abgesehen. Daher wird im Geschäfts- und Betriebsgeheimnis das Resultat der physischen und geistigen Kraft des

---

[1]) Vgl. Kohler in Schönbergs Handbuch der politischen Ökonomie Bd. II S. 183.

[2]) Siewert bei Stegemann II S. 29 meint, daß es außer dem in den früheren Gesetzen zum Schutze des gewerblichen und geistigen Eigentums genannten noch ein anderes Eigentumsgebiet gebe, „das sich aus den Ergebnissen einer Reihe von persönlichen Eigenschaften zusammensetzt, die zwar ihrer formellen Art nach mehr oder minder Eigentum aller Gewerbetreibenden sein mögen, dessen weit voneinander abweichende qualitative Abstufung aber dennoch so wesentlich die Individualität und damit auch den geschäftlichen und technischen Entwickelungsstandpunkt der von ihr vertretenen einzelnen Geschäfts- und Fabrikanlage bezeichnen, daß sich darauf auch der Anspruch des persönlichen Eigentums mit Recht gründet.“ Vgl. auch die dort aufgeführten Beispiele S. 30.

Gewerbtreibenden geschützt und ihm ein Recht daran, als dem Ausflusse seiner Persönlichkeit gewährt.[1][2])

Diese Auffassung vermag auch eine Antwort auf die oben berührte Frage zu geben, warum das im Geheimnisse geschützte Rechtsgut mit dem Augenblicke der Offenbarung schutzlos wird. Nicht allein aus Gründen der Zweckmäßigkeit[3] ist der Schutz an die Geheimhaltung geknüpft. Der Schutz erreicht sein Ende mit der Offenbarung des Geheimnisses, weil es nun überhaupt an der Möglichkeit fehlt, den Gewerbtreibenden gegen Ausbeutung seiner Geheimnisse durch andere zu schützen, und selbst ein irgendwie gearteter gesetzlicher Schutz sie nicht hindern könnte. So wird hier die Begrenzung des Schutzes, die beim Urheber- und Erfinderrechte durch künstliche Befristung erzielt wird, auf natürliche, in der Eigenart des Geheimnisses liegenden Weise erreicht. Mit der Offenbarung an viele, die an der Verwertung nicht mehr gehindert werden können, fällt aber auch das Interesse des Gewerbtreibenden an rechtlichem Schutze fort. Das Geheimnis hat aufgehört, Ausdruck seiner gewerblichen Individualität zu sein, da es ihm bezw. seinem Geschäftsbetrieb nicht mehr eigen ist.

Es hat auch garnicht in der Absicht des Gesetzgebers gelegen, dem gewerblichen Geheimnisse einen unbegrenzten Schutz zu gewähren. Dies führt uns zu der Frage, warum die Geschäfts- und Betriebsgeheimnisse geschützt werden. Als der Schutz angeregt wurde, sprach man Bedenken dagegen aus, ob er mit den Interessen der Allgemeinheit verträglich sei.[4] Insbesondere wurde darauf hingewiesen, daß sich ein solcher Schutz in scharfen Gegensatz zu den bestehenden

---

1) Ähnlich Rosenthal Handwörterb. der Staatswissenschaften 1. Suppl. Bd. S. 870.

2) Vgl. auch Träger a. a. O. S. 214, Gareis in den Bl. für Rechtsanw. Bd. 61 S. 342 sieht die Gesch.- u. Betr.-Geheimn. als Zubehör der im Geschäftsbetriebe individual geschaffenen Rechts- oder Geschäftssphäre an. Vgl. auch Gierke in der Zeitschr. für gewerbl. Rechtsschutz 1895 S. 121.

3) Vgl. Gareis wie vorher S. 343.

4) Katz in der Zeitschr. für gewerbl. Rechtsschutz 1892 S. 8, Andrees Gutachten auf den 19. Jur.-Tag Verhandl. Bd. II.

Gesetzen zum Schutze des sogenannten „gewerblichen Eigentums“ stellen würde, die alle dahin zielen, die Ergebnisse menschlicher Arbeit offen zu legen, damit die Gesamtheit sie benutzen kann, also gerade die Beseitigung des Fabrikgeheimnisses bezwecken.[1])

Dieses Bedenken trifft natürlich nur auf die nicht kaufmännischen Geheimnisse zu. Für die kaufmännischen Geheimnisse boten die bisherigen Gesetze weder Schutz, noch widersprach ihr Inhalt einem solchen. Aber auch für die reinen Fabrikationsgeheimnisse trifft der Einwand nicht zu. Zunächst ist der Patentschutz nicht ausreichend, um alle geheimen Betriebsvorteile zu schützen.[2]) Denn eine große Anzahl technischer Vorgänge und vor allen Dingen viele Eigentümlichkeiten des Betriebes und des Herstellungsverfahrens, die oft von weit größerem Werte für den Geschäftsinhaber sind als die patentfähigen Erfindungen, eignen sich weder zum Patent- noch zum Musterschutz. Selbst die patentablen Erfindungen sind, so lange sie noch im Vorbereitungsstadium sich befinden, schutzlos, da das Patentrecht nur fertige Erfindungen schützt.

Der Widerspruch zwischen dem modernen Patentschutz und dem Geheimnisschutz ist auch nur ein scheinbarer.[3]) Denn der Patentschutz basiert darauf, daß dem Erfinder der ihm gebührende Lohn durch die im Patente liegende Zuerkennung eines ausschließenden Nutzungsrechtes von der Gesamtheit gewährt wird. Nach langen Kämpfen ist diese Belohnung des Erfinders durch den Staat als berechtigt anerkannt worden. Sie muß dem Inhaber eines gewerblichen Geheimnisses gerechterweise ebenfalls zu teil werden. Auch er ist produzierender Arbeiter und kann den Schutz seiner Arbeit vom Staate verlangen, wenn ihm deren Früchte im freien, tauschwirtschaftlichen Verkehr in unredlicher Weise entzogen werden. Dem Prinzip der Offenlegung zu Gunsten der Gesamtheit tritt hier das Prinzip gerechter Verteilung des volkswirtschaftlichen Ein-

---

[1]) Vgl. insbesondere Hentig in der Zeitschr. des Vereins deutscher Ingenieure XXX 453.

[2]) Dies hat auch Andree a. a. O. anerkannt.

[3]) Vgl. auch Rosenthal a. a. O. 886.

kommens gegenüber. Dieses sagt, daß jeder Arbeiter seines Lohnes wert sei. Im übrigen entspricht der Hingabe des Resultates der Arbeit an die Öffentlichkeit auch ein stärkerer rechtlicher Schutz, wie ihn das Patent, niemals aber die bestehenden Gesetze zum Schutze des gewerblichen Geheimnisses begründen können. Denn das Patent schafft einen rechtlich ausschließend gemachten Abnehmerkreis, wie schon oben ausgeführt, der Geheimnisschutz sichert nur gegen gewisse Eingriffe in das Persönlichkeitsrecht des Gewerbtreibenden an dem Resultat seiner Arbeit.

Mit dieser Erwägung fällt auch der gegen den Geheimnisschutz geltend gemachte Einwand, daß man dem Erfinder ein Wahlrecht zwischen Patent- und Geheimnisschutz einräume. Dazu kommt noch, daß der Patentschutz eine Art von Vindikation der Erfindung gewährt, während die Natur des Geheimnisses diese unmöglich macht.

Gegenüber den zahlreichen Fällen, in denen eine Erfindung von andern aufgenommen und ausgebeutet wurde, während der Erfinder sie noch nicht fertiggestellt hatte, mußte umgekehrt das Interesse der Gesamtheit dahin gehen, eine Offenlegung des Geheimnisses zu verhindern, damit der Erfinder ungestört seine Erfindung vollendete. Man mußte dafür sorgen, daß die Sicherheit vor fremder Ausbeutung ihn davon abhielt, auf unfertige Erfindungen Patente zu nehmen.

Nachdem im literarischen Urheberrechte längst ein Recht auf Veröffentlichung und damit auch auf Geheimhaltung des literarischen Produktes anerkannt war und auch das Patentrecht im Falle unbefugter Entlehnung einer Erfindung dem Verletzten ein Einspruchsrecht gegen die Patenterteilung und eine Nullitätsklage gegeben hatte, konnte man ein Recht des Geschäftsinhabers an seinem Geheimnisse nicht mehr leugnen. Gerade die eben genannte, gewiß weitgehende Bestimmung des Patentrechts ließ die Gestaltung eines Schutzes für Fabrikgeheimnisse notwendig erscheinen, weil sie gegenüber demjenigen Entlehner versagt, der die Erfindung nicht patentieren läßt, sondern sie ohne Patent öffentlich ausnutzt und dem Erfinder so den Weg zum Patente verlegt. Der Geheimnisschutz hatte deshalb die notwendige Aufgabe, das Protoplasma[1]) gewerblicher Arbeit zu schützen.

Ähnlich wie beim Schutz des Privatgeheimnisses spricht hier auch eine gewisse Zwangslage des Geschäftsinhabers mit. Er kann der Hülfe anderer bei Ausbeutung seines Geheimnisses nicht entraten. Er braucht Ingenieure, Arbeiter, Handlungsgehülfen und Lehrlinge und ist damit vor die Eventualität gestellt, sein Geheimnis ihnen preiszugeben oder auf die Ausbeutung zu verzichten. Die wenn auch nicht unfehlbare Sicherheit im ersteren Falle durch den Schutz wird daher die gewerbliche Tätigkeit begünstigen und anspornen. Auch das ist ein für das Gemeinwohl nicht zu unterschätzender Vorteil.

Für alle Objekte des Geheimnisschutzes rechtfertigte dieser sich als Forderung der Gerechtigkeit. Er ist innerlich berechtigt als Schutz der Arbeit. Es kann ihm auch der volkswirtschaftliche Nutzen nicht abgesprochen werden. Der Besitz des Geheimnisses verschafft dem Gewerbetreibenden, oder wie die „Nat.-Ök.“ sagt, dem gewerblichen Unternehmer seinen Absatz. Das Einkommen aus seiner Beschäftigung muß als sein Arbeitslohn betrachtet werden. Dieser Arbeitslohn hängt wie jeder andere ab von der Seltenheit der zu seinem Geschäfte erforderlichen persönlichen Eigenschaften, von der Gefahr des Unternehmens, wobei nicht bloß Vermögen, sondern auch Ehre verloren gehen kann und von der Unannehmlichkeit des Unternehmergeschäfts.[2]) Nach Schäffle[3]) aber ist der Unternehmerlohn das Entgelt für die höchste wirtschaftliche Funktion, die Befriedigung des dringendsten Bedürfnisses der Gesellschaft mit der größten Kostenersparnis. Da nun der Nachweis von den Interessenten geliefert worden ist, daß der freie Verkehr ihnen nicht den Lohn ihrer Arbeit gewährte, war es Aufgabe des Staates, wie er es im Patentrechte getan hatte, diesen Lohn zu sichern. Dies konnte natürlich nur so weit geschehen, als das Interesse der Allgemeinheit nicht völlig

---

[1]) Damme in dem preuß. Jahrb. Bd. 80.

[2]) Vgl. Roscher Syst. I § 195.

[3]) Deutsche Vierteljahresschrift No. 16 II 323.

hinter dem Interesse des Unternehmers zurückblieb. Deshalb brachte der Geheimnisschutz den Unternehmern nicht ein ewiges Ausnutzungsrecht und Schutz gegen jeden Eingriff, sondern ein durch die Natur des Geheimnisses selbst beschränktes Recht gegen gewisse Eingriffe, die sich als unredliche und unverdiente Ausbeutung fremder Arbeit darstellen. Die Gesetzgebung hat dadurch, daß sie den Interessen des Geheimnisinhabers einen so hoch entwickelten Rechtsschutz verlieh, wie ihn die §§ 9 und 10 des Gesetzes, betreffend unlauterer Wettbewerb durch Strafklage, Schadensersatzklage und nach richtiger Ansicht auch durch Untersagungsanspruch gewähren, das Recht am gewerblichen Geheimnisse als ein wirkliches Privatrecht anerkannt.

IV. Der strafrechtliche Schutz des Geschäfts- und Betriebsgeheimnisses.

Wir wenden uns nunmehr zu der Frage: Wie wird das Geschäfts- und Betriebsgeheimnis geschützt? Hierbei kann man die Bestimmungen nach denjenigen Personen unterscheiden, die den Tatbestand erfüllen können. Danach ergibt sich ein Schutz gegen Angestellte, wobei § 9 Abs. 1 des Gesetzes betreffend unlautern Wettbewerb, in Frage kommt, und ein Schutz gegen Nichtangestellte. In letzterer Beziehung ist wiederum zu unterscheiden, ob diese Personen als Mitbewerber handeln, — wie im § 9 Abs. 2, 10 des Gesetzes, betr. unlauterer Wettbewerb — oder ob noch etwas hinzukommt, das sie besonders qualifiziert, wie die Beamteneigenschaft in den Versicherungsgesetzen, der Gewerbeordnung, dem Margarinegesetz und dem Weingesetz. Überall sollen zunächst die objektiven, sodann die subjektiven Tatbestandsmerkmale untersucht werden.

1. Schutz gegen Angestellte.

Der § 9 Absatz 1 des Gesetzes, betreffend unlautern Wettbewerb.

Die Person des Täters.

Aus der Begründung zu § 9 Absatz 1 ergibt sich, daß mitbestimmend für den Erlaß der Vorschrift der Umstand war, daß die Verletzung des Vertrauens, welches der Prinzipal dem Dienstuntergebenen entgegenbringt, geahndet werden sollte. Eine dementsprechende Beziehung des Thäters zum Inhaber des Geschäfts- und Betriebsgeheimnisses ist daher notwendig. Sie findet ihren juristischen Ausdruck im Dienstvertrage.

Der Dienstvertrag besteht in der Übernahme der Verpflichtung, bestimmte Dienste gegen eine vom andern Teile versprochene Vergütung zu leisten. Das Gesetz gebraucht das Wort „Dienstvertrag" nicht, sondern es ist von der Reichstagskommission an die Stelle dieses Wortes des Entwurfs der Ausdruck „Dienstverhältnis" gesetzt worden, um, wie es dort heißt,[1]) „klarzustellen, daß, wenn der Dienstvertrag vor Alauf der Dauer, auf welche er geschlossen ist, aus irgend einem Grunde aufgehoben wird, für den nunmehr in keinem kontraktlichen Verhältnisse stehenden Angestellten die Beschränkung nicht gilt u. s. w. Es sei hier gleich vorweggenommen, da es für die Frage, ob jemand Täter sein kann, gleichfalls wichtig ist,[2]) daß nur die rechtliche Aufhebung des Dienstverhältnisses den Angestellten von der Schweigepflicht befreit. Die Änderung der Reichstagskommission hatte den Zweck, zu verhindern, daß ein Prinzipal die Schweigepflicht durch langfristige Dienstverträge zu sichern sucht. Darüber sind alle einig, daß ein Dienstverhältnis bestehen kann, ohne daß tatsächlich Dienste geleistet werden, wie bei Unterbrechungen des Dienstverhältnisses durch Krankheit, Urlaub oder in den Fällen — um ein in der gewerblichen Praxis nicht allzu seltenes Beispiel anzu-

---

[1]) Berichte S. 12.

[2]) Diese Frage wird von den Kommentaren bei dem Tatbestandsmerkmal „während der Dauer des Dienstverhältnisses" erörtert.

führen, wo Reisende untätig am Sitze des Geschäfts festgehalten werden, weil man ihnen nicht traut, ihnen aber trotzdem den Gehalt zahlt, um ihre Kraft der Konkurrenz zu entziehen. Ist der Gesichtspunkt, daß tatsächlich Dienste geleistet werden, ausschlaggebend, so dürfte auch hier kein „Dienstverhältnis“ angenommen werden. Durch rechts- oder vertragswidriges Verlassen des Dienstes oder andererseits durch rechts- oder vertragswidrige Entlassung entsteht eben nur eine Vertragsverletzung, ein Versuch, die aus dem Dienstvertrage resultierenden Beziehungen zu lösen. Geht der andere Teil darauf nicht ein, so bleibt es eben nur ein Versuch, das Dienstverhältnis besteht fort. Daher befreit nicht die tatsächliche, sondern nur die rechtliche Auflösung des Dienstverhältnisses den Angestellten von seiner Schweigepflicht.

Das Dienstverhältnis begründet ein Vertrauensverhältnis. Auf Erfüllung der daraus folgenden Pflicht im Gegensatz zu der vielleicht bei außerhalb des Dienstverhältnisses stehenden Personen begründeten allgemeinen Pflicht des geschäftlichen Anstandes beruht die Gebundenheit. Nur Personen, die in einem solchen, Vertragstreue erfordernden Verhältnisse zum Prinzipal stehen, können in Betracht kommen,[1] und unter ihnen nur solche, die in einem Verhältnis der Unterordnung unter dem Inhaber des Geschäftsbetriebes stehen.[2] Dabei ist es gleich, ob ein Entgelt verabredet ist. Hier zeigt sich die Erweiterung, die in dem Ausdruck „Dienstverhältnis“ liegt. Denn für diesen Begriff ist es unwesentlich, ob ein Entgelt verabredet ist, während dem Begriff des Dienstvertrags die Vereinbarung oder doch wenigstens die Leistung eines Entgelts wesentlich ist.[3][4] Die

---

[1]) Die Beschäftigung braucht übrigens nur eine vorübergehende zu sein. Vgl. Finger Komm. S. 261.

[2]) Gesellschafter können sich demnach nicht nach § 9 Abs. 1 strafbar machen; auch nicht die Mitglieder des Aufsichtsrates einer Aktiengesellschaft, die im Verkehr nicht als Angestellte angesehen werden, auch wenn sie festes Entgelt beziehen. Der Aufsichtsrat ist Organ der Aktiengesellschaft. Diese Meinung ist auch die herrschende für den Aufsichtsrat der Genossenschaft. Ebenso Müller Komm. S. 130, Hauß S. 87, a. M. Finger a. a. O. S. 263.

[3]) Vgl. B.G.B. § 612, Abs. 1, H.G.B. § 59.

[4]) Daher können auch Volontaire Täter sein. Ebenso Damme a. a. O. S. 81.

Bezeichnung „Geschäftsbetrieb“ ist eine weitere, den Täterkreis des § 9 Absatz 1 bestimmende Begrenzung. Der Begriff ist wie oben S. 189 auszulegen.[1])

Das Gesetz zählt drei Klassen von Personen auf, die als Täter in Betracht kommen können. Diese Aufzählung ist eine erschöpfende. Auch hier macht sich, wie beim Begriffe der Geschäfts- und Betriebsgeheimnisse, die Unsicherheit der legislativen Technik geltend. Es handelt sich um die Auslegung der drei Worte: Angestellter, Arbeiter, Lehrling. So viel geht aus der Nebeneinanderstellung im Gesetze mit Sicherheit hervor, daß zu den Angestellten die Arbeiter und Lehrlinge nicht zu rechnen sind. Meyers' Meinung,[2]) der die Worte: „Arbeiter oder Lehrling“ für überflüssig hält, ist deshalb unrichtig. Diese Auffassung mag, was übrigens auch noch zu bezweifeln ist, für den allgemeinen Sprachgebrauch zutreffen.[3]) Dem Gesetze gegenüber ist sie jedenfalls falsch. Denn dieses hat offenbar den Arbeiter und den Lehrling nicht zu den Angestellten rechnen wollen.[4]) Insofern ist auch Hauß'[5]) Auffassung falsch, daß die im Gesetz genannten „Arbeiter und Lehrlinge“ häufig, jedoch nicht immer zu den Angestellten zu rechnen seien. Nach dem Gesetze sind sie nie dazu zu rechnen. Deshalb ist hier mit dem Ausdrucke „Angestellter“ ein andrer, engerer Begriff gemeint als der oben entwickelte, vielleicht dem herkömmlichen Sprachgebrauch entsprechende. Ausschlaggebend für die Unterscheidung ist die Art der Beschäftigung; auf ihre

---

[1]) Danach gehören also die mit häuslichen Arbeiten beschäftigten Angestellten des Inhabers nicht hierher. Vgl. Fuld S. 158.

[2]) Komm. Anm. 2 zu § 9 Abs. 1.

[3]) Auch hier wird sich ein Zwiespalt für die kaufmännischen, fabrizierenden und solche Betriebe ergeben, welche beides sind. Der Sprachgebrauch ist dort ein ganz verschiedener. Beispielsweise wird in rein kaufmännischen Betrieben der Lehrling fast immer als Angestellter bezeichnet, im Fabrikbetriebe wird es oft zwei Arten von Lehrlingen geben, solche, die im Bureau arbeiten und „Angestellte“ heißen, und solche, die an der Maschine stehen und schlechthin als Lehrlinge bezeichnet werden.

[4]) Dies ist übrigens für den „Lehrling“ unzutreffend, soweit die rein kaufmännischen Geschäftsbetriebe in Betracht kommen.

[5]) S. 87.

Dauer, wie Müller[1]) und Schmid[2]) meinen, kann es nicht ankommen, weil schon der allgemeine Begriff des Dienstverhältnisses eine „dauernde" Beziehung zwischen Prinzipal und Untergebenem nicht verlangt. Man wird am besten von dem Begriff des „Arbeiters" ausgehen. Dabei ist zunächst festzustellen, daß hier die „Arbeiter" im gewöhnlichen, ganz allgemeinen Sinne gemeint sind, sodaß also die im Titel VII der Gewerbeordnung aufgeführten „gewerblichen Arbeiter" nur einen Teil, allerdings den Hauptteil der hier gemeinten Personen bilden. Daniel[3]) wünscht hier eine Definition des Begriffes der Arbeiter", indem er auf das Invaliditäts- und Altersversicherungsgesetz vom 22. Juni 1889 hinweist, welch letzteres unter den Versicherungspflichtigen neben den Arbeitern und Lehrlingen noch die Gehülfen, Gesellen, Betriebsbeamten aufzählt. Zwar stellt sich auch hier wiederum die mangelnde Einheitlichkeit der Gesetzessprache heraus, doch ist abgesehen davon hier klar, welche Personen gemeint sind.

Arbeiter in diesem Sinne sind diejenigen, welche ganz oder vorwiegend durch ihre physische Kraft dem Unternehmen dienen.

Demgegenüber sind Angestellte im Sinne des § 9 alle diejenigen, welche weder ganz noch vorwiegend durch ihre physische Kraft dem Unternehmen dienen. So ist die Definition für alle Arten von Geschäftsbetrieben zu verwerten, denn auch die rein kaufmännischen Betriebe, z. B. die sich lediglich mit dem Handel, also dem Vertrieb der Waren befassenden, haben „Arbeiter", z. B. die Hausdiener. Die Definition vermeidet auch den Fehler, den Unterschied auf den Grad der Unabhängigkeit der Position abzustellen, wie es Stephan tut. Einerseits ist ein Schreiber kein Arbeiter, andererseits sind Leute, die wie einzelne Werkmeister eine gewisse selbständige Stellung einnehmen, dennoch Arbeiter.[4]) Für den Grad der Selbständigkeit wird dann der

[1]) Komm. S. 129.
[2]) Komm. S. 348.
[3]) S. 154.
[4]) Vgl. Titel VII Gewerbeordnung.

Maßstab anzulegen sein, ob vorwiegend Aufwendung physischer oder geistiger Kraft in Frage kommt. Ist die Stellung demnach eine dirigierende, kontrollierende, so ist der Betreffende eben nicht mehr Arbeiter.[1]) Dies schließt nicht aus, daß er zuweilen mit Hand anlegt, also auch physische Kraft aufwendet, sobald dies nur sekundär bleibt.

Lehrling ist, wer auf Grund eines Lehrvertrages zum Zwecke des Lernens in einem Geschäftsbetriebe angestellt ist. Er kann also sowohl Angestellter wie Arbeiter in dem eben entwickelten Sinne sein, unterscheidet sich von diesen aber durch den Zweck seiner Beschäftigung. Mit Recht ist der in der Reichstagskommission gestellte Antrag,[2]) das Wort „Lehrling" zu streichen, abgelehnt worden. Nicht allein, weil der Lehrling, wie die Ablehnung begründet wurde, doch „Angestellter" bleiben würde, was übrigens bei dem Lehrling, der die Fabrikation erlernt, u. E. nicht zutrifft, sondern auch, weil gerade der Lehrvertrag in höherem Maße als die sonstigen Dienstverträge höchstpersönliche Rechte und Pflichten in sich schließt, sodaß gerade hier, mehr als in den obigen Fällen von einer Verletzung des Treuverhältnisses gesprochen werden kann. Die Argumente des Antrages können durch die §§ 55—57 R.Str.G.B. insbesondere bei der Strafzumessung hinreichend berücksichtigt werden.

Die Handlung.

Die Basis des Delikts des § 9 Absatz 1 ist das unbefugte Mitteilen von vermöge des Dienstverhältnisses anvertrauten oder sonst zugänglich gewordenen Geschäfts- oder Betriebsgeheimnissen an andere.

Unter dem Mitteilen verstehen alle Kommentatoren des Gesetzes jede Form der Bekanntgabe. Der Begriff wird sich wohl mit demjenigen des „Offenbaren" im § 300 St.G.B. decken, der durch jede Mitteilung erfüllt[3]) wird. Aber nicht nur jedes bekanntgebende Tun wird darunter fallen, sondern auch das

---

[1]) Vgl. Entsch. der R.G. in Civilsachen Bd. 13 S. 60.

[2]) Reichstagskomm. Berichte S. 28.

[3]) Vgl. Oppenhoff Komm. n. 4a zu § 300, Stenglein S. 1187.

pflichtwidrige Unterlassen des Bewahrens von Geheimnissen.[1]) Durch den § 9 soll jedes Handeln und Unterlassen getroffen werden, welches einem andern unter Verletzung der Treupflicht die Innehabung des Geheimnisses ermöglicht. Der „andre" ist gemäß unserer Auffassung vom Begriffe des gewerblichen Geheimnisses jeder nicht zur Kenntnis desselben Berufene. Die Auffassung Kunreuthers,[2]) daß jeder Dritte damit gemeint sei, geht zu weit, sie würde zu der Geheimniskrämerei führen, die in den Vorberatungen zum Gesetz befürchtet wurde. Umgekehrt ist die Auslegung Haußß[3]) und Müllers[4]) zu eng, da die Mitteilung an solche, die zwar das Geheimnis nicht kennen, die aber zur Kenntnis berufen sind, nicht strafbar sein kann. Hier wird im einzelnen Falle die Auslegung den Begriff des „Unbefugten" heranziehen müssen.

Dieses Wort wird vom R.Str.G.B. in den Fällen der Übertretung gebraucht als mildere Form des „widerrechtlich", weil meist eine landesrechtliche Erlaubnis die Strafbarkeit aufhebt. Davon wird man auch hier auszugehen haben. Die Mitteilung ist nicht strafbar, wenn eine Erlaubnis dazu vorliegt. Diese Erlaubnis wird vom Inhaber des Geheimnisses oder vom Gesetz auszugehen haben. Als Inhaber des Geheimnisses wird hier der Inhaber des Geschäftsbetriebes zu gelten haben, wie aus dem Sinne des § 9 und der Fassung „in der Absicht dem Inhaber des Geschäftsbetriebes Schaden zuzufügen" hervorgeht, oder dessen Bevollmächtigte. Die Form, in der sie erteilt wird, ist gleichgiltig (s. oben S. 192), sie wird sich auch aus der Natur der Sache oder den Umständen ergeben können.

Die Befugnis kann sich auch aus dem Gesetze herleiten. Hier werden die allgemeinen Ausschließungsgründe der Rechtswidrigkeit in Frage kommen, z. B. Wahrung berechtigter Interessen, Notstand. Streitig ist die Frage hinsichtlich der Zeugnispflicht. Man wird zu unterscheiden haben, ob das Gesetz die Ver-

[1]) Das Spionagegesetz spricht von „in den Besitz oder die Kenntnis anderer gelangen lassen". Vgl. Seuffert Zeitschr. Bd. 14 S. 586 ff.

[2]) S. 53.

[3]) S. 90.

[4]) S. 140.

weigerung des Zeugnisses gestattet oder nicht. Im letzteren Falle tritt die auf der Vertragstreue beruhende Schweigepflicht in Kollision mit der öffentlich-rechtlichen Zeugnispflicht. Hier wird zweifellos die Befugnis zur Mitteilung gegeben sein.[1]) Anders liegt die Sache in den Fällen der §§ 384, 2, 3 C.P.O., 54 Str.P.O. Hier kollidieren nicht mehr Schweigepflicht und Zeugnispflicht. Denn von der Zeugnispflicht ist der Zeuge befreit, er ist zur Verweigerung des Zeugnisses berechtigt. Die Berechtigung macht ihm die Erfüllung seiner Verpflichtung möglich. Sonst von der höheren Pflicht zurückgedrängt, tritt sie jetzt wieder hervor. Der Zeuge verletzt die Treuepflicht, er handelt unbefugt im Sinne des § 9, wenn er Geschäfts- oder Betriebsgeheimnisse vor Gericht mitteilt.[2])[3]).

Finger sucht die Befugnis aus § 384 Ziff. 2 C.P.O. und 54 Str.P.O. durch den Hinweis auf die dem Zeugen entstehende Gefahr einer strafrechtlichen Verfolgung herzuleiten. Doch ist dies ein Beweis durch das, was bewiesen werden soll. Es fragt sich ja gerade, ob diese Gefahr entstehen kann. § 54 gilt auch nicht für Straftaten, die durch die Aussage selbst begangen werden könnten. Die Frage, ob ein öffentliches oder wissenschaftliches Interesse die Befugnis geben kann, ist für

---

[1]) Ebenso natürlich in dem Falle des § 52 Abs. 2 Str.P.O., der auch unter den 1. Einteilungsgrund fällt.

[2]) Wie hier Finger a. a. O. S. 271, Fuld 161 für den § 300 Str.G.B., Schwartze N. 17 zu § 52 Str.P.O., Liebmann Verschwiegenheitspflicht S. 7., A. M. Hauß S. 90, Kunreuther S. 53, Loewe Komm. zur Str.P.O. n. 18 zu 52 Str.P.O., Olshausen n. 9 zu § 300.

[3]) Eine interessante Analogie, an der sich die Richtigkeit unseres Resultats erhärtet, erörtert v. Gordon in N. 16 der deutschen Jurist. Zeitg. von 1902. Er macht auf den Pflichtenkonflikt aufmerksam, in den Vorstand und Aufsichtsrat einer A.G. durch die §§ 314, 312 H.G.B. geraten. § 314 bedroht sie mit Strafe, wenn sie in den Geschäftsberichten nicht die volle Wahrheit sagen, § 312 dagegen, wenn sie absichtlich zum Nachteil der Gesellschaft handeln. Wie steht es nun, wenn wegen § 314 die Offenbarung eines Geschäftsgeheimnisses erfolgen muß, obgleich der Offenbarende weiß, daß sie der Gesellschaft Nachteil bringen wird? v. Gordon meint, daß Bestrafung aus § 312 nicht erfolgen kann. Gewiß nicht, denn durch § 314 ist die Offenbarung dem Vorstande oder Aufsichtsrat nicht als ein von ihnen beliebig auszuübendes Recht verlangt, sondern als eine ihrer Disposition nicht unterliegende Pflicht.

den § 300 o viel erörtert worden, verliert aber hier fast ihre ganze Bedeutung durch die besondere Ausprägung des subjektiven Tatbestands des § 9 Abs. 1.

Gegenstand der Mitteilung müssen Geschäfts- oder Betriebsgeheimnisse sein, die dem Täter vermöge des Dienstverhältnisses anvertraut oder sonst zugänglich geworden sind. Der Begriff des Geschäfts- und Betriebsgeheimnisses ist bereits erläutert und wird deshalb auf Abschnitt II verwiesen. Schon die Untersuchung, was als Geschäfts- oder Betriebsgeheimnis anzusehen ist, wird vielfach die Frage nahe legen, ob die betreffende Tatsache als geheim bezeichnet wurde oder als geheim zu haltende von dem Untergebenen den Umständen nach angesehen werden mußte. Diese Momente hebt das Gesetz noch hervor, indem es von „vermöge des Dienstverhältnisses anvertrauten oder sonst zugänglich gewordenen Geschäfts- oder Betriebsgeheimnissen" spricht. Als „anvertraut" im Sinne des § 300 Str.G.B. sieht die gemeine Meinung[1]) erstens das an, was mit der ausdrücklichen Auflage des Geheimhaltens mitgeteilt wurde, zweitens das, was unter Umständen mitgeteilt wurde, aus denen der andre die Geheimhaltung entnehmen mußte, drittens das, was ihm durch eigene Beobachtung vermöge seiner Sachkunde bekannt wurde. Die beiden ersten Bedeutungen hat das „Anvertrauen" hier zweifellos auch, aber nicht die dritte, da sonst der Zusatz „oder sonst zugänglich geworden" überflüssig sein würde. Man wird daher die Worte „vermöge des Dienstverhältnisses" nur auf „anvertraut", nicht auch auf „sonst zugänglich geworden" beziehen müssen und erhält so den Gegensatz zwischen „vermöge des Dienstverhältnisses" und „sonst".

Die herrschende Meinung[2]) stellt „anvertraut" und „zugänglich gemacht" gegenüber, bezieht also die Worte „vermöge des Dienstverhältnisses" auf beide Formen des Bekanntwerdens. Sie beruft sich dafür auf die Tendenz des § 9. Die

---

[1]) Vgl. Oppenhoff Kom. n. 4 zu § 300, Stenglein Rechtslexikon S. 1187, Olshausen Kom. n. 3 zu § 300, v. Liszt Lehrb. § 120 III.

[2]) Vgl. Finger S. 265, Müller S. 136.

andere Auslegung widerspricht dieser Tendenz aber nicht. Denn auch derjenige Untergebene verletzt das Vertrauen, der ein ihm von dritter, außerhalb des Dienstverhältnisses stehender Seite, d. h. „sonst“ bekannt gegebenes Geschäfts- oder Betriebsgeheimnis verrät.[1]) Ein Grund zu der Annahme, die Auslegung könnte über die Tendenz des Gesetzes hinausführen, liegt aber deshalb nicht vor, weil diese durch die Einschränkung, daß ein Angestellter, Arbeiter oder Lehrling Täter sein muß, stets gewahrt bleibt. Dem Wortlaut des Gesetzes gegenüber ist auch unsere Auffassung vorzuziehen, da das stets disjunktive „oder“ und die Vermeidung der Annahme einer Tautologie dafür sprechen.

Darüber herrscht ziemlich allgemeine Übereinstimmung, daß als „Dienstverhältnis“ die gesamten Beziehungen zwischen Prinzipal und Untergebenen anzusehen sind, nicht nur die sich an den dem Angestellten zugewiesenen Geschäftskreis knüpfenden.[2]) Auch dies ist aus dem Zwecke des § 9 Abs. 1, die Verletzung des Vertrauensverhältnisses zu bestrafen, zu folgern. Die Einzelheiten über das „Anvertrauen“ und „zugänglich werden“, sind schon oben im Abschnitt II erörtert. Der Unterschied liegt unserer Auslegung entsprechend darin, daß ersteres das Bekanntwerden mit dem irgendwie erkennbaren Willen des Inhabers, letzteres das Bekanntwerden ohne den Willen des Inhabers bedeutet. Analog der Bestimmung des § 300, daß die Geheimnisse kraft des Amtes, Standes oder Gewerbes anvertraut sein müssen, ist hier „vermöge des Dienstverhältnisses“ gesetzt. Was dort erst durch die Auslegung schärfer zum Ausdruck kam,[3]) ist hier deutlich gesagt: das Anvertrauen muß mit dem Dienstverhältnis in ursächlichem Zusammenhange stehen. Das Kriterium wird demnach so festzustellen sein, daß man sich das Dienstverhältnis hinwegdenkt und demnach die Wirkung feststellt. Die Frage hat nur ge-

[1]) Es wird hier an den Fall gedacht, wo ein früherer Angestellter dem jetzt noch im Geschäft befindlichen Angestellten ein Geheimnis mitteilt und letzterer es dann weiter verrät.

[2]) Ebenso Fuld 160, a. M. Lobe S. 114.

[3]) Vgl. Olshausen Komm. n. 3 zu 300.

ringe Bedeutung, da das allgemeine „sonst zugänglich werden“ immer aushelfen wird. Der Verrat eines „anvertrauten“ Geheimnisses kann eventuell bei der Strafzumessung strenger behandelt werden, wird als besonders arger Treubruch auch insofern Bedeutung haben, als die Überführung des Täters leichter sein wird. Der Begriff des Dienstverhältnisses ist bereits erläutert und demgemäß auch hier anzuwenden.

Das Delikt muß begangen sein „während der Geltungsdauer des Dienstverhältnisses“. Auch dieses Tatbestandsmerkmal ist bereits erörtert.[1]) Es ist die Ergänzung zu den den Täterkreis abgrenzenden Bestimmungen. Es sollte damit zum Ausdruck gebracht werden, daß nach Beendigung des Dienstverhältnisses der Angestellte das, was er in seinem Kopfe davonträgt, in neuer Stellung verwerten darf. Auch diese Bestimmung ist eine Konsequenz der gesetzgeberischen Absicht, das Vertrauensverhältnis zwischen Prinzipal und Angestellten zu schützen. Dem muß aber auch, wie nochmals hervorgehoben sein mag, die Auslegung folgen, indem sie verhindert, daß der Angestellte sich willkürlich von seiner Schweigepflicht befreien kann.

Was sodann den subjektiven Tatbestand des § 9 Abs. 1 anlangt, so wird zunächst Vorsatz, d. h. Kenntnis der sämtlichen Tatbestandsmerkmale nötig sein, da nach der Redaktionsgewohnheit des Reichsstrafgesetzbuchs, dessen allgemeine Grundsätze ja auch hier gelten, Vorsatz anzunehmen ist, wo das Gesetz den subjektiven Tatbestand nicht in andrer Weise fixiert. Es scheidet also die Fahrlässigkeit und damit der bekannte Fall des versehentlichen Liegenlassens von geheimen Schriftstücken aus, doch kann, wie bereits erwähnt, vorsätzliches Unterlassen den Tatbestand erfüllen.

Ein Streit über die Vorsätzlichkeit der Begehung wird hier aber kaum entstehen können, da der Paragraph, sich dadurch scharf von den § 300 Str.G.B. unterscheidend und der Tendenz

---

[1]) Vgl. oben S. 218.

[2]) Irrtum über das „unbefugt“ wird häufig möglich sein, und § 9 Str.G.B. dann anzuwenden.

des Gesetzes zuwendend, eine spezifische Deliktsabsicht verlangt. Die Mitteilung muß „zu Zwecken des Wettbewerbs" oder „in der Absicht, dem Inhaber des Geschäftsbetriebs Schaden zuzufügen", geschehen. Im ersteren Falle muß sie erfolgen, um dem Mitteilenden oder dem Empfänger einen Vorteil im Kampfe um den Absatz zu verschaffen. Das bloße Bewußtsein, daß die Mitteilung diese Wirkung haben wird oder haben kann, wird genügen.[1]) Doch ist es nicht gleichgültig, auf welcher Seite dieses Bewußtsein vorhanden ist. Der Mitteilende muß es haben.[2]) Die Mitteilung muß aber überhaupt den Wettbewerb möglich machen. Wichtige Kriterien für die Feststellung der Absicht werden daraus zu entnehmen sein, daß der Mitteilende voraussehen konnte, der Empfänger werde die Mitteilung zum Wettbewerbe verwenden, und ferner aus dem plötzlichen unmotivierten Verlassen der Stellung durch den Angestellten und seinem darauf folgenden Übertritt zur Konkurrenz.

Ob der Wettbewerbszweck erreicht wird, ist für die Strafbarkeit ebenso unerheblich, wie bei dem andern subjektiven Merkmal der Umstand, daß ein Schaden eingetreten ist. Gleichfalls ohne Einfluß ist, ob der Mitteilende neben der Schädigungsabsicht ein anderes Motiv, insbesondere etwa Gewinnsucht, hat. Die Absicht muß sich gegen den Inhaber des Geschäftsbetriebes richten. Der Schaden kann auch ein moralischer sein, nicht bloß Vermögensschaden, wie man mit Rücksicht darauf, daß im Geschäfts- und Betriebsgeheimnis auch die Individualleistung als solche geschützt werden soll, anzunehmen haben wird.[3])

Die Vollendung tritt mit dem Augenblicke ein, wo die Mitteilung an den andern gelangt, für den sie bestimmt ist. Die Möglichkeit der Kenntnisnahme genügt nicht.[4]) Der Ver-

---

[1]) Ebenso Hauß 90, a. M. Finger n. 2 a zu § 6. Auch sonst gebrauchen die Strafgesetze sogar den präziseren Ausdruck „absichtlich" gleich „wissentlich"; vgl. z. B. § 266 Str.G.B., § 312 H.G.B.

[2]) a. M. die meisten.

[3]) Vgl. Finger Komm. S. 273.

[4]) Ebenso Finger Komm. S. 274.

such ist nicht strafbar. Ist also von seiten des Angestellten alles getan, um dem „andern" den Empfang der Mitteilung zu ermöglichen, der Empfang wird aber irgendwie vereitelt, so kann Bestrafung nicht erfolgen.

2. Schutz gegen Verrat durch Nichtangestellte.

a) Gegen Konkurrenten.

Die nun zu erörternden Bestimmungen richten sich gegen den Verrat durch Nichtangestellte. Doch ist dieser Gesichtspunkt nicht konsequent durchzuführen, da die allgemeine Fassung des § 9 Abs. 2 auch Begehung durch die im § 9 Abs. 1 genannten Personen zuläßt, wofern sie nur ihre Kenntnis des Geheimnisses durch eine gegen das Gesetz oder die guten Sitten verstoßende Handlung erlangt haben. Doch haben alle die folgenden Fälle im Gegensatz zu dem des § 9 Abs. 1 das gemeinsam, daß sie nicht erst mittelbar, sondern unmittelbar concurrence déloyale sind. Der Gesichtspunkt des Vertrauensverhältnisses kommt nicht mehr oder nur vereinzelt und nebensächlich in Betracht. Es sind reine Wettbewerbshandlungen, die vorzugsweise getroffen werden sollen, und deshalb richten sich die Bestimmungen vor allem gegen Nichtangestellte. In den Bestimmungen der Versicherungsgesetze kommt daneben noch ein Gesichtspunkt publizistischer Natur in Betracht, wie weiter unten zu erörtern sein wird.

Was zunächst den § 9 Abs. 2 des Gesetzes vom 27. Mai 1896 angeht, so kann Täter jeder sein. Die Handlung besteht in dem unbefugten Verwerten oder Mitteilen von Geschäfts- oder Betriebsgeheimnissen zu Zwecken des Wettbewerbs, die in bestimmter Weise erlangt sind. Ein Geheimnis verwerten heißt, Handlungen vornehmen, um Gewinn aus ihm zu ziehen. Demnach ist nicht erforderlich, daß wirklich Gewinn gezogen wurde. Man spricht von der Verwertung eines Patentes schon bei der Ausführung der Patentidee zu Gewinnzwecken, selbst wenn der Vertrieb der patentierten Gegenstände noch nicht einmal begonnen hat. Das Wort „Mitteilen" (vgl. über die

Auslegung oben S. 221 ff.), tritt hier in eine eigentümliche Beziehung zu dem „Verwerten“. Auch Mitteilung eines Geheimnisses wird oft nur eine Form der Verwertung sein. Doch wird man hier umgekehrt das „Mitteilen“ für den weiteren Begriff halten müssen, indem hierbei der Zweck, einen Gewinn zu erlangen, außer Betracht bleibt, während dies zum Begriffe des „Verwertens“ gehört. Alle die hierher zu rechnenden Handlungen werden, wie es der Tendenz des Gesetzes entspricht, auf den Kreis der gewerblichen Beziehungen (gewerblich in dem in S. 189 ff. dargestellten Sinne) beschränkt durch den Zusatz „zu Zwecken des Wettbewerbs“, der hier ebenso zu verstehen ist wie in § 9 Abs. 1. Unbefugt wird die Handlung aus denselben Gründen wie in § 9 Abs. 1 sein, vielmehr, sie wird aus denselben Gründen zu einer befugten werden. Häufig werden hier die Fälle sein, wo die Befugnis sich auf Vertrag gründet.

Gerichtet ist die Handlung gegen Geschäfts- oder Betriebsgeheimnisse, deren Kenntnis der Täter durch eine der im Abs. 1 bezeichneten Mitteilungen oder durch eine gegen das Gesetz oder die guten Sitten verstoßende eigene Handlung erlangt hat. Zunächst wird also nach der einmal erfolgten Offenbarung des Geheimnisses die weitere Verletzung verhindert. Damit geht das Gesetz den hier in Rede stehenden Angriffshandlungen Schritt für Schritt nach.

Der durch Offenbarung erlangten Kenntnis ist also diejenige gleichgestellt, die gegen das Gesetz oder die guten Sitten verstößt. Was die erste Alternative anlangt, so fällt darunter jede gegen eine Rechtsnorm verstoßende Handlung. Es gehören hierher alle Fälle, in denen die Kenntnis durch eine den Strafgesetzen zuwiderlaufende Handlung erlangt ist, sodann die durch eine unerlaubte Handlung (§§ 823 ff. B.G.B.) erlangte Kenntnis.[1])

---

[1]) Die von Fuld und Finger erwähnten Bestimmungen der Arbeiterversicherungsgesetze können hier nicht in Betracht kommen. Dort ist zunächst die Offenbarung bedroht, sie verstößt also gegen das Gesetz. Der Aufsichtsbeamte, der die auf der Inspektion erlangten Betriebsgeheimnisse für sich verwertet, ohne sie zu offenbaren, kann nicht nach § 9 Abs. 2 bestraft werden. Nur eine

Wann eine Handlung gegen die guten Sitten verstößt, muß dem Ermessen des Richters vorbehalten bleiben, der die Beurteilung nach den jeweils geltenden Verkehrsanschauungen vorzunehmen hat. Vielfach läßt die in den Kommentaren vertretene Kasuistik das Bestreben erkennen, hier zu strenge Auffassungen geltend zu machen. Wenn auch jeder Versuch, eine besondere kaufmännische Moral zu begründen, zurückgewiesen werden muß, so wird man doch nie vergessen dürfen, daß man sich hier auf einem Kampfplatz wirtschaftlicher Interessen bewegt, und daß auch der Gesetzgeber nur die schlimmsten Auswüchse des Konkurrenzkampfes hat abschneiden wollen. Nützlich wird bei der Auslegung die Berücksichtigung des Begriffs des unlauteren Wettbewerbes als einer durch das Angriffsmittel gekennzeichneten Handlung sein.

Hier ist auch der vielbesprochene Fall des détournement d'ouvriers, des Ausmietens von Arbeitern, zu erörtern, der schon im französischen Recht als Fall der concurrence déloyale angesehen wurde. Es sind hier zwei Fälle zu unterscheiden. Der eine erledigt sich durch die positive Bestimmung des § 125 G.O. sehr einfach. Dort wird die Verleitung eines Gesellen oder Gehülfen, die Arbeit vor rechtmäßiger Beendigung des Arbeitsverhältnisses zu verlassen, als eine zum Schadensersatz verpflichtende Handlung hingestellt. Wird nun durch ein solches Ausmieten Kenntnis von einem Geschäfts- oder Betriebsgeheimnis erlangt, so kann § 9 Abs. 2 Anwendung finden, da eine gegen das Gesetz verstoßende Handlung vorliegt. Stand der Angestellte noch im Dienstverhältnisse, so ist § 9 Abs. 2 ebenfalls anwendbar, da die Kenntnis durch eine Mitteilung nach § 9 Abs. 1 erlangt ist. Zweifelhaft ist die Sache in allen anderen Fällen. Eine Erlangung der Kenntnis durch eine Mitteilung im Sinne des § 9 Abs. 1 liegt, wenn unsere Auffassung über die Geltungsdauer des Dienstverhältnisses richtig ist, nicht vor, wenn das Engagement nach ordnungs-

---

Art der Verwertung, nämlich das Nachahmen von Betriebsweisen, solange sie Betriebsgeheimnisse sind, ist strafbar. Hier steht aber die betr. Bestimmung zum § 9 Abs. 2 im Verhältnis der lex specialis zur lex generalis, letztere kann also nicht zur Anwendung kommen.

mäßiger Beendigung des früheren Dienstverhältnisses erfolgte, selbst wenn es geschah, um von dem Engagierten Geheimnisse des früheren Geschäftsbetriebs zu erlangen. Es fragt sich nur, ob die Kenntnis in diesem Falle durch eine gegen die guten Sitten verstoßende Handlung erlangt, ob also das Engagieren in der Absicht, Kenntnis von dem Geheimnisse zu erlangen, gegen die guten Sitten verstößt. Es ist hier angeführt worden, daß keine eigene Handlung zur Erlangung der Kenntnis vorliege, die Handlung des Engagierten aber erlaubt sei. Das Gesetz sagt nicht, daß die Erlangung der Kenntnis unmittelbar durch die betreffende Handlung geschehen sein muß. Sie kann auch mittelbar erfolgen, wenn nur der Zusammenhang ein derartiger ist, daß sich die Erlangung der Kenntnis noch auf die Handlung zurückführen läßt. Dies ist aber hier der Fall. Die Handlung des Engagierenden, an sich eine erlaubte, ist hier durch die Absicht zu einer gegen die guten Sitten verstoßenden geworden. Den guten Sitten entspricht es, jemand um der durch ihn in dem Konkurrenzunternehmen erlangten Kenntnisse und Erfahrungen willen zu engagieren. Was darüber hinausgeht, entspricht ihnen nicht mehr. Auch hier tritt jene allerdings schwer zu ziehende Grenze zwischen dem, was Geheimnis des Geschäftsbetriebes und dem, was es nicht ist, hervor.

Streitig ist, ob die Benutzung eines durch Zufall bekannt gewordenen Geheimnisses (sog. Verlust des Geheimnisses) strafbar ist. Dies wird schon deshalb zu verneinen sein, weil § 9 Abs. 2 nicht die gegen die guten Sitten verstoßende Verwertung, sondern die so erlangte Kenntnis bedroht. Nahe liegt hier der Fall, wo jemand die auf Grund eines Rechtes oder bona fide erlangte Kenntnis von einem Geheimnisse mala fide verwertet. (Es wird hierbei an den Fall gedacht, wo jemand irrtümlich eine für einen Konkurrenten bestimmte Ladung untersucht und so Geheimnisse erfährt.) Die Verwertung der bona fide erlangten Kenntnis wird hier aus demselben Grunde wie die der durch Zufall erlangten straflos sein. Ein dolus subsequens ist hier nicht zu konstruieren, wie Müller versucht, da das Gesetz fordert, daß die Kenntnis in bestimmter Weise erlangt ist. Ist sie einmal erlangt, und zwar in anderer Weise, so kann sie nicht mehr anders erlangt werden. Finger beruft sich auf den § 226 B.G.B. zu Unrecht. Denn einmal ist die Ausübung des Rechtes der Besichtigung nicht bloß geschehen, um dem andern Schaden zuzufügen. In der Besichtigung liegt also kein Mißbrauch des Rechts. Selbst zugegeben, daß in der Verwertung der so erlangten Kenntnis ein Mißbrauch des Rechts liegt, so ist diese Ausübung nach § 226 doch nur unzulässig. Dies ist aber nicht gleichbedeutend mit „gegen die guten Sitten verstoßend" und sie erfolgt hier offenbar nicht „nur", um dem andern Schaden zuzufügen.

Für den subjektiven Tatbestand ist hier ebenfalls Vorsatz erforderlich. Dem Täter müssen, wenn er die Kenntnis von Geheimnissen durch Verrat eines Angestellten erlangt, alle Tatsachen bekannt sein, die § 9 Absatz 1 zur Strafbarkeit erfordert.[1])

Zur Vollendung genügt nicht schon die Erlangung der Kenntnis in der durch die Bestimmung charakterisierten Weise, sondern es ist Benutzung der erlangten Kenntnis durch Verwertung oder Mitteilung an andere erforderlich.

Weder der Absatz 1 noch der Absatz 2 bedrohen den Versuch mit Strafe. Trotz der Bemühungen von verschiedenen Seiten ist hiervon abgesehen worden.

Was die Teilnahmehandlungen zu den bisher betrachteten Delikten angeht, so kann zu der Handlung des § 9 Absatz 1 ein Dritter, insbesondere ein Konkurrent, Anstifter und Gehülfe, aber nicht Mittäter sein. Umgekehrt können Angestellte des Geschäftsbetriebes, gegen dessen Geheimnisse sich die Tat richtet, sowohl als Teilnehmer, wie als Anstifter, wie als Gehülfen in Frage kommen. Bei der Handlung des § 9 Absatz 2 kann Mittäterschaft von Angestellten und Dritten vorkommen. Im übrigen gelten für die Täterschaft sowohl wie für die Teil-

---

[1]) Fuld 165 hebt richtig hervor, daß die Kenntnis sich nicht auf den Zweck des Wettbewerbs, der bei dem Mitteilenden etwa vorhanden ist, zu beziehen braucht, da § 9 Abs. 1 auch dann anwendbar ist, wenn die Wettbewerbsabsicht nur auf seiten des Empfängers der Mitteilung vorhanden ist.

nahme als auch für den Versuch, die allgemeinen strafrechtlichen Grundsätze mit der durch den § 10 des Gesetzes vom 27. Mai 1896 aufgestellten Ausnahme. Dort heißt es: „wer zum Zwecke des Wettbewerbs es unternimmt, einen anderen zu einer unbefugten Mitteilung der im § 9 Absatz 1 bezeichneten Art zu bestimmen, wird mit Geldstrafe bis zu 2000 M. oder Gefängnis bis zu 9 Monaten bestraft". Anstiftung ist die Bestimmung zu der von einem andern begangenen strafbaren Handlung. Hier im § 10 soll die erfolglose Bestimmung zum Verrat getroffen werden. Welche Handlungen unter den Begriff des „Unternehmens" fallen, ist streitig, wie überall, wo der Begriff auftaucht. Der Ausdruck findet sich u. a. schon in den §§ 81—83, 159 Str.G.B. In § 82 Str.G.B. wird er definiert. Doch herrscht darüber zum größten Teil Übereinstimmung, daß diese Definition nur für das Delikt des Hochverrats gilt und nicht auf andere Delikte anzuwenden ist.[1]) Dann aber ist als Unternehmen jede Handlung anzusehen, durch welche das deliktische Vorhaben mittelbar oder unmittelbar zur Ausführung gebracht werden soll. Es gehören dazu nicht bloß Handlungen, die einen Anfang der Ausführung enthalten, also Versuchshandlungen (§ 43 Str.G.B.), sondern auch die sonst straflosen Vorbereitungshandlungen.[2]) Unerheblich ist die Art der Mittel, die angewandt werden. Dadurch, daß alle diese Handlungen im § 10 zu einem delictum sui generis werden, ist ein Versuch, der im § 10 bedrohten Handlung, der Rücktritt gemäß § 46 Str.G.B. und die Herabsetzung der Gehülfenstrafe unmöglich.[3])

Die Bestimmung zum Verrat muß „zu Zwecken des Wettbewerbs" erfolgen. Dieses Tatbestandsmerkmal ist wie in den

---

[1]) Vgl. v. Liszt Lehrbuch S. 200, Entscheidung des R.G. in Strafsachen Bd. 3 S. 26, a. M. Meyer Lehrbuch des Strafrechts S. 200 und die dort Citierten.

[2]) Müller 147 verlangt, daß die Handlung geeignet sein muß. Diese Auffassung trägt etwas ganz Fremdes in den Begriff hinein, da nach geltendem Recht selbst für die Versuchshandlung dies kein Erfordernis ist. Das Ausmieten von Arbeitern kann unter Umständen schon nach § 10 strafbar sein.

[3]) Vgl. v. Liszt Lehrbuch 187, a. M. Meyer Lehrbuch S. 202, der aus der selbständigen Bedrohung des Delikts auch die Folgerung zieht, daß dessen Versuch möglich ist.

übrigen Vorschriften auszulegen. Ob die Wettbewerbsabsicht des Verleitenden dem „andern“ bekannt ist, ist unerheblich. Der subjektive Teil des § 9 Abs. 1 wird hier immer imaginär sein, da es sich ja um erfolglose Bestimmung zum Verrat handelt. Auch § 10 erfordert Vorsatz oder dolus eventualis.

Das Bild der Vergehungen gegen das Geheimnis wird sich, unter dem Gesichtspunkt der §§ 9, 10 betrachtet, etwa so gestalten. Der erste Ansatz zur Verletzung des Geheimnisses, die im Unternehmen zur Bestimmung des Verrats liegt, wird durch § 10 getroffen. Der versuchte Verrat fällt aus, er ist nicht strafbar. Den vollendeten Verrat trifft § 9 Abs. 1, die erfolgreiche Bestimmung dazu § 9 Abs. 1 in Verbindung mit § 48 Str.G.B. Die versuchte Benutzung der erlangten Kenntnis vom Geheimnisse fällt wiederum aus, aber § 9 Abs. 2 schützt gegen gewisse Arten der Benutzung sowohl durch Angestellte wie durch Dritte. Überall greifen die allgemeinen Bestimmungen des Str.G.B. ein, um die Teilnehmer zu strafen. Eine Zwischenstufe, deren Berücksichtigung im Gesetz gleichfalls verlangt worden war, das Erlangen der Kenntnis durch unlautere Handlungen, wie z. B. das Einschleichen, selbst wenn keine Verwertung der erlangten Kenntnis stattfand, ist unberücksichtigt geblieben. Der häufigste Handlungskomplex wird der Verrat nach Abs. 1 § 9 und Ausnutzung dieses Verrats nach Abs. 2 infolge der nach Abs. 1 erlangten Kenntnis sein. Aber auch die andern Alternativen des Abs. 2 werden in Verbindung mit unter Abs. 1 fallenden Handlungen auftreten.[1]) Ein Verletzung beider Absätze des § 9 durch ein und dieselbe Handlung ist denkbar, wenn der Täter Angestellter, Arbeiter oder Lehrling ist.

Schutz gegen beamtete Personen.

Allen diesen, nun zur Erörterung gelangenden Bestimmungen ist ein Charakteristikum gemeinsam, das sie von dem § 300 Str.G.B. und auch von dem größten Teile der unter das Gesetz vom

[1]) Wer durch ein Vergehen eines andern Kenntnis von dem Geheimnisse erlangt, hat die Befugnis zur Benutzung dieser Kenntnis, es sei denn, daß er seinerseits die Kenntnis durch eine im § 9 Abs. 1 charakterisierte Handlung erlangt hat.

27. Mai 1896 gehörenden Tatbestände unterscheidet. Während jene Bestimmungen davon ausgehen, daß das Geheimnis vom Geheimnisinhaber selbst anvertraut oder wenigstens sonst in einer Weise zugänglich gemacht ist, und ganz besonders § 300 l. c. auf die Fälle berechnet ist, wo jemand freiwillig einen andern ins Vertrauen zieht, entspringen diese dem Bedürfnis der vom Geheimnisinhaber erzwungenen oder ihm doch wenigstens als Pflicht auferlegten Offenlegung seines Betriebes und damit seiner Geheimnisse ein Äquivalent zu schaffen.

Die Schutzbedürftigkeit der Betriebe[1]) in dieser Richtung ist frühzeitig, schon durch das Unfallversicherungsgesetz von 1884, anerkannt worden. Sie ergibt sich insbesondere aus den umfassenden Befugnissen, die den Genossenschaften zur Erfüllung ihrer Aufgaben vom Gesetz eingeräumt sind, und aus der Schaffung von besonderen Gerichten für die Zwecke des Versicherungswesens. Die Genossenschaften haben die Pflicht, für die Durchführung der gesetzlichen Unfallverhütungsvorschriften Sorge zu tragen. Um diesen Pflichten nachkommen zu können, erhalten sie durch das Gesetz zwei wichtige Befugnisse, zu deren Durchführung im äußersten Falle der staatliche Zwang hilft: das Recht, durch technische Aufsichtsbeamte die Befolgung der Vorschriften zu überwachen und von den Einrichtungen der Betriebe, soweit sie für die Zugehörigkeit der Genossenschaft und für die Einschätzung in den Gefahrentarif von Bedeutung sind, Kenntnis zu nehmen, sodann das Recht, Geschäftsbücher und Lohnlisten einzusehen, aus denen Zahl, Gehälter und Löhne der beschäftigten Beamten und Arbeiter ersichtlich werden.[2]) Bezüglich der Schiedsgerichtsbeisitzer ist die Gesetzgebung erst in neuester Zeit dem Wunsche der Industrie nach Schutz nachgekommen, obgleich die Gefahr einer Verletzung des gewerblichen Geheimnisses mindestens so nahe lag, wie in den anderen Fällen, denn diese Beisitzer, welche von dem Ausschusse der Versicherungsanstalt gewählte

[1]) Hier im engeren, von der Gewerbeordnung gemeinten Sinne verstanden.

[2]) Gew.U.G. § 119 L. § 126 S. § 123 B. § 40, wo das Aufsichtsrecht der Genossenschaft sogar auf diejenigen Unternehmer ausgedehnt ist, die, ohne Mitglied der Genossenschaft zu sein, in deren Bezirk Bauarbeiten ausführen.

Arbeitgeber und Arbeitnehmer sind[1]) und denen nunmehr die Entscheidung in fast allen Streitigkeiten[2]) auf Grund der Unfallversicherungsgesetze anvertraut ist, sind zur Inaugenscheinnahme desjenigen Teiles eines Betriebes, wo der Unfall vorgekommen ist, befugt. Dies muß ihnen der Betriebsunternehmer gestatten.[3]) Oft werden sich unter ihnen Konkurrenten oder Arbeiter von Konkurrenten befinden. Ein Ablehnungsrecht aber statuieren die Gesetze nicht. Aus diesen Gründen hat man sich auch entschlossen, die Schiedsgerichtsbeisitzer jetzt in den Bestimmungen über die Schweigepflicht zu erwähnen.[4])

Der Schutz erstreckt sich meist nur auf die Betriebsgeheimnisse. Der Verrat oder die Verwertung von Geschäftsgeheimnissen kann nach diesen Gesetzen nicht oder nur ausnahmsweise bestraft werden. Der Schutz ist ein zwiefacher, er ist präventiv und repressiv. Ein Präventivschutz wird dadurch gewährt, daß dem Betriebsunternehmer das Recht eingeräumt wird, wenn er die Verletzung eines Fabrikgeheimnisses oder die Schädigung seiner Geschäftsinteressen durch die technischen Aufsichtsbeamten infolge der Besichtigung des Betriebes fürchtet, die Besichtigung durch andere Sachverständige zu verlangen.[5]) Dieser Schutz wird deshalb nicht sehr stark sein, weil er sich nur gegen die technischen Aufsichtsbeamten richtet und, weil die Besichtigung nur durch einen Sachverständigen erfolgen kann, sodaß die Befürchtung des Betriebsunternehmers immer vorhanden bleibt.[6])

Deshalb gewährt das Gesetz einen umfassenderen Schutz, indem es gewissen, den überwachenden oder richterlichen Be-

---

[1]) § 3 Hauptgesetz in Verbindung mit den §§ 103—107 Inv. und den dort in Bezug genommenen Bestimmungen.

[2]) Hauptgesetz § 3 S. 1 und 2.

[3]) § 9 Hauptgesetz Abs. 1.

[4]) Vgl. Kommissionsberichte S. 151, Graef zu § 150 Gew.U.G.

[5]) So die §§ 120 Gew.U.G., § 127 L. § 40 B. Das S. hat dieses Ablehnungsrecht nicht. Gegen die Beisitzer der Schiedsgerichte gibt es überhaupt kein Ablehnungsrecht.

[6]) Allerdings darf der Unternehmer geeignete Personen bezeichnen, muß sich aber darüber mit dem Vorstande der Genossenschaft verständigen.

hörden der Versicherungsgesetzgebung angehörenden Personen[1]) die Verpflichtung auferlegt, über diejenigen Tatsachen, die durch ihre amtliche Tätigkeit, sei es durch die Besichtigung des Betriebes, wie bei den Schiedsgerichtsbeisitzern, oder durch die Überwachung und Kontrolle der Betriebe zu ihrer Kenntnis kommen, Verschwiegenheit zu beobachten und sich der Nachahmung der von dem Betriebsunternehmer geheimgehaltenen, zu ihrer Kenntnis gelangten Betriebseinrichtungen und Betriebsweisen, so lange als diese Betriebsgeheimnisse sind, zu enthalten.[2]) Auch hier setzt der Schutz mit einer Präventivmaßregel ein: die in Frage kommenden Personen werden auf ihre Schweigepflicht vereidigt. Die Repressivmaßregeln sind Disziplinierung und Bestrafung. Die erstere ist die einzige allen Unfallversicherungsgesetzen gemeinsame Maßregel und richtet sich gegen die Schiedsgerichtsbeisitzer. Der als solcher Gewählte kann nämlich durch Beschluß des Vorstandes des Schiedsgerichtes seines Amtes enthoben werden, wenn Tatsachen über ihn bekannt geworden sind, die sich als grobe Verletzung seiner Amtspflicht darstellen.[3]) Als eine solche wird man die Verletzung der oben gedachten eidlichen Verpflichtung anzusehen haben.

Die Bestrafung wird von allen Unfallversicherungsgesetzen mit Ausnahme des Seeunfallversicherungsgesetzes angedroht. Von allen wird übereinstimmend ein einfacher und ein nach verschiedenen Richtungen hin qualifizierter Tatbestand konstruiert, in denen je nach den Bedürfnissen des betreffenden Gesetzes der Täterkreis differiert. Der einfache Tatbestand umfaßt die unbefugte Offenbarung von Betriebsgeheimnissen;[4])

---

[1]) Diesen Personen gegenüber gilt das Ablehnungsrecht des zitierten § 120 nicht, da dieser nicht analog anwendbar ist. Vgl. Graef zu § 150 Gew.U.G.

[2]) Gew.U.G. § 121, L. § 128, S. § 124, B. § 40.

[3]) Es muß ihm Gelegenheit zur Äußerung gegeben werden. Gegen den Beschluß ist binnen einem Monat die nicht suspensiv wirkende Beschwerde an das Reichsversicherungsamt zulässig. Vgl. § 91 Inv.Vers.Ges. in Verbindung mit den §§ 103—107 daselbst und § 9 Hauptgesetz.

[4]) Gew.U.G. § 150 L. § 160 B. § 45 I. § 185: „Die Mitglieder u. s. w. werden, wenn sie unbefugt Betriebsgeheimnisse offenbaren, die kraft ihres Amtes

der qualifizierte ist ein doppelter: die absichtlich zum Nachteile des Betriebsunternehmers erfolgte Offenbarung von Betriebsgeheimnissen und die Nachahmung von geheim gehaltenen Betriebseinrichtungen und Betriebsweisen.[1]) Nur dieser letztere Tatbestand entspricht der doppelten Verpflichtung, die den in Betracht kommenden Personen durch § 120 Gew.U.G. und die ihm entsprechenden Bestimmungen auferlegt ist. Diese Personen sind im Gew.U.G. die Mitglieder der Vorstände der Genossenschaften, sowie deren technische Aufsichtsbeamte und Rechnungsbeamte und die nach § 120 desselben Gesetzes ernannten Sachverständigen, sowie die Beisitzer der Schiedsgerichte, im Unfallversicherungsgesetz für die Land- und Forstwirtschaft dieselben und die Mitglieder der Genossenschaftsausschüsse, im Seeunfallversicherungsgesetz die Mitglieder der Genossenschafts- und Sektionsvorstände, sowie deren technische Aufsichts- und Rechnungsbeamte (die aber nicht bestraft werden können, wie schon erwähnt), im Bauunfallversicherungsgesetz dieselben Personen wie im Gewerbeunfallversicherungsgesetz,

---

oder Auftrags zu ihrer Kenntnis gelangt sind, mit Geldstrafe bis zu 1500 Mark oder mit Gefängnis bis zu drei Monaten bestraft. Die Verfolgung tritt nur auf Antrag des Betriebsunternehmers ein.“ Getroffen werden durch das Gew.U.G. die Mitglieder der Vorstände und Genossenschaften sowie deren technische Aufsichtsbeamte und Rechnungsbeamte, die nach § 120 ernannten Sachverständigen und die Schiedsgerichtsbeisitzer; durch das L. die Mitglieder der Vorstände der Genossenschaften und die Mitglieder der Genossenschaftsausschüsse zur Entscheidung über die Beschwerden, die in Gemäßheit der §§ 126, 127 ernannten technischen Aufsichtsbeamten und Sachverständigen, sowie die Beisitzer der Schiedsgerichte. Das Seeunfallversich.-Gesetz verpflichtet die Mitglieder der Genossenschaftsvorstände und der Sektionsvorstände sowie deren technische Aufsichtsbeamte und Rechnungsbeamte zum Schweigen, droht aber keine Strafe an.

[1]) Gew.U.G. § 151, L. § 161, B. § 45, Inv. § 186. „Die im § 150 bezeichneten Personen werden mit Gefängnis, neben dem auf Verlust der bürgerlichen Ehrenreehte erkannt werden kann, bestraft, wenn sie absichtlich zum Nachteile der Betriebsunternehmer Betriebsgeheimnisse, die kraft ihres Amtes oder Auftrags zu ihrer Kenntnis gelangt sind, offenbaren oder geheim gehaltene Betriebseinrichtungen oder Betriebsweisen, die kraft ihres Amtes oder Auftrags zu ihrer Kenntnis gelangt sind, solange als diese Betriebsgeheimnisse sind, nachahmen. Tun sie dies, um sich oder einem andern einen Vermögensvorteil zu verschaffen, so kann neben der Gefängnisstrafe auf Geldstrafe bis zu 3000 Mark erkannt werden.“

im Inval.Vers.Ges. die Mitglieder des Vorstandes, des Ausschusses der Rechnungsstellen bei der Reichsversicherungsanstalt, die beamteten Mitglieder des Reichsversicherungsamtes und der Landesversicherungsämter, die Beamten der Hebestellen und die Kontrollbeamten.[1][2]) Die vom Gesetz verwendeten Begriffe sind uns schon bekannt. Über die Schwierigkeit der Unterscheidung zwischen Betriebsgeheimnissen einerseits und geheim gehaltenen Betriebseinrichtungen und Betriebsweisen andererseits ist bereits gesprochen. Die Befugnis zur Offenbarung wird hier vielfach aus der Pflicht zur Erstattung von Anzeigen herzuleiten sein. Zu bemerken ist, daß die Kenntnis nicht nur gelegentlich, sondern durch die Ausübung des Amtes oder Auftrags erlangt sein, diese also jener kausal sein muß.[3])

In dem zweiten, vom Gesetze aufgestellten Tatbestande wird „absichtlich" gleich „wissentlich" wie im Gesetz betreffend unlauterer Wettbewerb aufzufassen sein.

Die Reichsgewerbeordnung, der wir uns jetzt zuwenden, nahm zuerst am 1. Juni 1891 eine direkte Bestimmung zum Schutze des Geschäfts- und Betriebsgeheimnisses auf. Sie bestimmte im § 139b, daß die ausschließlich oder neben der Polizeibehörde für die Aufsicht bestellten Beamten[4]) zur Geheimhaltung der amtlich zu ihrer Kenntnis gelangenden Geschäfts- und Betriebsverhältnisse der ihrer Revision unterliegenden Anlagen zu verpflichten sind. Ihre Aufsichtsbefugnisse erstrecken sich nach drei Richtungen: Kontrolle der Durchführung, der Vorschriften a) über die Sonntagsruhe,

---

1) Vgl. Gebhard S. 784.

2) Gegen Verletzung des Betriebsgeheimnisses durch die Vorstände der Schiedsgerichte schützen die jeweiligen Disziplinarbestimmungen, da diese Personen und ihre Stellvertreter aus den öffentlichen Beamten von der Centralbehörde des Bundesstaates, in dem der Sitz des Schiedsgerichts ist, ernannt werden. Den bei den Versicherungsanstalten beschäftigten Bureau-, Kanzlei- und Unterbeamten sind nach dem Gesetz die Rechte und Pflichten von Staats- oder Kommunalbeamten zu übertragen, soweit sie nicht schon nach dem für sie geltenden Landesrecht als solche anzusehen sind. Vgl. § 98 Inv.V.G.

3) Gebhard a. a. O. Anm. 5 zu § 185 Gew.U.G.

4) In Preußen Regierungs- und Gewerberäte, Gewerbeinspektoren und Bergrevierbeamte, vgl. v. Rohrscheidt, Gew.-Ordn. Anm. 4 zu § 139 b.

b) über den Schutz der Arbeiter gegen Gefahren für Leben, Gesundheit und Sittlichkeit (§§ 120 a—e), c) über die Verhältnisse der Fabrikarbeiter (§§ 134—139 a), insbesondere also über die Arbeitsordnung und die Beschäftigung der jugendlichen und weiblichen Arbeiter. Dieser Wirkungskreis der Gewerbeaufsichtsbeamten, der besonders durch die zu b und c genannten Befugnisse Gelegenheit zum Kennenlernen der gewerblichen Geheimnisse bieten wird, ist landesrechtlich vielfach erweitert worden.[1] Der Schutz gegen ihre Indiskretionen ist in der Gewerbeordnung reiner Präventivschutz, denn es ist nur gesagt, daß sie auf Verschwiegenheit verpflichtet werden sollen. Der Repressivschutz liegt außerhalb der Gewerbeordnung im Staatsrecht, da die Gewerbeaufsichtsbeamten Landesbeamte sind. Als solchen liegt ihnen an sich Amtsverschwiegenheit ob, doch ist bezeichnend, daß die Wichtigkeit des gewerblichen Geheimnisses durch seine besondere Hervorhebung anerkannt ist. Der § 139 b gewinnt so den Charakter einer Instruktionsvorschrift, die man, um ihre Wichtigkeit nach außen kenntlich zu machen, statt in die Ausführungsgesetze in die Gewerbeordnung selbst aufnahm. Sie erstreckt sich auf alle Betriebs- und Geschäftsverhältnisse der der Aufsicht unterstellten Anlagen,[2] also nicht nur auf die geheim gehaltenen; sie ist insofern weiter als alle übrigen hier besprochenen Bestimmungen, indem es darauf nicht ankommt, ob Eigenheiten des Betriebes vorliegen. Wo also der Beamte Kenntnis von Geheimnissen erhält, die nicht zu diesen Anlagen gehören, greift § 139 b nicht durch. Vor allen Dingen wird es sich dabei vielfach wieder um die reinen Geschäftsgeheimnisse handeln. Hier wird § 9 Abs. 2 des Gesetzes betreffend unlauteren Wettbewerb Schutz gewähren,[3] aber auch nur dann, wenn schon das Erlangen des Geheimnisses gegen das Gesetz oder die guten Sitten verstößt. Ersteres wird wohl schon dann vorliegen, wenn der Beamte Geheimnisse etlangt, indem er Aufsichtsrechte ausübt, die über seinen Wirkungs-

[1] Vgl. Nelken Arbeiterschutzgesetze, S. 909.

[2] Nelken a. a. O. S. 913.

[3] Diese Bestimmung steht hier nicht zum § 139 b im Verhältnis einer lex generalis zur lex specialis, da sie einen ganz anderen Tatbestand trifft.

kreis hinausgehen. Auch in dieser Bestimmung ist der Begriff des „Unbefugten" verwendet, indem positiv festgestellt wird, wann die Befugnis zur Offenbarung vorliegt. Enthalten die Geschäfts- oder Betriebsverhältnisse Gesetzwidrigkeiten, so ist Anzeige zu erstatten.[1])

Ähnlich wie in der Versicherungsgesetzgebung bedarf es auch hier in gewissen Fällen der Zuziehung von Sachverständigen, so bei Entscheidung über die Zulassung konzessionsbedürftiger Betriebe.[2]) Diesen gegenüber gab es, da und so weit sie nicht Beamte sind, keinen Schutz.[3]) Analog den Bestimmungen der Versicherungsgesetze wird auch hier das Offenbaren und Nachahmen geheim gehaltener Betriebseinrichtungen und Betriebsweisen verboten,[4]) also die Einschränkung zum Unterschied von § 139b wieder hergestellt. Hier wird auch Strafe angedroht.[5]) Entsprechend den §§ 150, 151 des Gewerbeunfall-Gesetzes wird ein einfacher und ein qualifizierter Tatbestand konstruiert. Im ersteren Falle tritt die Verfolgung nur auf Antrag ein, im letzteren von Amtswegen. Für das Mindestmaß der Strafen, das Verhältnis von Geldstrafe zur Freiheitsstrafe sowie für die Verjährung gilt das Reichsstrafgesetzbuch.[6]) Es ist also auch hier Umwandlung der Geldstrafe in Haft zulässig. Bemerkenswert ist, daß nicht die gewöhnliche Dreimonatsverjährung des Tit. X der Gew.-Ord., sondern die des R.Str.G.B. gilt. Diese Ausnahme ist mit Rücksicht auf die in §§ 150 151 des Gew.U.Ges. festgesetzte Strafe gemacht worden.[7])

---

[1]) Die Fassung des § 139b Satz 3 ist wieder nicht sehr glücklich. Denn rein grammatisch interpretiert würde sie ergeben, daß der Beamte auch seiner vorgesetzten Behörde gegenüber, abgesehen von Gesetzwidrigkeiten, Verschwiegenheit bewahren muß. Diese Folgerung wird aber mit Rücksicht auf die Pflicht der Berichterstattung und die ratio legis nicht zu ziehen sein, ebenso Nelken a. a. O. S. 914.

[2]) § 21 Abs. 2 Ziff. 1 der Gew.-Ordn.

[3]) Vgl. v. Rohrscheidt a. a. O. Anm. 1 zu § 21 a.

[4]) § 21 a, Gew.-Ordn. nach der preuß. Ausf. Anw. Ziff. 18 sind die Sachverständigen im Erört.-Termin vor ihrer Vernehmung auf diese Pflicht hinzuweisen.

[5]) § 145 a Gew.-Ordn.

[6]) § 145.

[7]) Vgl. Rohrscheid a. a. O. zu § 145.

Von geringerer Bedeutung, weil auf den engen Kreis einer einzelnen Art von Unternehmungen beschränkt, sind die Bestimmungen des Gesetzes betreffend den Verkehr mit Ersatzmitteln für Butter vom 12. Juni 1897. Hier ergibt sich die äußere Notwendigkeit eines Schutzes daraus, daß die Unternehmer von Betrieben, in denen Margarine, Margarinekäse und Kunstspeisefett erzeugt werden, beziehungsweise ihre Betriebsleiter und Aufsichtspersonen verpflichtet sind, der Polizeibehörde oder ihren Beauftragten Auskunft über das Verfahren bei Herstellung, Erzeugnisse, über den Umfang des Betriebes, über die zur Verarbeitung gelangenden Rohstoffe, insbesondere auch über deren Menge und Herkunft zu erteilen. Der Schutz wird den Beauftragten der Polizeibehörde gegenüber nötig, da sie meist nicht Beamte sein werden. Er erstreckt sich auf alle Tatsachen und Einrichtungen, die durch das Amt zu ihrer Kenntnis gelangen, insofern als über sie Verschwiegenheit zu beobachten ist, und auf die geheim gehaltenen Betriebseinrichtungen und Betriebsweisen, insofern als sie nicht mitgeteilt oder nachgeahmt werden dürfen.[1])

Hier ist das Gesetz geschickter gefaßt, denn nicht nur die Anzeige von Gesetzwidrigkeiten, sondern auch die dienstliche Berichterstattung wird vorbehalten.

Es wird zunächst präventiv Schutz durch die Beeidigung der Sachverständigen geboten,[2]) sodann repressiv durch Strafandrohung.[3]) Die Verfolgung tritt nur auf Antrag ein.

Ganz ähnlich sind die entsprechenden Bestimmungen des Weingesetzes. Sie stimmen inhaltlich mit denen des Margarinegesetzes bis auf geringe Abweichungen überein, die sich aus dem Gegenstande ergeben. Beamte und Sachverständige haben weitgehende Kontrollrechte, die sich hier auch auf die geschäftlichen Aufzeichnungen, Frachtbriefe und Bücher erstrecken (§ 10). Andrerseits besteht die durch Strafe erzwingbare Pflicht der Betriebsinhaber und ihrer Vertreter, die Kontrolle zu ge-

---

[1]) § 10 des Gesetzes.

[2]) § 10 Abs. 2 daselbst.

[3]) § 15.

statten und durch Auskunft zu unterstützen (§ 11). Geschäfts- und Betriebsgeheimnisse genießen Repressiv- und Präventivschutz, insofern als die Beamten und Sachverständigen auf ihre Schweigepflicht zu beeiden sind und mit Geldstrafe bis 1500 Mark oder Gefängnis bis zu 3 Monaten bestraft werden, wenn sie über die durch die Aufsicht zu ihrer Kenntnis gekommenen Tatsachen und Einrichtungen nicht Verschwiegenheit beobachten oder Betriebseinrichtungen oder Betriebsweisen, solange als diese Betriebsgeheimnisse sind, anderen mitteilen (§ 14). Auch hier tritt die Verfolgung nur auf Antrag ein.

3. Strafen und Prozessuales.

Der Geheimnisverrat sowie der Geheimnisbrauch (§ 9 Abs. 1 und 2 betreffend unlauteren Wettbewerb) sind in gleicher Weise mit Geldstrafe bis zu 3000 Mark oder mit Gefängnis bis zu einem Jahr, das Unternehmen der Bestimmung zum Geheimnisverrat mit Geldstrafe bis zu 2000 Mark oder mit Gefängnis bis zu 9 Monaten Gefängnis bedroht. Es handelt sich also um Vergehen. Trotzdem ist mit Rücksicht auf die Voranstellung der Geldstrafe im Text des Gesetzes die Umwandlung derselben in Haft zulässig (§ 28 Str.G.B.). Die Verjährung ist die gewöhnliche Vergehensverjährung von 5 Jahren. Prinzipiell sind die Strafkammern sachlich zuständig,[1]) doch treten die Schöffengerichte an ihre Stelle, sobald die Verfolgung im Wege der Privatklage geschieht.[2]) Letzteres ist die Regel in den uns hier interessierenden Fällen, da die Strafverfolgung nur auf Antrag eintritt. Diese Regel wird, wie sonst in der Str.P.O. nur durchbrochen und öffentliche Klage von der Staatsanwaltschaft erhoben, wenn ein öffentliches Interesse vorliegt. Dazu wird selten Veranlassung vorliegen. Es handelt sich um Verletzung von Interessen eines einzelnen, die für seine Stellung im Wettbewerb wichtig sind und vorwiegend ihn angehen. In ganz besonders gearteten Fällen, wie z. B. in einem bei Stegemann Bd. 1 erwähnten, wo eine regelrechte Organisation zur Erlangung

---

1) § 72 des Gerichtsverfassungsgesetzes.

2) § 12 Abs. 4 Gesetz betr. unlauteren Wettbewerb.

3) § 12 Abs. 1 daselbst.

und Verwertung fremder Geheimnisse bestand, wird ein öffentliches Interesse vorliegen. Antragsberechtigt ist, wie sich aus dem Wortlaut des § 9 ergibt, der Inhaber des Geschäftsbetriebs. Es herrscht kein Zweifel darüber, daß die Urheberschaft am Geheimnisse für die Prüfung der Antragsberechtigung nicht in Betracht kommt; streitig aber ist, welcher Zeitpunkt für die Berechtigung entscheidend ist: derjenige des Verrats oder der der Stellung des Antrags. Die Frage ist wichtig für die andere Frage, ob das Antragsrecht übertragbar ist. Nach dem Str.G.B. ist nach richtiger Ansicht das Antragsrecht höchst persönlich, also nicht übertragbar.[1]) Müller[2]) will wegen der vermögensrechtlichen Natur der hier in Rede stehenden Verhältnisse die Rechtsnachfolge für zulässig halten. Das vermögensrechtliche Moment ist zwar vorhanden, aber wie oben nachgewiesen, nicht ausschlaggebend, und auch für die Entscheidung gerade dieser Frage irrelevant. Die Antragsberechtigung ist nicht zu verwechseln mit dem Schadensersatzanspruch, denn sie ist vom Vorhandensein eines Schadens unabhängig, und es kann auch insofern das vermögensrechtliche Moment nicht von Einfluß sein, als auch in den Fällen der auf Antrag durch Privatklage geschehenden Strafverfolgung nicht der Privatkläger, sondern der Staat der Strafanspruchsberechtigte ist. Es ist deshalb nur der Inhaber des Geschäftsbetriebs zur Zeit des Verrats antragsberechtigt.[3]) Dieser Schluß modifiziert sich im Falle des Verwertens nach § 9 Abs. 2. Für diejenigen Fälle, die nach der Veräußerung des Geschäftsbetriebs geschehen, ist auch der neue Inhaber antragsberechtigt, selbst wenn vielleicht Einheit der Begehung vorliegt. Im übrigen kommen die Bestimmungen der §§ 61 ff. Str.G.B., 414 ff. Str.P.O. zur Anwendung. Die Zurücknahme des Antrages ist zulässig.[4])

Der Schutz des Gesetzes wird durch § 16 grundsätzlich auf diejenigen beschränkt, die eine Hauptniederlassung im In-

---

[1]) Olshausen Komm. N. 18 zu § 61.

[2]) Komm. S. 49.

[3]) Ebenso Finger Komm. S. 286, Schmid gewerbl. Eigentum S. 352, Hauß Komm. § 98.

[4]) § 64 Str.G.B. in Verb. mit § 12 Abs. 2 des Gesetzes betr. unlauteren Wettbewerb.

lande besitzen. Hinsichtlich dieser ist aber die Staatsangehörigkeit der Inhaber des Geschäftsbetriebs gleichgültig. Man spricht deshalb von einer „Nationalität des Geschäfts". Als Inland wird hier wie sonst allgemein das Reich, die Kolonien und die Konsularbezirke gelten. Die Ausdehnung des Schutzes auf andere ist davon abhängig gemacht, daß die Staaten, in denen sich ihre Hauptniederlassungen befinden, deutschen Gewerbtreibenden entsprechenden Schutz gewähren. Als Hauptniederlassung wird übereinstimmend, einer Entscheidung des Reichsgerichts entsprechend,[1]) der wirtschaftliche Mittelpunkt der geschäftlichen Operationen des Gewerbtreibenden angesehen. Formelles Kriterium für die Gegenseitigkeit ist die Bekanntmachung des Bestehens der Reziprozität, deren materielle Grundlagen der Richter, wie allgemein zugegeben wird, nicht zu prüfen hat. Damit verliert die in den Kommentaren breit erörterte Frage, welcher Schutz als „entsprechend" anzusehen sei, ihre ganze Bedeutung.

Die Versicherungsgesetze bedrohen die einfache Offenbarung von Betriebsgeheimnissen mit Geldstrafe bis zu 1500 Mark oder Gefängnis bis zu 3 Monaten und verlangen für die Strafverfolgung einen Antrag. Antragsberechtigt ist hier der Unternehmer des gewerblichen Betriebes, zu dem das Betriebsgeheimnis gehört. In dem schweren Falle ist Gefängnis (also bis zu 5 Jahren), neben dem die Aberkennung der bürgerlichen Ehrenrechte zulässig ist, angedroht. Gefängnisstrafe und Geldstrafe bis zu 3000 Mark können kumuliert werden in den Fällen, wo die Absicht, sich oder einem andern einen Vermögensvorteil zu verschaffen, vorliegt. Das Margarinegesetz droht dieselbe Strafe wie die Versicherungsgesetze für den leichteren Fall an.

V. Schluß.

Wir haben gesehen, daß die Bestimmungen zum Schutze des gewerblichen Geheimnisses in den verschiedensten Gesetzen

[1]) Strafs. Bd. 21 S. 1.

verstreut sind. Ist der Versuch, sie alle unter einem einheitlichen Gesichtspunkte zusammenzufassen, als gelungen anzusehen, so wird man — insbesondere, da der letzte (26.) deutsche Juristentag dem Gesetzgeber empfohlen hat, den Stoff der strafrechtlichen Ergänzungsgesetze mindestens insoweit in das Strafgesetzbuch einzuarbeiten, als es zur Vereinfachung der gesetzlichen Tatbestände wünschenswert und zur Beseitigung der aus der Gelegenheitsgesetzgebung erwachsenen zahlreichen Inkonsequenzen notwendig ist — der Frage näher treten dürfen, ob diese Wünsche bei unserem Gegenstande in Erfüllung gehen können. Die Schwierigkeiten lassen sich nicht verkennen, besonders da die Pflicht der Schonung des gewerblichen Geheimnisses je nachdem ob der einfache Mitbewerber oder eine beamtete Person in Frage kommt, mit verschiedener Schärfe zu behandeln sein wird. Möglich ist die Erfüllung immerhin. Vielleicht kann die von uns gewählte Einteilung des Stoffes eine Unterlage für die Ausgestaltung der einzelnen Tatbestände abgeben. Inkongruenzen würden besonders durch eine vereinfachte Ausdrucksweise hinsichtlich des Gegenstandes des Schutzes beseitigt werden. Die Einarbeitung in das Reichsstrafgesetzbuch wäre, unserem Standpunkte entsprechend, nur möglich, wenn dieses in einer besonderen Gruppe die aus gewerblicher Leistung sich ergebenden Persönlichkeitsrechte zusammenstellt. Für eingehendere Vorschläge ist hier kein Raum.

Hand in Hand mit derartigen Veränderungen würde dann die Frage einer etwaigen Ausdehnung des Schutzes zu diskutieren sein, insbesondere desjenigen gegen die Angestellten des § 9 des Gesetzes betr. unlauteren Wettbewerb.

Hier werden sich die Wünsche namentlich auf eine Verlängerung des Schutzes über die Geltungsdauer des Dienstverhältnisses hinaus richten. Man wird ihnen entgegentreten müssen, da die Arbeit des Angestellten in gleicher Weise Schutz verdient, wie diejenige des Prinzipals. Dazu kommt, daß schon nach § 9 Abs. 2 a. a. O. auch der Angestellte, der nach rechtlicher Beendigung des Dienstverhältnisses Geheimnisse verwertet, die er in einer gegen das Gesetz oder die guten Sitten vorstoßenden Weise erlangt hat, zur Verantwortung gezogen werden kann. Wie immer wenn der Gesetzgeber maßregelnd in rein wirtschaftliche Verhältnisse eingreift, wird er nur vorsichtig und tastend vorgehen dürfen, damit das Gewonnene in keinem Mißverhältnisse zum Zerstörten stehe.

Schon die gegenwärtigen strafrechtlichen Vorschriften, darunter wieder vornehmlich die des § 9 Abs. 1 zeigen dies. Sie sind mit großer Vorsicht anzuwenden. Ihre Wirkung liegt vorwiegend in der Abschreckung. Diese können sie vielleicht erreichen. Diesem „vielleicht" dienen die bisherigen Erfahrungen bei ähnlichen Bestimmungen als Wahrscheinlichkeitsgrundlage, nämlich die französische Statistik (vgl. oben S. 163), der Mangel jeglicher Kasuistik in den Kommentaren zu den Partikulargesetzen und schließlich die neuere Statistik über unsere Schutzbestimmungen selbst. Mit dieser Wirkung, wenn sie wirklich auf dem Mangel an Verfehlungen und nicht auf dem Mangel an Anzeigen beruht, könnten Handel und Gewerbe zufrieden sein. Ja, diese Wirkung wird ihnen die erwünschteste von allen sein müssen, denn die Verfolgung der Verletzung des gewerblichen Geheimnisses bleibt für sie eine zweischneidige Waffe. Der oft wenig wahrscheinlichen Bestrafung des Schuldigen stehen gegenüber das allgemeine Risiko der Gefahren und Kosten, wie es jede Privatklage dem Angreifer bietet und das besondere Risiko, welches in der durch die Pflicht des Nachweises, daß ein Geheimnis vorliegt, bedingten völligen Offenlegung des verratenen Geheimnisses begründet ist, zumal oftmals noch die Offenlegung weiterer Geheimnisse, ja vielleicht des ganzen Gewerbebetriebs erforderlich sein wird.

Der wirksamste Schutz gegen die Angestellten, und damit in sehr vielen Fällen gegen die Konkurrenten, bleibt, worauf auch schon in den Vorerörterungen zum Gesetz betreffend unlauteren Wettbewerb hingewiesen ist,[1]) der Vertragsschutz und die gute Bezahlung und persönliche Stellung des Angestellten, die ihn vor Verlockung von seiten des Konkurrenten bewahren. Wo ein Angestellter entlassen und dabei ein Verrat

[1]) Vgl. Zeitschrift des Vereins deutscher Ingenieure 1886 S. 14: „Gesetzesstrenge und Staatsanwälte können das nicht erzwingen, was durch beiderseitiges persönliches Interesse von Arbeitgeber und Arbeitnehmer erreicht wird".

von gewerblichen Geheimnissen befürchtet wird, empfiehlt sich eine Art Quarantaine, während der man den Angestellten besoldet, aber nicht tätig sein läßt, so daß das Dienstverhältnis fort gilt. In Fabrikbetrieben werden in der Zwischenzeit Veränderungen und andere Sicherungsmaßregeln möglich sein. Bei rein kaufmännischen Geheimnissen, die rasch wechseln, wird sich das Mittel als besonders wirksam erweisen.

Andererseits muß man bei der Auslegung des Gesetzes auch die Interessen der Angestellten berücksichtigen, deren Schutz ihnen mehrfach ausdrücklich zugesichert worden ist. Im Hinblick darauf wird vor der in den Kommentaren sich vielfach bei der Auslegung geltend machenden Überspannung der Schutzbestimmungen gewarnt werden müssen.

Literaturverzeichnis.

v. Liszt: Lehrbuch des Strafrechts, 10. Aufl. 1900.
Meyer: Lehrbuch des Strafrechts, 5. Aufl. 1895.
Olshausen: Komm. zum Strafgesetzbuch, 6. Aufl. 1900.
Oppenhoff: Komm. zum Strafgesetzbuch, 14. Aufl. 1900.
Stenglein: Lexikon des deutschen Strafrechts, 1900.
Loewe: Komm. zur Strafprozeßordnung, 10. Aufl. 1900.
Schwartze: Komm. zur Strafprozeßordnung, 1878.
Gierke: Lehrbuch des deutschen Privatrechts, I. Bd. 1895.
Dernburg: Pandekten, 5. Aufl. 1896.
Dernburg: Lehrbuch des bürgerlichen Rechts, 1. u. 2. Aufl. 1901.
Planck: Komm. zum B.G.B., 1900.
Gareis: Lehrbuch des Patentrechts, 1877.
Staub: Komm. zum Handelsgesetzbuch, 1900.
Lehmann-Ring: Komm. zum Handelsgesetzbuch, 1900.
Sydow-Busch: Civilprozeßordnung, 1898.
Verhandlungen des 19. und 23. deutschen Juristentags.
Begründung des Entwurfs zum Gesetz vom 27. Mai 1896, No. 35 der Drucksachen des Deutschen Reichstages. 19. Legislaturperiode 4. Session 1895/96 und daselbst Bericht der vierten Kommission.
Daniel: Das Verbrechen des unlauteren Wettbewerbs unter Erörterung seiner Stellung im System des Strafrechts, 1900.
Brunstein: Der Schutz des Fabrik- und Geschäftsgeheimnisses, 1887.
Stegemann: Unlauteres Geschäftsgebahren, Bd. I, II 1894.
Schuler: Die concurrence déloyale im französischen, schweizerischen und deutschen Recht. Züricher Inaug.-Diss. 1895.
Alexander-Katz: Die unredliche Konkurrenz, 1892.
M. M. Kohler: Das Verbrechen des unlauteren Wettbewerbs, Breslau 1901.
I. Kohler: Das Recht des Markenschutzes, 1884.
Kommentare zum Gesetz betr. unlauteren Wettbewerb, von Finger 1897, Hauß 1896, Fuld 1896, Birkenbiel 1896 und 1902, Meyer 1896, Kunreuther 1896.
Lobe: Das Gesetz vom 27. Mai 1896 systematisch dargestellt, 1896.
Staub: „Die positiven Vertragsverletzungen und ihre Rechtsfolgen" in der Festschrift für den 26. deutschen Juristentag 1902.
O. Mayer: Die concurrence déloyale in der Zeitschrift für das gesamte Handelsrecht, Bd. 26.

Hippe: Die Verletzung von Privatgeheimnissen in Goltdammers Archiv, Bd. 46 S. 283.

J. Kohler: „Das Autorrecht“ in Iherings Jahrbüchern für Dogmatik, Bd. 18 S. 228.

Ritter: „Die Konkurrenzklausel im neuen Rechte“ No. 15 der deutschen Juristenzeitung, 1902.

Freudenstein: „Über den Schutz gewerblicher technischer Geheimnisse durch die Gesetzgebung“ in Goltdammers Archiv, Bd. 32 S. 265.

Ortloff: „Zum Schutze der Geschäftsgeheimnisse. Ein wirtschaftlicher sowie strafrechtlicher Vorschlag“, in Schmollers Jahrbüchern für Gesetzgebung und Sozialwissenschaft, 1883 S. 601.

Ortloff: „Das Individualrecht auf Bewahrung der Geschäftgeheimnisse“ in Buschs Archiv für allgemeines deutsches Handelsrecht, Bd. 21 S. 329.

Damme: „Der Schutz von Geschäfts- und Betriebsgeheimnissen“ in den Preußischen Jahrbüchern, Bd. 80 S. 62.

Reuling: „Ueber den Rechtsschutz von Fabrikations- und Geschäftsgeheimnissen“ in der Zeitschrift „Die chemische Industrie“, 1895.

Katz: „Die concurrence déloyale“ in der Zeitschrift für gewerblichen Rechtsschutz, 1892.

Hentig: In der Zeitschrift des Vereins deutscher Ingenieure, Bd. 30.

Gierke: „Der Rechtsgrund des Schutzes gegen unlauteren Wettbewerb“ in der Zeitschrift für gewerblichen Rechtsschutz, 1895.

Schmid: „Der Entwurf eines Gesetzes des unlauteren Wettbewerbs“ daselbst, 1893.

Traeger: „Der Schutz gegen unlautere Konkurrenz im Gebiete des Preußischen Landrechts.“ Bei Gruchot Bd. 36 S. 196.

Marcus: „Das Reichsgesetz zur Bekämpfung des unlauteren Wettbewerbs“. In der Zeitschrift „Das Recht“, 1897.

Finger: In der juristischen Zeitschrift für Elsaß-Lothringen 21. Jahrgang 1896.

Finger: „Der Begriff des Geschäfts- und Betriebsgeheimnisses nach der bisherigen gerichtlichen Praxis“, in der Zeitschrift „Unlauterer Wettbewerb“ 1. Jahrgang.

Seuffert: „Die Gesetzgebung des Jahres 1893“. In der Zeitschrift für die gesamte Strafrechtswissenschaft, Bd. 14 S. 532 (578).

Hanke: Im Archiv für öffentliches Recht, Bd. 4 S. 457.

Liebmann: Die Verschwiegenheitspflicht des Arztes, 1890.

Gebhard: Das Invalidenversicherungsgesetz, 1901.

Graef: Die Unfallversicherungsgesetze 1901.

Nelken: Die deutschen Handwerker- und Arbeiterschutzgesetze, 1901.

v. Rohrscheidt: Die Gewerbeordnung für das Deutsche Reich, 1901.

J. Kohler: In Schönbergs Handbuch der politischen Ökonomie, Bd. 2.

Schäffle: Die Theorie der ausschließenden Absatzverhältnisse, 1867.

Roscher: System der Volkswirtschaft, I. 22. Aufl. 1897.

Rosenthal: In Conrads Handwörterbuch der Staatswissenschaften, Art. unlauterer Wettbewerb, Supplementband 1 und 2.

Neuburg: Zunftgerichtsbarkeit und Zunftverfassung, 1886.

Druck von Georg Reimer in Berlin.

Abhandlungen

des

kriminalistischen Seminars

an der Universität Berlin.

Herausgegeben

von

Dr. Franz v. Liszt,

ord. Professor der Rechte zu Berlin.

Neue Folge. Zweiter Band. 4. Heft.

Lorenz Brütt: Das Koalitionsrecht der Arbeiter in Deutschland und seine Reformbedürftigkeit.

Berlin 1903.

J. Guttentag, Verlagsbuchhandlung,

G. m. b. H.

Das Koalitionsrecht der Arbeiter in Deutschland und seine Reformbedürftigkeit.

Von

Dr. jur. Lorenz Brütt,
Referendar in Berlin.

Berlin 1903.
J. Guttentag, Verlagsbuchhandlung,
G. m. b. H.

Herrn

Dr. jur. Karl Neubecker,

Privat-Dozent der Rechte

an der Kgl. Friedrich Wilhelms-Universität zu Berlin

in alter Freundschaft gewidmet

vom

Verfasser.

Inhaltsverzeichnis.

Das Koalitionsrecht der Arbeiter in Deutschland und seine Reformbedürftigkeit.[1]

§ 1.

Historische Einleitung.

Kein Jahrhundert hat eine ähnliche Umgestaltung aller Lebensverhältnisse gesehen, wie das 19. Infolge des gewaltigen Aufschwunges der Naturwissenschaften und der Technik hat sich Industrie, Handel und Verkehr von Grund aus geändert:

[1]) Siehe in dem Handwörterbuch der Staatswissenschaften, 2. Aufl., Jena 1898 ff., den Artikel von Stieda, „Koalition und Koalitionsverbote", Band V, S. 120—131, und die verschiedenen Artikel über „Gewerkvereine" von Brentano, Kulemann, Herkner, Mahain und Sartorius v. Waltershausen, Band IV, S. 611—715, und die Artikel über „Arbeitseinstellungen" von Stieda, Oldenberg, Mataja, Soetbeer, Biermer, Bücher und Sering, Band I, S. 730 bis 858. Ferner W. Sombart, „Sozialismus und soziale Bewegung im 19. Jahrhundert", 4. Aufl., Jena 1901 und „Dennoch! Aus Theorie und Geschichte der gewerkschaftlichen Arbeiterbewegung", Jena 1900. W. Kulemann, „Die Gewerkschaftsbewegung. Darstellung der gewerkschaftlichen Organisation der Arbeiter und Arbeitgeber aller Länder", Jena 1900. J. Schmöle, „Die sozialdemokratischen Gewerkschaften in Deutschland seit dem Erlasse des Sozialistengesetzes. I. Teil", Jena 1896. C. Legien, „Das Koalitionsrecht der deutschen Arbeiter in Theorie und Praxis", Hamburg 1899. Löwenfeld, „Koalitionsrecht und Strafrecht" im Archiv für soziale Gesetzgebung und Statistik, Bd. 14, S. 471 ff. van der Borght, „Die Weiterbildung des Koalitionsrechts der gewerblichen Arbeiter in Deutschland", Berlin 1899. O. Goldschmidt, „Das Koalitionsrecht der Arbeiter" in den Annalen des Deutschen Reiches für Gesetzgebung, Verwaltung und Volkswirtschaft, Bd. 34, S. 322 ff.

die ganze Volkswirtschaft zeigt ein völlig verändertes Bild.[1]) Früher herrschte das Handwerk und die Hausmanufaktur vor, heute sind diese mehr zurückgedrängt, die Fabrik hält die herrschende Stellung inne. Wo früher Segelschiff und Postkutsche den Verkehr vermittelten, sind Dampferlinien und Eisenbahnen an ihre Stelle getreten. Durch diese Erweiterung des Großbetriebes ist eine wesentliche Abwandlung in der sozialen Schichtung eingetreten.

Die modernen Großbetriebe setzen eine gewaltige Kapitalmenge voraus, die der unbemittelte Arbeiter weder selbst besitzt, noch sich durch Kredit verschaffen kann. Die Folge ist, daß nur wenige kapitalstarke Persönlichkeiten es wagen können, ein derartiges Unternehmen zu begründen. Die unbemittelten Arbeiter sehen sich gezwungen, dem Unternehmer ihrerseits ihre Arbeitskraft zu verkaufen, ohne je damit rechnen zu können, selber einmal sich zum Unternehmer aufzuschwingen. Dadurch wird der Klassengegensatz zwischen dem kapitalstarken Unternehmer und dem mittellosen Arbeiter ein viel größerer, als er je zwischen dem Handwerksmeister und seinem Gesellen gewesen ist; denn letzterer durfte doch damit rechnen, selber einmal Meister zu werden.

Der Arbeiter erhält vom Unternehmer für seine Leistung den bedungenen Lohn, einen Anteil am Arbeitsprodukt erlangt er dagegen nicht. Es besteht also zwischen beiden Gruppen ein tiefgreifender Interessengegensatz. Der Arbeiter hat das größte Interesse an hohen Löhnen, während er von hohen Preisen der Waren gar keinen Vorteil, ja, wenn er selber Konsument derselben ist, sogar Nachteil hat. Umgekehrt muß es dem Unternehmer daran liegen, die Löhne niedrig zu halten und die Warenpreise in die Höhe zu treiben. Da hier wie überall freie Konkurrenz herrscht, so wird die Höhe des Arbeitslohns durch Angebot und Nachfrage bestimmt. Um diesen Interessenkampf erfolgreich bestehen zu können, ist der einzelne

---

[1]) W. Sombart, „Die deutsche Volkswirtschaft im 19. Jahrhundert", Berlin 1903, und das kleine Buch von O. Bähr, „Eine deutsche Stadt vor 60 Jahren", 2. Aufl., Leipzig 1886.

Arbeiter viel zu schwach, hierzu bedarf es der Koalition, ohne diese ist die freie Konkurrenz für den Arbeiter ein Hohn.[1])

Was vermag der einzelne Arbeiter gegenüber dem kapitalstarken Unternehmer? Er muß mit dem Lohne, den ihm der Unternehmer zu geben geruht, vorlieb nehmen. Denn es würde ihm nichts helfen, wenn er die Arbeit niederläge, seine Ersparnisse wären bald dahin und sein Platz von einem anderen Arbeiter besetzt. Anders liegt die Sache, wenn die Arbeiter derselben Branche in einem bestimmten Wirtschaftsgebiet sich verbinden: sie können einen erfolgreichen Druck auf den Unternehmer ausüben, wenn sie ihre Arbeit gemeinsam einstellen und wenn sie es durchsetzen, daß ihre Stelle nicht wieder von anderen Arbeitern besetzt wird. Während der Arbeitseinstellung müssen sie deshalb nicht nur sich selbst, sondern auch diejenigen, welche auf die Stelle der Streikenden reflektieren, aber die Arbeit aus Sympathie mit den Streikenden nicht antreten, soweit unterhalten, als sie dazu nicht selbst infolge anderweitiger Arbeit im stande sind. Es muß deshalb die Aufgabe der Koalitionen sein, zur rechten Zeit für einen ausreichenden Streikfonds zu sorgen. Von ihrer finanziellen Stärke und ihrem Solidaritätsgefühl wird der Streikerfolg der Arbeiter im wesentlichen abhängen.

In diesem ihrem wehrhaften Charakter liegt die Hauptbedeutung der Arbeiterkoalitionen oder Gewerkvereine (Trade Unions, syndicats ouvriers). Daneben verfolgen sie auch, namentlich in England, friedliche Ziele. Sie vermitteln den Arbeitsnachweis und gewähren Reiseunterstützung zur Aufsuchung von Arbeit; auch leisten sie ihren Mitgliedern Rechtshülfe. Sie suchen überhaupt auf alle Weise die soziale und wirtschaftliche Lage der Arbeiter zu verbessern. Zu diesem Zwecke richten sie oft nach Art der Konsumvereine Läden ein, wo ihre Mitglieder zu billigen Preisen gute Waren erhalten. Eine besondere Hervorhebung verdienen die Produktiv-Genossenschaften: sie kämpfen nicht nur für die Klasseninteressen der Arbeiter, sie

---

[1]) Siehe G. Schmoller, „Arbeitereinstellungen und Gewerkvereine" in Conrads Jahrbüchern für Nationalökonomie und Statistik, Bd. 19, S. 293 ff.

machen ihn selbst zum Unternehmer. Jedoch haben dieselben keine große Verbreitung erfahren, da es den Arbeitern regelmäßig an Kapital und auch an Kredit gebricht.

Die Entwicklung der modernen Gewerkvereine ist eine verhältnismäßig junge. — Zwar gab es, vom Ende des Mittelalters bis ins 18. Jahrhundert, namentlich in Deutschland und Frankreich Gesellenvereine (Compagnonnages), welche sich einer straffen Organisation erfreuten und meist mehr oder weniger verboten, trotzdem im gewerblichen Leben jener Zeit eine große Rolle spielten.[1]) Jedoch läßt sich ein Zusammenhang zwischen den alten Gesellenvereinen und den modernen Gewerkvereinen mit wenigen Ausnahmen nicht nachweisen. Die Gewerkvereine haben mit der mittelalterlichen Körperschaftsbildung nichts zu tun, sie sind recht eigentlich ein Produkt der modernen großkapitalistischen Wirtschaftsordnung.

Es hat lange gedauert, bis sich die Gewerkvereine eine gesicherte Rechtsposition erkämpft hatten. Die meisten Staaten haben erst in der Mitte des 19. Jahrhunderts das Koalitionsrecht den Arbeitern gewährt.

Die Vereinigten Staaten von Amerika sind der erste Staat gewesen, welcher ein unbeschränktes Koalitionsrecht einführte. Dasselbe wurde schon durch die Verfassung von 1789 gewährleistet.

Dagegen hat Frankreich während der Revolution von 1789 zwar für politische Vereine und Versammlungen schrankenlose Freiheit gewährt, die Berufsvereine aber durch Gesetz vom 14. Juni 1791 bei Strafe untersagt. Auch diese Tatsache zeigt so recht, daß die Revolution von 1789 einen durchaus bürgerlichen individualistischen Charakter an sich trug, daß ihr aber sozialistische Ideen im heutigen Sinne nach völlig fernlagen. Das napoleonische Kaisertum unterwarf alle Vereine und Versammlungen der polizeilichen Willkür, ein Rechtszustand, der 1848—52 vorübergehend unterbrochen wurde. Während dieser

---

[1]) Siehe die Artikel „Die Gesellenverbände in Deutschland“ und „Die Gesellenverbände in Frankreich“ von Bruno Schönlank im Handwörterbuch der Staatswissenschaften, Bd. IV, S. 182—199.

ganzen Periode wurde gegen die Arbeiter-Berufsvereine als solche aufs schärfste eingeschritten, während die Unternehmer-Verbände stillschweigend geduldet wurden. Erst durch Gesetz vom 25. Mai 1864 wurde das Koalitionsrecht im Prinzip anerkannt, durch Gesetz vom 21. März 1884 wurde die gesamte Materie im einzelnen geregelt.

England hat sich in seinem Common law im wesentlichen die altgermanische Vereinsfreiheit bewahrt. Nachdem aber schon im Laufe des 18. Jahrhunderts Koalitionsverbote gegen einzelne Gewerbe erlassen worden waren, ging die Gesetzgebung unter dem Einfluß der großen französischen Revolution energischer gegen die Berufsvereine vor. Im Jahre 1800 wurden sogar alle Verabredungen, Versammlungen und Vereine von Lohnarbeitern zum Zwecke, eine Lohnaufbesserung herbeizuführen, mit Zuchthaus bedroht, während die Unternehmer nur Geldstrafe traf.

Diese Bestimmungen waren um so härter, als sich England zu jener Zeit bereits in einem industriell verhältnismäßig weit vorgeschrittenen Stadium befand. Der energischen Agitation von Francis Place gelang es, das Gesetz vom Jahre 1824 durchzusetzen, wonach Vereine, welche bessere Löhne und kürzere Arbeitszeit erkämpfen, gestattet wurden. Jedoch hatten die Gewerkvereine zunächst noch mit der Antipathie der öffentlichen Meinung zu kämpfen, da die Arbeiter sich infolge der Chartistenbewegung in den 30er und 40er Jahren manche Ausschreitungen zu schulden kommen ließen. Erst nach dieser Periode kam die Arbeiterbewegung in ein ruhigeres Fahrwasser. Vor allem ließen es sich die Gewerkvereine angelegen sein, nicht nur für den Streik zu rüsten, sondern sie suchten auch auf friedliche Weise die Lage der Arbeiter zu verbessern, indem sie namentlich das Versicherungswesen in großartigem Maßstabe entwickelten. Sowohl was straffe Organisation und Solidaritätsgefühl, als auch insbesondere was die finanzielle Kraft anlangt, überragen die englischen Trade unions die kontinentalen Gewerkvereine bei weitem. Im Jahre 1871 und 1875 fielen in England die letzten Reste des Koalitionsverbotes.

Was Deutschland angeht, so war vor 1867 das Koalitionsrecht fast überall unbekannt, die Verbindungen der Arbeiter wurden mit kriminellen Strafen bedroht, so in Preußen durch die Gewerbeordnung vom 17. Januar 1845 (Gesetzblatt von 1845 Seite 41ff. §§ 181 bis 183).[1])

Nur Sachsen, das von allen deutschen Staaten industriell am weitesten vorgeschritten war, hatte bereits im Jahre 1867 das Koalitionsrecht bei sich eingeführt.

Als 1864 dieses Recht, wie schon erwähnt, in Frankreich eingeführt war, machte sich auch in Deutschland ein Strömung zu diesbezüglichen Reformen geltend. Es war dies gerade die Zeit, als durch Lassalle die erste Arbeiterbewegung in Deutschland ins Leben gerufen wurde. Im Jahre 1865 wurde die Aufhebung des Koalitionsverbotes auf Antrag von Schulze-Delitzsch vom Preußischen Abgeordnetenhause angenommen und im folgenden Jahre ein ähnlicher Gesetzentwurf von der Regierung dem Hause vorgelegt, der aber nicht mehr zur Erledigung kam.

Erst durch die Gewerbeordnung vom 21. Juni 1869 wurde die Koalitionsfreiheit in ganz Norddeutschland eingeführt und nach Begründung des Deutschen Reiches auch in ganz Süd-

---

[1]) § 181. Gewerbetreibende, welche ihre Gehilfen, Gesellen oder Arbeiter oder die Obrigkeit zu gewissen Handlungen oder Zugeständnissen dadurch zu bestimmen suchen, daß sie sich miteinander verabreden, die Ausübung des Gewerbes einzustellen oder die ihren Anforderungen nicht nachgebenden Gehilfen, Gesellen oder Arbeiter zu entlassen oder zurückzuweisen, ingleichen diejenigen, welche zu einer solchen Verabredung andere auffordern, sollen mit Gefängnis bis zu einem Jahre bestraft werden.

§ 182. Gehilfen, Gesellen oder Fabrikarbeiter, welche entweder die Gewerbetreibenden selbst oder die Obrigkeit zu gewissen Handlungen oder Zugeständnissen dadurch zu bestimmen suchen, daß sie die Einstellung der Arbeit oder die Verhinderung derselben bei einzelnen oder mehreren Gewerbetreibenden verabreden, oder zu einer solchen Verabredung andere auffordern, sollen mit Gefängnis bis zu einem Jahre bestraft werden.

Diese Bestimmung ist auch anzuwenden auf Arbeiter, welche bei Berg- und Hüttenwerken, Landstraßen, Eisenbahnen, Festungsbauten und anderen öffentlichen Anlagen beschäftigt sind.

§ 183. Die Bildung von Verbindungen unter Fabrikarbeitern, Gesellen, Gehilfen oder Lehrlingen, ohne polizeiliche Erlaubnis, ist, sofern nach den Kriminalgesetzen keine härtere Strafe eintritt, an den Stiftern und Vorstehern mit Geldbuße bis zu fünfzig Talern oder Gefängnis bis zu vier Wochen, an den übrigen Teilnehmern mit Geldbuße bis zu zwanzig Talern oder Gefängnis bis zu vierzehn Tagen zu ahnden.

deutschland. Mit dem Aufschwunge der Industrie entwickelten sich die Gewerkvereine bald beträchtlich. Es wurde im Jahre 1868 zugleich von drei Seiten mit der Bildung von Arbeiterberufsvereinen begonnen. Die Anhänger der Internationalen Arbeiter-Assoziation, Bebel und Liebknecht, welche sich im nächsten Jahre als sogenannte Eisenacher Ehrliche konstituierten, gründeten Marxistische Arbeiterverbände, zugleich begann v. Schweitzer, der Erbe Lassalles und Diktator des Allgemeinen Deutschen Arbeiter-Vereins, Gewerkschaften ins Leben zu rufen. Im teilweisen scharfen Kampfe mit ihm fing Max Hirsch in Gemeinschaft mit einigen anderen fortschrittlichen Abgeordneten an, nach Muster der englischen Trade unions Gewerkvereine zu gründen. Infolge des unglücklichen Waldenburger Streiks verloren sie sehr an Bedeutung. Nachdem sich die Lassalleaner und Marxisten im Jahre 1875 zu sozialdemokratischen Partei verschmolzen hatten, hatten die freisinnigen Hirsch-Dunkerschen Gewerkvereine einen doppelt schwierigen Stand gegenüber den sozialdemokratischen Gewerkschaften.

Schwer litt die Gewerkschaftsbewegung durch das von 1878—1890 in Geltung gewesene Sozialistengesetz, wonach Vereine und Verbindungen jeder Art verboten werden konnten, welche durch sozialdemokratische, sozialistische oder kommunistische Bestrebungen den Umsturz der bestehenden Staats- oder Gesellschaftsordnung bezwecken, oder in denen solche Bestrebungen in einer den öffentlichen Frieden, insbesondere die Eintracht der Bevölkerungsklassen, gefährdenden Weise zu Tage treten. Auf Grund dieser Bestimmung wurden die meisten sozialdemokratischen Gewerkschaften aufgelöst oder sie lösten sich selbst auf, um der Beschlagnahme ihres Vermögens zuvorzukommen. Erst gegen die Mitte der 80er Jahre fingen die Gewerkschaften von neuem an, sich zu organisieren, indem sie sich, um dem Sozialistengesetz zu entgehen, nach Möglichkeit politisch indifferent verhielten. Vom Jahre 1890 an nahm die Gewerkschaftsbewegung einen neuen Aufschwung. Nicht nur die Hirsch-Dunkerschen Gewerkvereine und die sozialistischen Gewerkschaften nahmen erheblich an Mitgliederzahl zu: es wurden auch neue Verbände gegründet, so die katholischen und evangelischen Arbeiter- und Gesellenvereine, ferner die christlich-sozialen Gewerkvereine und die reichstreuen Bergarbeitervereine in Waldenburg. Zur Zeit ist die Mitgliederzahl etwa folgende:

Sozialistische	500 000
Hirsch-Dunckersche . .	100 000
Christlich-soziale . . .	100 000
Evangelische	90 000
Katholische	50 000
Reichstreue	10 000
zusammen	850 000

§ 2.

Die verwaltungsrechtliche Stellung der Berufsvereine.

Das Koalitionsrecht der gewerblichen Unternehmer und Arbeiter wird durch den § 152 Absatz 1 der Gewerbeordnung reichsrechtlich garantiert.[1]) Derselbe lautet wie folgt:

„Alle Verbote und Strafbestimmungen gegen Gewerbetreibende, gewerbliche Gehilfen, Gesellen oder Fabrikarbeiter wegen Verabredungen und Vereinigungen zum Behufe der Erlangung günstiger Lohn- und Arbeitsbedingungen, insbesondere mittels Einstellung der Arbeit oder Entlassung der Arbeiter werden aufgehoben."

Durch diese Bestimmung ist das Prinzip der Gewerbefreiheit auch für die Berufsvereine der gewerblichen Arbeitgeber, wie Arbeitnehmer zur Wahrheit geworden. Der § 152 der Gewerbeordnung ist die magna charta des modernen Lohnarbeiters, das ist vielfach verkannt worden: man hat, gestützt auf den Wortlaut, angenommen, der § 152 der Gewerbeordnung verschaffe den Arbeitern kein Recht, sondern gewähre ihnen nur ein strafrechtliches Privileg dergestalt, daß etwas, was an sich rechtswidrig wäre, ausnahmsweise straffrei bleiben solle,

---

[1]) Siehe hierzu v. Landmann, „Die Gewerbeordnung für das Deutsche Reich", 3. Auflage, München 1897, Band II, S. 463 ff., und Stenglein, „Die strafrechtlichen Nebengesetze des Deutschen Reiches", 3. Auflage, Berlin 1903, S. 920 ff.

wie z. B. der Diebstahl unter Ehegatten. Es geht aber aus den Erklärungen sowohl der Regierungsvertreter als der Abgeordneten aller Parteien gelegentlich der Beratung der Gewerbeordnung im Reichstage zur Evidenz hervor, daß man durchaus an kein strafrechtliches Privilegium gedacht hat, daß man vielmehr nur beabsichtigte, das gewerbliche Koalitionsrecht als notwendiges Glied in der Kette der modernen Wirtschaftsordnung reichsrechtlich sicherzustellen. Die negative Ausdrucksweise ist nur gewählt, um darüber keinen Zweifel zu lassen, daß entgegenstehende landesgesetzliche Bestimmungen aufgehoben sind. Es ist daher nicht zulässig, den § 152 Absatz 1 der Gewerbeordnung restriktiv zu interpretieren.[1])

Was den subjektiven Umfang des Rechts anlangt, so erstreckt sich dasselbe nur auf diejenigen Arbeiter, auf welche die Gewerbeordnung überhaupt Anwendung findet und auf die im § 154[a] Absatz 1 der Gewerbeordnung aufgezählten Kategorien von Arbeitern, nämlich auf die in Bergwerken, Salinen, Aufbereitungsanstalten und unterirdisch betriebenen Brüchen oder Gruben beschäftigten Arbeiter. Unter die auf Grund des § 152 der Gewerbeordnung Berechtigten sind demnach die Seeleute nicht zu begreifen, wohl aber die auf Flußschiffen Angestellten und fernerhin nicht die Eisenbahnangestellten, soweit sie im eigentlichen Betriebe nicht bloß in den Werkstätten beschäftigt sind; auch das Gesinde und die landwirtschaftlichen Arbeiter werden nicht durch § 152 der Gewerbeordnung geschützt.

Für die erwähnten Kategorien gilt Landesrecht, welches teilweise ein vollständiges Koalitionsverbot kennt: so bestimmt z. B. das Preußische Gesetz vom 24. April 1854 (Gesetzsammlung von 1854 Seite 215) im § 3 folgendes:

„Gesinde, Schiffsknechte, Dienstleute oder Handarbeiter der § 2 a. b. c. d. bezeichneten Art, welche die Arbeitgeber oder die Obrigkeit zu gewissen Handlungen oder Zugeständnissen

---

[1]) Ebenso W. Heinemann, „Zur Behandlung der Streikvergehen in der deutschen Gesetzgebung und Rechtsprechung", Berlin 1900, S. 150, in der Festschrift für Wilcke und in dem Aufsatz „Die rechtliche Natur des Streiks", Deutsche Juristenzeitung, Band VII, S. 113 ff. Dagegen Reichsgerichts-Entscheidung in Strafsachen, Band 20, S. 70 (Urteil vom 3. Dezember 1889).

dadurch zu bestimmen suchen, daß sie die Einstellung der Arbeit oder die Verhinderung derselben bei einzelnen oder mehreren Arbeitgebern verabreden oder zu einer solchen Verabredung Andere auffordern, haben Gefängnisstrafen bis zu einem Jahre verwirkt."

Das Koalitionsverbot besteht also nur für die Arbeiter, während die Unternehmer sich ungestraft zur Erzwingung günstigerer Lohnbedingungen verbinden dürfen. Bezüglich der auf Binnenschiffen angestellten Schiffsknechte ist die Strafbestimmung durch § 152 der Gewerbeordnung abgeschafft, im übrigen besteht das Koalitionsverbot noch heute in den alten Provinzen Preußens, mit Ausnahme von Hohenzollern. Seine Giltigkeit ist freilich vielfach, so von Buchka in der deutschen Juristenzeitung Band V Seite 310, in Zweifel gezogen worden. Er führt aus, das landesgesetzliche Koalitionsverbot greife in unzulässiger Weise in die vom Strafgesetzbuche geregelte Materie der widerrechtlichen Nötigung ein. Die Nötigung sei ein Eingriff in die persönliche Freiheit durch die Erzwingung der Vornahme, Duldung oder Unterlassung einer bestimmten Handlung. Ein solcher Eingriff sei nach dem Strafgesetzbuch nur strafbar, wenn er widerrechtlich erfolge und wenn zu seiner Ausführung das Mittel der Gewalt oder der Bedrohung mit einem Verbrechen oder Vergehen angewendet werde. Ebenso richte sich auch das hier in Rede stehende landesgesetzliche Koalitionsverbot gegen die rechtswidrige Erzwingung eines bestimmten Verhaltens des Arbeitgebers in Bezug auf das zwischen ihm und den Arbeitern bestehende Kontraktverhältnis. Das Verbot stelle aber über das Strafgesetzbuch hinausgehend bereits eine bestimmte Vorbereitungshandlung, nämlich die Verabredung der Einstellung oder Verhinderung der Arbeit, unter Strafe und charakterisiere sich mithin als eine nach § 2 des Einführungsgesetzes zum Strafgesetzbuch unzulässige Ergänzung des Reichsstrafrechts, welches zwar schon den Versuch der Nötigung, nicht aber auch die zum Zwecke derselben vorgenommenen Vorbereitungshandlung für strafbar erkläre.

Ebenso meint Heinemann im Sozialpolitischen Zentralblatt Band XII Seite 715, das in den §§ 181 und 182 der

Preußischen Gewerbeordnung vom 17. Januar 1845 enthaltene Koalitionsverbot sei bezüglich der Eisenbahnunternehmer und der Eisenbahnangestellten, überhaupt bezüglich aller Gewerbetreibenden und Arbeiter, auf welche nicht schon § 152 der Gewerbeordnung Anwendung finde, durch § 240 des Strafgesetzbuches in Verbindung mit § 2 des Einführungsgesetzes zum Strafgesetzbuch abgeschafft.

Bei dieser Deduktion wird jedoch übersehen, daß es trotz der durch das Reichsrecht erfolgten erschöpfenden Regelung der gegen die Freiheit der Entschließung gerichteten Delikte, dem Landesrecht nicht verwehrt ist, aus einem anderen Gesichtspunkte die Koalitionen der nicht durch § 152 der Gewerbeordnung geschützten Unternehmer und ihrer Arbeiter zu verbieten. Da unbestrittenerweise das Landesrecht bezüglich der Vereine zuständig ist, so kann es, wie alle anderen Vereine, so auch solche, welche bessere Lohnbedingungen erstreiten wollen, regeln, also auch verbieten. Ein Verein kann sich nicht dadurch vom Landesrecht emanzipieren, daß er eine Handlung bezweckt, welche vom Reichsrecht im Sinne der Straflosigkeit geregelt ist (ebenso Kammergericht bei Johow Band 17 Seite 454).

Es mag noch hervorgehoben werden, daß § 152 selbstverständlich auf Beamte sich nicht erstreckt, daß vielmehr für die Berufsvereine der Beamten das Landesrecht gilt; denn diese stehen nicht in einem privatrechtlichen Vertragsverhältnis, sondern in einer öffentlich-rechtlichen Abhängigkeit zum Staate oder zu einer anderen öffentlich-rechtlichen Korporation. Dieser Unterschied zwischen Beamten und Privatangestellten wird bei großen Staatsbetrieben, wie es die Eisenbahnunternehmen sind, von großer Bedeutung; während die Beamten der Disziplinargewalt des Staates unterliegen und daher auch bezüglich ihrer Vereinstätigkeit sich die Beschränkungen auferlegen müssen, welche ihre Stellung als Beamter erheischt, haben die Privatangestellten prinzipiell ein ebenso unbeschränktes Koalitionsrecht, wie die bei privaten Unternehmern Angestellten. Da freilich der Eisenbahnfiskus ein mehr oder weniger großes natürliches Monopol besitzt, so kann er allerdings das Koalitionsrecht leicht illusorisch machen, wenn er den Arbeitern, die Mitglied einer Gewerkschaft sind, kündigt.

Dagegen greift § 152 der Gewerbeordnung Platz auch bei denjenigen Angestellten, welche Dienste höherer Art zu leisten haben, wie Werkmeister und Techniker, ja sogar bei den Betriebsleitern und anderen Privatbeamten. Bei letzteren hat das Koalitionsrecht naturgemäß keine große Bedeutung erlangt, am wichtigsten wird es stets für die großen Massen der Handarbeiter bleiben.

Was den objektiven Umfang des Koalitionsrechts angeht, so erstreckt sich § 152 der Gewerbeordnung nicht auf alle Berufsvereine, sondern nur auf solche, welche die Erlangung günstiger Lohn- und Arbeitsbedingungen erstreben. Es fallen also alle Gewerkvereine unter § 152, welche auf friedlichem Wege durch Arbeitsnachweis, Rechtshülfe bezüglich des Arbeitsverhältnisses, durch Reiseunterstützung zwecks Erlangung von Arbeit bessere Lohnbedingungen erzielen wollen.

Von den wehrhaften Organisationen werden nur diejenigen, welche Lohnstreiks, nicht aber die, welche Machtstreiks in Szene setzen, von § 152 der Gewerbeordnung gedeckt. Dagegen gehören auch solche Verbände hierher, welche nicht bessere Bedingungen erstreben, sondern nur verhindern wollen, daß schlechtere Zustände eintreten; denn in dem ersteren Größeren liegt auch das zweite Kleinere (ebenso Urteil des Oberlandesgerichts Hamburg vom 25. Juli 1888. Goltdammers Archiv Band 37 Seite 241).

Soweit § 152 der Gewerbeordnung nicht Platz greift, sind die allgemeinen Grundsätze über Vereine und Versammlungen zur Anwendung zu bringen. Da das in Artikel 4 Ziffer 16 der Reichsverfassung versprochene Reichsvereinsgesetz noch nicht erschienen ist, so kommen im wesentlichen die einzelstaatlichen Normen über Vereine und Versammlungen in Betracht. Abgesehen von einigen Bestimmungen des Reichstagswahlgesetzes vom 31. Mai 1869 und des Reichsmilitärgesetzes vom 2. Mai 1874 und den §§ 128 und 129 des Strafgesetzbuches, welche hier nicht interessieren, ist von vereins- und versammlungsrechtlichen Normen des Reichsrechts nur das Gesetz vom 11. Dezember 1899 hervorzuheben, wonach landesgesetzliche Bestimmungen, daß Vereine irgend welcher Art nicht miteinander in Verbindung treten dürfen, aufgehoben werden.

Das Vereins- und Versammlungsrecht der deutschen Einzelstaaten bietet ein buntscheckiges Bild.[1]) Man kann im wesentlichen drei Systeme unterscheiden: das Konzessions-, das Präventiv- und das Repressiv-System.

Nach dem ersten System bedürfen die Vereine und Versammlungen einer polizeilichen Erlaubnis, nach dem zweiten System ist zwar eine Erlaubnis nicht notwendig, jedoch können die Vereine und Versammlungen verboten werden, wenn Gefahr besteht, daß Rechtsverletzungen begangen werden oder die öffentliche Ruhe, Sicherheit und Ordnung gefährdet werden könnte. Beim Repressivsystem ist ein Einschreiten erst dann gestattet, wenn Rechtsverletzungen bereits erfolgt sind.

Was das Vereinsrecht anlangt, so gilt das Konzessionssystem in Elsaß-Lothringen und bezüglich der nichtpolitischen Vereine in Reuß ä. L., während die politischen Vereine dort überhaupt verboten sind. Dem Präventivsystem sind alle diejenigen Staaten zuzurechnen, in denen der Bundesbeschluß vom 13. Juli 1854 publiziert worden ist, wonach Vereine, deren Zweck mit der Bundes- und Landesgesetzgebung nicht im Einklang stehen und die öffentliche Ordnung und Sicherheit gefährden, nicht geduldet werden dürfen, so in Hessen, Oldenburg, Braunschweig, Altenburg, Waldeck, Schaumburg, den beiden Schwarzburg. Ferner sind in Sachsen Vereine verboten, deren Zweck es ist, Gesetzesübertretungen oder unsittliche Handlungen zu begehen, dazu aufzufordern oder geneigt zu machen, in Bayern solche, welche die religiösen, sittlichen oder gesellschaftlichen Grundlagen des Staates zu untergraben drohen, in Baden solche Vereine, welche der Sittlichkeit zuwiderlaufen, in Hamburg solche, welche mit den Staatsgesetzen oder der gesellschaftlichen Ordnung im Widerspruch stehen.

---

[1]) Siehe Ollendorf, „Zur reichsrechtlichen Regelung des Vereinsrechts", Deutsche Juristenzeitung, Band 8, S. 91 und die von der Expedition des „Vorwärts" in Berlin herausgegebene Zusammenstellung des Vereins- und Versammlungsrechts in Deutschland, Berlin 1892.

Das Repressivsystem gilt in Preußen, Württemberg und den noch nicht erwähnten Staaten.

Vielfach sind Frauen, Minderjährige, Schüler und Lehrlinge von politischen Vereinen ausgeschlossen, z. B. in Preußen, Bayern, Braunschweig. Vor dem Inkrafttreten des Gesetzes vom 11. Dezember 1899 war es im größten Teile Deutschlands den politischen Vereinen überhaupt nicht oder doch nur mit behördlicher Genehmigung gestattet, miteinander in Verbindung zu treten.

Was das Versammlungsrecht betrifft, so gilt das Konzessionssystem in Elsaß-Lothringen und den beiden Mecklenburg. Im Königreich Sachsen, in Altenburg, Hamburg, Reuß ä. L. und anderen Staaten können Versammlungen bei dringender Gefahr für die öffentliche Sicherheit und Ordnung verboten werden. In Preußen, Bayern, Württemberg, Baden und den meisten Kleinstaaten gilt das Repressivsystem.

Eine besondere Hervorhebung verdient Preußen als der größte Einzelstaat: es gilt hier die Verordnung vom 11. März 1850. In Übereinstimmung mit den Artikeln 29 und 30 der Verfassung bedürfen Vereine sowie Versammlungen Unbewaffneter in geschlossenen Räumen keiner Genehmigung. Die Anzeige genügt, eine Auflösung darf nur erfolgen, wenn gesetzwidrige Handlungen geschehen sind (siehe im einzelnen §§ 1—7 l. c.). Einer besonderen Beschränkung sind solche Vereine unterworfen, welche bezwecken, politische Gegenstände in Versammlungen zu erörtern (§ 8 l. c.). Diese dürfen keine Frauenspersonen, Schüler und Lehrlinge als Mitglieder aufnehmen und auch nicht in ihren Versammlungen dulden. Bei Verletzung dieser Vorschrift kann neben Strafe auf Schließung des Vereins erkannt werden. Es muß darauf erkannt werden, wenn Vorsteher, Ordner oder Leiter sich wiederholt strafbar gemacht haben. Früher, d. h. bis 1899, war es solchen politischen Vereinen auch verboten, miteinander in Verbindung zu treten, eine Vorschrift, durch welche viele Vereine der Auflösung anheimfielen.

Besondere Schwierigkeit macht das Verhältnis des § 152 der Gewerbeordnung zu den landesrechtlichen Beschränkungen politischer Vereine.[1]) Man muß hierbei zwei Fragen auseinanderhalten: einmal gilt es, festzustellen, welche Vereine durch § 152 der Gewerbeordnung gedeckt werden; verschieden hiervon ist die Frage, welche Vereine als politische im Sinne der Landesgesetze anzusehen sind. Es ist möglich, daß ein Verein. wenn das betreffende Landesrecht den Begriff politisch sehr weit ausdehnt, als ein politischer anzusehen ist, gleichwohl aber noch in den Rahmen des § 152 der Gewerbeordnung hineinfällt. In diesem Falle darf, da Reichsrecht dem Landesrecht vorgeht, weder die Existenz des Vereins in Frage gestellt werden, noch auch ihm bezüglich seines Verhaltens Beschränkungen auferlegt werden, er darf also auch Frauen und Minderjährige als Mitglieder aufnehmen, er durfte schon immer, nicht erst seit 1899, mit anderen Vereinen in Verbindung treten.

Nach der herrschenden Judikatur[2]) soll ein Arbeiterberufsverein nur dann durch § 152 geschützt sein, wenn er die Ver besserung konkreter Arbeitsbedingungen bezweckt, er soll aber den landesrechtlichen Beschränkungen in dem Augenblick verfallen, wenn er durch Einwirkung auf die Gesetzgebung oder Verwaltung die soziale Lage der Arbeiter gegenüber den Unternehmern zu stärken sucht, wenn er z. B. gelegentlich einmal über eine Frage der Arbeiterschutzgesetzgebung debattiert oder gar eine Petition in dieser Frage an den Reichstag richtet. In Preußen sind daher oft auf Grund der §§ 8b und 16 des Vereinsgesetzes Berufsvereine, die sich miteinander verbunden hatten, aufgelöst worden, weil in ihren Versammlungen gelegentlich auch sozialpolitische Erörterungen gepflogen wurden. Dieser Praxis kann nicht beigetreten werden: die engherzige Interpretation des § 152 hängt mit der oben zurückgewiesenen Annahme zusammen, als ob der Paragraph ein strafrechtliches Privilegium statuierte. Im Gegenteil, man hat nichts weiter gewollt, als aus dem Grundprinzipe der modernen Volkswirt-

---

[1]) v. Landmann, Gewerbeordnung II, S. 465.

[2]) Siehe Reichsgerichts-Entscheidungen in Strafsachen, Band 16, S. 383, Urteil vom 10. November 1887, Band 22, S. 339, Urteil vom 25. Januar 1892 und andere mehr.

schaft, der Gewerbefreiheit, auch bezüglich der Lohnarbeiter die logisch notwendigen Konsequenzen zu ziehen. Die Berufsvereine sollten reichsrechtlich garantiert werden und von den landesrechtlichen Beschränkungen befreit bleiben. Nur die sogenannten politischen Klubs, d. h. Vereine, deren Hauptzweck es ist, auf die Tagespolitik einzuwirken, sollten der landesrechtlichen Regelung überlassen bleiben. Man kann aber nicht annehmen, daß ein Berufsverein schon dann zu einem politischen Klub wird, wenn er gelegentlich über eine in seinen Interessenkreis hineinfallende sozialpolitische Frage debattiert und abstimmt, er bleibt darum doch ein nach § 152 der Gewerbeordnung geschützter Berufsverein.

In Preußen wurde in den achtziger Jahren auf Grund des § 360 Ziffer 9 des Reichsstrafgesetzbuches in Verbindung mit dem Gesetze vom 17. Mai 1853, wonach die Errichtung von Versicherungsanstalten ohne staatliche Genehmigung bei Strafe verboten war, gegen diejenigen Berufsvereine vorgegangen, welche ihren Mitgliedern bei gewissen Wechselfällen des Lebens wie z. B. Arbeitslosigkeit, Rechtsstreitigkeiten u. s. w., eine bestimmte Unterstützung in Aussicht stellten. Durch diese Subsumierung der Gewerkvereine unter das Versicherungsrecht hoffte man eine gewisse Kontrolle über die Vereine zu erlangen. Die große Mehrzahl derselben suchte sich aber jeder Einmischung von seiten der Verwaltungsbehörden zu entziehen, indem sie statutarisch einen Rechtsanspruch ihrer Mitglieder ausschloß und eine etwaige Unterstützung in das diskretionäre Ermessen des Vorstandes stellte. Unter diesen Voraussetzungen konnte der Gewerkverein nicht mehr als Versicherungsgesellschaft angesehen werden, da ein klagbarer Rechtsanspruch von seiten des Versicherten zum Wesen des Vertrages gehört (siehe Entscheidungen des Kammergerichts Johow Band 13 Seite 399, Band 9 Seite 299).

§ 3.

Die civilrechtliche Stellung der Berufsvereine.

Was das civilrechtliche Band angeht, das die Mitglieder einer Gewerkschaft verbindet, so bestimmt § 152 Absatz 2 der Gewerbeordnung folgendes:

„Jedem Teilnehmer steht der Rücktritt von solchen Vereinigungen und Verabredungen frei, und es findet aus letzterem weder Klage noch Einrede statt.“

Damit sind die obligatorischen Verpflichtungen der Mitglieder untereinander zu Natural-Obligationen herabgedrückt. Sie sind in eine Reihe gestellt mit den Spielschulden und ähnlichen Ansprüchen. Ob die Mitglieder ihren Verpflichtungen nachkommen, hängt im wesentlichen von ihrem Solidaritätsgefühl ab. Es fehlt den Gewerkschaften die solide juristische Grundlage, sie sind auf bloßem Vertrauen aufgebaut. Dieser Mangel muß namentlich bei jungen Berufsvereinen, die sich noch nicht genügend gefestigt haben, ungünstig wirken.

Es mag hier noch einmal hervorgehoben werden, daß es sich auch bei dieser Vorschrift nur um diejenigen gewerblichen Berufsvereine handelt, welche bessere Arbeits- und Lohnbedingungen erstreben, also nur um die Lohnstreik-, nicht um die Machtstreikverbände, und nur um solche Arbeiter und Arbeitgeber, auf welche die Gewerbeordnung Anwendung findet, also nicht um Eisenbahnbeamte, Seeleute u. s. w.

Schwieriger noch als die Frage nach dem Verhältnis der Mitglieder zueinander ist die Stellung des Vereins im Verkehrsleben juristisch zu entwickeln. Wir berühren damit das Problem der juristischen Person.

Vor dem Jahre 1900 galt bezüglich der juristischen Personen, abgesehen von den handelsrechtlichen Korporationen, das Prinzip der staatlichen Verleihung sowohl im Gebiete des allgemeinen Landrechts, als in dem des Code civil. Auch für das gemeine Recht nahm die herrschende Ansicht das Konzessionssystem an. Nur in Bayern und Sachsen konnten die Vereine durch Eintragung Rechtsfähigkeit erlangen.

Durch das Bürgerliche Gesetzbuch ist die Materie einheitlich für ganz Deutschland geregelt worden.[1]) Im ersten Entwurf war das Vereinsrecht dem Landesrecht vorbehalten, schließlich wurde dasselbe doch nach langen Kämpfen in dem zweiten Entwurf aufgenommen.

Das Bürgerliche Gesetzbuch unterscheidet zwischen Vereinen, deren Zweck auf einen wirtschaftlichen Geschäftsbetrieb gerichtet ist, und Vereinen, bei denen dies nicht der Fall ist, den sog. idealen Vereinen. Für erstere verbleibt es, vorbehaltlich der handelsrechtlichen Bestimmungen, beim Konzessionssystem, letztere erlangen durch Eintragung ins Vereinsregister Rechtsfähigkeit, sofern sie bestimmte Normativbestimmungen erfüllen.

Sehr bestritten ist, was man unter einem wirtschaftlichen Geschäftsbetrieb zu verstehen hat. Ein solcher Betrieb liegt nach Planck (Kommentar zum § 21 No. 2 Seite 80) vor, wenn die Produktion oder der Umsatz wirtschaftlicher Güter geschäftsmäßig betrieben wird.[2]) Es ist nicht notwendig, daß die Absicht auf Erzielung eines Gewinnes gerichtet ist. Wirtschaftlicher Betrieb deckt sich nicht mit dem Begriff „Gewerbsmäßigkeit". Daher würde z. B. ein Verein, welcher Waren im großen einkäuft, um sie billig an seine Mitglieder zu verkaufen, ja sogar ein Wohltätigkeitsverein, welcher kleinen Gewerbetreibenden billigen Kredit gewährt, auch dann ein wirtschaftlicher sein, wenn er irgend welche Überschüsse nicht erstrebt.

Das entscheidende Merkmal ist vielmehr darin zu erblicken, ob ein Verein mit größerem Kapital und unter wesentlicher Inanspruchnahme von Kredit Geschäfte abschließt.[3]) Vereine

---

[1]) Eine erschöpfende Aufzählung der Literatur über das Vereinsrecht des Bürgerlichen Gesetzbuches liegt nicht im Rahmen der vorliegenden Arbeit. Siehe den Kommentar des Bürgerlichen Gesetzbuches von Planck, 2. Auflage, Berlin 1898 ff., das Lehrbuch des bürgerlichen Rechts von Dernburg, 2. Auflage, Halle 1902, Ecks Vorträge über das Recht des Bürgerlichen Gesetzbuches, Berlin 1898, und Giercke, „Vereine ohne Rechtsfähigkeit", Berlin 1900. Speziell die Berufsvereine der Arbeiter behandelt Rosenberg, „Das Vereinsrecht des Bürgerlichen Gesetzbuches und die Gewerkschaftsbewegung", Berlin 1903.

[2]) Ebenso Eck, „Vorträge über das Recht des Bürgerlichen Gesetzbuches", S. 53.

[3]) Ebenso Rosenberg, „Vereinsrecht", S. 15 ff.

mit einem derartigen Geschäftsbetriebe müßten der Konzessionspflicht unterworfen bleiben, damit nicht die strengen Normativbedingungen des Handesrechts dadurch illusorisch gemacht würden, daß die fraglichen Vereine nach Erfüllung der bei weitem leichteren Normativbedingungen des Bürgerlichen Gesetzbuches durch Eintragung ins Vereinsregister Rechtsfähigkeit erlangten.

Hiernach gehören von den Berufsvereinen der Arbeiter die Konsumvereine und die Produktivgenossenschaften zu den wirtschaftlichen Vereinen. Sie können daher, sofern sie sich nicht als handelsrechtliche Korporationen konstituieren, nur durch einzelstaatliche Konzession den Charakter einer juristischen Person erlangen.

Dagegen können Vereine, welche für den Streik organisieren, oder solche, welche durch Arbeitsnachweis oder Gewährung von Rechtshilfe die soziale Lage der Arbeiter heben wollen, als „ideale" Vereine ins Vereinsregister eingetragen werden.

Jedoch ist gerade mit Rücksicht auf diese Vereine die Bestimmung des § 61 des Bürgerlichen Gesetzbuches[1]) aufgenommen worden, wonach die Verwaltungsbehörde gegen die Eintragung Einspruch erheben kann, wenn der Verein nach dem öffentlichen Vereinsrecht unerlaubt ist oder verboten werden kann oder wenn er einen politischen, sozialpolitischen oder religiösen Zweck verfolgt. Durch diese Bestimmung ist ein verkapptes Konzessionssystem in das Gesetzbuch hineingetragen worden. An dieser Frage droht das ganze Werk zu scheitern: die verbündeten Regierungen vor allem Preußen legten auf diese Bestimmung das größte Gewicht, weil sie befürchteten, daß die politischen, sozialpolitischen und religiösen Vereine durch Erlangung der Rechtsfähigkeit eine zu große,

---

[1]) § 61. Wird die Anmeldung zugelassen, so hat das Amtsgericht sie der zuständigen Verwaltungsbehörde mitzuteilen.

Die Verwaltungsbehörde kann gegen die Eintragung Einspruch erheben, wenn der Verein nach dem öffentlichen Vereinsrecht unerlaubt ist oder verboten werden kann, oder wenn er einen politischen, sozialpolitischen oder religiösen Zweck verfolgt.

dem Gemeinwohl schädliche Macht erlangten. Nur mit schwerem Herzen entschloß sich der Reichstag, dem diskretionären Einspruchsrecht zuzustimmen.

Unter einem politischen Verein hat man einen solchen zu verstehen, welcher auf Gesetzgebung und Verwaltung einzuwirken beabsichtigt; es genügt nicht, wenn er nur auf öffentliche Angelegenheiten einzuwirken sucht.[1]) Demnach ist ein sozialpolitischer Verein ein solcher, welcher speziell in Bezug auf soziale Fragen die Organe des Staates zu beeinflussen bezweckt. Dagegen ist es nicht ausreichend, wenn ein Verein seine Mitglieder über politische und sozialpolitische Fragen aufklären will. Andererseits brauchen religiöse Vereine nicht nach außen einwirken zu wollen, der Zweck der Erbauung und Belehrung genügt bei ihnen. Der § 62 des Bürgerlichen Gesetzbuches[2]) statuiert ein Verwaltungsstreitverfahren, das sich aber nur auf die Frage beschränkt, ob ein politischer, sozialpolitischer oder religiöser Verein vorliegt, während die Erörterung über die Opportunität des Einspruchs in diesem Verfahren unzulässig ist.

So kann ein Gewerkverein wohl die Eintragung erlangen, wenn er sich von politischen Tendenzen fernhält. Tut er dies aber nicht, so steht die Eintragung im freien Ermessen der Verwaltungsbehörde und wird wohl regelmäßig verweigert werden.

Aber auch die Rechtsstellung eines eingetragenen Gewerkvereins ist eine recht prekäre. Nach § 43 Absatz 2 des Bürgerlichen Gesetzbuches kann ihm die Rechtsfähigkeit entzogen werden, wenn er einen wirtschaftlichen Geschäftsbetrieb zu verfolgen beginnt und dasselbe gilt nach Absatz 3, wenn er später anfängt, einen politischen, sozialpolitischen oder religiösen Zweck

---

[1]) Anders Planck zu § 61, S. 108. Ebenso Rosenberg a. a. O. S. 21, und Reichsgerichts-Entscheidung in Strafsachen, Band 22, S. 338.

[2]) § 62. Erhebt die Verwaltungsbehörde Einspruch, so hat das Amtsgericht den Einspruch dem Vorstande mitzuteilen.

Der Einspruch kann im Wege des Verwaltungsstreitverfahrens oder, wo ein solches nicht besteht, im Wege des Rekurses nach Maßgabe der §§ 20, 21 der Gewerbeordnung angefochten werden.

zu verfolgen. Wie leicht aber ein Gewerkverein als politischer angesehen wird, zeigt die oben bekämpfte Judikatur. Darnach genügt es, wenn der Verein gelegentlich einmal über eine Frage der Arbeiterschutzgesetzgebung eine Petition an den Reichstag abschickt. Es ist daher nicht zu verwundern, wenn die Berufsvereine es kaum versucht haben, durch Eintragung ins Vereinsregister juristische Personen zu werden.

Dagegen sind die vom Normativsystem beherrschten Handelskorporationen vielfach angewandt worden. Die Aktiengesellschaften, sowie die Aktien-Kommandit-Gesellschaften kommen freilich wegen ihrer schwerfälligen, dem großkapitalistischen Betriebe angepaßten Struktur für die Zwecke der Gewerkschaften weniger in Betracht. Dagegen sind „die Gesellschaften mit beschränkter Haftung“ (Gesetz vom 20. April 1892) für die Arbeiterberufsvereine sehr geeignet und beliebt. So ist z. B. das Berliner Gewerkschaftshaus am Engelufer Eigentum einer Gesellschaft mit beschränkter Haftung.

Die eingetragenen Genossenschaften, welche die Förderung des Erwerbs oder der Wirtschaft ihrer Mitglieder mittels gemeinschaftlichen Geschäftsbetriebes bezwecken (Gesetz vom 1. Mai 1889), kommen für die Arbeiterberufsvereine, hauptsächlich als Produktivgemeinschaften, als Konsumvereine und als Vereine zur Herstellung von Wohnungen, in Betracht. Jedoch erfreuen sich die Genossenschaften in Arbeiterkreisen nicht derselben Beliebtheit, wie im Kleinbürgertum.

Was die Versicherungsgesellschaften auf Gegenseitigkeit anlangt, so ist nach dem Reichsgesetz vom 12. Mai 1901 zur Gründung Konzessionierung erforderlich, die aber bei Vorhandensein bestimmter Garantien für die Solvenz der Gesellschaft nicht verweigert werden darf. Jedoch sind die Anforderungen noch schwerer als bei einer Aktien-Gesellschaft, sodaß ein Gewerkverein dieselben wohl nie erfüllen kann.

Es erhebt sich die Frage, wie alle diejenigen Gewerkvereine rechtlich zu beurteilen sind, welche die Rechtsfähigkeit nicht erlangt haben. Es gehört zweifellos die große Mehrzahl der Arbeiterberufsvereine zu dieser Kategorie der sog. nicht rechtsfähigen Vereine. Nur ein einziger Paragraph des Bürgerlichen Gesetzbuches, nämlich § 54, beschäftigt sich mit diesen Rechtsgebilden. Der Paragraph lautet:

„Auf Vereine, die nicht rechtsfähig sind, finden die Vorschriften über die Gesellschaft Anwendung. Aus einem Rechtsgeschäfte, das im Namen eines solchen Vereins einem Dritten gegenüber vorgenommen wird, haftet der Handelnde persönlich; haften mehrere, so haften sie als Gesamtschuldner."

Es kommen also die Normen über die Gesellschaft auf den nichtrechtsfähigen Verein zur Anwendung, mit der Maßgabe, daß die Vertreter stets persönlich haften, eine Vorschrift, welche mit den Regeln der direkten Stellvertretung im Widerspruch steht.

Da die meisten Vorschriften über die Gesellschaft dispositiver Natur sind, so kann ein nichtrechtsfähiger Verein sich durch Statuten, die auch stillschweigend vereinbart werden können, einem rechtsfähigen Verein in seiner juristischen Natur nähern.

So kann die Vorschrift des § 709 des Bürgerlichen Gesetzbuches, daß für jedes Geschäft die Zustimmung aller Gesellschafter erforderlich ist, dahin abgeändert werden, daß die Majorität der Mitglieder entscheiden soll. Es kann ferner dem Vorstande die Stellung geschäftsführender Gesellschafter mit der Befugnis zur gerichtlichen und außergerichtlichen Vertretung des Vereins eingeräumt werden. Es kann ferner bestimmt werden, daß der Verein durch die Kündigung von seiten eines Mitgliedes, durch die Konkurseröffnung über dessen Vermögen oder durch dessen Tod nicht aufgelöst werden, sondern unter den übrigen Mitgliedern fortbestehen soll. Ebenso können bezüglich des Ausschlusses eines Mitgliedes oder des Eintritts neuer Mitglieder vom Gesellschaftsrecht abweichende Bestimmungen getroffen werden. Schließlich kann auch vereinbart werden, daß einem ausscheidenden Mitgliede ein Anspruch auf Abschichtung nicht zusteht.

Was die Schulden eines nichtrechtsfähigen Vereins anlangt, so haften die Mitglieder für dieselben mit ihrem Privatvermögen und zwar nach §§ 427, 421 des Bürgerlichen Gesetzbuches für Vertragsverbindlichkeiten im Zweifel solidarisch. Jedoch kann die Haftung für die Schulden des Vereins dadurch auf das Vereinsvermögen beschränkt werden, daß die Vollmacht des Vorstandes insofern eingeengt wird, als er seine Auftraggeber nur in Höhe des jeweiligen Vereinsvermögens verpflichten kann.[1])

Wenn man weiter erwägt, daß ein nichtrechtsfähiger Verein nach § 50 Absatz 2 der Civil-Prozeßordnung als solcher verklagt werden kann, daß nach § 735 der Civil-Prozeßordnung zur Zwangsvollstreckung in sein Vermögen ein gegen den Verein ergangenes Urteil genügt, und daß nach § 213 der Konkursordnung über sein Vermögen ein selbständiges Konkursverfahren geführt werden kann, so ergibt sich aus dem Gesagten, daß ein nichtrechtsfähiger Verein einem rechtsfähigen in seinem Wesen sehr ähnlich werden kann.

Nur in drei Punkten werden sie sich stets voneinander unterscheiden, und zwar in zwei Punkten zu Gunsten des rechtsfähigen und in einem Punkte zu Gunsten des nichtrechtsfähigen Vereins.

Einmal ist dem nichtrechtsfähigen Verein der Grundbuchverkehr versperrt, ferner mangelt ihm die aktive Parteifähigkeit. Welche Übelstände sich aus dieser halben Parteifähigkeit des nichtrechtsfähigen Vereins ergeben, ist von Gierke a. a. O. Seite 43ff. überzeugend dargetan; es ist hier nicht der Ort, auf diese Frage des näheren einzugehen.

Dagegen haftet im Gegensatz zum rechtsfähigen der nichtrechtsfähige Verein nicht für denjenigen Schaden, den der Vorstand, ein Mitglied des Vorstandes oder ein anderer, verfassungsmäßig berufener Vertreter durch eine in Ausführung der ihm zustehenden Verrichtungen begangene, zum Schadensersatz verpflichtende Handlung einem Dritten zufügt (§ 31 des Bürgerlichen Gesetzbuches). Denn wie Gierke „Vereine ohne Rechtsfähigkeit“ Seite 19 Anmerkung 29 mit Recht ausführt, kann die Rechtsordnung, wenn sie die Verbandspersönlichkeit als solche nicht sehen will, ihr auch keine Verantwortlichkeit aufbürden.

---

[1]) Siehe Gierke, „Vereine ohne Rechtsfähigkeit“, S. 38 ff.

Der nichtrechtsfähige Verein, d. h. seine Mitglieder als solche, haften vielmehr für die Delikte der Vereinsorgane nur dann, wenn sie nicht nachweisen, daß sie bei der Auswahl der bestellten Person und, sofern sie Verrichtungen oder Gerätschaften zu beschaffen oder die Ausführung der Verrichtung zu leiten haben, bei der Beschaffung oder der Leitung die im Verkehr erforderliche Sorgfalt beobachtet haben, oder daß der Schaden auch bei Anwendung dieser Sorgfalt entstanden sein würde (§ 831 des Bürgerlichen Gesetzbuches).

§ 4.

Die Stellung der Arbeiterkoalitionen im Lohnkampf.[1])

Eine besondere Hervorhebung verdient die Stellung der Arbeiterkoalitionen im Lohnkampf. Die Frage, welche Einwirkungen die organisierten Arbeiter gegenüber ihren Kameraden und gegenüber den Unternehmern ausüben dürfen, beantwortet sich aus dem Prinzip der allgemeinen Handlungsfreiheit: erlaubt ist jede Einwirkung, welche nicht ein fremdes Recht verletzt oder sonst durch ein besonderes Gesetz verboten ist. Es ist einerlei, ob es sich dabei um eine strafrechtliche oder civilrechtliche Norm handelt, nur muß daran festgehalten werden, daß die Verletzung einer civilrechtlichen Norm den Verwaltungsbehörden keinen Anlaß geben darf, gegen die Arbeiterverbände einzuschreiten, denn eine derartige Verletzung gehört ausschließlich vor den Civilrichter.

Was die einschlägigen Strafbestimmungen angeht, so ist hier vor allem § 153 der Gewerbeordnung hervorzuheben.

Derselbe lautet:

„Wer andere durch Anwendung körperlichen Zwanges, durch Drohungen, durch Ehrverletzung oder durch Verrufserklärung bestimmt oder zu bestimmen versucht, an solchen

---

[1]) Siehe hierzu Landmann a. a. O. zu § 153 der Gewerbeordnung, S. 469 ff. — Stenglein, „Die strafrechtlichen Nebengesetze des Deutschen Reiches", Berlin 1903, zu § 153 der Gewerbeordnung, S. 921 ff.

Verabredungen (§ 152) teilzunehmen, oder ihnen Folge zu leisten, oder andere durch gleiche Mittel hindert oder zu hindern versucht, von solchen Verabredungen zurückzutreten, wird mit Gefängnis bis zu drei Monaten bestraft, sofern nach dem allgemeinen Strafgesetz nicht eine härtere Strafe eintritt."

Der § 153 der Gewerbeordnung trifft also nur die im § 152 bezeichneten Vereine, diese aber ohne Ausnahme; es darf daraus, daß § 153 nur von „Verabredungen", nicht auch von „Vereinigungen" spricht, nicht geschlossen werden, daß nach § 153 zwischen beiden unterschieden werden sollte, es war dieses offenbar nicht beabsichtigt (ebenso Reichsgericht Urteil vom 25. April 1902 Band 35 Seite 205).

Aus dem Gesagten ergibt sich, daß § 153 auch dann Platz greift, wenn ein unzulässiger Zwang zum Beitritt in einen Verein, der an keinen Streik denkt, sondern auf friedliche Weise seinen Mitgliedern bessere Arbeitsbedingungen verschaffen will, ausgeübt wird. Freilich dürfte dies nicht oft eintreffen, da wohl regelmäßig nur in der Hitze eines Lohnkampfes derartige Ausschreitungen vorkommen, woraus sich die Überschrift dieses Abschnittes der Arbeit rechtfertigt. Dagegen kann eine Bestrafung aus § 153 dann nicht eintreten, wenn es sich nur um sogenannte Machtstreiks handelt, wenn also z. B. ein mißliebiger Werkmeister verdrängt werden soll, wenn die Gewerkvereine vom Arbeitgeber verlangen, daß er nur organisierte Arbeiter beschäftige, oder wenn die Arbeiter am 1. Mai feiern wollen.

Es ist ferner hervorzuheben, daß nur der Zwang zum Beitritt zu Vereinigungen bestimmter Art verpönt ist, daß dagegen der Zwang zum Streik an sich aus § 153 niemals bestraft werden kann. Auch muß die Anwendung des körperlichen Zwanges, die Drohung, die Ehrverletzung, die Verrufserklärung gerade zu dem Zwecke erfolgt sein, um den Betroffenen zur Teilnahme an Vereinen der gedachten Art zu bewegen, es genügt keineswegs, wenn die Ausschreitungen mit dem Lohnkampfe zeitlich und örtlich zusammenfallen, wenn sie also aus Ärger darüber, daß der Betroffene bisher an den Verabredungen nicht teilgenommen hat, verübt worden sind.

Sehr lebhaft wird darüber gestritten, ob durch § 153 der Gewerbeordnung nur die auf derselben Seite des Lohnkampfes stehenden oder auch die Gegner geschützt werden. In dieser Form ist die Frage schief gestellt. Zweifellos kann das Delikt des § 153 nicht nur von Berufsgenossen gegen Berufsgenossen, sondern auch von irgend welchen anderen Personen begangen werden. Daher ist es auch nicht ausgeschlossen, daß ein vom Unternehmer gegen Arbeiter und umgekehrt ausgeübter Zwang zur Koalierung nach § 153 bestraft wird. Dieser Paragraph würde also z. B. Anwendung finden müssen, wenn ein Unternehmer, der seine Angestellten zu Harmonie-Aposteln machen möchte, dieselben durch Drohung mit einer an sich gerechtfertigten Strafanzeige dazu zwingen wollte, einem lammfrommen Gewerkvereine beizutreten, oder wenn die Arbeiter einen Unternehmer durch dasselbe Mittel zum Eintritt in einen arbeiterfreundlichen Unternehmerverein bewegen wollten.

Immer aber muß daran festgehalten werden, daß nur der Zwang zum Beitritt in die Vereine des § 152 und zur Erfüllung der in solchen Vereinen getroffenen Verabredungen gestraft wird. Niemals kann der § 153 dort in Frage kommen, wo die eine Partei die andere zur Annahme bestimmter Lohnbedingungen zwingen will. Es ist also rechtsirrig, wenn Arbeiter aus § 153 verurteilt worden sind, weil sie den Unternehmer durch Androhung irgend eines Übels zur Abschließung eines den Arbeitern günstigen Lohnvertrages zu bewegen suchten.[2] Denn die Arbeiter wollen doch nicht den Unternehmer zwingen, der in ihren Vereinen getroffenen Verabredung nur bei Gewährung bestimmter Vorteile zu arbeiten, „Folge zu leisten“, sondern sie wollen eben diese Vorteile selbst beim Unternehmer durchsetzen. Sie sagen nicht zu ihm: „Streike auch du, wenn wir nicht 4,50 Mk. Lohn pro Tag bekommen“; es wäre barer Unsinn, dieses Ansinnen an den Unternehmer

---

[1]) Insoweit übereinstimmend das Urteil des Reichsgerichts in Strafsachen vom 23. November 1897, Band 30, S. 359.

[2]) So Entscheidung des Oberlandesgerichts Celle vom 27. September 1890 bei Goltdammer, Band 38, S. 377 und des Kammergerichts vom 9. April 1894 bei Johow, Band 15, S. 241.

zu stellen, sie können es nur an ihre Kollegen richten, sondern sie erklären dem Unternehmer: „Gewähre uns 4,50 Mk. pro Tag, sonst legen wir die Arbeit nieder“.

Es ist daher nicht angängig, den zweiten Teil der ersten Alternative des § 153 „solchen Verabredungen (§ 152) Folge zu leisten“ auf derartige Lohnverhandlungen anzuwenden.[1]) Ob hierin eventuell der Tatbestand der Erpressung zu erblicken ist, wird unten zu erörtern sein.

Was die einzelnen im § 153 der Gewerbeordnung aufgezählten Mittel angeht, so ist unter Anwendung körperlicher Gewalt jegliche unmittelbare Einwirkung auf den Körper eines andern zu verstehen also nicht nur Mißhandlungen, sondern auch Freiheitsberaubung und die durch körperliche Gewalt verübte Nötigung. Drohung umfaßt die Inaussichtstellung irgend eines Übels, das an sich nicht rechtswidrig zu sein braucht. Es muß so dargestellt werden, als ob der Eintritt des Übels vom freien Belieben des Drohenden abhinge, sonst liegt eine bloße Warnung vor.[2])

Der Begriff der Ehrverletzung deckt sich mit dem der Beleidigung im Sinne der §§ 185 ff.[3]) des Strafgesetzbuches. Von Heinemann „Streikvergehen“ Seite 139 und von Brentano „Schutz den Arbeitswilligen“ (Berlin 1899) Seite 25 wird es als eine beklagenswerte Anomalie bezeichnet, daß eine Beleidigung nach § 193 des Strafgesetzbuches dann nicht bestraft würde, wenn sie zum Schutze berechtigter Interessen begangen sei, daß aber nach § 153 der Gewerbeordnung eine Ehrverletzung gerade deshalb geahndet würde, weil sie zum Schutze berechtigter Interessen, nämlich zur Durchführung der im § 152 der Gewerbeordnung sanktionierten Zwecke erfolgt sei. Dieser Deduktion ist nicht beizustimmen: nach § 193 des Strafgesetzbuches entschuldigt die Wahrnehmung eines berechtigten Interesses nur dann, wenn

---

[1]) Im Ergebnis übereinstimmend Heinemann, „Streikvergehen“, S. 153 und im Sozialpolitischen Zentralblatt, Band III, S. 525.

[2]) Siehe Entscheidung des Reichsgerichts in Strafsachen, Band 27, S. 307, Urteil vom 20. Juni 1895.

[3]) Anderer Ansicht ist Löwenfeld, „Koalitionsrecht und Strafrecht“, S. 505, der annimmt, daß der Begriff Ehrverletzung der weitere ist.

die Verletzung fremder Ehre zur Wahrnehmung des eigenen berechtigten Interesses absolut geboten war, und sofern nicht aus der Form der Äußerung oder aus den Umständen, unter welchen sie geschah, das Vorhandensein einer Beleidigung hervorgeht.[1]) Unter diesen Voraussetzungen würde aber auch § 153 der Gewerbeordnung nicht Platz greifen, denn dann würde das Tatbestandsmerkmal der Ehrverletzung entfallen. Rufen jedoch die streikenden Arbeiter den Arbeitswilligen Schimpfworte zu, so muß eine Bestrafung aus § 153 der Gewerbeordnung eintreten — sofern die Voraussetzungen dieses Paragraphen im übrigen vorliegen —, denn in einem solchen Falle würde das Vorhandensein einer Ehrverletzung aus der Form der Äußerung hervorgehen.

Unter Verrufserklärung ist die an Gleichgesinnte gerichtete Aufforderung zu verstehen, mit einer bestimmten Person jede persönliche Berührung zu vermeiden. Sie enthält begrifflich nicht notwendig eine Beleidigung, wird aber meistens mit einer solchen verbunden sein.

Nach dem Gesagten kann es leicht geschehen, daß § 153 der Gewerbeordnung mit Delikten des allgemeinen Strafrechts, namentlich mit Körperverletzung, Beleidigung, Freiheitsberaubung, Nötigung und Bedrohung mit einem Verbrechen zusammentrifft: es ist z. B. eine Beleidigung begangen worden, um den Verletzten zum Beitritt in einen nach § 152 der Gewerbeordnung geschützten Verein zu bewegen.

In einem solchen Falle tritt keine Idealkonkurrenz im Sinne des § 73 des Strafgesetzbuches ein, sondern das Delikt des allgemeinen Strafrechts findet allein Anwendung, denn wie die Schlußworte „sofern nach dem allgemeinen Strafrecht nicht eine härtere Strafe eintritt“ ergeben, ist der § 153 der Gewerbeordnung eine subsidiäre Rechtsnorm, welche nur dann Platz greift, wenn kein schwereres Delikt Anwendung findet. Hierbei ist jedoch zu berücksichtigen, daß viele der in Frage kommenden Delikte des allgemeinen Strafrechts nur auf An-

---

[1]) Siehe Reinhard Frank, „Das Strafgesetzbuch für das Deutsche Reich“, 3. und 4. Auflage, Leipzig 1903, zu § 193 des Strafgesetzbuches, S. 263 ff.

trag verfolgbar sind, wie z. B. die einfache Körperverletzung und die Beleidigung, und daß andererseits nach § 153 der Gewerbeordnung der Versuch dem vollendeten Vorgehen in der Bestrafung gleichsteht. Kann wegen fehlenden Antrages eine Verurteilung aus §§ 185ff. und 223 des Strafgesetzbuches nicht erfolgen, so tritt die subsidiäre Vorschrift des § 153 der Gewerbeordnung in Anwendung. Hierdurch kann es kommen, daß der Täter sich schlechter steht, als wenn der Antrag gestellt worden wäre. Denn nach §§ 185 und 223 des Strafgesetzbuches kann bis auf 3 Mk. Geldstrafe heruntergegangen werden, während nach § 153 der Gewerbeordnung auf Gefängnis erkannt werden muß.

Eine große Rolle spielt der Arbeitsvertragsbruch bei fast jedem Streik. Die Arbeiter legen oft die Arbeit nieder, ohne die gesetzlich erforderlichen Kündigungsfristen innezuhalten. Es ist daher von großer Bedeutung, welche Rechtsfolgen sich an den Vertragsbruch knüpfen.

Nach Reichsrecht ist nur durch die Seemannsordnung § 93 (früher § 81) in Übereinstimmung mit § 298 des Strafgesetzbuches der Vertragsbruch des angeheuerten Seemannes mit öffentlicher Strafe bedroht, dagegen ist durch die §§ 124^{b} ff. der Gewerbeordnung bestimmt, daß der vertragsbrüchige Arbeiter sowie der Unternehmer, welcher ihn zum Vertragsbruch angestiftet hat oder ihn später für die Zeit, in der er noch einem andern Unternehmer verpflichtet war, trotz Kenntnis hiervon in Arbeit nimmt, einen typischen Schadensersatzanspruch in Höhe des ortsüblichen Tagelohns für jeden Tag der Versäumnis bis zu einer Woche zu zahlen hat, eine Vorschrift, die nach § 134 der Gewerbeordnung bezüglich der Fabrikarbeiter in Fabriken von mindestens 20 Arbeitern nur gilt, wenn sie vereinbart ist.

Nach einigen Landesrechten ist auch der Vertragsbruch des Gesindes und der ländlichen Arbeiter mit öffentlicher Strafe bedroht. So bestimmt z. B. das preußische Gesetz vom 24. April 1854 in den §§ 1 und 2 für den alten Umfang der Monarchie mit Ausnahme von Hohenzollern folgendes:

„§ 1. Gesinde, welches hartnäckigen Ungehorsam oder Widerspenstigkeit gegen die Befehle der Herrschaft oder der zu seiner Aufsicht bestellten Personen sich zu schulden kommen läßt, oder ohne gesetzmäßige Ursache den Dienst versagt oder verläßt, hat auf den Antrag der Herrschaft, unbeschadet deren Rechte zu seiner Entlassung oder Beibehaltung, Geldstrafe bis zu 5 Talern oder Gefängnis bis zu drei Tagen verwirkt.

Dieser Antrag kann nur innerhalb vierzehn Tagen seit Verübung der Übertretung, oder, falls die Herrschaft wegen der letzteren das Gesinde vor Ablauf der Dienstzeit entläßt, vor dieser Entlassung gemacht werden.

Den Antrag auf Grund des Gesetzes vom 14. Mai 1852 (Gesetzsammlung Seite 245) bei der Lokalpolizeibehörde anzubringen, ist nur dann zulässig, wenn weder die Herrschaft, noch ein von ihr bestellter Stellvertreter oder ein Beamter der Herrschaft die Lokalpolizei verwaltet. An Stelle der Lokalpolizei tritt in diesem Falle der Landrat.

Bis zum Anfang der Vollstreckung der Strafe ist die Zurücknahme des Antrages zulässig.

§ 2. Die Bestimmungen des § 1 finden auch Anwendung:

a) auf die bei Stromschiffern in Dienst stehenden Schiffsknechte (Gesetz vom 23. September 1835, Gesetzsammlung Seite 222) — bezüglich der Schiffsknechte durch §§ 124b, 125,6 der Gewerbeordnung aufgehoben —;

b) auf das Verhältnis zwischen den Personen, welche den zu Diensten verpflichtenden bäuerlichen Besitzern zur Verrichtung dieser Dienste gestellt werden, und den Dienstberechtigten oder den von ihnen bestellten Aufsehern;

c) auf das Verhältnis zwischen dem Besitzer eines Landgutes oder einer anderen Acker- oder Forstwirtschaft, sowie den von ihm zur Aufsicht über die Wirtschaftsarbeiten bestellten Personen und solchen Dienstleuten, welche gegen Gewährung einer Wohnung in den ihm gehörigen oder auf dem Gute befindlichen Gebäuden und gegen einen im voraus bestimmten Lohn behufs der Bewirtschaftung angenommen sind (Instleute, herrschaftliche Tagelöhner, Einlieger, Katenleute u. dgl.);

d) auf das Verhältnis zwischen solchen Handarbeitern, welche sich zu bestimmten land- oder forstwirtschaftlichen Arbeiten, wie z. B. Erntearbeiten auf Acker und Wiese, Meliorationsarbeiten, Holzschlagen etc. verdungen haben, und dem Arbeitgeber oder den von ihm bestellten Aufsehern." [1])

An der Giltigkeit dieser Strafbestimmungen kann kaum gezweifelt werden, denn es ist absolut nicht ersichtlich, daß das Reichsstrafrecht die Materie des Vertragsbruchs hat erschöpfend regeln wollen.[2])

Wenn der Vertragsbruch auch regelmäßig nicht strafbar ist, so fällt doch die Aufforderung zum Vertragsbruch, sofern eine prinzipielle Auflehnung gegen das Gesetz gewollt ist, unter § 110 des Strafgesetzbuches, denn dieser Paragraph macht keinen Unterschied zwischen Civilnormen oder öffentlichem Recht; auch aus inneren Gründen läßt sich das Gegenteil nicht entnehmen. Zwar verfolgt der Staat eine bloße Verletzung eines Privatrechts an sich nicht, er hat aber doch ein vitales Interesse daran, daß seine Rechtsnormen — seien sie auch nur civile — nicht prinzipiell negiert werden. Voraussetzung bleibt hierbei aber immer, daß wirklich ein grundsätzlicher Angriff gegen die Rechtsnorm beabsichtigt ist. Wollte man dieses leugnen, so wäre § 111 des Strafgesetzbuches nur ein Unterfall des § 110 und es wäre unverständlich, warum das Strafmaß gerade bei der Aufforderung zum Ungehorsam gegen Strafgesetze soweit heruntergesetzt sein sollte. Es ist demnach nicht strafbar, wenn öffentlich den Arbeitern gesagt wird: „Legt morgen ohne Kündigung eure Arbeit nieder". Geht dagegen die Aufforderung dahin: „Kümmert euch überhaupt nicht mehr um eure Vertragsverpflichtungen", so kommt § 110 des Strafgesetzbuches in Anwendung.[3])

---

[1]) Siehe bei Groschuff, „Die Preußischen Strafgesetze", Berlin 1894, S. 301 ff., die dort abgedruckten Gesetze vom 6. Februar 1878 und 27. Juni 1886, welche auch für Schleswig-Holstein und Hessen-Nassau Kontraktbruch des Gesindes mit Strafe bedrohen.

[2]) Ebenso Nußbaum, „Zur rechtlichen Lage der Landarbeiter" in Schmollers Jahrbuch für Gesetzgebung, Verwaltung und Volkswirtschaft im Deutschen Reich, Band 25. S. 993 ff.

[3]) Eine Bestrafung der Aufforderung zum Vertragsbruch nimmt auch das Reichsgericht an, Urteil vom 3. Dezember 1889, Band 20, S. 63. Dagegen v. Liszt, „Lehrbuch des deutschen Strafrechts, 12. und 13. Auflage, Berlin 1903, S. 565, im Gegensatz zu früheren Auflagen, und Frank, Kommentar, S. 163, zu § 110

Vielfach ist die durch die Presse veröffentlichte Boykotterklärung und das Streikpostenstehen als grober Unfug bestraft worden.[1]) Diese Judikatur kann nicht als zutreffend erachtet werden: § 360 Ziffer 11 des Strafgesetzbuches greift richtiger Ansicht nach nur dann Platz, wenn der äußere Bestand der öffentlichen Ordnung gefährdet erscheint, nicht schon dann, wenn eine größere nicht durch individuelle Bande verknüpfte Menschenzahl sich in ihrem Empfinden verletzt fühlt.[2]) Wollte man das letztere annehmen, so würde damit jede öffentliche Kritik, welche nach dem rein subjektiven Ermessen des Richters ungehörig erschiene, verboten sein, nach dieser Ansicht wäre § 360 Ziffer 11 des Strafgesetzbuches eine Strafandrohung von unbestimmtester Allgemeinheit, durch welche der Grundsatz des § 2 des Strafgesetzes „nulla poena sine lege" im praktischen Erfolge völlig wieder beseitigt wäre.[3])

Mögen sich daher auch die Gewerbetreibenden infolge einer öffentlichen Sperre- und Boykotterklärung in ihrer ökonomischen Stellung bedroht fühlen und mögen sie auch große pekuniäre Verluste erleiden, so kann von einer Anwendung des §360 Ziffer 11 des Strafgesetzbuches deshalb keine Rede sein, weil der äußere Bestand der öffentlichen Ordnung durch eine solche Boykottierung nicht gefährdet erscheint.

Was das Streikpostenstehen angeht, so ist unbedingt zuzugeben, daß bei dieser Gelegenheit ruhestörender Lärm oder grober Unfug verübt werden kann, an sich aber enthält das Streikpostenstehen nicht die Tatbestandsmerkmale des groben Unfugs. Solange die Streikposten den äußeren Bestand der öffentlichen Ordnung nicht stören, kann von einer Anwendung des § 360 Ziffer 11 des Strafgesetzbuches nicht die Rede sein.

---

des Strafgesetzbuches und R. Löning, Handwörterbuch der Staatswissenschaften, Band I, S. 1006.

[1]) Siehe Entscheidungen des Reichsgerichts in Strafsachen, Urteil vom 14. Juni 1895, Band 27, S. 292, und die von Legien, „Koalitionsrecht", S. 82 ff. erwähnten Entscheidungen anderer Gerichte.

[2]) Ebenso Frank, Kommentar zu § 360, Ziffer 11, S. 488 ff., und v. Liszt, Lehrbuch, S. 623.

[3]) Siehe Reichsgerichts-Entscheidung in Strafsachen, Band 19, S. 294, Band 31, S. 185, und Band 32, S. 100.

Dagegen kann gegen die Streikposten vorgegangen werden, falls sie einer Polizeiverordnung zuwider den zur Aufrechterhaltung der öffentlichen Ruhe, Sicherheit und Ordnung auf der Straße erlassenen Anordnungen der Aufsichtsbeamten keine Folge leisten. Das Kammergericht hat verschiedentlich, so z. B. in dem Urteil vom 23. November 1899 (Deutsche Juristenzeitung Band V Seite 167) die Ansicht vertreten, daß es unerheblich sei, ob die ergangene Aufforderung zur Erhaltung der Sicherheit notwendig war, daß es vielmehr genüge, wenn die Aufforderung diesen Zweck verfolgte. Danach wäre der einzelne Passant auf der Straße gezwungen, auch dem unbilligsten und unvernünftigsten Befehl eines Schutzmannes Folge zu leisten. Es kann aber nicht als Absicht der Verordnung angesehen werden, daß einem untergeordneten Polizeiorgan eine derartige souveräne Gewalt hat eingeräumt werden sollen.[1])

Hiermit ist der Fall nicht zu verwechseln, daß die durch das Staatsrecht der Einzelstaaten berufenen Organe auf Grund des ihnen zustehenden Polizeiverordnungsrechts das Streikpostenstehen als solches schlechthin verbieten.[2]) Ob ein derartiges direktes Verbot sich mit dem Reichsrecht vereinen läßt, ist sehr bestritten. Die Frage wurde akut, als der Senat in Lübeck folgende Verordnung erließ:

Verordnung,
betreffend das Verbot des Streikpostenstehens.

Der Senat hat beschlossen und verordnet hierdurch:

Personen, welche planmäßig zum Zwecke der Beobachtung oder Beeinflussung der Arbeiter einer Arbeitsstelle oder des Zuzugs von Arbeitern zu einer Arbeitsstelle an einem öffentlichen Orte sich aufhalten, werden mit Geldstrafe bis zu 150 Mk. oder mit Haft bestraft.

---

[1]) Neuerdings soll nach Heinemann, „Soziale Praxis“, Band 12, S. 227 das Kammergericht seine frühere Ansicht aufgegeben haben. Da Heinemann keine Erkenntnisse zitiert, läßt sich diese Angabe nicht nachprüfen.

[2]) Vor einer Verwechslung dieser beiden Fälle warnt auch Groschuff in der Deutschen Juristenzeitung, Bd. 5, S. 522.

Beschlossen Lübeck in der Versammlung des Senats am 21. April 1900."

Bekanntlich wurde diese Verordnung vom Reichsgericht durch das Urteil vom 4. Februar 1901 (Band 34 Seite 121) für ungiltig erklärt. Dieses Urteil kann nicht als richtig anerkannt werden.

Es wird allgemein zugegeben, daß der Senat nach Lübecker Staatsrecht zum Erlasse von Polizeiverordnungen berechtigt ist. Jedoch wird gegen die Gültigkeit eingewendet, daß die Verordnung mit den §§ 240 des Strafgesetzbuches und 153 der Gewerbeordnung in Widerspruch träte. Nach den genannten Paragraphen werde die Freiheit der Arbeitswilligen nur geschützt, wenn als Mittel zur Nötigung entweder Gewalt oder Bedrohung mit einem Verbrechen oder Vergehen, andererseits körperliche Gewalt, Ehrverletzung, Verrufserklärung oder Drohung in Frage kämen. Darüber hinausgehend stelle die zitierte Verordnung aber unzulässigerweise auch das Streikpostenstehen als Mittel zur Einwirkung auf den Willen der Arbeitswilligen unter Strafe.

Diese Deduktion ist nicht durchschlagend, auch wenn man zugibt, daß die Überschrift einen Teil der Verordnung darstellt, daß dieselbe also mit anderen Worten nur im Falle eines Streiks Platz zu greifen habe. Denn es wird hierbei übersehen, daß das Streikpostenstehen nicht notwendig als Mittel zur Erwirkung eines bestimmten Verhaltens in Betracht kommt. Es kann auch angewendet werden, um Erkundigungen einzuziehen, um statistisches Material zu sammeln oder um die Arbeiter, ohne sie zu einem konkreten Tun oder Unterlassen zu bewegen, über bestimmte Punkte aufzuklären. Mithin greift die zitierte Verordnung nicht in die vom Reichsrecht erschöpfend geregelte Materie der gegen die Freiheit der Entschließung gerichteten Delikte ein.

Auch ein Hinweis auf § 366 Ziffer 10 des Strafgesetzbuches kann nicht zur Annahme der Ungiltigkeit führen. Es ist freilich zuzugeben, daß die Lübecker Verordnung insofern über den Rahmen des § 366 Ziffer 10 des Strafgesetzbuches hinausgeht, als jeder Ort nicht nur die im § 366 Ziffer 10 des Strafgesetzbuchs aufgezählten öffentlichen Wege, Straßen, Plätze und Wasserstraßen als Tatort in Betracht kommen. Es kann aber nicht angenommen werden, daß die Blankettstrafvorschrift des § 366 Ziffer 10 des Strafgesetzbuchs die Materie der gegen die öffentliche Ruhe, Sicherheit und Ordnung gerichteten Delikte hat erschöpfend regeln wollen. Es muß vielmehr daran festgehalten werden, daß es den nach Landesrecht berufenen Organen nach wie vor gestattet sein muß, auch abgesehen von § 366 Ziffer 10 des Strafgesetzbuchs die zur Aufrechterhaltung des äußeren Bestandes der öffentlichen Ordnung ihnen geeignet erscheinenden Polizeiverordnungen zu erlassen. In diesem Falle steht dem Richter selbstredend nicht zu, nachzuprüfen, ob die Verordnung notwendig oder zweckmäßig ist. Wenn es also z. B. durch eine Polizeiverordnung bei Strafe verboten wäre, auf einem Bürgersteige in einer Reihe mit vier Personen zu gehen, so könnten die Angeklagten sich nicht darauf berufen, daß durch ein derartiges truppweises Gehen die öffentliche Ordnung nicht gestört würde. Ebenso können sich die Streikposten, falls das Postenstehen an sich unter Strafe gestellt ist, nicht damit entschuldigen, daß durch ihr Verhalten in concreto eine Gefährdung oder Verletzung der öffentlichen Ordnung nicht eingetreten ist.

Durch die Lübecker Verordnung wird auch nicht § 152 der Gewerbeordnung verletzt, denn eine Handlung, welche an und für sich strafbar ist, kann nicht dadurch zu einer straflosen werden, daß es den im § 152 der Gewerbeordnung sanktionierten Zwecken dient. Ein Gewerkverein, der in Preußen ohne polizeiliche Erlaubnis einen öffentlichen Aufzug veranstaltete, könnte sich nicht durch den Nachweis der Strafe entziehen, daß er den Aufzug nur vorgenommen habe, um für sich Mitglieder zu werben, daß er sich mithin in Ausübung des ihm reichsrechtlich zustehenden Koalitionsrechts befunden habe. Denn wie in der Moral, so heiligt auch im Rechte der Zweck die Mittel nicht.[1])

Was das Verhältnis der Arbeitervereine zu der gegnerischen

---

[1]) Im Ergebnis übereinstimmend Stenglein, „Gerichtssaal“, Band 58, S. 448 ff.

Seite, den Unternehmern, anlangt, so sind die Vertreter streikender Vereine oftmals wegen Erpressung verurteilt worden, weil sie den Unternehmern im Falle der Ablehnung ihrer Forderungen mit Sperre und Boykott gedroht hatten. Auch das Reichsgericht hat im Urteil vom 8. Oktober 1890 Band 21 Seite 114 diese Judikatur bestätigt. Die Entscheidung gibt zu erheblichen Bedenken Anlaß.

Zuzugeben ist ohne weiteres, daß eine Berufung auf § 152ff. der Gewerbeordnung unzulässig ist. Denn liegen im übrigen die Voraussetzungen der Erpressung vor, so kann die Handlung nicht dadurch zu einer straflosen werden, daß sie in Ausübung des Koalitionsrechtes verübt ist. Es ist auch ferner richtig, daß man unter einen „rechtswidrigen Vermögensvorteil" einen solchen zu verstehen hat, auf welchen die Partei keinen Anspruch hat (ebenso v. Liszt, Lehrbuch Seite 471 Reichsgericht, Entscheidung in Strafsachen Band 26 Seite 354).

Die entgegengesetzte von Frank Seite 341 vertretene Ansicht, ein rechtswidriger Vorteil sei ein solcher, welcher civilrechtlich anfechtbar sei, läuft auf einen Zirkelschluß hinaus, denn das Civilrecht verweist durch die Worte des Bürgerlichen Gesetzbuches § 123 „widerrechtlich durch Drohung" selbst seinerseits auf das Strafrecht.

Die Absicht der Erlangung eines rechtswidrigen Vermögensvorteils im Sinne des Strafrechts liegt mithin nicht nur dann vor, wenn wie in dem zitierten Falle, die Arbeiter für eine Zeit in der Vergangenheit, wo sie tatsächlich nicht gearbeitet haben, die Auszahlung von Lohn verlangen, sondern auch dann, wenn sie für die Zukunft nach Kündigung des laufenden Vertrages höhere Löhne erstreben.

Damit soll dieses Streben durchaus nicht verdammt werden, es ist an sich ein durchaus berechtigtes. Nur darf nicht als Mittel zu diesem Zweck versucht werden, durch Gewalt oder Drohung auf einen fremden Willen einzuwirken, dann liegt Erpressung bezw. Versuch vor. Im Gegensatz zur Nötigung, § 240 des Strafgesetzbuches, wo Drohung mit einem Verbrechen oder Vergehen gefordert wird, genügt also bei der Erpressung, daß irgend ein Übel, das an sich nicht einmal rechtswidrig zu sein braucht, dem Gegner in Aussicht gestellt wird. In der zitierten Entscheidung geht das Reichsgericht so weit, daß schon die Erklärung der Streikkommission, die Wiederaufnahme würde bei ablehnendem Bescheide von allen Arbeitern unterbleiben, als eine Drohung im Sinne des § 253 des Strafgesetzbuches ansieht.[1]) Das geht offenbar zu weit: dann würde sich auch jeder Kaufmann, welcher nicht unter einem bestimmten Preise verkaufen zu wollen erklärt, der Erpressung schuldig machen. Eine Drohung kann darin nicht erblickt werden, daß die Arbeiter von ihrer natürlichen Handlungsfreiheit, Verträge abzuschließen oder nicht, Gebrauch machen. Treten sie zu diesem Zwecke mit dem Gegenkontrahenten in Verhandlung und weisen ihn auf die für ihn verhängnisvollen Folgen einer Ablehnung ihrer Offerte hin, so überschreiten sie damit die ihnen gezogenen Grenzen der erlaubten Vertragsverhandlungen nicht. Es kann auch keinen Unterschied machen, ob sie hierbei etwas mehr oder weniger höflich auftreten und ob sie mehr oder weniger Siegeszuversicht zur Schau tragen. Gehen sie jedoch noch einen Schritt weiter, stellen sie ein Übel in Aussicht, das nicht bloß daraus resultiert, daß sie die Bedingungen des Unternehmers nicht annehmen, so machen sie sich allerdings der Drohung im Sinne des § 253 des Strafgesetzbuches schuldig, z. B. sie erklären: „Wenn Sie uns nicht 10 Pfennig pro Tag mehr Lohn zahlen, so zeigen wir Sie wegen Majestätsbeleidigung an". Hierin würde, auch wenn die Denunziation begründet wäre, zweifellos eine Erpressung liegen. Im Einzelfalle kann es sehr zweifelhaft sein, ob ein mit der Nichteingehung des Vertrages nicht in unmittelbarem Zusammenhange stehendes Übel in Aussicht gestellt ist. Sehr schwierig ist der Fall der Sperre und des Boykotts zu beurteilen. Erklären z. B. die Vertreter der streikenden Gewerkschaften dem betreffenden Unternehmer, mit

---

[1]) „Es sind die Angeklagten in höhnischer und dreister Weise mit der einseitigen Aufforderung und Ankündigung gegenübergetreten, daß der geforderte Arbeitslohn noch an demselben Tage bis Nachmittag an die Lohnkommission auszuzahlen sei, widrigenfalls von den Arbeitern gestreikt würde (oder widrigenfalls die Arbeit von den Arbeitern am nächsten Morgen nicht wieder aufgenommen würde)".

dem sie in Unterhandlung stehen, sie würden schon dafür Vorsorge treffen, daß er weder von organisierten, noch von unorganisierten Arbeitern Ersatz erhielte, so weisen sie damit nicht bloß hin auf die notwendigen Folgen der Weigerung ihrer Auftraggeber, die Bedingungen des Unternehmers anzunehmen, sondern sie stellen ein hiermit nicht unmittelbar im Zusammenhang stehendes Übel, das durch besondere Vorkehrungen, wie Annoncen in den Blättern erst hervorgerufen werden soll, in Aussicht. Dasselbe gilt bezüglich des Boykotts: erklären z. B. die streikenden Brauer, sie würden im Falle der Ablehnung ihrer Forderungen es mit allen Mitteln durchzusetzen suchen, daß die Brauerei ihr Bier nicht mehr verkaufen könne, so ist es ziemlich klar, daß sie damit ein Übel in Aussicht stellen, das mit dem Eingehen oder Nichteingehen des Arbeitsvertrages in gar keinem Zusammenhang steht.

Auch eine Bestrafung wegen Nötigung kann die Arbeiter infolge ihrer Verhandlungen mit den Unternehmern treffen. Bei der Nötigung ist die Erlangung eines rechtswidrigen Vermögensvorteils als Motiv nicht Tatbestandsmerkmal, es kann daher auch bei reinen Machtstreiks eine Verurteilung wegen Nötigung erfolgen, dagegen ist das genannte Delikt, wie schon gesagt, insofern enger, als Drohung mit einem Verbrechen oder Vergehen vorliegen muß. Hauptsächlich dürfte bei Streiks das Vergehen der Beleidigung in Frage kommen. § 240 des Strafgesetzbuchs würde also Anwendung finden müssen, wenn die Arbeiter dem Unternehmer erklärten: „Wenn Sie den Werkmeister X. nicht sofort entlassen, oder die Fabrikordnung in diesem oder jenem Punkte ändern, so werden wir in unseren Blättern erklären, daß sie ein ganz gemeiner Menschenschinder sind“.

Zum Schlusse erübrigt es sich noch, auf die civilrechtlichen Folgen, welche die im Streikkampfe angewandten Mittel eventuell nach sich ziehen können, mit wenigen Worten einzugehen.[1]) Soweit nach dem Gesagten Erpressung und Nötigung

---

[1]) Siehe Liechti, „Die Verrufserklärungen im modernen Erwerbsleben, speziell Boykott und Arbeitersperre“, Zürich 1897.

in Frage kommen, können die auf Grund solcher unzulässiger Einwirkungen abgeschlossenen Verträge nach § 123 des Bürgerlichen Gesetzbuchs vom Gegner angefochten werden, auch ist eine Verurteilung zum Schadensersatze auf Grund des § 823 Absatz 2 des Bürgerlichen Gesetzbuchs[1]) in Verbindung mit §§ 240, 253 des Strafgesetzbuches möglich.

Soweit also nach dem Gesagten der Tatbestand der Erpressung oder Nötigung vorliegt, besteht ein Ersatzanspruch gegen den Täter, denn die Strafgesetze der §§ 240 und 253 des Strafgesetzbuches bezwecken zweifellos den Schutz des Genötigten. Darüber hinausgehend gewährt der § 823 Absatz 1 des Bürgerlichen Gesetzbuches einen noch weitergehenden Ersatzanspruch, indem die Freiheit ausdrücklich unter die dort aufgezählten Individualrechte aufgenommen ist. Unter Freiheit ist nicht nur die Summe der durch die einschlägigen Strafandrohungen, wie Freiheitsentziehung, Nötigung, Erpressung u. s. w. geschützten Rechtsgüter, sondern die ungestörte Willensbetätigung überhaupt, auch soweit sie nicht durch Strafgesetze geschützt wird, zu verstehen.[2])

Wenn also z. B. die Arbeiter den Unternehmer vor die Wahl stellen würden: entweder den mißliebigen Werkmeister X. zu entlassen oder von ihnen wegen einer begangenen Straftat angezeigt zu werden, so läge ein Strafvergehen nicht vor. Zur Erpressung fehlt das Tatbestandsmerkmal der Gewinnsucht und zur Nötigung das Mittel der Gewalt oder der Drohung mit einem Verbrechen oder Vergehen. Trotzdem würde eine Schadensersatzpflicht sich aus § 823 Absatz 1 des Bürgerlichen

---

[1]) § 823. Wer vorsätzlich oder fahrlässig das Leben, den Körper, die Gesundheit, die Freiheit, das Eigentum oder ein sonstiges Recht eines Andern widerrechtlich verletzt, ist dem Anderen zum Ersatze des daraus entstehenden Schadens verpflichtet.

Die gleiche Verpflichtung trifft denjenigen, welcher gegen ein den Schutz eines Anderen bezweckendes Gesetz verstößt. Ist nach dem Inhalt des Gesetzes ein Verstoß gegen dieses auch ohne Verschulden möglich, so tritt die Ersatzpflicht nur im Falle des Verschuldens ein.

[2]) Ebenso v. Liszt, „Die Deliktsobligationen im System des Bürgerlichen Gesetzbuches“, Berlin 1898, S. 24.

Gesetzbuches ergeben, denn in obiger Drohung wäre eine unzulässige Einwirkung auf fremde Willensbetätigung, mithin eine Verletzung der „Freiheit“ im Sinne des Bürgerlichen Gesetzbuches zu erblicken.

Es erhebt sich schließlich die Frage, ob sich ein Schadensersatzanspruch auch an solche Streikkampfmittel knüpft, die weder eine Übertretung eines der erwähnten Strafgesetze, noch die Verletzung des Individualrechts der Freiheit enthalten. Solche Fälle lassen sich wohl denken. Es wird z. B. über einen Unternehmer die Sperre oder der Boykott verhängt, ohne daß ihm diese Maßregeln oder ein anderes Übel vorher angedroht wären.

Soweit hierin nicht zugleich eine Verletzung der Ehre des Unternehmers liegt und daher entweder § 824 des Bürgerlichen Gesetzbuches oder § 823 Absatz 2 des Bürgerlichen Gesetzbuches in Verbindung mit §§ 185 ff. des Strafgesetzbuches anzuwenden sind, kommt allein § 826 des Bürgerlichen Gesetzbuches[1]) in Frage. Denn wie sich aus der Vorgeschichte und der Systematik des Gesetzbuches ergibt, ist der Kreis der im § 823 Absatz 1 des Bürgerlichen Gesetzbuches aufgezählten Individualrechte ein geschlossener. Es ist unzulässig, den Schutz des § 823 auch auf andere Rechtsgüter, welche keine subjektiven Rechte im strengeren Sinne sind, auszudehnen. Man darf daher nicht etwa, der französischen Praxis folgend, ein Individualrecht des ungestörten Gewerbebetriebes konstruieren und dann aus der vorsätzlichen oder fahrlässigen Verletzung dieses Rechts einen Schadensersatzanspruch ableiten.[2]) Nach dem Bürgerlichen Gesetzbuche kann vielmehr bei Boykott und Sperre nur die vorsätzliche gegen die guten Sitten verstoßende Schadenszufügung in Frage kommen.

Der § 826 des Bürgerlichen Gesetzbuches unterscheidet

---

[1]) § 826. „Wer in einer gegen die guten Sitten verstoßenden Weise einem Anderen vorsätzlich Schaden zufügt, ist dem Anderen zum Ersatze des Schadens verpflichtet.“

[2]) Übereinstimmend Planck zu § 823, Band II, S. 606 und die dort zitierten. Dagegen v. Liszt, „Deliktsobligationen“, S. 22. — Siehe auch Code civil, Artikel 1382 und §§ 8 und 10 des Allgemeinen Landrechts, I, 6.

sich vom § 823 des Bürgerlichen Gesetzbuches dadurch, daß er stets Vorsatz erfordert, während § 823 Absatz 1 immer, Absatz 2 regelmäßig Fahrlässigkeit mit umfaßt. Ferner ist bei § 826 notwendig, daß sich der Vorsatz auch auf die Schadenszufügung erstreckt. Der Handelnde muß also vorhergesehen haben, daß der Schaden entstehen würde. Dieses Erfordernis ist richtiger Ansicht nach sonst nicht vorhanden.

Andererseits ist § 826 insofern außerordentlich weit, als er jede sittenwidrige Schadenszufügung umfaßt. Damit ist dem Civilrichter ein sehr weitgehendes freies Ermessen eingeräumt und ihm eine schwere Aufgabe gestellt worden. Es läßt sich nicht leugnen, daß innerhalb des Deutschen Reichs die Ansichten darüber, was gegen die guten Sitten verstößt, in den verschiedenen Gegenden und Bevölkerungsklassen sehr weit auseinandergehen. Das zeigt sich so recht bei der vorliegenden Frage, bei der Beurteilung des Boykott. Ein Arbeiter, welcher von einem Unternehmer-Syndikat auf die schwarze Liste gesetzt und dadurch völlig brotlos geworden ist, würde zweifellos in dieser Maßregel einen groben Verstoß gegen die guten Sitten sehen, während die Unternehmer nur ihr Recht, ihre Gehilfen nach freiem Belieben zu wählen, auszuüben glauben. Andererseits würde ein von Arbeiterkoalitionen geboykotteter, dem wirtschaftlichen Ruin naher Unternehmer rasch bereit sein, sich auf § 826 des Bürgerlichen Gesetzbuches zu berufen, während die Arbeiterverbände in einer derartigen Civilklage aller Wahrscheinlichkeit nach ein Attentat gegen ihr Koalitionsrecht erblicken würden. Wie aber soll der Richter entscheiden?

Es muß daran festgehalten werden, daß durch den § 826 des Bürgerlichen Gesetzbuches der mit unserer individualistischen Gesellschaftsordnung notwendig verknüpfte wirtschaftliche Kampf keineswegs unterbunden, sondern nur vor Ausschreitungen bewahrt werden sollte. Durch § 826 des Bürgerlichen Gesetzbuches sollte nicht schlechthin verboten werden, im Konkurrenzkampfe dem Gegner vorsätzlich Schaden zuzufügen, um ihn zu einem bestimmten Tun oder Unterlassen zu nötigen. Nur wenn hierbei ein Verhalten, das von jedem anständig und rechtlich denkenden Menschen verpönt werden muß, eingeschlagen würde, sollte die Ersatzpflicht eintreten.

Hierbei darf nicht ein einzelnes Moment in einseitiger Weise in den Vordergrund geschoben werden, sondern es müssen alle in Betracht kommenden Umstände des einzelnen Falles gewürdigt werden. Es muß einerseits festgestellt werden. welche Nachteile dem Verletzten zugefügt sind, andererseits muß berücksichtigt werden, welche berechtigten Interessen der Schädigende verficht. Nur wenn der zugefügte Schaden zu den verteidigten Interessen in einem exorbitanten Mißverhältnis steht, würde ich das Verhalten des Schädigers als gegen die guten Sitten verstoßend ansehen.

An und für sich verstoßen daher weder der von den Arbeitern gegen einzelne Unternehmer verhängte Boykott oder die Sperre, noch die sogenannten schwarzen Listen der Unternehmerverbände gegen § 826 des Bürgerlichen Gesetzbuches. Der einzelne Fall kann jedoch anders liegen. Ein Unternehmer wird z. B. deshalb, weil er frivole Forderungen der Arbeiter zurückgewiesen hat, durch Boykott von jedem Verkehr mit der Außenwelt abgesperrt und geht wirtschaftlich zu Grunde — ein Fall, der bei der heutigen Machtlage kaum vorkommen dürfte — oder ein Arbeiter wird, weil er einem bestimmten Gewerkverein angehört, von einem mächtigen Unternehmerverbande mit einem solchen Erfolge auf die schwarze Liste gesetzt, daß er dauernd nirgends eine seinen Fähigkeiten entsprechende Arbeit finden kann. In solchen Fällen würde ich allerdings § 826 des Bürgerlichen Gesetzbuches für anwendbar erachten.[1])

Besonders hervorzuheben ist der Umstand, daß nach dem Bürgerlichen Gesetzbuch im Gegensatz zum Code civil nur der Ersatz des Vermögensschadens verlangt werden kann. Hat

---

[1]) Abweichend Brückmann, Juristische Wochenschrift, Band 31, S. 626 ff., welcher in den schwarzen Listen als solchen schlechthin einen Verstoß gegen die guten Sitten erblickt. Siehe Entscheidungen des Reichsgerichts in Civilsachen, Urteil vom 25. Juni 1889, Band 28, S. 238; Urteil vom 29. Mai 1902, Band 51, S. 382; Urteil vom 26. März 1903, Deutsche Juristenzeitung, Band 8, S. 249.

also ein Unternehmer, dem im übrigen aus irgend einem der obigen Tatbestände ein Ersatzanspruch zustehen würde, viel Ärger und Verdruß erduldet, ist aber ein Vermögensschaden nicht nachweisbar, so geht er leer aus: sein dommage moral wird ihm nicht vergütet.

Insoweit nach dem Gesagten ein Schadensersatzanspruch gegeben ist, insoweit kann auch auf Unterlassung des rechtswidrigen Verhaltens in der Zukunft geklagt werden. Diese Regel gilt nicht nur bei der Verletzung eines subjektiven Rechts, sondern auch dann, wenn abgesehen hiervon die Voraussetzungen der Deliktshaftung vorliegen. Auch § 826 des Bürgerlichen Gesetzbuches macht keine Ausnahme: es kann demnach auch auf Unterlassung einer vorsätzlich illoyalen Handlung von seiten des mit Schaden Bedrohten geklagt werden. Voraussetzung bleibt nur, daß bereits illoyale Handlungen im Sinne des § 826 des Bürgerlichen Gesetzbuches begangen worden sind und daß weitere derartige Verletzungen der guten Sitte in der Zukunft zu befürchten sind.[1])

§ 5.

Die Reformbedürftigkeit des Koalitionsrechts.[2])

Was die Reformbedürftigkeit des Koalitionsrechts angeht, so ist vor allem zu wünschen, daß § 152 der Gewerbeordnung von den Beschränkungen befreit wird, welche ihm noch anhängen, also Ausdehnung auf Streiks aller Art, auch auf Machtstreiks. Die Beschränkung auf reine Lohnstreiks ist innerlich nicht gerechtfertigt. Das Interesse der Arbeiter, auch in anderen Fragen, abgesehen von reinen Lohnfragen, ihrem Willen durch

---

[1]) Ebenso Entscheidungen des Reichsgerichts in Civilsachen, Band 48, S. 118 ff. Urteil vom 11. April 1901.

[2]) Siehe die Verhandlungen der am 23. bis 25. September 1899 in Köln abgehaltenen Versammlung des Vereins für Sozialpolitik über die Handhabung des Vereins- und Koalitionsrechtes der Arbeiter im Deutschen Reiche, insbesondere das Referat von E. Löhning, Leipzig 1898.

Koalierung Nachdruck zu verleihen, ist mindestens ebenso schutzwürdig wie die Geldfrage. Ferner muß § 152 der Gewerbeordnung auch auf diejenigen Gewerbe ausgedehnt werden, deren Arbeiter bisher des reichsrechtlichen Koalitionsrechts ermangelten, also auf die Eisenbahnangestellten, die Seeleute, die landwirtschaftlichen Arbeiter, das Gesinde.

Wenn oft eingewendet wird, daß durch die Gewährung des uneingeschränkten Koalitionsrechts an die Eisenbahnarbeiter und Seeleute die Streikgefahr in diesen für die Gesamtheit so überaus wichtigen Betrieben verstärkt und dadurch das Gemeinwohl geschädigt würde, so wird hierbei übersehen, daß gerade unorganisierte Arbeiter am meisten vom Streikfieber befallen werden, während die starken, einflußreichen Gewerkvereine Arbeitseinstellungen leicht verhindern, weil sie die Arbeiter an Disziplin gewöhnen. Außerdem würde ein Koalitionsverbot doch nur dazu führen, daß die verbotenen Vereine im Geheimen weiter existierten und gerade dadurch dem Radikalismus umsomehr anheimfielen. Vollends ist es durch nichts gerechtfertigt, den ländlichen Arbeitern und dem Gesinde das Koalitionsrecht vorzuenthalten, während man es den Arbeitgebern gewährt. Es liegt hierin eine außerordentliche Bevorzugung der Unternehmer, insbesondere des ländlichen Großgrundbesitzes, denn durch diese Beschränkung sind die Arbeiter den Arbeitgebern im Lohnkampf hintenangesetzt. Man kann diese ungleiche Behandlung auch nicht durch Berufung auf die sog. Leutenot rechtfertigen. Die Abneigung der Arbeiter gegen das Landleben wird dadurch, daß den Landarbeitern ein so wichtiges Grundrecht wie die Koalitionsfreiheit vorenthalten wird, nicht gehoben, sondern vergrößert.

Aber mit der Ausdehnung des § 152 der Gewerbeordnung allein ist es nicht geschehen, endlich muß auch das in Artikel 4 Ziffer 16 der Reichsverfassung in Aussicht gestellte Reichsvereinsgesetz zur Wahrheit werden. Es ist bedauerlich, daß noch immer, fast ein Menschenalter seit Wiederaufrichtung des Deutschen Reiches, auf diesem Gebiete eine halb komische, halb klägliche Rechtszersplitterung herrscht, als ob wir noch immer in den Zeiten lebten, wo die Geschicke des deutschen

Volkes in der Eschenheimer Gasse zu Frankfurt a. Main und nicht vielmehr im inschriftlosen Hause am Königsplatz entschieden würden.

Als Grundlage kommt allein das Repressivsystem sowohl für Vereine, als für Versammlungen in Frage. Das Preußische Gesetz vom 11. März 1850 könnte im wesentlichen als Ausgangspunkt dienen. Nur müßte der Torso des § 8, also die Bestimmung, daß Frauen, Schüler und Lehrlinge weder Mitglieder politischer Vereine werden, noch an den Versammlungen solcher Vereine teilnehmen dürfen, in Wegfall kommen. Die Vorschrift des § 8a l. c. paßt auf die sozialen Zustände der Gegenwart, wie die Faust aufs Auge: heutzutage, wo auch die Frau mehr und mehr in den Kampf ums Dasein hineingezogen wird, wo die Frauenbewegung immer größere Fortschritte macht, ist es einfach ein Unding, die Frau aus solchen Vereinen und Versammlungen auszuschließen, in welchen eine Einwirkung auf Gesetzgebung und Verwaltung beabsichtigt wird.

Gerade für die Gewerkschaftsbewegung ist jener Paragraph verhängnisvoll; er macht es den Arbeiterinnen in der Praxis fast unmöglich, sich der Gewerkschaftsbewegung anzuschließen. Freilich schützt auch sie der § 152 der Gewerbeordnung, aber treten sie in einen Berufsverein, so ist dieser der Auflösung verfallen, sobald er anfängt, sich irgendwie mit Politik zu beschäftigen. Es ist darum geboten, diese Bestimmung sobald wie möglich zu beseitigen.

Was die civilrechtlichen Fragen angeht, so ist die Bestimmung des § 152 Absatz 2 der Gewerbeordnung, durch welche die civilrechtlichen Verpflichtungen der Mitglieder untereinander zu rein naturalen herabgedrückt werden, zu verwerfen. Durch diese Vorschrift wird den Gewerkvereinen die solide juristische Grundlage genommen, es wird ihnen erschwert, sich wirtschaftlich zu konsolidieren, was an sich wenig zu wünschen ist, da finanziell starke Berufsvereine erfahrungsmäßig die geringste Neigung haben, sich in frivole, aussichtslose Streiks einzulassen.

Weit schädlicher aber noch, als diese Vorschrift ist der § 61 des Bürgerlichen Gesetzbuches, wonach die Verwaltungsbehörden gegen die Eintragung eines idealen Vereins Einspruch erheben können, wenn der Verein einen politischen, sozialpolitischen oder religiösen Zweck verfolgt. Ein derartiges diskretionäres Einspruchsrecht der Verwaltungsbehörden, welches im Rahmen unseres vom Normativsystem beherrschten Privatrechts als Anomalie erscheint, wird nur zu leicht als Klassenjustiz empfunden und ist jedenfalls gänzlich ungeeignet, einen sicheren Rechtszustand zu schaffen.

Es wird nun freilich eingewendet, der Staat dürfe Vereinen, welche, wie die sozialdemokratischen Berufsvereine, die herrschende Staats- und Gesellschaftsordnung prinzipiell angriffen, nicht den großen Machtzuwachs, den sie durch Erlangung des Charakters der juristischen Person gewinnen würden, gewähren. Wenn man aber, ohne sich vom roten Gespenst ängstigen zu lassen, der Sache juristisch auf den Grund geht, so wird man finden, daß es nicht ersichtlich ist, inwiefern der Staat oder das Gesamtwohl dadurch Schaden nehmen könnte, daß die Gewerkvereine die Möglichkeit erhielten, juristische Personen zu werden. Auch jetzt können sie als nichtrechtsfähige Vereine Vermögen sammeln, indem sie Inhaberpapiere oder blankoindossierte Wechsel für sich erwerben. Der Grundbuchverkehr ist ihnen allerdings versperrt, legen sie hierauf aber Wert, wollen sie z. B. eine Hypothek erwerben, so müssen sie sich einen Treuhänder bestellen. Wenn sie sich aber hierauf nicht einlassen mögen, weil das Kapital erheblich und daher das Risiko zu groß ist, so können sie sich als Gesellschaftung mit beschränkter Haftung konstituieren, hiergegen steht der Verwaltungsbehörde kein Einspruchsrecht zu.

Im Gegenteil ist es für das Gemeinwohl nur wünschenswert, wenn die Zahl der nichtrechtsfähigen Vereine dieser proteischen Rechtsgebilde nach Möglichkeit vermindert wird. Wie auch Eck in seinen Vorlesungen Seite 79ff. hervorhebt, sind die Bestimmungen des Bürgerlichen Gesetzbuches über diese Materie nicht glücklich und geben zu vielen Unklarheiten Anlaß. Dadurch, daß man den nichtrechtsfähigen Vereinen die aktive Parteifähigkeit nahm, hat man nicht nur sie selbst fast rechtlos gemacht, sondern man hat auch ihre Gläubiger geschädigt, man braucht nur an den Fall zu denken, daß ein Gläubiger eine dem Verein zustehende Forderung gepfändet hat. Kann er sie einklagen?

Es ist deshalb nicht nur im Interesse des einzelnen Vereins, sondern auch im Gesamtwohl nur dringend zu wünschen, daß es den Gewerkvereinen nicht erschwert werden möchte, juristische Personen zu werden. Hoffentlich wird die Bestimmung des § 61 des Bürgerlichen Gesetzbuches beseitigt werden, wenn der Reichstag in der nächsten Legislaturperiode über ein Gewerkvereinsgesetz zu beschließen haben wird.

Gewährt man in dieser Weise ein unbeschränktes Koalitionsrecht, so muß man auch, soll das Koalitionsrecht nicht in einen Koalitionszwang ausarten, dafür Sorge tragen, daß alle diejenigen, die sich einem Verbande nicht anschließen oder einen Streik nicht mitmachen wollen, in ihrer freien Willensbestimmung geschützt werden. Ein energischer Schutz der Arbeitswilligen ist ein dringendes Gebot eines jeden Rechtsstaates. Ich kann mich der von Sombart „Dennoch", Seite 75 vertretenen Ansicht[1]), daß die Verrufserklärung der Gewerkveine gegen die außenstehenden Arbeiter ein zulässiges, ja notwendiges Kampfmittel sei, nicht anschließen. Damit wäre die große Masse der nichtorganisierten Arbeiter der Willkür der Gewerkvereine und ihrer Führer völlig preisgegeben. Das Koalitionsrecht wäre vernichtet und an seine Stelle träte der Terrorismus der Arbeitervereine.

Es könnte eingewendet[2]) werden, daß es besonderer Bestimmungen zum Schutze der Arbeitswilligen gar nicht bedürfe, weil die allgemeinen Strafgesetze vollständig ausreichten, auch sei es unzulässig, eine Handlung, welche an sich straflos sei, deshalb unter Strafe zu stellen, weil sie gelegentlich der Ausübung des Koalitionsrechts vorgenommen sei, darum müsse § 153 der Gewerbeordnung aufgehoben werden. Der letztere

---

1) „Will man einer Korporation die Verrufserklärung unmöglich machen, so entzieht man ihr ihr wesentlichstes Schutz- und Verteidigungsmittel gegen die sie in ihrem Bestande angreifenden Elemente."

2) Siehe Brentano, „Schutz der Arbeitswilligen", S. 26.

Einwand läuft auf ein petitio principii hinaus: es fragt sich ja gerade, ob eine besondere Strafandrohung Platz zu greifen hat.

Diese Frage ist nach meiner Ansicht zu bejahen. Die Arbeitswilligen sind durch die allgemeinen Strafgesetze nicht genügend geschützt. Es ist daran zu erinnern, daß die Nötigung nur dann strafbar ist, wenn Drohung mit einem Verbrechen oder Vergehen als Mittel angewendet wird, daß also die Drohung mit anderen Übeln nicht ausreicht. Noch wichtiger ist der Umstand, daß Beleidigung, Körperverletzung und Sachbeschädigung nur auf Antrag verfolgbar sind, daß aber die Arbeitswilligen erfahrungsmäßig zu eingeschüchtert sind, um die Stellung des Strafantrages zu wagen. Eine spezielle Regelung dieser Materie erscheint erwünscht.

Eine solche wurde durch den Gesetzentwurf „zum Schutze des gewerblichen Arbeitsverhältnisses" vom Jahre 1899 unternommen, nachdem schon durch die Novelle vom 6. Juli 1890 eine Erweiterung des § 153 der Gewerbeordnung beantragt, vom Reichstag aber nicht angenommen worden war.[1])

---

[1]) § 153 der Gewerbeordnung in der in der Gesetzesvorlage vom 6. Juli 1890 vorgeschlagenen Fassung:

Wer es unternimmt, durch Anwendung körperlichen Zwanges, durch Drohungen, durch Ehrverletzungen oder durch Verrufserklärung

1. Arbeiter oder Arbeitgeber zur Teilnahme an Verabredungen der im § 152 bezeichneten Art zu bestimmen oder am Rücktritt von solchen Verabredungen zu hindern,
2. Arbeiter zur Einstellung der Arbeit zu bestimmen oder an der Fortsetzung oder Annahme der Arbeit zu hindern,
3. Arbeitgeber zur Entlassung von Arbeitern zu bestimmen oder an der Annahme von Arbeitern zu hindern,

wird mit Gefängnis nicht unter einem Monat bestraft. Ist die Handlung gewohnheitsmäßig begangen, so tritt Gefängnisstrafe nicht unter einem Jahr ein.

Die gleichen Strafvorschriften finden auf denjenigen Anwendung, welcher Arbeiter zur widerrechtlichen Einstellung der Arbeit oder Arbeitgeber zur widerrechtlichen Entlassung von Arbeitern öffentlich auffordert.

Entwurf eines Gesetzes zum Schutze des gewerblichen Arbeitsverhältnisses.

§ 1.

Wer es unternimmt, durch körperlichen Zwang, Drohung, Ehrverletzung oder Verrufserklärung Arbeitgeber oder Arbeitnehmer zur Teilnahme an Vereinigungen und Verabredungen, die eine Einwirkung auf Arbeits- und Lohnverhältnisse bezwecken, zu bestimmen, oder von der Teilnahme an solchen Vereinigungen oder Verabredungen abzuhalten, wird mit Gefängnis bis zu einem Jahre bestraft.

Sind mildernde Umstände vorhanden, so ist auf Geldstrafe bis zu eintausend Mark zu erkennen.

§ 2.

Die Strafvorschriften des § 1 finden auch auf denjenigen Anwendung, welcher es unternimmt, durch körperlichen Zwang, Drohung, Ehrverletzung oder Verrufserklärung

1. zur Herbeiführung oder Förderung einer Arbeiteraussperrung Arbeitgeber zur Entlassung von Arbeitern zu bestimmen oder an der Annahme oder Heranziehung solcher zu hindern,
2. zur Herbeiführung oder Förderung eines Arbeiterausstandes Arbeitnehmer zur Niederlegung der Arbeit zu bestimmen oder an der Annahme oder Aufsuchung von Arbeit zu hindern,
3. bei einer Arbeiterausperrung oder einem Arbeiterausstande die Arbeitgeber oder Arbeitnehmer zur Nachgiebigkeit gegen die dabei vertretenen Forderungen zu bestimmen.

§ 3.

Wer es sich zum Geschäft macht, Handlungen der in den §§ 1, 2 bezeichneten Art zu begehen, wird mit Gefängnis nicht unter drei Monaten bestraft.

§ 4.

Dem körperlichen Zwange im Sinne der §§ 1 bis 3 wird die Beschädigung oder Vorenthaltung von Arbeitsgerät, Arbeitsmaterial, Arbeitserzeugnissen oder Kleidungsstücken gleichgeachtet.

Der Drohung im Sinne der §§ 1 bis 3 wird die planmäßige Überwachung von Arbeitgebern, Arbeitnehmern, Arbeitsstätten, Wegen, Straßen, Plätzen, Bahnhöfen, Wasserstraßen, Hafen- und sonstigen Verkehrsanlagen gleichgeachtet.

Eine Verrufserklärung oder Drohung im Sinne der §§ 1 bis 3 liegt nicht vor, wenn der Täter eine Handlung vornimmt, zu der er berechtigt ist, insbesondere wenn er befugterweise ein Arbeits- oder Dienstverhältnis ablehnt, beendigt oder kündigt, die Arbeit einstellt, eine Arbeitseinstellung oder Aussperrung fortsetzt, oder wenn er die Vornahme einer solchen Handlung in Aussicht stellt.

§ 5.

Wird gegen Personen, die an einem Arbeiterausstand oder an einer Arbeiteraussperrung nicht oder nicht dauernd teilnehmen oder teilgenommen haben, aus Anlaß dieser Nichtbeteiligung eine Beleidigung mittels Tätlichkeit, eine vorsätzliche Körperverletzung oder eine vorsätzliche Sachbeschädigung begangen, so bedarf es zur Verfolgung keines Antrages.

§ 6.

Wer Personen, die an einem Arbeiterausstand oder einer Arbeiteraussperrung nicht oder nicht dauernd teilnehmen oder teilgenommen haben, aus Anlaß dieser Nichtbeteiligung bedroht oder in Verruf erklärt, wird mit Gefängnis bis zu einem Jahre bestraft.

Sind mildernde Umstände vorhanden, so ist auf Geldstrafe bis zu eintausend Mark zu erkennen.

§ 7.

Wer an einer öffentlichen Zusammenrottung, bei der eine Handlung der in den §§ 1 bis 6 bezeichneten Art mit vereinten Kräften begangen wird, teilnimmt, wird mit Gefängnis bestraft.

Die Rädelsführer sind mit Gefängnis nicht unter drei Monaten zu bestrafen.

§ 8.

Soll in den Fällen der §§ 1, 2, 4 ein Arbeiterausstand oder eine Arbeiteraussperrung herbeigeführt oder gefördert werden und ist der Ausstand oder die Aussperrung mit Rücksicht auf die Natur oder Bestimmung des Betriebes geeignet, die Sicherheit des Reiches oder eines Bundesstaates zu gefährden oder eine gemeine Gefahr für Menschenleben oder für das Eigentum herbeizuführen, so tritt Gefängnisstrafe nicht unter einem Monat, gegen die Rädelsführer Gefängnisstrafe nicht unter sechs Monaten ein.

Ist infolge des Arbeiterausstandes oder der Arbeiteraussperrung eine Gefährdung der Sicherheit des Reiches oder eines Bundesstaates eingetreten oder eine gemeine Gefahr für Menschenleben oder das Eigentum herbeigeführt worden, so ist auf Zuchthaus bis zu drei Jahren, gegen die Rädelsführer auf Zuchthaus bis zu fünf Jahren zu erkennen.

Sind in den Fällen des Abs. 2 mildernde Umstände vorhanden, so tritt Gefängnisstrafe nicht unter sechs Monaten, für die Rädelsführer Gefängnisstrafe nicht unter einem Jahre ein.

§ 9.

Soweit nach diesem Gesetze eine gegen einen Arbeitgeber gerichtete Handlung mit Strafe bedroht ist, findet die Strafvorschrift auch dann Anwendung, wenn die Handlung gegen einen Vertreter des Arbeitgebers gerichtet ist.

§ 10.

Die Vorschriften dieses Gesetzes finden Anwendung

1. auf Arbeits- und Dienstverhältnisse, die unter den § 152 der Gewerbeordnung fallen,
2. auf alle Arbeits- oder Dienstverhältnisse in solchen Reichs-, Staats- oder Kommunalbetrieben, die der Landesverteidigung, der öffentlichen Sicherheit, dem öffentlichen Verkehr oder der öffentlichen Gesundheitspflege dienen,
3. auf alle Arbeits- und Dienstverhältnisse in Eisenbahnunternehmungen.

§ 11.

Der § 153 der Gewerbeordnung wird aufgehoben.

Der Entwurf litt, abgesehen von seinen juristisch-technischen Mängeln,[1]) an zwei sozialpolitischen Grundfehlern: einmal regelt er das Koalitionsproblem nur nach der negativen, nicht nach der positiven Seite, er stellte weitgehende strafrechtliche Tatbestände gegen den Mißbrauch des Koalitionsrechts auf, er unterließ es aber völlig, auch nach der positiven Seite hin dem Koalitionsrechte die notwendige Ausdehnung zu geben, zweitens ging der Entwurf, was die Zahl und den Umfang der Strafrechtstatbestände und was die Höhe der angedrohten Strafen anlangt, über das Gebotene weit hinaus.

Der Entwurf wurde dann auch vom Reichstag, ohne auch nur einer Kommissionsberatung gewürdigt zu werden, mit großer Majorität abgelehnt.

Trotz dieses vollständigen Mißerfolges erscheint ein zweiter Versuch der reichsgesetzlichen Regelung der Koalitionsfrage und des Schutzes des Arbeitsverhältnisses geboten: nur müssen die Fehler des Entwurfs von 1899 vermieden werden. Deshalb ist neben dem Schutze der Arbeitswilligen auch die Ausdehnung des Koalitionsrechts, wie sie im vorigen Abschnitt dieser Arbeit gefordert ist, in den neuen Entwurf aufzunehmen.

Der § 153 der Gewerbeordnung wäre wohl geeignet, als Grundlage zu dienen, wenn er der ihn einengenden Bestimmungen entkleidet würde. Es ist ein Mangel des § 153 der Gewerbeordnung, daß er nur den Zwang zum Eintritt und Nichtaustritt bezüglich der im § 152 der Gewerbeordnung erwähnten Vereine bestraft. Er greift also, wie schon oben ausgeführt, weder Platz, wenn es sich um Machtstreiks handelt, noch auch wenn andere als die in der Gewerbeordnung geregelten Gewerbe in Frage kommen. Auch wird nur der Zwang zum Beitritt zu Verabredungen, nicht auch der Zwang zum Streik unter Strafe gestellt werden. In all den drei Punkten wäre § 153 der Gewerbeordnung auszudehnen. Aber es müßte nicht nur der Zwang zum Eintritt und Nicht-Austritt, sondern auch der unzulässige Zwang zum Nichteintritt oder

---

[1]) Siehe hierzu die Artikel in der Deutschen Juristenzeitung, Band IV von Jastrow S. 251, von v. Lilienthal S. 425 ff. und von Stenglein S. 429 ff.

Austritt aus dem Verein bestraft werden. Wie diejenigen, welche sich einer Verbindung nicht anschließen wollen, so müssen auch die Arbeiter, welche sich organisieren wollen, in ihrer Freiheit geschützt werden. Durch eine derartige Bestimmung würden junge, schwache Gewerkvereine gegen solche Unternehmer, welche prinzipiell darauf ausgehen, das Koalitionsrecht der Arbeiter in der Praxis illusorisch zu machen, gedeckt werden.[1])

Ferner dürfte es sich noch empfehlen, den im § 153 der Gewerbeordnung aufgezählten Mitteln des sog. „rattening" hinzuzufügen, man versteht hierunter im Anschluß an § 7 Ziffer 3 der englischen Conspiracy and Protection of Property Act vom 13. August 1875 die vorsätzliche Wegnahme, Vorenthaltung und Beschädigung der Werkzeuge, Kleidungstücke und ähnlicher Gegenstände, welche dem Arbeitswilligen gehören oder von ihm benutzt werden.[2])

Weiter zu gehen in der Aufstellung von Strafrechtstatbeständen, erscheint dagegen nicht geboten. Insbesondere liegt keine Notwendigkeit vor, die im § 153 der Gewerbeordnung aufgezählten Mittel noch weiter auszudehnen, namentlich würde die Einreihung des Streikpostenstehens[3]) unter die unerlaubten Mittel den Arbeitern den Lohnkampf fast unmöglich machen.

Es muß vielmehr den Streikenden die Möglichkeit gewahrt bleiben, durch Postenstehen mit den am Streik Unbeteiligten in Berührung zu kommen, um sie zum Anschluß zu bewegen. Etwaige unzulässige Einwirkungen wären durch die oben vorgeschlagenen Bestimmungen gedeckt.

Sehr wenig empfehlenswert sind die Bestimmungen der §§ 5 und 6 des Entwurfs, wonach eine gegen einen Arbeitswilligen aus Anlaß seiner Nichtbeteiligung am Streike verübte tätliche Beleidigung, vorsätzliche Körperverletzung und vorsätzliche Sachbeschädigung auch ohne Antrag verfolgbar sein und

---

[1]) Ähnliche Bestimmungen enthielten §§ 1 und 2 Ziff. 1 und 2 des Entwurfs von 1899.

[2]) Siehe § 4, Absatz 1 des Entwurfs von 1899. Übereinstimmend van der Borght, „Weiterbildung des Koalitionsrechts", S. 48.

[3]) Dieses tat der Entwurf von 1899 im § 4 Absatz 2.

eine Bedrohung und Verrufserklärung auch dann strafbar sein sollte, wenn sie nur in Anlaß des Streiks und nicht zur Einwirkung des Beitritts gegen den Arbeitswilligen begangen würde. Durch eine derartige Ausdehnung der Strafvorschriften würde ein ehrlicher Friedensschluß zur Beendigung des Streiks sehr erschwert, wenn ein jeder befürchten muß, daß wegen irgend eines unbedachten Wortes, durch das nicht einmal eine Einwirkung auf fremden Willen beabsichtigt war, von Amtswegen gegen ihn eingeschritten werden müßte.

Was den von den Arbeitern auf den Unternehmer ausgeübten Zwang zur Annahme bestimmter Forderungen angeht, so ist § 253 des Strafgesetzbuches derart weit, daß nur eine Einschränkung, nicht eine Erweiterung der Strafbarkeit in Frage kommen kann. § 2 Ziffer 3 des Entwurfs von 1899 wollte allerdings schon jeden durch die Mittel des § 153 der Gewerbeordnung also auch durch Drohung mit einem an sich nicht rechtswidrigen Übel ausgeführten Zwang zur Annahme von Forderungen mit Strafe belegen, dadurch würde aber das Koalitionsrecht der Arbeiter nahezu illusorisch gemacht, denn was sollen sie machen, wenn sie den Unternehmer nicht durch Drohung mit einem Streik zur Nachgiebigkeit zwingen dürfen? Es muß vielmehr der § 253 des Strafgesetzbuches noch weiter eingeschränkt werden.[1]) Am meisten dürfte sich empfehlen, entsprechend dem Betruge das Erfordernis der Vermögensbeschädigung in den Tatbestand der Erpressung aufzunehmen. Es könnte dann in solchen Fällen wenigstens eine Verurteilung wegen Erpressung nicht erfolgen, in denen der Unternehmer durch Drohung zu Arbeitsverträgen genötigt worden wäre, welche zwar für die Arbeiter noch günstiger als die bisherigen sind, andererseits aber in Anbetracht der Konjunktur auch für den Unternehmer als vorteilhaft bezeichnet werden können.

Bezüglich des Strafmaßes empfiehlt es sich, den Strafrahmen des § 153 der Gewerbeordnung sowohl nach oben als nach unten auszudehnen. Namentlich muß auch auf Geldstrafe von

---

[1]) Dieses wurde nicht durch § 4, Absatz 3 des Entwurfs von 1899 erreicht. Denn was dort als erlaubt angeführt wurde, nämlich die Drohung mit Auflösung eines Arbeitsverhältnisses, ist auch nach geltendem Rechte nicht verboten.

3 M. an erkannt werden können, damit die Anomalie, mit §§ 185 und 223 des Strafgesetzbuches beseitigt wird. Für solche, welche es sich zum Geschäft machen, Streikdelikte zu begehen, eine besondere Strafbestimmung zu erlassen, wie es § 3 des Entwurfs wollte, dürfte sich erübrigen, wenn der Strafrahmen nach oben weit genug, etwa bis zu einem Jahre Gefängnis ausgedehnt würde.

Vollends war es durchaus ungerechtfertigt, wenn der Entwurf von 1899 im § 8 Absatz 2 die in den §§ 1, 2 und 4 erwähnten Streikexzesse dann mit Zuchthaus bis zu drei Jahren und gegen Rädelsführer bis zu fünf Jahren bedrohte, wenn infolge des Arbeiterausstandes oder der Arbeitersperre — also nicht bloß infolge der Streikexzesse — eine Gefährdung der Sicherheit des Reiches oder eines Bundesstaates eingetreten oder eine gemeine Gefahr für Menschenleben oder das Eigentum herbeigeführt worden war. Ganz abgesehen davon, daß die erwähnten Begriffe ziemlich unklar und verschwommen sind, daß namentlich jede scharfe Abgrenzung zwischen den beiden Alternativen des ersten und zweiten Absatzes fehlt, so verletzt es jedes Rechtsgefühl, wenn Handlungen, wie Streikexzesse, die in der Hitze des Lohnkampfes entschuldbarer erscheinen, jedenfalls nicht als ehrenrührig angesehen werden, mit der eo-ipso infamierenden Zuchthausstrafe bedroht sein sollen.

Was den Arbeitsvertragsbruch anlangt, so würde ich eine kriminelle Bestrafung schlechthin nicht empfehlen. Freilich kann man gegen die Zulässigkeit einer derartigen Bestrafung nicht einwenden, es handle sich nur um den Schutz von Privatrechten, deren Verteidigung man dem einzelnen überlassen müsse; denn wäre dieser Einwand richtig, so müßte auch z. B. der Diebstahl straflos bleiben. Ob ein Unrecht nur civilrechtliche oder auch strafrechtliche Folgerungen nach sich ziehen soll, muß vielmehr die Kriminalpolitik von Fall zu Fall entscheiden.

Meiner Meinung nach liegt bezüglich der meisten Gewerbe ein öffentliches Interesse dafür, daß die konkreten Arbeitsbedingungen innegehalten werden, nicht vor. Nur betreffend der Eisenbahnangestellten und der im § 10 Ziffer 2 des Entwurfs von 1899 aufgezählten Kategorien, nämlich der Arbeiter, welche in Reichs-, Staats- oder Kommunalbetrieben, die der Landesverteidigung, der öffentlichen Sicherheit, dem öffentlichen Verkehr oder der öffentlichen Gesundheitspflege dienen, beschäftigt sind, möchte ich eine Ausnahme machen. Eine plötzliche Arbeitseinstellung von seiten der in den genannten Betrieben beschäftigten Arbeiter ohne Einhaltung der gebotenen Kündigungsfristen würde für die ganze Volkswirtschaft eine große Gefahr bedeuten. Deshalb ist hier eine kriminelle Strafe geboten. Auch dürfte es sich empfehlen, die Aufforderung zum Vertragsbruch unter Strafe zu stellen, wie der Entwurf von 1890 dieses wollte. Damit würden auch diejenigen Fälle, welche sich nicht unter § 110 des Strafgesetzbuches subsumieren lassen, weil bei ihnen keine Aufforderung zur prinzipiellen Auflehnung gegen das Gesetz, sondern nur eine solche zu konkreten Vertragsverletzungen in Frage kommt, strafrechtlich geahndet werden können.

Wie aber auch die Bestimmungen im einzelnen lauten werden, soviel ist gewiß: ein Reichsgewerkschaftsgesetz wird kommen, denn es muß kommen. Die jetzige Rechtslage ist unhaltbar, es muß die einschlägige Materie erschöpfend geregelt werden. Und ich glaube, nicht zu viel zu sagen, wenn ich eine Lösung nur in der Richtung für möglich halte, daß einerseits den Arbeitern volles, uneingeschränktes Koalitionsrecht in verwaltungs- wie in civilrechtlicher Beziehung gewährt wird, andererseits aber auch alle diejenigen Arbeiter, welche sich den Verbänden nicht anschließen oder am Streike nicht teilnehmen wollen, ausreichend geschützt werden.

Hoffen wir, daß es schon dem nächsten Reichstage vergönnt sein möge, das Gewerkschaftsgesetz zustande zu bringen, damit sich die Arbeiterberufsvereine immer mehr ausdehnen. Das ist nur dringend zu wünschen, denn je mehr sich die Arbeiter mit den praktischen Aufgaben des Gegenwartsstaates beschäftigen, umsoweniger werden sie geneigt sein, den Sirenenstimmen des sozialistischen Utopismus zu folgen.

Druck von Georg Reimer in Berlin.

Abhandlungen

des

kriminalistischen Seminars

an der Universität Berlin.

Herausgegeben

von

Dr. Franz v. Liszt,

ord. Professor der Rechte zu Berlin.

Neue Folge. Zweiter Band. 5. Heft.

W. Haeger: Die Stellung des § 49a im System des Reichsstrafgesetzbuchs.

Berlin 1903.

J. Guttentag, Verlagsbuchhandlung,

G. m. b. H.

Die Stellung des § 49a im System des Reichsstrafgesetzbuchs.

Von

W. Haeger,
Kammergerichtsreferendar.

Berlin 1903.
J. Guttentag, Verlagsbuchhandlung,
G. m. b. H.

Inhalt.

Einleitung.

Vorbemerkung.

Die vorliegende Arbeit hat sich nicht zur Aufgabe gestellt, eine Exegese des § 49a zu liefern; denn die Bedeutung der einzelnen Tatbestandsmerkmale ist durch Theorie und Praxis genügend geklärt, so daß es kaum der Mühe lohnen dürfte, eine zusammenhängende Darstellung hiervon zu liefern. Wie das Thema besagt, soll hier vielmehr untersucht werden: die Stellung des § 49a im System des R.St.G.Bs. Es wird sich also darum handeln, zunächst seine Stellung im Allgemeinen Teil und dann seine Stellung im Besonderen Teil des R.St.G.Bs. zu charakterisieren. Und zwar muß die Untersuchung ihr Hauptaugenmerk auf den zweiten Teil richten, da gerade hier in der Literatur vielfach nicht die genügende Klarheit herrscht, insbesondere das Verhältnis von § 49a zu § 333 höchst streitig ist. Dies erheischt daher notgedrungen eine ausführliche Behandlung. Wenn man sich demgegenüber bezüglich der Stellung des § 49a im Allgemeinen Teil ziemlich einig ist und die Arbeit sich in diesem Abschnitt auf eine zusammenfassende Darstellung beschränken kann, so gibt es doch auch hier einzelne wichtige Streitfragen, die die Bedeutung des § 49a klar hervortreten lassen, und die deshalb nicht übergangen werden können.

Beiden Teilen wird eine kurze historische Einleitung vorausgeschickt, die zum Verständnis der folgenden Untersuchung unerläßlich sein dürfte.

Einleitung.

§ 1.

Um die Mitte des vorigen Jahrhunderts galt in der Literatur als unumstößliches Dogma, gleichsam als Axiom, der Satz, daß die Anstiftung nur zusammen mit der Täterschaft in Betracht kommen könne, daß daher diese auch nur strafbar sei, falls der Täter zu einer strafbaren Handlung geschritten. Denn die Anstiftung sei nichts als der Prozeß zur Hervorbringung des verbrecherischen Willens.[1]) Wie es nun keine Strafbarkeit des bloßen verbrecherischen Willens gebe, des Willens, der noch in keine Tat übergegangen sei, so könne es auch keine Strafbarkeit der Anstiftung geben, der keine strafbare Ausführung gefolgt sei. Selbst wenn der Wille des Anzustiftenden im Sinne der Anstiftung beeinflußt worden wäre, so habe sich der Anstifter damit doch noch nicht strafbar gemacht. Beide bildeten dann nur „eine durch den Willen verbundene Einheit zur Tat", und erst wenn diese wirklich begangen sei, sei die Möglichkeit der Bestrafung gegeben. Mit dem Fortschreiten der strafbaren Handlung des Angestifteten wächst also auch die Strafbarkeit des Anstifters bis zum Stadium der Vollendung; andererseits aber ergreift die strafrechtliche Reaktion die Anstiftung erst dann, wenn diese durch die Handlung des Angestifteten in strafbarer Weise objektiviert wird. Das Ergebnis: die erfolglose und die mißlungene Anstiftung müssen straflos bleiben; denn die an sich abgeschlossene, wenn man so sagen darf, vollendete Anstiftung fällt noch nicht in den Bereich des Strafrechts, da

[1]) Goltdammer: Materialien I, S. 309f.

das bloße Fassen des verbrecherischen Entschlusses für sich noch nicht strafbar ist. Umso weniger kann das Bemühen, den Willen eines anderen nach seinem eigenen Willen zu lenken, in die Sphäre des Kriminalrechts gezogen werden. Die Anstiftung für sich allein ist ja noch gar kein Verbrechen, sie ist nur die Teilnahme an einem solchen; sie ist also rechtlich gar nicht vorhanden, wenn sie kein Verbrechen zur Folge gehabt hat. Es ist mithin keine Teilnahme durch Anstiftung möglich, wenn der, auf den eingewirkt werden sollte, das Verbrechen oder einen strafbaren Versuch überhaupt nicht begangen hat. Es läßt sich allerdings ein bloßer Versuch der Anstiftung denken; weil diesem jedoch die zur Strafbarkeit erforderliche Objektivität fehlt, so kann er nicht gestraft werden.[1])

Diese Anschauung beruhte auf alten Traditionen.[2]) Schon das R.R. hatte (abgesehen von dem Crimen maiestatis, das immer eine besondere Behandlung erfuhr) diese sog. „versuchte

---

[1]) Diese Gedanken finden sich ausgesprochen in folgenden Schriften: Geyer in H. H., 1873, II, S. 344. — Berner: Die Lehre von der Teilnahme am Verbrechen, 1847, S. 255. — Luden: Abhandlungen aus dem gemeinen deutschen Strafrecht I, S. 448. — Zachariae im „Archiv des Kriminalrechts", 1850, S. 285. — Goltdammer: Archiv III, S. 380. — Temme: Lehrb. des preuß. Strafr., S. 341f. — Breidenbach: Kommentar über das Großherzoglich Hessische Strafgesetzbuch, I, 2, S. 266. — Dollmann: Das Strafgesetzbuch für das Königreich Bayern von 1861 mit Erläuterungen, I, S. 309. — Langenbeck: Die Lehre von der Teilnahme am Verbrechen, 1867/68, S. 160. — Schütze: Die notwendige Teilnahme am Verbrechen, 1869, S. 254. — Gengler: Vergiftung, 1842, II, S. 381, No. 39: „Die Meinung, die Strafbarkeit der versuchten Anstiftung annimmt, müßte offenbar zu dem Resultat führen, daß das Verleiten (la provocation) an und für sich als ein Verbrechen (delictum sui generis), als ein kriminell strafbares Faktum aufzufassen sei. Allein hiervon weiß das germanische Recht nichts. Die C.C.C. bedroht vielmehr in dem einzigen Fall, wo sie von der Anstiftung spricht, nämlich beim Meineid in Art. 57, also gerade bei demjenigen Delikt, wo sich eine geistige Einwirkung im eigentlichsten Sinne denken läßt, nur dann den Anstifter mit Strafe, wenn wirklich der Verleitete ein falscher Schwörer geworden ist, d. h. den Meineid geleistet hat." C.C.C. Art. 107 i. f. (Ausgabe von Kohler 1900): Wer solliche fallsche schwerer mit wissen fursetzlich und arglistiglich dazu anrichtet, der leidet gleiche peine, Unangesehen Ob etliche unnser und unnserer vorfahren keiserliche gesetze darwider verstannden werden mochten.

[2]) Vgl. Geyer in H. H., IV, S. 145.

Anstiftung" nicht bestraft, desgleichen das kanonische Recht und die C.C.C., ebenso die Theresiana und das A.L.R.

Am Ende des 18. und am Anfang des 19. Jahrhunderts kam dann aber ein neuer Versuchsbegriff auf,[1]) indem man unter Versuch „jede auf Hervorbringung des Verbrechens absichtlich gerichtete äußere Handlung" verstand. Auf diese Weise sah man in der unternommenen Anstiftung einen Versuch der Deliktsverübung selbst und bestrafte die Anstiftung als Versuch.[2])

Einen gewaltigen Umschwung in dieser Anschauung brachte der Code pénal von 1810 mit seinem Versuchsbegriff, der eine Betätigung des Entschlusses fordert, ein Verbrechen zu begehen, und zwar durch äußere Handlungen, die einen Anfang der Ausführung des beabsichtigten Verbrechens darstellen. (Toute tentative de crime qui aura été manifesté par des actes extérieurs et suivie d'un commencement d'exécution . . .). Jetzt konnte man die sog. „versuchte Anstiftung" nicht mehr als Versuch der Deliktsverübung selbst bezeichnen, und daher nahm man im allgemeinen, wie wir oben gesehen, die Straflosigkeit dieser im Prinzip an.[3])

Indessen, man blieb doch nicht in allen Fällen diesem Prinzip treu. Gewisse besonders gefährliche Aufforderungen stellte man trotzdem unter Strafe, so zunächst die öffentliche Aufforderung. Und in der Tat liegt ja die Gefährlichkeit einer solchen auf der Hand; denn der Auffordernde kann nie die Wirkung seiner Handlung ganz übersehen, kann nie berechnen, welchen unheilvollen Einfluß sie auf die Menge ausüben wird. Darum bestraft man sie als besonderes Vergehen, auch wenn eine strafbare Handlung infolge der Aufforderung nicht verübt ist. Ferner glaubte man, beim Meineid diesen Schritt ebenfalls tun zu müssen. Im allgemeinen aber waren dies doch nur Ausnahmen, die freilich schon eine große Bresche in das sonst

---

[1]) Vgl. Witte: Erörterungen über den § 49a, 1888, S. 2.

[2]) Über die Literatur vgl. Witte a. a. O. S. 3.

[3]) Vgl. die Äußerung des Justizministers Dr. Leonhard im Reichstag. Sten. Ber., III, S. 1353.

so fest gefügte Dogma von der Straflosigkeit der versuchten Anstiftung schlugen.

Und so erhoben sich denn gar manche Stimmen, die mit aller Energie einer noch weiteren Einführung ähnlicher Ausnahmebestimmungen entgegenzutreten suchten; so z. B. Geyer, der immer aufs schärfste betonte, daß solche Bestimmungen ihren Ursprung staatspolizeilichen Rücksichten verdankten, „namentlich jener Furcht vor dem freien Wort, welche uns von einem altersschwachen Gemeinwesen wenig, sehr aber von einem judendkräftigen, zukunftsreichen Staatsgebilde wunder nimmt“.[1])

War man also schon prinzipiell von verschiedenen Seiten mit diesen Neuerungen nicht einverstanden, so warf man doch daneben stets die Frage auf, warum denn gerade nur für Staatsverbrechen eine solche Ausnahme gemacht würde, warum denn nicht dann wenigstens auch bei der versuchten Anstiftung z. B. zum Morde. Warum sollten nur staatliche und militärische Interessen geschützt werden und nicht auch die übrigen Interessen der Gesellschaft in ihrer Gesamtheit und das Interesse der Rechtssicherheit des einzelnen?

§ 2.

Höchst wahrscheinlich wäre es aber bei dem Widerstreit der Meinungen schwer zu Neuerungen in diesem Sinn gekommen, wenn nicht der Fall Duchesne[2]) in Belgien zum Erlaß der loi contenant des dispositions pénales contre les offres ou propositions de commettre certains crimes vom 7. VII. 1875 geführt hätte. Dieses Gesetz hatte folgenden Wortlaut[3]):

»Quiconque aura offert ou proposé directement de commettre un crime punissable de la peine de mort ou de celle des travaux forcés, ou de participer à un tel crime, quiconque

---

[1]) H. H., II, S. 346.

[2]) Dieser hatte sich dem Jesuitenprovinzial von Belgien und dem Erzbischof von Paris zur Ermordung des Fürsten Bismarck erboten (Frank: Kommentar, 1900, § 49a, No. 1).

[3]) Motive, S. 64.

aura accepté semblable offre ou proposition, sera puni d'un emprisonnement de trois mois à cinq ans et d'une amende de 50 francs à 500 francs, sauf l'application de l'article 85 du Code pénal, s'il existe des circonstances atténuantes.

Le coupable pourra, de plus, être condamné à l'interdiction, conformément à l'article 33 du Code pénal, et mis sous la surveillance de la police pendant cinq ans au moins et dix ans au plus.

Toutefois ne seront point punies l'offre ou la proposition simplement verbale, quand elle n'est pas accompagnée de dons ou promesses ou subordonnée à des dons ou promesses, ni l'acceptation de semblable offre ou proposition.«

Da nun dieses Gesetz auf Drängen des deutschen Bundesrates in Belgien zustande gekommen war, so glaubte man in Deutschland, daß man aus Rücksicht auf das Ausland ebenfalls dasselbe tun müsse.[1]) Und so wurde denn der nach dem Vorbild des belgischen Gesetzes geschaffene Entwurf des Bundesrates als § 49a in das St.G.B. in folgender Fassung aufgenommen:

„Wer einen anderen zur Begehung eines Verbrechens oder zur Teilnahme an einem Verbrechen auffordert, oder wer eine solche Aufforderung annimmt, wird, soweit nicht das Gesetz eine andere Strafe androht, wenn das Verbrechen mit dem Tode oder mit lebenslänglicher Zuchthausstrafe bedroht ist, mit Gefängnis bis zwei Jahren oder mit Festungshaft von gleicher Dauer bestraft.

Die gleiche Strafe trifft denjenigen, welcher sich zur Begehung eines Verbrechens oder zur Teilnahme an einem Verbrechen erbietet, sowie demjenigen, welcher ein solches Erbieten annimmt.

Es wird jedoch das lediglich mündlich ausgedrückte Auffordern oder Erbieten, sowie die Annahme eines solchen nur dann bestraft, wenn die Aufforderung oder das Erbieten an die Gewährung von Vorteilen irgend welcher Art geknüpft worden ist.

---

[1]) Vgl. Witte a. a. O. S. 10ff.

Neben der Gefängnisstrafe kann auf Verlust der bürgerlichen Ehrenrechte und auf Zulässigkeit von Polizeiaufsicht erkannt werden.“

Diesem Paragraphen wollte man einen möglichst allgemeinen Charakter geben, da, ethisch gewürdigt, alle solche Verbrechen Strafe verdienten. Denn, wie der Anstifter als der Urheber oder wenigstens Leiter der verbrecherischen Vorstellungen in dem Täter sicher die gleiche, wenn nicht noch etwa eine höhere Strafe verdient hat, so kann auch der Versuch der Anstiftung nicht straflos bleiben. Denn auch hier hat der Auffordernde die Gefährlichkeit seiner Gesinnung klar an den Tag gelegt; es ist nicht ein rein innerer Vorgang geblieben, wie der Entschluß, den der Täter vor der Tat in seiner Brust faßt, und der die Außenwelt gar nicht berührt; der verbrecherische Wille hat sich vielmehr offen kundgegeben durch das Handeln in strafbarer Absicht, und es ist nur einem von seinem freien Willen unabhängigen Umstand zu verdanken, daß der von ihm erstrebte Erfolg nicht eingetreten ist.[1]) Daher wird es der Sicherheit der Staatsangehörigen nur dienen können, wenn schon diese klar zu Tage tretenden antisozialen Gesinnungen unter Strafe gestellt werden, ohne erst abzuwarten, bis sie ihre unheilvolle Wirkung äußern.

Natürlich war man nach Erlaß der Novelle ziemlich ungehalten im Lager der Gegner. Denn jetzt sollte jenes wichtige Prinzip, das gefunden zu haben man so stolz war, in einer alle bisherige Kenntnis umstoßenden Weise durchbrochen werden; und so bezeichnet Geyer[2]) diesen § 49a als einen bedauerlichen Rückschritt und ist überzeugt, daß er mit dieser Ansicht nicht allein unter seinen Fachgenossen bleiben werde. Schon im Reichstag hätten sich von verschiedenen Seiten warnende Stimmen hören lassen, und ihnen würde ein großer Teil der Strafrechtslehrer Recht geben müssen. Zum mindesten sei der Paragraph viel zu weit gegangen; freilich, das Auffordern und das Sicherbieten zum Mord hätte man ja wohl für strafbar

[1]) Vgl. den ähnlichen Gedanken bei Hälschner: Das gemeine deutsche Strafrecht, 1881, I, S. 409.

[2]) H. H., IV, S. 144.

erklären können, und hätte man noch ein Übriges tun wollen, so hätte man ja vielleicht auch noch die Aufforderung und das Sicherbieten zu jenen gemeingefährlichen Verbrechen hinzunehmen können, die das Leben von Menschen gefährden; aber dabei hätte man es auch bewenden lassen müssen.

Nun, über die Notwendigkeit einer Bestrafung solcher Aufforderungen ist man jetzt so ziemlich einig. Denn allgemein hat man erkannt, daß es ein Mißstand ist, wenn das Unternehmen, Teilnehmer für die Ausführung eines Verbrechens zu werben, straflos ist;[1] und ferner darf man nicht zugeben, daß es erlaubt ist, sich als Meuchelmörder für Geld nacheinander mehreren Unternehmern anzubieten, bis man denjenigen findet, der auf das Anerbieten eingeht. Streitig kann daher nur noch sein, ob dieser Paragraph dem System des St.G.Bs. entspricht, und insbesondere, welche Bedeutung er hier einnimmt. Dies soll deshalb im folgenden untersucht werden.

---

[1]) Vgl. die Stenogr. Ber. über die Verhandl. des Reichstages 1875—1876, III, No. 54, S. 180.

I. Teil.

§ 3.

§ 49a behandelt zunächst den Tatbestand, daß jemand einen anderen zur Begehung eines Verbrechens auffordert, und da fragt es sich in erster Linie, was man unter „Verbrechen" zu verstehen hat. Darüber herrscht im allgemeinen kein Streit, daß der Begriff des Verbrechens hier vom Standpunkt des Aufgeforderten aus bestimmt werden muß.[1]) Der Auffordernde will also, daß der andere eine Handlung begeht, die sich nach § 1 als ein Verbrechen qualifiziert.

Daraus ergibt sich, daß man an Stelle dieses einen Wortes „Verbrechen" auch die einzelnen Deliktstatbestände setzen könnte, die sich als Verbrechen darstellen.[2]) Es wäre also der Ausdruck „Verbrechen" weiter nichts als ein Name, eine Zusammenfassung von Tatbeständen unter einheitlicher Bezeichnung. Da nun dem Auffordernden diese eventuelle Tat des anderen zugerechnet werden soll, so muß er auch denselben dolus haben wie der Täter, also sämtliche Tatumstände kennen, die zum gesetzlichen Tatbestande des Verbrechens gehören, das der andere begehen soll. Wie der Täter, so braucht auch er daher die Strafbarkeit der Handlung nicht zu kennen;[3]) denn nach der herrschenden Meinung ist strafrechtlicher Irrtum irrelevant; wohl aber müßte er die besonderen Tatumstände

[1]) Olshausen: Kommentar, 1898, § 49a, No. 9.

[2]) Frank: Ztschr. f. d. ges. Strafrechtswissenschaft, XII, S. 284.

[3]) Derselben Ansicht seit der 8. Aufl. seines „Lehrbuchs des deutschen Strafrechts" auch v. Liszt.

wissen, die gerade in der Person des Aufgeforderten vorliegen und dadurch erst die Tat als Verbrechen erscheinen lassen. Fordert also z. B. jemand einen rückfälligen Dieb zu einem neuen einfachen Diebstahl auf, in Kenntnis, daß er schon zweimal gestohlen, so wäre der Auffordernde nach § 49a strafbar, da auf seiten des Aufgeforderten ein Verbrechen vorliegt und der Auffordernde die Begehung der Tat als eines Verbrechens gewollt hat. Wußte er dagegen nicht, daß der andere schon zweimal wegen Diebstahls verurteilt war, so kannte er das Vorhandensein eines Tatumstandes nicht, der zum gesetzlichen Tatbestand gehört; daher hat er nur zu einem einfachen Diebstahl des § 242, also zu einem Vergehen, aufgefordert, ist folglich aus § 49a nicht strafbar.[1])

Die Entscheidung muß ebenso ausfallen, wenn auch der Auffordernde ein rückfälliger Dieb gewesen ist, der also, falls er die Tat selbst begangen, sich eines Verbrechens schuldig gemacht hätte. Denn aufgefordert hat er, bei Nichtkenntnis der Rückfälligkeit des Aufgeforderten, trotzdem nur zu einem Vergehen, und das ist das Entscheidende.

Fraglich kann endlich noch sein, ob die durch den Erfolg qualifizierten Delikte den Gegenstand der Aufforderung bilden können. Der A fordert z. B. den B auf, den C körperlich zu verletzen, also zum Vergehen des § 223. Stirbt nun C infolge der Tat, so hat B auf Grund des § 226 ein Verbrechen begangen, nämlich eine Körperverletzung mit tödlichem Ausgange. Auffordern kann man jedoch nur zu einer bestimmten Handlung, die ein gestecktes Ziel erreichen soll. Geht der Täter über dieses Ziel hinaus, oder tritt gar, wie hier, der schwerere Erfolg unabhängig von seinem Willen ein, so kann dies dem Auffordernden nicht zugerechnet werden. Folglich kann das Verbrechen, zu dem nach § 49a aufgefordert wird, nur ein vorsätzliches und sein Resultat nur ein gewolltes sein.[2])

---

[1]) Derselben Ansicht: Geyer in H. H., II, S. 365; Hälschner a. a. O. I, S. 436f.; Witte a. a. O. S. 28; Meves, Strafgesetznovelle, S. 334; R.G. in E., XXXII, S. 268.

[2]) Ebenso: Olshausen, § 49a, No. 8; Meves a. a. O. S. 334; Witte a. a. O. S. 29.

Diese Frage, die fast in allen Kommentaren und Besprechungen des § 49a in diesem Zusammenhang behandelt wird, gehört eigentlich gar nicht hierher. Denn dieser Fall setzt voraus, daß das gewollte Delikt begangen, ja daß noch mehr erreicht ist, als man erstrebt hat. Nun ist aber, wie unten näher zu zeigen sein wird, eine Bedingung für die Anwendbarkeit des § 49a die, daß die beabsichtigte Handlung infolge der Aufforderung noch nicht in strafbarer Weise begangen sein darf. Folglich läge in dem oben gedachten Fall gar nicht mehr Aufforderung des § 49a, sondern Anstiftung des § 48 vor.

§ 4.

Der Aufforderung zu einem Verbrechen ist die „Teilnahme an einem Verbrechen" gleichgestellt. Was bedeutet nun dieser Ausdruck „Teilnahme", hat er einen gesetzlich bestimmten Inhalt, oder muß er aus der einzelnen Vorschrift heraus interpretiert werden?

In § 50 ist ausdrücklich hinter das Wort „Teilnehmer" in Klammern als Definition „Mittäter, Anstifter und Gehülfe" gesetzt, und so scheint es doch unzweifelhaft, daß das Gesetz die Teilnahme auch in § 49a in diesem bestimmten Sinn versteht. Eine solche Annahme setzt indessen voraus, daß das Gesetz diese Terminologie auch tatsächlich stets befolgt hat, daß § 50 also wirklich eine gesetzliche Definition enthält. Daß dies jedoch nicht der Fall ist, mag die folgende terminologische Betrachtung zeigen.[1]) Zuzugeben ist allerdings, daß „Teilnahme" nach dem gewöhnlichen Sprachgebrauch des Gesetzes Anstiftung, Beihülfe und Mittäterschaft umfaßt; hieran ist gegenüber dem klaren Wortlaut des § 50 kaum zu zweifeln. Der Ausdruck hat aber auch noch eine weitere und eine engere Bedeutung. In der weiteren umfaßt er jede Beteiligung, einschließlich der des Täters, so in einer Reihe von Fällen z. B. § 115 I;[2]) in der engeren nur: Anstifter und Gehülfen, d. h.

---

[1]) Vgl. Olshausen: Vorbemerkung zum 3. Abschnitt.

[2]) § 115, I: „Wer an einer öffentlichen Zusammenrottung ... teilnimmt ..."

diejenigen, die nicht direkt an der Tat beteiligt sind, wie in St.P.O. § 3.[1]) Die Präsumtion dürfte aber wohl für die Definition des § 50 sprechen.

Nun versteht die herrschende Lehre unter Teilnahme nur Anstiftung und Beihilfe, nicht Mittäterschaft,[2]) und deshalb wird allgemein zugegeben, daß die Aufforderung zur Anstiftung oder Beihilfe zu einem Verbrechen unter diesen Paragraphen fällt.[3]) Da wir jedoch den Begriff der Teilnahme in jedem einzelnen Fall bestimmen müssen, so dürfen wir nicht von vornherein die Möglichkeit verneinen, daß unter Teilnahme auch Mittäterschaft verstanden werden kann, sondern wir haben zu untersuchen, ob der Gesetzgeber hier die Aufforderung zur Mittäterschaft ebenfalls unter Strafe gestellt wissen wollte. Nun liegt aber doch der Fall ganz ähnlich, ob ein Hallunke den anderen auffordert, ein Verbrechen zu begehen, oder ob er ihn auffordert, mit ihm selbst gemeinschaftlich dies Verbrechen zu wagen. Man möchte sogar eher meinen, dieser letzte Fall sei noch härterer Strafe wert als der erste, und trotzdem müßte nach der herrschenden Lehre, die unter Teilnahme nur Anstiftung und Beihilfe versteht, der Auffordernde hier straflos bleiben.[4]) Da wir nun jedoch, wie wir eben gesehen, in jedem

---

[1]) § 3: „Ein Zusammenhang ist vorhanden . . ., wenn bei einer strafbaren Handlung mehrere Personen als Täter, Teilnehmer, Begünstiger oder Hehler beschuldigt werden."

[2]) So v. Liszt a. a. O. S. 196.

[3]) z. B. Meves a. a. O. S. 334f.

[4]) Die herrschende Lehre mit ihrer festen Definition der Teilnahme kann freilich auch die Mittäterschaft unter § 49a subsumieren. Denn sie betrachtet die Mittäterschaft als Unterfall der Täterschaft, und würde demnach die Stelle: „Wer einen anderen zur Begehung eines Verbrechens auffordert" so auslegen, daß dieser „andere" Täter oder Mittäter sein kann. Indessen, mag man sich der einen oder der anderen Ansicht zuneigen, jedenfalls fällt die Aufforderung zur Mittäterschaft bei Begehung eines Verbrechens ebenfalls unter die Strafdrohung des § 49a. Da dies jedoch in der Literatur, sofern der Schriftsteller überhaupt auf diesen Punkt eingeht, nicht ausdrücklich hervorgehoben wird, vielmehr immer nur von Anstiftung und Beihilfe gesprochen wird — ob mit Absicht oder lediglich aus Versehen, ist aus dem Zusammenhang nicht zu erkennen —, so bedurfte es an dieser Stelle noch des besonderen Hinweises hierauf.

Fall den Begriff der Teilnahme erst festzustellen haben, so müssen wir hier unter Teilnahme auch Mittäterschaft verstehen.[1])

Endlich aber steht auch in diesem Abschnitt der Teilnahme § 49a selbst; kann deshalb vielleicht unter Teilnahme das Vergehen des § 49a ebenfalls mitverstanden werden? Kann z. B. der A, der den B auffordert, dieser möchte seinerseits den C zur Begehung eines Verbrechens auffordern, nach § 49a gestraft werden? Ist § 49a ein Unterfall der Teilnahme, so fordert A den B auf zur Teilnahme an dem Verbrechen, das der C auf Aufforderung des B begehen soll. Nehmen wir nun an, der C lehnte die Aufforderung ab, so müßte § 49a Anwendung finden auf die Tat des B, da dieser den C zu einem Verbrechen aufgefordert hat, und A hätte nach demselben Paragraphen eine Aufforderung zur Teilnahme an einem Verbrechen gegeben. Teilnehmen an einem Verbrechen kann man aber nur, wenn es wirklich begangen ist, was hier nicht vorliegt;[2]) und ferner hätte diese Aufforderung des A dem B gegenüber Erfolg gehabt, da er das Vergehen des § 49a begangen hat. Damit zessiert aber gerade die Anwendbarkeit dieses Paragraphen, der die Erfolglosigkeit der Aufforderung voraussetzt; denn sobald infolge der Aufforderung eine strafbare Handlung begangen wird, liegt nicht mehr Aufforderung vor, sondern Anstiftung, in unserem Fall zum Vergehen des § 49a.

Hätte andererseits C wirklich das Verbrechen begangen, dann käme auch für B nicht mehr § 49a in Betracht, sondern § 48, da er zu einem von einem anderen begangenen Verbrechen angestiftet hätte, und A hätte eine mittelbare Anstiftung verübt.

Folglich stellt § 49a selbst keine Teilnahmehandlung dar, und es muß unter dem Begriff der „Teilnahme" des § 49a: Anstiftung, Beihilfe und Mittäterschaft verstanden werden.

Die Anstiftung wird nun mit derselben Strafe bedroht wie die Mittäterschaft, bei der Mittäterschaft wird jeder Mittäter als Täter bestraft, und die bei der Beihilfe eintretenden Milde-

---

[1]) Ebenso: Witte a. a. O. S. 29.

[2]) Olshausen: § 49a, No. 2.

rungen sind im St.G.B. solche, daß die Beihilfe sich in gleicher Weise wie die vollendete Haupttat als Verbrechen oder Vergehen qualifiziert.[1]) Folglich hätte es für die Delikte des St.G.Bs. dieses Zusatzes der „Aufforderung zur Teilnahme an einem Verbrechen" nicht bedurft. Indessen außerhalb des St.G.Bs. könnte dies von Bedeutung sein,[2]) und in allen diesen Fällen, in denen sich die Teilnahme ausnahmsweise nur als Vergehen darstellt, ist trotzdem die Anwendbarkeit des § 49a auf Grund dieser ausdrücklichen Bestimmung gegeben.

§ 5.

Zu einem Verbrechen oder zur Teilnahme an einem solchen muß „aufgefordert" worden sein, so heißt es in unserem Paragraghen. An Stelle dieses Begriffes „Aufforderung" stand im Gesetzentwurf „unternommene Verleitung", die Kommission ersetzte ihn durch „unternommene Anstiftung", und schließlich fand der Reichstag den jetzigen Begriff „Auffordern" passender. Denn, „wenn es sich sonst bei Straffällen um Anstiftung handelt, so liegt die notwendige Begrenzung für das richterliche Ermessen in dem vollendeten Verbrechen; dadurch wird auch rückwärts die Konstatierung der Anstiftung in bestimmte Grenzen geschlossen. Aber hier soll es sich ja darum handeln, für etwas, das über jede äußerlich hervortretende Versuchshandlung hinausliegt, einen strafbaren Tatbestand zu finden".[3]) Darnach scheint es, als war der Ausdruck „Anstiftung" dem Reichstag zu präzise, und er wollte einen anderen haben, der dem Richter freieren Spielraum ließ. Ob dies aber tatsächlich erreicht ist, das wollen wir nun untersuchen, indem wir beide Ausdrücke miteinander vergleichen.[4])

In § 48 finden wir, neben der Generalklausel, bestimmte Anstiftungsmittel beispielsweise angeführt, und da ergibt sich sogleich, daß in der „absichtlichen Herbeiführung oder Be-

---

[1]) Olshausen: § 1, No. 8a.

[2]) Vgl. Frank: § 1, No. II, 4 und Olshausen: § 1, No. 8a.

[3]) Sten. Ber. II, S. 860.

[4]) Vgl. Geyer in H. H., IV, S. 151.

förderung eines Irrtums“ unmöglich ein „Auffordern“ gefunden werden kann.

Ferner wird auch allgemein angenommen, daß unter Umständen sogar scheinbares Abraten von der Begehung einer Tat sich als Anstiftung darstellen kann.[1]) Auch dies paßt nicht unter den Begriff des „Aufforderns“.

Bei anderen Anstiftungsmitteln, wie Überredung, Verführung, Äußerung eines Wunsches, einer Bitte oder Erteilung eines Rates ist die Grenzlinie nur sehr schwer zu ziehen, in den meisten Fällen dürfte man wohl nicht „Aufforderung“ annehmen können.

Während also für die Anstiftung alle möglichen Mittel fast ausnahmslos zur Verfügung stehen, ist die Aufforderung auf ganz bestimmte Äußerungen des Gedankens beschränkt.

Andererseits ist aber die Aufforderung auch wieder der weitere Begriff. Denn die Anstiftung hat eine Einwirkung auf die Willensbestimmung eines anderen zum Zweck, ruht also auf der Voraussetzung, daß der Wille des Anzustiftenden auf die Begehung der Tat noch nicht gerichtet war. Diese Beschränkung fehlt bei der Aufforderung; diese bleibt als solche zum Nachteil des Auffordernden bestehen, auch wenn der Aufgeforderte bereits aus eigenem Willen zur Tat entschlossen war.[2]) Bei der Anstiftung muß weiter das spezielle Mittel im Einzelfall festgestellt werden, während dies bei der Aufforderung nicht nötig ist.[3])

Faßt man alles zusammen, so ergibt sich, daß man nicht behaupten kann,[4]) der Begriff des Aufforderns umfasse den des Anstiftens, gehe aber über seinen Umfang noch hinaus, Dagegen kann man umgekehrt die Aufforderung als ein Mittel der Anstiftung bezeichnen, die zur Anstiftung selbst wird, wenn der Aufgeforderte infolge der Aufforderung zu einer strafbaren Handlung schreitet (vorausgesetzt, daß er nicht schon vorher

---

[1]) So v. Liszt: Lehrbuch des deutschen Strafrechts, 1900, S. 205.

[2]) Meves a. a. O. S. 332.

[3]) Vgl. Witte a. a. O. S. 21.

[4]) So Meves a. a. O. S. 332.

zur Tat entschlossen war). § 49a kommt also nur zur Anwendung: 1. wenn der Aufgeforderte sich nicht bestimmen läßt, 2. wenn er, der Aufforderung folgend, gleichwohl nicht bis zu einer strafbaren Tätigkeit gelangt, endlich 3. wenn er zur Verübung der betreffenden Tat bereits selbst entschlossen ist.[1]) Man wird also im allgemeinen die Aufforderung als den engeren Begriff bezeichnen können;[2]) nicht jedoch wird man die Aufforderung sogar als Spezialfall der Anstiftung auffassen dürfen.[3]) Denn dann könnte sie über die Voraussetzungen der Anstiftung nicht hinausgehen, und, wie wir eben gezeigt, ist die Aufforderung doch nicht in allen Punkten an so strenge Voraussetzungen gebunden wie die Anstiftung.

§ 6.

Aus der Entstehungsgeschichte des § 49a ergibt sich, daß die Absicht des Gesetzgebers dahin gegangen ist, die mißlungene und die erfolglos gebliebene Anstiftung und das ihr an Bedeutung gleichstehende Sicherbieten zur Begehung einer Straftat für strafbar zu erklären[4]) und somit die einzelnen Ausnahmen, die das Strafgesetzbuch von der Regel der Straflosigkeit jener Handlungen macht, auf alle den Charakter eines Verbrechens tragenden Delikte auszudehnen. Zur Rechtfertigung dieses Vorschlags berufen sich die Motive darauf, daß die Strafbarkeit der erfolglosen Anstiftung nicht nur von vielen deutschen Strafrechtslehrern verteidigt werde, sondern auch in verschiedene deutsche Strafgesetzbücher aufgenommen gewesen sei, und daß auch das R.St.G.B., obwohl es dem Pr.St.G.B. folgend, im Prinzip die dem französischen Recht entnommene Theorie von der Straflosigkeit der erfolglosen Anstiftung anerkannt habe, dennoch mehrfache Ausnahmen von derselben statuiere.[5]) Dabei bemerken noch die Motive, daß § 49a nur

---

[1]) Hälschner a. a. O. I., S. 408.

[2]) Meyer: Lehrbuch des Strafrechts, 1895, S. 244, Anm. 25.

[3]) v. Schwarze: Ergänzungen, S. 11.

[4]) Meves a. a. O. S. 330.

[5]) Sten. Ber., III, No. 54, S. 179 ff.

Platz greifen solle, wenn die Verleitung mißlungen oder erfolglos geblieben sei, und daß er zessieren müsse, sobald der Verleitete das Verbrechen versucht oder vollendet habe.

Nun bezeichnet man aber herkömmlich die mißlungene und die erfolglose Anstiftung zusammen als Anstiftungsversuch,[1]) und da liegt es nahe, die Aufforderung des § 49a als Anstiftungsversuch zu einem Verbrechen aufzufassen.

Um die Richtigkeit dieser Annahme zu prüfen, müssen wir zunächst die möglichen Fälle der versuchten Anstiftung konstruieren und dann untersuchen, ob sie unter § 49a fallen. Beim Versuch unterscheidet man im allgemeinen den beendigten und unbeendigten Versuch. Der erste stellt sich bei der Anstiftung in zwei Formen dar: der fehlgeschlagenen oder mißlungenen und der erfolglosen Anstiftung.

Die mißlungene Anstiftung liegt dann vor, wenn es demjenigen, der den anderen anstiften will, nicht gelingt, in diesem die verbrecherische Absicht hervorzurufen. Der letzte läßt sich gar nicht anstiften, indem er entweder die Begehung des Verbrechens sofort ausdrücklich ablehnt, oder sich zwar aus irgend welchen Gründen passiv verhält, innerlich aber fest entschlossen ist, auf die Anstiftung nicht einzugehen.

Nun kann aber auch die Anstiftung insoweit gelingen, daß der Angestiftete wirklich den Entschluß zur Tat faßt, allein später ändert er seinen Willen und schreitet nicht einmal zur Begehung eines strafbaren Versuchs. Alsdann spricht man von erfolgloser Anstiftung.

Herkömmlich bezeichnet man endlich noch als dritten Fall der versuchten Anstiftung die eines omnimodo oder alias facturus, indem man zugibt, daß hier neben die Tätigkeit des die Anstiftung Versuchenden tatsächlich auch die Verübung derjenigen strafbaren Handlung tritt, zu welcher jener zu bestimmen versuchte, indem man aber andererseits auch betont, daß dieses Zusammentreffen ein lediglich äußeres ist.[2])

---

[1]) Geyer in H. H., II, S. 345 und IV, S. 152; Oppenhoff: Kommentar, 1896, §. 48, No. 25; Geyer: Grundriß, 1884, I, S. 138: Rüdorff-Stenglein: Kommentar, 1892, §. 48, No. 7; Frank: § 48, No. 1, 4.

[2]) Olshausen: § 48, No. 24.

Die herrschende Lehre betrachtet nur diese drei Fälle als versuchte Anstiftung, und doch lassen sich auch solche konstruieren, bei denen nicht die Anstiftung wie hier schon beendigt ist, sondern, ohne beendigt zu sein, abgebrochen wird; und zwar kann dies geschehen entweder von dem Anstifter selbst freiwillig oder aber gegen seinen Willen durch äußere Ereignisse.

Der A will zum Beispiel den B anstiften zu einem Morde und fordert ihn schriftlich hierzu auf. Dann wird ihm die Sache leid, und ihm gelingt es, den schon in den Postkasten geworfenen Brief vor der Bestellung in seine Hände zu bekommen.

Um jetzt auch ein Beispiel für die zweite Möglichkeit der nicht beendeten versuchten Anstiftung zu geben, so nehmen wir denselben Fall, nur hat der Auffordernde den Brief nicht zurückerlangt, sondern dieser ist aus irgend einem Grunde von der Behörde abgefangen worden und so nicht in die Hände des Adressaten gelangt.

Daß die ersten drei Fälle unter § 49a fallen, unterliegt keinem Zweifel,[1] und weiter herrscht auch darüber kein Streit, daß zur Strafbarkeit aus § 49a erfordert werden muß, daß die Aufforderung zur Kenntnisnahme des anderen gelangt ist, sowie daß diese Kenntnisnahme noch kausal auf die Tätigkeit des Auffordernden zurückgeführt werden kann.[2] Dies liegt nun aber sicher nicht vor in den beiden letzten Beispielen, folglich fallen diese nicht unter § 49a. Denn in dem ersten hat derjenige, der aufgefordert werden sollte, überhaupt nichts von der Aufforderung erfahren, und in dem zweiten ist, wenn die Behörde ihm den Brief zugestellt hat, seine Kenntnis nicht mehr kausal auf die Tätigkeit des Auffordernden zurückzuführen, weil der Kausalzusammenhang durch eine dazwischentretende, frei handelnde Person unterbrochen ist. Wenn man daher glaubt, § 49a statuiere eine allgemeine Strafbarkeit für die versuchte Anstiftung zu Verbrechen, so wäre dies nur dann

---

[1]) Frank: § 49a, No. II.

[2]) Olshausen: § 49a, No. 6.

zu billigen, wenn man unter Versuch, wie hier sehr viele Schriftsteller,[1]) nur den beendeten Versuch versteht.

Aber auch dies dürfte sich schwer halten lassen; denn es würde versuchte Anstiftung in diesem Sinn gleich „auffordern“ zu setzen sein. Auffordern ist aber, wie oben gezeigt, ein engerer Begriff als Anstiftung, insbesondere was die Mittel angeht; folglich müßte man hier auch das Wort „Anstiftung“ in einem engeren Sinn auffassen; wir müßten also für die Anstiftung hier eine engere Definition aufstellen, ebenso wie für den Versuch. Da nun jedoch beide Begriffe im St.G.B. fest umgrenzt sind, so dürfte dies kaum angängig sein.

Aber selbst wenn man dies gestatten wollte, würde es sich doch noch fragen, ob denn der Begriff der versuchten Anstiftung (in diesem engen Sinn) überhaupt auf die Fälle des § 49a paßt. Will ich jemand durch einen Schuß töten und schieße infolge von Unsicherheit vorbei, so liegt Tötungsversuch vor. Hätte ich sicher gezielt, dann hätte ich einen vollendeten Mord begangen: nur dies fehlte, um das Delikt zu vollenden, und dies war nach den Umständen sehr wohl möglich. Anders steht aber die Sache bei § 49a. Stifte ich jemand zu einem Verbrechen an und dieser führt nachher keine strafbare Handlung aus, so ergibt sich nachträglich, daß ich überhaupt keine Anstiftung begangen habe. Folglich richtet sich die Anstiftung als solche gemäß der streng akzessorischen Natur, die sie nun einmal nach dem St.G.B. noch hat, nach der Begehung der Haupttat; geschieht also diese nicht, so liegt auch keine Anstiftung vor. Denn das Gesetz behandelt die Anstiftung als Teilnahme an dem Tun eines anderen, setzt ein solches also notwendig voraus. In § 49a ist dieses aber gerade ausgeschlossen, folglich kann es sich hier nicht um eine Anstiftungsart handeln, da ja der Begriff der Anstiftung sich erst nach rückwärts hin von der begangenen Tat aus bestimmt.

Versuchte Anstiftung würde nun dann gegeben sein, wenn die Anstiftung durch Handlungen betätigt ist, die einen Anfang der Ausführung darstellen, ohne daß das beabsichtigte Ver-

---

[1]) Vgl. S. 337, Note 1.

brechen oder Vergehen zur Vollendung gekommen ist; wäre also die Ausführung bis zum Ende fortgeschritten, so müßte auch das beabsichtigte Verbrechen oder Vergehen eingetreten sein. Dies ist nun aber bei der Anstiftung gerade nicht der Fall; denn, habe ich den anderen zur Begehung einer strafbaren Handlung bestimmt, so ist der Begriff der Anstiftung damit noch gar nicht gegeben, sondern erst dann, wenn der Angestiftete tatsächlich eine strafbare Handlung begeht. Nach § 49a ist nun aber diese Begehung einer strafbaren Handlung infolge der Aufforderung ausgeschlossen, folglich ist das Vergehen des § 49a unter diesem Gesichtspunkt betrachtet rechtlich irrelevant. Zu einem solchen Tun kann man aber keinen Versuch (im Sinne des St.G.Bs.) begehen, der notwendig den Anfang der Ausführung eines Verbrechens oder Vergehens, also einer Straftat voraussetzt.

So scheint denn überhaupt der Begriff der versuchten Anstiftung, jedenfalls nach unserem St.G.B., kaum haltbar;[1]) und zwar schon aus rein sprachlichen Gründen; denn § 48 definiert Anstiftung als vorsätzliche Bestimmung zu einer begangenen Straftat. Folglich wäre versuchte Anstiftung die versuchte Bestimmung zu einer begangenen Straftat. Ist aber die Handlung infolge der Anstiftung begangen, dann hat doch die Anstiftung Erfolg gehabt, und man kann nicht mehr von versuchter Anstiftung sprechen. Ist sie aber nicht begangen, dann ist ja das Tun des vermeintlichen Anstifters völlig irrelevant, da die Anstiftung begrifflich eine begangene Tat voraussetzt. Folglich ergibt sich nur die eine Alternative, entweder die Tat wird begangen, dann hat man angestiftet, oder die Tat wird nicht begangen, dann hat man ein strafrechtlich bedeutungsloses Tun vorgenommen. Ein Handeln, das in der Mitte zwischen beiden liegt, kann es nicht geben.

Von diesem allgemeinen Satz gibt es indessen eine Aus-

[1]) Vgl. Temme: Pr. Strafrecht, S. 342: „Daraus, daß die Anstiftung für sich kein Verbrechen ist, folgt, daß es auch keinen Versuch der Anstiftung geben kann. Die Anstiftung wird nur dadurch strafbar, daß sie eine verbrecherische Handlung des Angestifteten zum Erfolge gehabt hat. Bei einem Versuch der Anstiftung würde aber gerade ein solcher Erfolg fehlen."

nahme; es läßt sich tatsächlich doch ein Fall der versuchten Anstiftung konstruieren. Wie schon oben gezeigt, kann man von Anstiftung nur sprechen, wenn eine Haupttat vorliegt, da die Anstiftung eine Teilnahmehandlung darstellt. Aus diesem Grunde ist die Möglichkeit einer versuchten Anstiftung bei der fehlgeschlagenen und mißlungenen Anstiftung verneint worden; wohl aber paßt dieser Begriff auf die Anstiftung eines omnimodo facturus. Denn hier liegt ja eine Haupttat vor, an der Teilnahme möglich ist; folglich würde sich nach rückwärts hin das Tun des Auffordernden als Anstiftung darstellen, wenn der Täter nicht schon selbst zur Tat entschlossen gewesen wäre. Es hat hier also der Anstiftende eine Anstiftung vorgenommen, an einem absolut untauglichen Objekt, also einen Versuch begangen. Dem entspricht auch die obige Definition der versuchten Anstiftung als einer „versuchten Bestimmung zu einer begangenen strafbaren Handlung“ (was sich unmittelbar aus der Definition der Anstiftung als einer „vorsätzlichen Bestimmung zu einer begangenen strafbaren Handlung“ ergibt). Nur in diesem einen Fall könnte man also den Begriff der versuchten Anstiftung im Sinn des St.G.Bs. aufrecht erhalten.

Daß man trotzdem häufig, auch bei fehlgeschlagener und mißlungener Anstiftung, von versuchter Anstiftung spricht, läßt sich nur so erklären, daß die Wissenschaft fast ausnahmslos für die Auffassung der Anstiftung als intellektueller Urheberschaft eintritt,[1] d. h. Bestimmung zu einer zu b e g e h e n d e n strafbaren Handlung; und dann läßt sich allerdings der Begriff der versuchten Anstiftung auch für die ersten beiden Fälle konstruieren.

§ 7.

So zeigt sich, daß § 49a mit der Anstiftung begrifflich nur wenig gemein hat, tatsächlich stehen sich aber doch die §§ 49a und 48 ziemlich nahe, was dadurch hervorgerufen wird, daß ja, wie oben angedeutet, die Aufforderung ein Mittel der Anstiftung ist, und daß infolge dessen, sobald eine Straftat die

[1]) v. Liszt a. a. O. S. 197 i. f.

Folge der Aufforderung ist, die Anwendbarkeit des § 49a zessiert und § 48 eintreten muß.

Zur näheren Illustrierung hierfür und insbesondere für die Anwendbarkeit des § 49a mögen die folgenden kleinen Varianten dienen.

1. Der Aufgeforderte erkennt die Aufforderung als eine solche, lehnt sie aber sogleich ab. Dann findet für die Aufforderung § 49a Anwendung.

2. Dasselbe gilt, wenn der Aufgeforderte die Aufforderung zwar annimmt, aber vor Beginn einer strafbaren Handlung von seinem Entschluß absteht.

3. Der Aufgeforderte verübt eine strafbare Handlung. Dann liegt Anstiftung zu einer strafbaren Handlung mittels Aufforderns vor, und § 48 greift Platz, während die Anwendbarkeit des § 49a zessiert.

4. Der Aufgeforderte war schon selbst zur Tat entschlossen und hat sie auch begangen. Hier kann von einer Anstiftung nicht gesprochen werden, da der Auffordernde den anderen zu einem Tun nicht mehr bestimmen konnte, das jener selbst schon geplant hatte. Wohl aber sind die Merkmale einer strafbaren Aufforderung gegeben, es findet also § 49a Anwendung.

Unter Umständen kann aber hier auch psychische Beihilfe vorliegen, und dann würde § 49 anzuwenden sein. Das Kriterium hierfür sieht die herrschende Ansicht darin, ob der Auffordernde den anderen in seinem Entschluß bestärkt hat.

Hiergegen polemisiert Birkmeyer,[1] indem er ausführt: „Es verursacht die Anstiftung unseres positiven Rechts weder den verbrecherischen Erfolg, noch den verbrecherischen Willen des Angestifteten. Sie setzt für letzteren wie für ersteren nur eine Bedingung, und steht also in ihrer kausalen Bedeutung der intellektuellen Beihilfe, der Beihilfe durch Rat des § 49, völlig gleich.“ Daher könne man nicht sagen, die Anstiftung rufe den verbrecherischen Entschluß des anderen hervor, die intellektuelle Beihilfe bestärke ihn nur. Der Entschluß sei ebenso bei dem Angestifteten wie bei dem durch Rat Unter-

[1]) Birkmeyer: Die Lehre von der Teilnahme, 1890, S. 116.

stützten vermöge ihrer freien Selbstbestimmung erzeugt, hervorgerufen allein von ihnen selbst. Der Unterschied zwischen beiden sei nur der, daß die Anstiftung die Einwirkung auf den Willen eines anderen vor dessen Entschluß, die intellektuelle Beihilfe aber die Einwirkung auf seinen Willen nach dem Entschluß sei.

Diese Unterscheidung ist zwar richtig, trifft aber kaum den Kern der Sache. Denn die Zeit der Tat ist doch nicht das Wichtigste, sie ergibt sich ganz von selbst aus dem Wesen der Beihilfe und der Anstiftung, da es begrifflich unmöglich ist, daß Anstiftung nach und Beihilfe vor dem Entschluß geleistet wird. Das Wesen der Beihilfe dürfte auch kaum in der Bestärkung des Entschlusses zu finden sein; denn man kann doch auch einem fest Entschlossenen noch durch Rat Beihilfe leisten, obgleich er in seinem Entschluß gar nicht mehr bestärkt werden kann. Das Wesen der intellektuellen Beihilfe dürfte vielmehr gemäß dem Wortlaut des Gesetzes darin bestehen, daß der Rat dem Täter hilft, daß er ihm entweder überhaupt erst die Möglichkeit einer wirksamen Ausführung der Tat gibt, oder ihm dieselbe doch wenigstens erleichtert. Daß der Täter hierdurch in seinem Entschluß oft bestärkt werden wird, kann ja nicht bestritten werden, gehört aber nicht zum Wesen des Begriffs der Beihilfe.

Übrigens dürfte diese Unterscheidung zwischen psychischer Beihilfe und Anstiftung durch Auffordern in der Praxis fast unmöglich sein.

5. Der Aufgeforderte begeht einen strafbaren Versuch, sichert sich aber Straflosigkeit durch freiwilligen Rücktritt. Dieser kommt nach der herrschenden Lehre[1]) dritten Teilnehmern nicht zu statten. Folglich wird der Auffordernde als Anstifter bestraft, da infolge der begangenen strafbaren Handlung des Täters § 49a nicht Platz greifen kann.

---

[1]) So Frank: § 46, No. V, E. XIV, S. 19, XVI, S. 347. A. A. jedoch sehr viele, wie Meyer: Lehrb., S. 227; Kohler: Studien, 1890, I, S. 143 (mit Hinweis auf die akzessorische Natur der Teilnahme) und Olshausen: § 46, No. 2 (mit Hinweis auf den Gesetzestext, in dem es heißt: der Versuch als solcher bleibt straflos; nicht: wer einen Versuch unternommen hat, bleibt straflos.).

6. Der Aufgeforderte faßt die Aufforderung gar nicht als eine solche auf.[1]) Hier liegt versuchte Aufforderung vor wegen unrichtiger Wahl des Ausdrucks. Da nun § 49a ein Vergehen darstellt und der Versuch nicht ausdrücklich für strafbar erklärt ist, so geht der Auffordernde straffrei aus.

7. Der Aufgeforderte hat ein Verbrechen begangen, ist aber nachher nicht auffindbar; also kann kein Verfahren gegen ihn eingeleitet werden. Hier wäre an und für sich auf seiten des Auffordernden Anstiftung gegeben. Da eine solche jedoch von der Feststellung der Haupttat als eines Verbrechens abhängig ist, diese aber nicht eintreten kann, so ist er wegen Anstiftung straffrei, doch muß er aus § 49a bestraft werden.

8. Der Aufgeforderte ist ein Kind unter 12 Jahren und hat die Tat begangen. Dann hat sich der Auffordernde eines Unzurechnungsfähigen als Werkzeug bedient, ist also als mittelbarer Täter zu betrachten.

9. Das Kind begeht die Tat nicht. Hier erhebt sich die bekannte Streitfrage, ob man in § 55 einen materiellen Strafausschließungsgrund erblickt,[2]) oder nur einen prozessualen Hinderungsgrund der Strafverfolgung.[3]) Im ersten Falle liegt überhaupt keine strafbare Handlung auf seiten des Auffordernden vor, denn es wird im § 49a vorausgesetzt, daß der Aufgeforderte die Aufforderung zu einem Verbrechen als eine solche erkennt,[4]) daß er also eine zurechnungsfähige Person ist. Im zweiten Fall müßte man unterscheiden, ob das Kind nach seiner individuellen Entwicklung doli capax ist oder nicht. Wenn ja, so müßte der Auffordernde nach § 49a bestraft werden, wenn nein, so bliebe er straflos.

Wenn also auch, wie wir soeben gesehen, die Anwendungsgebiete von § 49a und § 48 hart aneinander grenzen, so ist doch die Aufforderung des § 49a mit der Anstiftung begrifflich und systematisch nicht zu verbinden.

---

[1]) Geyer in H. H., IV, S. 153.

[2]) So z. B. Frank, § 55, No. 2.

[3]) So Olshausen, § 55, No. 5.

[4]) Meyer, a. a. O., S. 224; Olshausen, § 49, No. 10.

§ 8.

Neben der Aufforderung zu einem Verbrechen und zur Teilnahme an einem solchen enthält § 49a noch drei andere besondere Delikte, nämlich: das Sicherbieten zu einem Verbrechen und die Annahme einer Aufforderung und eines solchen Erbietens. Diesen haben wir jetzt noch unsere Aufmerksamkeit zuzuwenden, da sie noch deutlicher die seltsame Natur des § 49a hervortreten lassen, der vollständig im Widerspruch steht mit den sonst im Str.G.B. festgehaltenen Prinzipien.

a.

Was zunächst den Begriff des Sicherbietens angeht, so herrscht darüber kein Streit: Es ist die ausdrückliche, an den anderen gerichtete Erklärung, daß man bereit sei, im Fall seines Einverständnisses ein Verbrechen zu begehen oder an der Begehung eines Verbrechens teilzunehmen. Das Erbieten stellt also noch nicht den unbedingten Entschluß dar, die Tat zu vollführen, sondern drückt nur die Geneigtheit des sich Erbietenden aus, eventuell, nämlich wenn der andere seine Einwilligung erklärt hat, zur Ausführung des Verbrechens zu schreiten.[1]

Von selbst versteht sich, daß für das Erbieten ebenso wie für die Aufforderung Ernstlichkeit gefordert wird. Denn, fehlt dem Auffordernden die Absicht, daß der Aufgeforderte das Verbrechen, zu dem er auffordert, begehe, oder fehlt dem sich Erbietenden die Absicht, das Verbrechen, zu dem er sich erbietet, selbst zu begehen, so liegt in Wahrheit ein Auffordern oder ein Sicherbieten überhaupt nicht vor.[2]

Ungeachtet dessen beabsichtigte die Kommission, um jeden Irrtum bei der praktischen Anwendung des § 49a vorzubeugen, eine ausdrückliche Hervorhebung dieses Umstandes. Sie schlug daher die Fassung vor: „Gleiche Strafe trifft denjenigen, welcher sich zur Begehung eines Verbrechens . . . in der Absicht erbietet, für den Fall der Annahme seinem Erbieten

---

[1]) Vgl. Witte a. a. O. S. 24; Geyer in H. H., IV, S. 155; Olshausen, § 49a, No. 5b.

[2]) Vgl. Witte a. a. O. S. 25; Olshausen, § 49a, No. 6; Frank, § 49a, No. IV., s. u. 2., E. XV, S. 360f.

gemäß zu handeln, sowie denjenigen, welcher ein solches Erbieten in der Absicht annimmt, die Begehung des Verbrechens zu fördern."[1]) Diese Fassung wurde zwar später nicht angenommen, aber nur deshalb nicht, weil, wie man sagte,[2]) jene Absicht sich von selbst verstehe und gerade die ausdrückliche Hervorhebung derselben zu Irrtümern in der Anwendung führen könne; denn, wenn man auf das, was sich von selbst verstehe, noch besonders hinweise, so könne man leicht dadurch veranlaßt werden, einen besonderen Zweck und einen besonderen Sinn hierin zu suchen, und so das Gesetz unrichtig auslegen. Daher wurden aus dem Kommissionsentwurf jene Worte gestrichen.

Der Offerent muß also die ernste Absicht haben, das Verbrechen zu begehen, um selbst der Strafe zu verfallen; und der, dem offeriert worden ist, soll ebenfalls nicht gestraft werden, wenn er nicht die ernste Absicht hatte, seinerseits auf das Erbieten des andern einzugehen. Folglich, wenn der eine (der Auffordernde oder der sich Erbietende) das, was er sagt, nicht ernstlich meint, so soll ihn auch nicht die Strafe aus § 49a treffen.

Ob der Annehmende auch schon dann das Delikt des § 49a begangen hat, wenn der andere ihn nur zum Schein zum Verbrechen aufforderte oder sich zur Begehung eines solchen erbot, dieser Frage wollen wir uns jetzt zuwenden.

b.

Die Annahme eines Erbietens ist die ernstliche Erklärung des Einverständnisses mit dem Erbieten, und eventuell noch, daß man bereit sei, die gestellten Bedingungen zu erfüllen.[3])

Liegt nun auf seiten des Annehmenden die ernste Absicht vor, daß das Verbrechen begangen werde, hat dagegen der Auffordernde oder der sich Erbietende eine solche gar nicht gehabt, so fragt es sich, ob hier Bestrafung eintreten kann. Denn nach obiger Definition der Aufforderung und des Er-

---

[1]) Sten. Ber., III, S. 479.

[2]) Sten. Ber., II, S. 836, 838, 844, 851.

[3]) Olshausen, § 49a, No. 7; Witte a. a. O. S. 29f.; Geyer in H. H., IV., S. 154f.; Hälschner a. a. O. I., S. 409f.; Frank, § 49a, No. IV, 3.

bietens wäre derjenige, der nicht ernstlich zu einem Verbrechen auffordert oder sich zur Begehung eines solchen erbietet, straflos. Bewirkt nun die Straflosigkeit dieses auch etwa diejenige des Annehmenden, dem es mit der Annahme völlig Ernst war?

Wir besitzen über diese Fragen eine Reichsgerichtsentscheidung im I. Band der „Entscheidungen in Strafsachen" S. 388ff. und wollen an der Hand dieser Entscheidung die Gründe prüfen, die dort zur Rechtfertigung der Ansicht des R.Gs. und der überwiegenden Majorität der Schriftsteller angeführt werden. Die herrschende Meinung nämlich lehrt: War das Erbieten selbst nicht ernst gemeint, so ist sogar eine ernst gemeinte Annahme straflos.[1])

Hierzu lesen wir zunächst in E. I. S. 339f.:

„Insbesondere macht der sich zur Begehung eines Verbrechens Erbietende durch seine Proposition sich einer Vorbereitungshandlung durch Hinwirken auf eine Willenseinigung schuldig, und da er zugleich die definitive Fassung seines verbrecherischen Entschlusses noch von der Einwilligung desjenigen, dem gegenüber er sich erbietet, abhängig macht, so liegt in der die Bedingung des definitiven Entschlusses erfüllenden Annahme des Erbietens das Moment einer den Willen bestimmenden Anstiftung. Daher erscheint nach dem Gedanken der Novelle bei dem Erbieten zum Verbrechen und der Annahme des Erbietens die definitive Bestimmung des Willens des sich Erbietenden zur Begehung des Verbrechens als das Wesentliche."

Da ist es nun doch sogleich zum mindesten zweifelhaft, ob man in unserem Fall wirklich eine Anstiftung konstruieren kann. Anstiftung ist die vorsätzliche Bestimmung zu einer von einem anderen begangenen strafbaren Handlung. Daraus ergibt sich: den Vorsatz faßt zunächst der Bestimmende und teilt ihn dem anderen mit; infolge davon faßt dieser seinen Vorsatz zur Begehung des Verbrechens. Die Triebfeder des Ganzen ist also der Vorsatz des Anstifters. In unserem Fall dagegen geht

---

[1]) Frank, § 49a, No. IV, 3b; Olshausen, § 49a, No. 7; Oppenhoff, § 49a, No. 14; Witte a. a. O. S. 30; v. Liszt a. a. O. S. 557f.; E. I., S. 339ff.

der Entschluß von dem anderen aus; freilich ist dieser Entschluß nicht unbedingt gefaßt, sondern an eine Bedingung geknüpft. Der B hat also den Vorsatz: wenn der A die von mir gestellte Bedingung erfüllt, dann verübe ich jenes Verbrechen. Und zwar ist dieser Vorsatz ganz bestimmt und fest gefaßt, und nur seine Ausführung ist so lange hinausgeschoben, bis die Erfüllung der Bedingung durch den A eingetreten ist. Eventuell kann der B auch noch außerdem den Vorsatz haben, bei Nichterfüllung der Bedingung völlig von seinem Plan abzustehen. Ob man aber diese Erfüllung der von B gestellten Bedingung durch den A unter den gegebenen Umständen als Anstiftung bezeichnen kann, dürfte doch ziemlich bedenklich sein, da es sich ja nur um die Erfüllung einer von dem Verbrecher aus eigener Initiative gesetzten Bedingung handelt, nicht jedoch um die Bestimmung seines Willens. Nimmt der A das Erbieten an, so macht er vielleicht dem B die Ausführung seines Vorhabens möglich, wenn dieser sonst nicht gehandelt hätte, aber (von besonderen Ausnahmefällen abgesehen) wird man hierin wohl schwerlich eine Bestimmung des Willens des B erblicken können.

Indessen, wenn man dies auch als Anstiftung betrachten wollte, so ist dies doch keineswegs das Wesentliche für die Novelle. Denn ob derjenige, der das Erbieten annimmt, den andern in seinem Vorsatz bestärken will oder nicht, darauf legt sie gar kein Gewicht. Ihr kommt es nicht darauf an, was die Annahme für einen Erfolg bewirkt hat, ihr ist es völlig gleichgültig, ob der andere durch die Annahme zur Tat getrieben wird oder nicht; lediglich die kundgewordene rechtswidrige Absicht erklärt sie für strafbar im Gegensatz zu dem sonst im Str.G.B. festgehaltenen Grundsatz, daß immer nur die rechtswidrige Handlung strafbar sein kann. Wie sehr es der Novelle einzig und allein um diesen Gesichtspunkt zu tun ist, geht schon daraus hervor, daß sie selbst die nur bedingt kundgegebene rechtswidrige Absicht des sich Erbietenden unter Strafe stellt. Daher ist das Sicherbieten zur Begehung eines Verbrechens, folglich auch die Annahme eines solchen Erbietens, angesichts des § 49a keine Vorbereitungshandlung, sondern schon der vollständige Tatbestand dieses eigenartigen Delikts.[1])

Weiter heißt es in der Entscheidung auf S. 340:

„Darüber herrschte in allen Stadien der Beratung die vollkommenste Übereinstimmung der gesetzgebenden Faktoren, daß das Erbieten ernstlich gewesen sein müsse; ein nicht ernstlich gemeintes Erbieten solle unter die Strafdrohung nicht fallen. Aus diesem Grunde kann auch die Annahme eines nicht ernstlich gemeinten Erbietens nicht unter die Strafdrohung fallen. . ., da diejenige Annahme getroffen werden sollte, die den ernstlichen, aber bis dahin nur bedingt gefaßten Entschluß des sich Erbietenden durch die Erfüllung der in der Annahme bestehenden Bedingung zu einem unbedingten Entschlusse umwandelt, was nicht möglich ist, wenn von Anfang an der sich Erbietende das Verbrechen nicht begehen wollte, sondern durch das Vorgeben eines verbrecherischen Willens ganz andere Zwecke verfolgte."

Freilich ergibt sich aus der Erstehungsgeschichte des § 49a unzweifelhaft,[2]) daß das nicht ernstlich gemeinte Erbieten allerdings nicht strafbar ist. Aber damit ist noch nicht ohne weiteres gesagt, daß deshalb auch die (ernstliche) Annahme eines nicht ernstlich gemeinten Erbietens nicht unter die Strafdrohung falle, zumal wenn man bedenkt, wie oben gezeigt, daß der Gesetzgeber einzig und allein die kundgewordene rechtswidrige Absicht bestrafen will, also nur die „nackte Tatsache des Aufforderns, Erbietens und der Annahme, ohne jegliche Rücksicht auf irgend welchen Erfolg."[3])

Dagegen ist die Bemerkung des R.Gs., daß durch die Annahme des Erbietens der bedingt gefaßte Entschluß des sich Erbietenden in einen unbedingten verwandelt werden muß, ein wichtiger Punkt, der sehr für die Behauptung der herrschenden Lehre spricht, daß zur Bestrafung des ein Erbieten in ernster Absicht Annehmenden auch die Ernstlichkeit des Erbietens

---

[1]) Vgl. Reiffel in Ger. Saal. XXXXII, S. 177 und Hälschner a. a. O. I, S. 410f.

[2]) Vgl. E., I, S. 340f.

[3]) Reiffel a. a. O. S. 176.

gefordert werden muß.[1]) Fraglich ist nur, ob der Gesetzgeber hieran gedacht hat; der Wortlaut des Gesetzes dürfte hierfür kaum einen Anhalt bieten, ebensowenig wie die Verhandlungen im Reichstag.

Nachdem dann das R.G. auf Grund der Entstehungsgeschichte des § 49a, die oben schon kurz gestreift ist, gezeigt hat, daß die Ernstlichkeit zur Begründung der Strafbarkeit beim Auffordern und Sicherbieten verlangt werden muß, so folgert es hieraus: „nur derjenige sollte strafbar sein, der in der Absicht der Förderung des Verbrechens ein Erbieten annehme, welches mit der Absicht verbunden gewesen sei, im Fall der Annahme dem Erbieten gemäß zu handeln.“

Darauf fährt er fort:[2])

„Auch der praktische Zweck des Gesetzes läßt diese Auslegung als die richtige erscheinen. Die Aufforderung zur Begehung eines Verbrechens ist gefährlich, weil nicht vorausgesehen werden kann, ob sie nicht die Annahmezur Folge haben werde; sie soll daher gestraft werden, auch wenn sie im konkreten Fall die Annahme nicht zur Folge hat. Aber die Annahme eines nicht ernst gemeinten, sondern nur simulierten Erbietens ist nicht gefährlich, weil der nur scheinbar sich Erbietende auch für den Fall der Annahme das Verbrechen nicht verüben wollte.“

Es kommt jedoch gar nicht darauf an, ob in dem konkreten Fall eine Gefahr bestand oder nicht. Es ist bei dem Gefahrbegriff nur von Bedeutung, ob durch das Tun die Möglichkeit einer Verletzung des Objekts nahe liegt. Eine solche ist nun durch die ernstliche Annahme des Sicherbietens zur Begehung eines Verbrechens stets gegeben. Schon der Umstand, daß der Gedanke, ein Verbrechen (also das nach dem Str.G.B. schwerste Unrecht) begehen zu wollen, in dieser Weise gegenüber einem andern geäußert wird, ist gefährlich, und wenn nun dieser andere die von dem sich Erbietenden gemachte Bedingung annimmt, so wird die Gefahr noch gesteigert; dies selbst dann,

---

[1]) Derselben Ansicht: v. Liszt a. a. O. S. 558.

[2]) E., I, S. 341.

wenn er nur zum Scherze annahm, während der andere es für Ernst hielt. Umgekehrt wird die Gefahr auch herbeigeführt, wenn jemand das nicht ernst gemeinte Erbieten eines andern im Ernst annimmt und die von jenem gestellten Bedingungen zu erfüllen ernstlich verspricht. Denn oft kann es vorkommen, daß jemand zum Scherz einen Vorschlag zu einem Verbrechen macht, der, im Ernst angenommen, ihn dazu bestimmt, das Verbrechen hinterher doch zu begehen. Man braucht ja nur an einen ehrenwerten Mann zu denken, z. B. an einen kleinen Bauer, der scherzweise einem andern sich erbietet, einen Staatsmann zu ermorden. Der andere hält dies für Ernst und verspricht ihm die verlangten 10000 Mark Belohnung. In der nächsten Nacht brennt dem Bauer sein unversichertes Gehöft ab, und nun erinnert er sich jenes Gespräches vom vorigen Tag und entschließt sich, um sich durch jene Summe aus der Not zu helfen, jenes Verbrechen zu verüben. Also eine ernste Annahme ist schon als solche stets ein gefährliches Unternehmen, da man nie sicher voraussehen kann, welchen Eindruck sie auf den andern machen wird.

Wenn man irgend einen Menschen für unfähig halten sollte, ein Verbrechen zu begehen oder den Vorschlag zur Begehung eines solchen anzunehmen, so wäre es doch ein hoher Kirchenfürst. Und gerade das Erbieten Duchesnes an den Jesuitenprovinzial von Belgien und den Erzbischof von Paris war es, das das ganze Gesetz überhaupt entstehen ließ, ein Gesetz, das noch besonders auch den unter Strafe stellte, der eine Aufforderung oder ein Erbieten zur Begehung eines Verbrechens annehmen würde. Und an eine Gefahr im konkreten Fall, daß etwa jene Priester das Erbieten annehmen könnten, war doch nach menschlichem Ermessen kaum zu denken. Daß natürlich, wenn der sich Erbietende nicht im Ernst gehandelt, für diesen keine Strafe eintreten kann, versteht sich ganz von selbst; wird aber ein solches Erbieten im Ernst angenommen, dann entsteht eine Gefahr, denn dann hat sich der verbrecherische Wille des Annehmenden nach außen in einer ganz bestimmten, die allgemeine Sicherheit bedeutend gefährdenden Art kundgegeben, und der hierin liegenden Gefahr soll durch § 49a vorgebeugt werden. Auch hier ist wieder zu betonen, daß es zur Vervollständigung des Delikts des § 49a nicht des sträflichen Handelns eines Dritten bedarf. Was der Dritte infolge der Annahme tut, ist, strafrechtlich beurteilt, bei § 49a ganz unabhängig von dem Tun des andern zu betrachten.[1])

Darum führt das R.G. an andrer Stelle[2]) mit Recht aus, daß die strafbare Aufforderung zur Begehung eines Verbrechens vorlingen kann auch wenn das vermeintliche Objekt, an welchem das Verbrechen begangen werden sollte, gar nicht existiert. Hier wird also das Gefährliche in dem Vorgehen des Angeklagten darin gefunden, daß er ernstlich aufgefordert hat zur Begehung eines Verbrechens, wenn es auch in concreto unmöglich war, dasselbe zu begehen.

Sollte nicht auch das gleiche bei der Annahme der Fall sein? Das Gefährliche liegt hier in der Möglichkeit, daß der andere infolge der Annahme das Verbrechen begeht. Wie aber dort die Unmöglichkeit der Ausführung der Tat wegen Fehlens des Objekts, so kommt hier die Unmöglichkeit der Ausführung der Tat wegen Fehlens des Vorsatzes bei dem sich Erbietenden für die Strafbarkeit aus § 49a gar nicht in Betracht. In beiden Fällen liegt die Gefahr einzig und allein in dem verbrecherischen, wenn auch vergeblichen Bemühen, die Begehung von Verbrechen auf die in § 49a bezeichnete Weise zu fördern. Ob der Erfolg eingetreten ist, ob es überhaupt möglich war, daß er eintreten konnte, dies ist für § 49a völlig gleichgültig.

Auch in den Motiven des belgischen Gesetzes findet dieser Gedanke Ausdruck.[3]) Dort heißt es: „L'acceptation de la proposition n'est pas moins immorale que la proposition même; le danger qu'elle fait courir est plus imminent, il est donc juste qu'elle n'échappe pas à la répression.“ Die Motive weisen also ausdrücklich auf die Immoralität hin, die in der Annahme einer derartigen Aufforderung liegt, und dabei haben sie doch nur die Gesinnung des Annehmenden im Auge; und diese

---

[1]) Reiffel a. a. O. S. 177f.

[2]) R., VI, S. 535.

[3]) Reiffel a. a. O. S. 180.

ist ganz dieselbe, ob das Auffordern oder Erbieten, das der Annehmende für ernstlich hielt, es auch wirklich war oder nicht.

Das R.G. beruft sich endlich für seine Ansicht auf den Wortlaut des Gesetzes, indem es S. 342 ausführt: „Wie bei der Fassung der Kommission, so bezieht sich auch in dem angenommenen Gesetze der Satz: „„wer ein solches Erbieten annimmt““ auf den vorhergehenden Satz: „„wer sich zur Begehung eines Verbrechens erbietet““ wie das Referens auf das Relatum. Das Wort „„ein solches Erbieten““ verweist auf den vorhergehenden Satz als auf seine Erläuterung und Ergänzung; war also in letzterem ein ernstliches Erbieten verstanden, so kann im folgenden Satze auch nur ein „„solches““, ein ernstliches Erbieten, gemeint sein. Auch in diesem Punkte schließt sich das Gesetz genau an sein Vorbild, das belgische Gesetz, an, welches an der betreffenden Stelle sagt: quiconque aura accepté semblable proposition.“

Lesen wir jene Stelle im § 49a unbefangen, so werden wir kaum dem Worte „solch“ eine so weitgehende Bedeutung beimessen können, wie schon der korrespondierende Ausdruck „semblable“ des belgischen Gesetzes zeigt, der korrekter mit „derartig“ übersetzt worden wäre. Der Ausdruck: „wer ein solches Erbieten annimmt“, bedeutet vielmehr, daß nicht die Annahme des Erbietens, irgend etwas oder etwas Strafbares zu tun unter Strafe gestellt werden sollte, sondern nur die Annahme eines Erbietens, ein Verbrechen gegen Entgelt . . . zu begehen. Der Ausdruck: „ein solches“ bezieht sich also auf den Gegenstand des Erbietens, nicht auf das, was unverkennbar von außen etwa im Innern des anscheinend ernstlich sich Erbietenden vorgeht.[1])

Zu welchen Resultaten die Anschauung des R.Gs. kommen muß, mögen einige praktische Fälle zeigen, wie sie Reiffel im Ger. Saal XXXXII S. 182f. konstruiert, und die hier im Wortlaut angeführt werden mögen, weil sie klar beweisen, daß es nicht in der Absicht des Gesetzgebers gelegen haben kann, solche Fälle straflos zu lassen.

---

[1]) So Reiffel a. a. O. S. 181.

„A erscheint beim Staatsanwalt, um die Anzeige zu machen, daß der B ihn um 1000 Mark betrogen habe, und gibt an, letzterer sei zu ihm gekommen und habe sich erboten, gegen obige Summe die Scheune seines, des A, Todfeindes in der darauffolgenden Nacht anzuzünden, habe es aber nicht zur Ausführung gebracht, ihm auch das Geld nicht wieder zurückgegeben. Dem B gelingt es, in der Voruntersuchung nachzuweisen, daß er sich mit dem A nur hatte einen Scherz machen wollen, und auch, daß er die 1000 Mark, noch ehe Anzeige erfolgt war, einem Freund gegeben hatte, um sie dem A wieder zurückzuerstatten.

Es wird ferner nachgewiesen, daß A jene Nacht nicht in seinem Bette, wie gewöhnlich, sondern auf seinem Speicher verbracht habe, um sich an dem Feuer der brennenden Scheune zu ergötzen. Nach der Anschauung des R.Gs. läge hier keine strafbare Tat vor. Wäre es dem B nicht gelungen, den Nachweis zu führen, daß er das Geld sofort wieder zurückgegeben, vielmehr festgestellt worden, daß er es für sich verbraucht hätte, so müßte er auf Grund der eidlichen Zeugenaussagen des A wegen Betruges gestraft werden.

Die Motive hierzu würden ungefähr so lauten: Der Angeklagte hat in der Absicht, sich einen rechtswidrigen Vermögensvorteil zu verschaffen, in dem A durch die Vorspiegelung der falschen Tatsache, er werde in der darauffolgenden Nacht die Scheune seines, des A, Todfeindes anzünden, einen Irrtum erregt und diesen, der ihm die als Lohn für die Ausführung der Tat verlangten 1000 Mark vorausbezahlte, die der Angeklagte B, dem es mit der übernommenen Verpflichtung, die Scheune anzuzünden, nicht Ernst war, für sich behielt, um diesen Betrag an seinem Vermögen geschädigt.

Das lautet fast, als sei dem A durch B schweres Unrecht zugefügt worden, als habe dieser sein Vertrauen auf die schnödeste Weise mißbraucht. A erscheint als unschuldiges, bedauernswertes Opfer, indem er als beeidigter Zeuge vor Gericht darlegt, wie schändlich er von dem andern hintergangen wurde, während er doch nur infolge eigenen sträflichen Handelns, wofür er so gut wie der andere auf die Anklagebank gehörte, in die Falle geraten war. Seine Tat erscheint nicht minder schwer als die des andern.

Man denke sich nun den Fall, daß jemand einem ihm als verwegen bekannten Individuum, das sich ihm gegenüber erbietet, gegen Bezahlung von 20000 Mark einen diesem verhaßten Staatsmann zu töten, dieses Erbieten annehmend, gleich die Hälfte dieser Summe gibt und die andre Hälfte im Falle des Gelingens des Planes ihm nachzuzahlen verspricht.

Es wird nachgewiesen, daß das Erbieten gar nicht ernstlich gemeint war, der Strolch sich vielmehr nur Geld verschaffen wollte, aber weiter, daß er sich nachträglich doch entschlossen hat, das Verbrechen zu begehen, um so auch die zweite Hälfte des Geldes noch zu bekommen.

Soll nun der andre wegen der Hingabe der 10000 Mark straflos erscheinen und wegen des Versprechens der zweiten Hälfte bestraft werden?[1])

Wie oft mag es auch vorkommen, daß der mit dem Gelde Ertappte sagt, er habe sich lediglich ein Darlehen verschaffen, oder den Mann auf die Probe stellen wollen?

Kann er diesen Beweis, weil er ihn für den Fall der Entdeckung und Vereitelung des Planes sorgfältig vorbereitet hat, erbringen, so bliebe der, welcher ihm das Geld gegeben, straflos, so sehnsüchtig er auch auf das Telegramm wartet, das ihm das Gelingen der Tat verkündigt!“

Es lag also doch wohl höchst wahrscheinlich in der Absicht des Gesetzgebers, den ernsthaften verbrecherischen Willen, der sich in einer bestimmten Richtung geäußert hat, zu be-

---

[1]) Ob er deswegen bestraft werden kann, steht auch noch nicht außer allem Zweifel. Denn das eine ist sicher, daß er ein nicht ernstlich gemeintes Erbieten ernstlich angenommen hat. Wenn dann später infolge der Annahme der sich Erbietende den Entschluß zu dem Verbrechen faßt, so liegt deshalb noch immer nicht die Annahme eines Erbietens vor, das doch im Augenblick der Annahme ernstlich sein muß. Um dennoch zur Bestrafung zu gelangen, ist also nur möglich, die Annahme als Aufforderung aufzufassen; dies dürfte aber kaum angehen, da, wie wir oben gesehen, die Aufforderung ein Anstiftungsmittel ist, also den Vorsatz bei dem Anstifter voraussetzt, den Willen des anderen zu bestimmen. Ob dies hier vorliegt, dürfte, wie oben ausgeführt, zum mindesten bedenklich sein.

strafen, ohne Rücksicht auf den etwa zu erwartenden Erfolg,[1]) und die Gründe, die das R.G. für seine abweichende Ansicht anführt, dürften sich fast sämtlich kaum halten lassen. Dennoch neigen auch wir der herrschenden Ansicht zu, die behauptet, daß derjenige nicht strafbar ist, der ein von ihm für ernstlich gehaltenes, aber nicht ernst gemeintes Erbieten zur Begehung eines Verbrechens annimmt. Und zwar aus dem einfachen Grunde, weil der Wortlaut des Gesetzes für diese Ansicht spricht, und: nulla poena sine lege. Dabei darf man sich aber nicht, wie das R.G., an das Wörtchen „ein solches" halten, wie oben nachgewiesen, sondern wir legen den Nachdruck auf die Worte: „wer eine solche Aufforderung, wer ein solches Erbieten annimmt". Daß die Aufforderung, daß das Erbieten des § 49a, um strafbar zu sein, ernstlich gemeint sein muß, haben wir schon gesehen; wenn nun in diesen eben angeführten Sätzen auch eine nicht ernstliche Aufforderung, ein nicht ernstliches Erbieten gemeint sein sollte, so hätte der Ausdruck in ein und demselben Paragraphen ohne äußeres Anzeichen eine ganz verschiedene Bedeutung, und die kann man doch ohne zwingenden Grund nicht annehmen. Wir müssen also aus dem ersten Ausdruck folgern, daß ein nicht ernstlich gemeintes Auffordern oder Erbieten überhaupt kein „Auffordern" oder „Erbieten" im Sinn des § 49a ist; daher ist auch ein Eingehen darauf keine „Annahme einer Aufforderung", keine „Annahme eines Erbietens". Also mangelt ein Begriffsmerkmal des objektiven Tatbestandes, folglich muß Straflosigkeit eintreten.[2])

Der Gesetzgeber ist sich eben nicht völlig klar darüber gewesen, daß er in § 49a ein ganz eigenartiges Delikt aufstellt, hat vor allem nicht erkannt, daß er hier, abweichend von dem sonst befolgten Grundsatz, einmal den bloßen, in bestimmter Richtung geäußerten Willen bestraft, ohne Rücksicht auf den etwa eintretenden Erfolg. So kommt es, daß er, obgleich es höchst wahrscheinlich in seiner Absicht lag, die ernstliche Annahme auch eines nicht ernstlich gemeinten Erbietens zu be-

---

[1]) Vgl. Hälschner a. a. O. I., S. 410.

[2]) Witte a. a. O. S. 30; Oppenhoff, § 49a, No. 14; Olshausen, § 49a, No. 7.

bestrafen, doch dem Gesetze einen solchen Wortlaut gegeben hat, der eine Deutung in diesem Sinne unmöglich macht.

Wir können also unsere Meinung, der Reichsgerichtsentscheidung folgend, dahin kurz zusammenfassen: „Die Annahme eines nicht ernstlich gemeinten, aber für ernstlich gehaltenen Erbietens ist vor der Moral ohne Zweifel nicht weniger verwerflich als die Annahme eines ernstlichen Erbietens“, und vielleicht hat auch der Gesetzgeber die Absicht gehabt, ebenfalls diesen Fall mit seiner Strafdrohung zu treffen. „Indessen kann die moralische Würdigung nicht den Ausschlag geben, wo die juristischen Unterlagen der Interpretation bekannt und gegeben sind“. Diese lassen aber eine andere Deutung als die oben angeführte nicht zu.

* * *

Vergleichen wir § 49a mit den anderen Paragraphen des Allgemeinen Teils, so ergibt sich ein wichtiger Unterschied. Alle jene Paragraphen nämlich, wie z. B. diejenigen, die den Versuch, die Teilnahme, die Strafen, die Strafausschließungsgründe regeln, setzen zu ihrer Anwendbarkeit notwendig die eines Paragraphen des Besonderen Teils voraus. Eine nach dem Besonderen Teil strafbare Handlung muß also vorliegen, wenn jene allgemeinen Vorschriften Geltung empfangen sollen; ein Versuch z. B. ohne die Begehung eines Verbrechens oder Vergehens ist undenkbar. Wir folgern: Die Paragraphen des Allgemeinen Teils für sich sind völlig unselbständig, praktisch völlig bedeutungslos; um in einem Falle angewendet zu werden, muß vielmehr auch die Anwendbarkeit eines Paragraphen des Besonderen Teils gegeben sein. Dies ist aber gerade bei § 49a nicht der Fall, dieser trägt im Gegenteil seine Bedeutung in sich selbst, er braucht keine Paragraphen des Besonderen Teils, um in Geltung zu treten, er stellt eben selbst ein solches besonderes Delikt dar. Damit hört er jedoch auf, ein Paragraph des Allgemeinen Teils zu sein; denn allgemeine Geltung, die für alle Paragraphen des Besonderen Teils in Betracht kommen könnte, hat er ja nicht, sondern bedroht vier delicta propria mit Strafe. Folglich muß er in systematischer Beziehung in den Besonderen Teil verwiesen werden.

* * *

Fragen wir uns jetzt am Schlusse dieses Abschnitts, welche Stellung § 49a im System des Allgemeinen Teils einnimmt, so kann die Antwort in Übereinstimmung mit der herrschenden Lehre nur dahin lauten: er darf überhaupt keinen Platz im Allgemeinen Teil finden. Denn

1. stellt er keine Unterart der Anstiftung dar, darf sich also im System auch nicht an diese anschließen. Weiter bildet

2. die Aufforderung des § 49a keine Teilnahmehandlung, rechtfertigt daher nicht die Aufnahme dieses Paragraphen in den Abschnitt „Teilnahme“. Und endlich

3. hat er überhaupt keinen allgemeinen Charakter, da er tatsächlich nur für einzelne besondere Fälle Spezialbestimmungen trifft.

II. Teil.

§ 9.

Nachdem wir so gesehen, welche Stellung § 49a im System des Allgemeinen Teils, insbesondere gegenüber der Teilnahme einnimmt, wenden wir uns nun seiner Stellung im Besonderen Teil zu.

Die Motive erklären ausdrücklich,[1]) daß „die Vorschrift des § 49a nur dann Platz greife, wenn die Aufforderung zur Begehung eines Verbrechens oder zur Teilnahme an einem solchen mißlungen oder erfolglos geblieben ist, also zessiert, wenn der Aufgeforderte das Verbrechen versucht oder vollendet hat, oder wenn die Beihülfe zu dem (versuchten oder vollendeten) Verbrechen geleistet ist". Nun gibt es aber eine ganze Reihe von Bestimmungen im Besonderen Teil, die gleichfalls die mißlungene oder erfolglose Aufforderung zur Begehung eines Verbrechens als solche bestrafen, und es fragt sich, wie § 49a sich zu diesen Spezialbestimmungen verhält.

An und für sich sind dies schon Abweichungen von dem im Str.G.B. herrschenden Prinzip der Straflosigkeit der sog. versuchten Anstiftung; zu diesen Ausnahmen gesellt sich nun § 49a als eine Vorschrift, der noch dazu vom Gesetzgeber allgemeine Geltung zugeschrieben worden ist. Daß hierdurch das System des Str.G.Bs. an Klarheit nicht gewonnen haben kann, liegt auf der Hand; diese wird nun aber noch mehr verwirrt durch den angedrohten Strafrahmen, der den schon be-

[1]) Sten. Ber., III, No. 54, S. 181.

stehenden Ausnahmebestimmungen gegenüber zu manchen Bedenken Anlaß geben muß.

Es handelt sich zunächst um die Bestrafung der öffentlichen Aufforderung in den §§ 85, 110—112, nämlich die Bestrafung der öffentlichen Aufforderung zum Hochverrat und zum Ungehorsam gegen die Gesetze.

Als eine besondere Ausnahme von der Regel der Straflosigkeit der sog. versuchten Anstiftung stellt sich ferner § 159 dar, die unternommene Verleitung zur Begehung eines Meineids.

In allen diesen Fällen nimmt die herrschende Lehre Spezialität dieser Paragraphen gegenüber § 49a an,[1]) während sie zwischen § 333 und § 49a Idealkonkurrenz als vorliegend erachtet, indem sie mit dem R.G.[2]) etwa folgendermaßen argumentiert:

„Gesetzeskonkurrenz kann nur da eintreten, wo die Tatbestände zweier Paragraphen sich decken.[3]) Dies ist der Fall

---

[1]) Olshausen, § 49a. No. 19; Oppenhoff, § 49a, No. 2; Rüdorff-Stenglein, § 49a, No. 2; E., III, S. 390; IX, S. 261; XII, S. 54.

[2]) Vgl. E., IX, S. 263; XII, S. 56.

[3]) „Die Tatbestände decken sich" oder „Gleichheit der Tatbestände" sind Schlagwörter, mit denen die herrschende Lehre bei der Gesetzeskonkurrenz gewöhnlich operiert. Der Ausdruck „Gleichheit der Tatbestände" ist ziemlich unglücklich gewählt. Denn zwei im Gesetze mit Strafe bedrohte Tatbestände dürfen vernünftigerweise nie völlig gleich sein, sonst würde ja leicht dieselbe Straftat nach verschiedenen Paragraphen, die dieselben Tatbestandsmerkmale enthalten, mit verschiedener Strafe bedroht sein können. Und auch der Ausdruck „Die Tatbestände decken sich" ist mit Vorbehalt zu verstehen. Denn deckten sie sich wirklich, dann hätten wir wieder dieselbe Schwierigkeit wie oben, daß dieselbe Tat als gleicher gesetzlicher Tatbestand zweimal im Gesetz bestraft ist. Man kann daher diese Wendung nur so verstehen, daß man sagt: Die Tatbestandsmerkmale des einen Tatbestandes decken diejenigen des andere vollständig, oder genauer: Ein Tatbestandsmerkmal des einen Paragraphen korrespondiert immer einem gleichen des anderen Paragraphen; nur findet sich in dem einen Paragraphen ein besonderes Merkmal, das gegenüber dem entsprechenden Merkmal des anderen spezieller ist, das also das Anwendungsgebiet dieses Paragraphen gegenüber dem des anderen in dieser Beziehung verringert, z. B. der Mord am Landesherrn gegenüber dem einfachen Mord. Dann deckt in diesem Sinne der weitere Paragraph den engeren, d. h. das Anwendungsgebiet des engeren fällt vollständig in das des weiteren Paragraphen. Wir würden daher lieber von einem „Umfaßt-

bei §§ 49a und 85, 110—112, 159. Hier handelt es sich um besondere Delikte, und sobald eine solche spezielle Aufforderung in Frage steht, kann von der Anwendbarkeit des die Aufforderung zu irgend welchem Verbrechen im allgemeinen mit Strafe bedrohenden § 49a keine Rede mehr sein. Dies trifft nun aber nicht zu bei § 49a und § 333, denn die Tatbestände beider Paragraphen decken sich nicht. Es handelt sich ja in § 49a um die Aufforderung zu einem Verbrechen, in § 333 um die Verletzung der Amts- oder Dienstpflicht. Nun begründet aber nicht jede Verletzung der Amts- oder Dienstpflicht ein Verbrechen, und umgekehrt enthält nicht jedes von einem Beamten begangene Verbrechen eine Verletzung der Amts- oder Dienstpflicht. Liegt eine solche vor, so kann sie 1. disziplinar- oder 2. strafrechtlich geahndet werden, und in dem letzten Fall muß sie sich entweder als Verbrechen oder Vergehen oder Übertretung darstellen. Welche von diesen Möglichkeiten aber im konkreten Fall vorliegt, darauf kommt es dem Gesetzgeber gar nicht an; ausschlaggebend ist nur, ob eine Verletzung der Amts- oder Dienstpflicht als solche überhaupt gegeben ist. Der Versuch, die pflichtgemäße Amtsausübung durch den Angriff auf die Integrität des Beamten zu beeinträchtigen, soll bestraft werden, und eben weil es für den Tatbestand des § 333 völlig gleichgültig ist, ob sich der Beamte durch Verletzung seiner Amtspflicht überdies einer Straftat schuldig macht, wurde die in der Aufforderung eines Beamten etwa auch in der Richtung auf Verübung der Straftat liegende Beeinflussung desselben im § 333 nicht besonders berücksichtigt, sondern im Einklange mit dem allgemeinen Prinzip des Str.G.Bs., die erfolglose Anstiftung zu einer Straftat straflos zu lassen, gleichfalls nicht unter Strafe gestellt. Sofern daher vor Inkrafttreten des § 49a in der Aufforderung eines Beamten zur Verletzung seiner Amtspflicht zugleich die Aufforderung zur Begehung eines Verbrechens zu finden war, erschien dieser rechtliche Gesichtspunkt nicht als eine besondere Gesetzes-

---

werden" des einen Paragraphen durch den anderen sprechen. Um aber nicht Verwirrung anzurichten, behalten wir, soweit es sich um die herrschende Lehre handelt, die bisher angewandte Terminologie bei.

verletzung, aber nicht etwa deshalb, weil er in der Aufforderung zur Verletzung der Amtspflicht aufgegangen und von dieser tatbestandlich absorbiert worden wäre, sondern weil er überhaupt nach dem damaligen Stande der Gesetzgebung, von welchem § 333 nicht abweichen wollte, straflos erschien. Daher ist die in der Aufforderung zur Unterlassung der Anzeige neben der Aufforderung, die beschworene Amtspflicht zu verletzen, notwendig zugleich enthaltene Aufforderung, das Verbrechen des § 346 zu begehen, ein für die Anwendbarkeit des § 333 überflüssiger Gesichtspunkt, der kein Tatbestandsmerkmal des § 333, wohl aber ein solches des § 49a ist. Also decken sich die beiden Tatbestände nicht, und daher kann von einem Ausschluß des einen Gesetzes durch das andere keine Rede sein. Folglich treten beide in Idealkonkurrenz."

§ 10.

Das Hauptargument, das das R.G. für die Idealkonkurrenz von § 333 und § 49a anführt, ist dies, daß die Gleichheit des Tatbestandes in beiden Fällen nur eine zufällige ist,[1]) keine, die in den Tatbestandsmerkmalen selbst begründet wäre. Das R.G. stützt sich also vor allem auf den Wortlaut, indem es behauptet: „Verletzung der Amts- oder Dienstpflicht" und „Verbrechen" sei nicht identisch. Zweifellos hat es hierin auch vollkommen recht; denn der Begriff der Verletzung der Amts- oder Dienstpflicht ist einerseits weiter, indem er (abgesehen von den Disziplinarvergehen) noch außerdem Übertretungen und Vergehen umfaßt; andrerseits beschränkt er aber auch wieder das Anwendungsgebiet des § 333, indem er nicht alle Vergehen umfaßt, sondern nur die Amtsdelikte.

Folglich kann man der Ansicht des R.Gs. völlig zustimmen, daß die Tatbestände der §§ 49a und 333 sich nicht decken. Demgegenüber behauptet jedoch das R.G., daß dies gerade der Fall sei bei § 49a einerseits und §§ 85, 111 und 159 andrerseits, in denen Gleichheit des Tatbestandes vorliege, und daß

---

[1]) Rüdorff-Stenglein, § 49a, No. 3.

daher zwischen diesen Paragraphen das Verhältnis der Spezialität obwalte.

Dies dürfte vielleicht zutreffen bei § 85, der von der öffentlichen Aufforderung zum Hochverrat handelt, während § 49a allgemein jede beliebige Aufforderung zu einem Verbrechen bestraft. Wir hätten also in § 85 die qualifizierenden Tatbestandsmerkmale

1. der Öffentlichkeit der Aufforderung und

2. des Hochverrats als eines besonderen Verbrechens. Hiernach wäre § 85 ein Spezialfall von § 49a.

Vergleichen wir nun aber § 111 mit § 49a, so setzt jener die öffentliche Aufforderung zur Begehung einer strafbaren Handlung voraus. Diese „strafbare Handlung" stellt sich dar entweder als Verbrechen oder Vergehen oder Übertretung. Daraus ergibt sich, daß der Begriff der „strafbaren Handlung" weiter ist als der des „Verbrechens" in § 49a. Umgekehrt ist aber der Begriff der „öffentlichen Aufforderung" enger als der der „Aufforderung". Wie also das Anwendungsgebiet von § 333, so ist auch das von § 111 gegenüber dem von § 49a zum Teil weiter, zum Teil aber auch enger. Beide Paragraphen haben neben denselben Tatbestandsmerkmalen auch andere, die den Geltungsbereich des betreffenden Paragraphen dem des § 49a gegenüber teils erweitern, teils verringern. So ergibt sich klar, daß beide Paragraphen, § 333 und § 111, in demselben Verhältnis zu § 49a stehen, und daß es daher nicht angehen kann, dies in dem einen Fall als Spezialität, in dem andern als Idealkonkurrenz zu bezeichnen.

Dasselbe Resultat gewinnen wir bei § 159. Auch dieser Paragraph ist einerseits enger als § 49a, indem er von allen Verbrechen nur den Meineid ins Auge faßt, andrerseits aber auch weiter, indem er nicht ein „Auffordern" verlangt, sondern schon jede unternommene Verleitung für ausreichend ansieht, ein Begriff, der weit über den des „Aufforderns" hinausgeht.[1])

In § 111 liegt also die Beschränkung dieses Paragraphen

---

[1]) Goltdammer: Archiv, XXVIII, S. 230.

gegenüber § 49a in der Aufforderung, für die die Öffentlichkeit verlangt wird, in den §§ 159 und 333 in dem Ziel der Aufforderung, das in einem bestimmten Verbrechen besteht, sei es der Meineid, oder sei es das Amtsverbrechen. Andrerseits erfährt § 333 und § 111 eine Erweiterung gegenüber § 49a dadurch, daß beide auch die Aufforderung zu Übertretungen und Vergehen bestrafen, und § 159 dadurch, daß er den Begriff der „Aufforderung" ausdehnt bis zu dem vagen Ausdruck der „unternommenen Verleitung". Das Verhältnis von § 49a zu §§ 333, 111, 159 kann man also in gleicher Weise graphisch durch zwei sich schneidende Kreise darstellen, und daraus ergibt sich zur Evidenz, daß die herrschende Lehre unrecht hat, wenn sie unter diesen Paragraphen eine andere Behandlung eintreten läßt. Denn entweder sie sind sämtlich Spezialfälle von § 49a, oder sie treten sämtlich mit ihm in Idealkonkurrenz; eine Trennung in dieser Beziehung ist unhaltbar.

Die Annahme der Spezialität, also einer Gesetzeskonkurrenz, ist nun aber deshalb abzulehnen, weil die Tatbestände sich nicht decken; es bleibt daher nur noch die Möglichkeit einer Idealkonkurrenz übrig. Mit dieser stände jedoch die Klausel des § 49a, „soweit nicht das Gesetz eine andere Strafe androht", in schroffem Widerspruch. Denn sie schlösse die Anwendbarkeit des § 73 vollkommen aus, und damit hätte die Lehre von der Idealkonkurrenz als solche überhaupt keine Bedeutung mehr; denn diese basiert nach der herrschenden Meinung gerade auf § 73. Wäre nun in unserem Fall dessen Anwendbarkeit durch jene Klausel unmöglich gemacht, so könnte man auch nicht mehr von Idealkonkurrenz im Sinn der herrschenden Lehre sprechen.

So führt denn also auf diese Weise kein Weg zum Ziel, und daher behauptet eine Minderheit von Schriftstellern, es läge in diesen Fällen weder Idealkonkurrenz vor noch das Verhältnis der Spezialität, sondern Subsidiarität, da ja § 49a ausdrücklich erkläre, er wolle nur insoweit Anwendung finden, als das Gesetz nicht eine andre Strafe androhe; daher könne mit keinem andern Delikt, das eine Aufforderung zur

Begehung eines Verbrechens darstelle, eine Konkurrenz stattfinden.[1])

§ 11.

Alle Schriftsteller halten im Grunde an der Unterscheidung von Gesetzeskonkurrenz und Idealkonkurrenz fest und sind auch über die wesentlichen Unterschiede zwischen beiden vollkommen einig. Und dennoch kommen sie, wie wir eben gesehen, bei Anwendung dieser Begriffe zu ganz verschiedenen Resultaten; nicht nur behaupten sie das Vorliegen von verschiedenen Spezialfällen derselben Gruppe, wie die einen das Vorliegen der Spezialität, die andern das der Subsidiarität, beides Unterfälle der Gesetzeskonkurrenz (so bezüglich der §§ 85, 111, 159), sondern sie sind auch nicht einmal darüber einer Meinung, ob das vorliegende Verhältnis unter diese oder jene Hauptgruppe fällt, in dem die einen Idealkonkurrenz, die andern Gesetzeskonkurrenz, nämlich Subsidiarität, annehmen (so bezüglich des § 333). Unsere nächste Aufgabe muß es daher sein, einmal zu untersuchen, zu welchen Resultaten die herrschende Lehre in unsern Fällen bei konsequenter Anwendung ihrer Begriffe kommen müßte, und dazu haben wir im allgemeinen die Merkmale der Idealkonkurrenz, der Spezialität und der Subsidiarität nach der herrschenden Ansicht darzulegen.

Ist eine strafbare Handlung begangen, so kann ein Strafgesetz den Fall ausschließlich beherrschen, so daß die Anwendung mehrerer Strafgesetze unrichtig sein würde. Es kann aber auch möglich sein, daß kein Gesetz den Tatbestand ausschließlich berücksichtigt, daß man daher zweifelhaft sein kann, welches Gesetz Anwendung zu finden hat. Nur diesen zweiten Fall behandelt § 73, wenn er von der Verletzung mehrerer Strafgesetze durch ein und dieselbe Handlung spricht. „Das Erfordernis für § 73 ist sonach, daß der einen Handlung erst

[1]) z. B. Binding: Hdb., 1885, I, S. 356, No. 4; Frank, § 49a, No. II; Köhler: Grenzlinien zwischen Idealkonkurrenz und Gesetzeskonkurrenz, S. 68; Meyer, a. a. O., S. 653, N. 33; Hälschner, a. a. O., II, S. 1016; Reiffel, a. a. O., S. 193f.

die Anwendung mehrerer Strafgesetze, welche in den begrifflichen Merkmalen des ihren Gegenstand bildenden Rechtes sich nicht decken, voll gerecht wird.[1]) In diesen Fällen spricht die herrschende Lehre von „idealer Verbrechenskonkurrenz", indem sie aus der Verletzung mehrerer Gesetze folgert, daß auch mehrere Verbrechen begangen sind, daß also, nach der Auffassung des Gesetzgebers, sich die „Verletzung mehrerer Strafgesetze" mit dem Begriff „Verbrechensmehrheit" deckt.

Gegen diese Auffassung wenden sich nun zwar zahlreiche Schriftsteller,[2]) indem sie leugnen, daß durch eine Handlung mehrere Verbrechen begangen werden könnten. In Wirklichkeit dürfte aber der Gegensatz doch nicht so tief sein, wie ihn die einzelnen Schriftsteller aufzufassen scheinen. Denn auch die herrschende Lehre gibt zu, daß die Gleichstellung der Begriffe „Verletzung mehrerer Strafgesetze" und „Verbrechensmehrheit" innerlich nicht gerechtfertigt ist.[3]) Und in der Tat handelt es sich denn auch nur darum, daß durch eine Handlung die Tatbestände mehrerer Strafgesetze erfüllt werden, so daß also eigentlich nicht verschiedene Verbrechen (Verbrechen = Handlung), sondern vielmehr verschiedene Verbrechensbegriffe (z. B. Ehebruch, Blutschande, Notzucht), verschiedene Tatbestände miteinander konkurrieren.[4])

---

[1]) Olshausen, § 73, No. 15.

[2]) So v. Liszt a. a. O. S. 223; Hiller in Ger. Saal, XXXII, S. 195 ff. Heinemann: Die Lehre von der Idealkonkurrenz, 1893; Wachenfeld: Theorie der Verbrechenskonkurrenz.

[3]) Olshausen, § 73, No. 11.

[4]) Bisweilen sprechen die Schriftsteller selbst von einer Konkurrenz von gesetzlichen Tatbeständen und setzen „Tatbestand" mit „Verbrechensbegriff" völlig gleich. So z. B. Köhler a. a. O. S. 42: „Bei der Idealkonkurrenz und der Realkonkurrenz besteht die Konkurrenz der mehreren gesetzlichen Tatbestände nicht bloß im gleichzeitigen Vorliegen, im gleichzeitigen Sichpräsentieren zur Anwendung, sondern in der gleichzeitig, wirklich notwendigen Subsumtion, in der gleichzeitig notwendigen (d. h. verlangten) Anwendung der Verbrechensbegriffe. [Anm. 1: Eine davon zu unterscheidende Frage ist, ob die gleichzeitige Anwendung der mehreren Verbrechensbegriffe (der mehreren gesetzlichen Tatbestände) auch eine gleichzeitige Anwendung ihrer Strafsanktion zur Folge hat. Dies wird für die Idealkonkurrenz durch § 73 regelmäßig ver-

Praktisch genommen also konkurrieren doch die einzelnen Strafgesetze, obwohl die herrschende Lehre dies nicht zugeben will. Denn um diese Konkurrenz festzustellen, vergleicht man ja nicht die Verbrechen (als Handlungen) miteinander, sondern die Verbrechensbegriffe, wie sie die einzelnen Paragraphen aufstellen, folglich eigentlich diese Paragraphen selbst. Man erklärt daher auch ganz ruhig Idealkonkurrenz als vorliegend bei Ungleichheit des Tatbestandes, d. h. wenn zwei Paragraphen Tatbestände aufweisen, die sich zum Teil decken, deren jeder aber zum andern Teil über den Tatbestand des andern hinausgeht. Wir werden also, da für unsere Zwecke nur diese Seite der Konkurrenz in Betracht kommt und es sich im wesentlichen doch nur um einen terminologischen Streit handelt, auch bei der Idealkonkurrenz von einer Konkurrenz von Gesetzen sprechen.

Dem Begriff der Idealkonkurrenz stellt die herrschende Lehre den der Gesetzeskonkurrenz gegenüber, die dann vorliegt, „wenn zwar ein Gesetz ausschließlich die begangene Tat beherrscht, aber wenn doch dem Richter sich bei der Beurteilung jener Handlung mehrere Gesetze zur Auswahl darbieten“.[1]) Und hier erhebt sich die Frage, welches der eventuell anzuwendenden Gesetze nach der Intention des Gesetzgebers

---

neint. Begangen sind also die beiden (oder mehreren) Verbrechen, aber nur mit der Strafe des einen Verbrechens wird gestraft.] Man kann auch sagen, jede Anwendung eines Verbrechensbegriffes auf ein konkretes Ereignis (im Sinne von Handlung) setze eine Begehung des betreffenden Verbrechens voraus. Daraus folgt: so viele Verbrechen als Anwendungsnotwendigkeiten. Faßt man die Begriffe in dieser Weise, so ergibt sich ohne weiteres die formelle Richtigkeit des Satzes, daß Idealkonkurrenz und Realkonkurrenz wirkliche Verbrechenskonkurrenz darstellen.“ — Hält man an diesem, vielleicht formell richtigen, theoretischen Satz fest und geht den umgekehrten Weg zurück zu der Frage, wie man sich im konkreten Fall eine solche Konkurrenz vorstellt, so ergibt sich aus dieser eben angeführten Beweisführung zur Evidenz, daß, praktisch genommen, doch Gesetzeskonkurrenz vorliegt. Denn „Verbrechen“ ist hier gleich „Verbrechensbegriff“ oder „gesetzlicher Tatbestand“, der seine Anwendung auf die Handlung verlangt. Das ist aber genau dasselbe, als wenn man sagt, die einzelnen Paragraphen wollen auf diesen konkreten Fall angewendet werden, konkurrieren also in ihrer Forderung.

[1]) Olshausen, § 73, No. 12.

hinter dem anderen zurücktreten, welches Gesetz ausschließlich Anwendung finden soll.

Hier kann unter Umständen der Grundsatz die Lösung bringen: in omni iure species generi derogat (l. 41 D. 48. 19) oder, wie man allgemein sagt: lex specialis legi generali derogat, d. h. „wenn die mehreren Strafgesetze denselben Tatbestand aufstellen und sich nur dadurch unterscheiden, daß das eine Gesetz eins oder mehrere der Begriffsmerkmale des anderen in engerer Begrenzung und speziellerer Gestaltung enthält“,[1]) m. a. W., „wenn aus dem normalen Deliktstatbestande ein Kreis von Fällen ausgesondert und zum delictum sui generis gemacht wird“;[2]) so ist nach dem spezielleren Gesetze zu strafen. „So gegenüber dem einfachen Tatbestande

1. der qualifizierte oder privilegierte Tatbestand, und

2. der durch Hinzutritt eines, nicht als straferhöhenden oder strafmindernden Umstand sich darstellenden Momentes gebildete Tatbestand.“[3]) Dies Verhältnis bezeichnet man als Spezialität.

Den zweiten Grundtypus der Gesetzeskonkurrenz bildet, neben der Spezialität, die Subsidiarität[4]), die dann vorliegen soll, „wenn zwei Strafgesetze, die teilweise dieselben oder aber zwei einander ergänzende Tatbestände bedrohen, nicht im Verhältnis von lex generalis und lex specialis stehen, und dennoch das eine stets nur Anwendung finden will, falls das andere nicht Anwendung findet“.[5])

Will man die Unterscheidungsmerkmale zwischen Spezialität und Subsidiarität feststellen, so kann man vielleicht mit Köhler sagen[6]): „Die Unterscheidung von Spezialität und Subsidiarität hat einen gewissen Einfluß auf das Verhältnis der Strafrahmen mehrerer in Gesetzeskonkurrenz stehender Tat-

[1]) E., XIV, S. 386.

[2]) Frank, § 73, No. VII, 2a.

[3]) Olshausen, § 73, No. 12.

[4]) Köhler a. a. O. S. 59.

[5]) Binding: Hdb., I, S. 355.

[6]) Köhler a. a. O. S. 63.

bestände".[1]) Bei der Spezialität ist das Vorhandensein des Normalfalls, des weiteren Tatbestandes, bis zur Höhe des Strafrahmens des engeren Tatbestandes als mitberücksichtigt anzusehen, d. h. die zum allgemeinen Tatbestand hinzutretenden qualifizierenden oder privilegierenden Merkmale des engeren Tatbestandes erhöhen oder vermindern die nämliche sanctio poenalis". Man sagt z. B., die Strafe, die § 242 für den gewöhnlichen Diebstahl festsetzt, ist zu gering, wenn es sich um einen Einbruchsdiebstahl, einen Postdiebstahl . . . . . handelt. Daher muß für diese Fälle eine höhere Strafe festgesetzt werden, und dies geschieht durch § 243. „Bei der Subsidiarität bildet dagegen das Vorhandensein des weiteren Tatbestandes nicht die Grundlage für die sanctio poenalis des engeren Tatbestandes. Der Strafrahmen des primären engeren Tatbestandes wird nicht als nach Relation mit dem Strafrahmen des weiteren Tatbestandes aufgestellt angesehen." Wir vergegenwärtigen uns, daß der Gesetzgeber, wenn er ein sog. subsidiäres Gesetz gibt, andere Gesetze im Auge hat, die einen besonderen, eigentlich unter das neue Gesetz fallenden Tatbestand bedrohen. Für diese schon bestehenden Fälle hat er bereits eigene verschiedene Strafrahmen in den einzelnen Paragraphen aufgestellt, für sie kann daher der Strafrahmen des neuen, subsidiären Gesetzes nicht als Grundlage dienen. „Kurz gesagt: Bei dem Verhältnis der Spezialität wird der engere Tatbestand hinsichtlich seines Strafrahmens als abgeleitet von dem weiteren Tatbestand gedacht, bei dem Verhältnis der Subsidiarität dagegen ist eher umgekehrt der Strafrahmen des weiteren Tatbestandes als abgeleitet von dem Strafrahmen der engeren Tatbestände zu denken."

§ 12.

Wenden wir diese Begriffe konsequent auf unseren Fall an, so bekommen wir zunächst Spezialität zwischen § 49a

---

[1]) Auch hier spricht Köhler genau so wie oben von Konkurrenz der Tatbestände, obwohl nach der herrschenden Lehre es sich hier um eine wirkliche Gesetzeskonkurrenz handelt. Tatbestand und Gesetz wird also in der Bedeutung völlig gleichgestellt.

und § 85. Denn § 85 ist ein Spezialfall des § 49a, indem er von den verschiedenen Möglichkeiten der Aufforderung die öffentliche Aufforderung unter besondere Strafe stellt und von den verschiedenen Verbrechen den Hochverrat herausgreift. Indessen ganz ohne Zweifel ist diese Entscheidung doch nicht, denn es ist höchst fraglich, ob der Strafrahmen dieses Paragraphen aus § 49a abgeleitet ist, zumal § 49a viel später entstand als § 85. Eher könnte man nach der zeitlichen Folge umgekehrt den Strafrahmen des § 49a als abgeleitet aus dem Strafrahmen des § 85 bezeichnen. Dann würde aber nun wieder nach der herrschenden Lehre nicht Spezialität, sondern Subsidiarität vorliegen. Bedenklich bleibt also die Annahme der Spezialität im Sinn der herrschenden Lehre bei § 85 trotzdem.

Was weiter die §§ 111, 159 und 333 angeht, so stellen sie, wie schon oben gezeigt, sämtlich Tatbestände dar, die sich zum Teil mit dem des § 49a decken, zum Teil aber auch über diesen hinausgehen. Sie würden also alle, konsequent gedacht, typische Fälle für die Idealkonkurrenz bilden, die herrschende Lehre müßte folglich diese als vorliegend erachten. Sie bezeichnet aber im Gegenteil das Verhältnis zwischen §§ 85, 111, 159 einerseits und § 49a andererseits als Spezialität, also als Gesetzeskonkurrenz, während sie doch konsequent zwischen §§ 111, 159 und 333 einerseits und § 49a andererseits zweifellos Idealkonkurrenz, zwischen § 85 und § 49a Gesetzeskonkurrenz annehmen müßte, ob freilich Spezialität oder Subsidiarität, das kann dahingestellt bleiben; wir würden im Sinn der herrschenden Lehre das Verhältnis der Subsidiarität für vorliegend erachten. Mit dem Zusatz: „soweit nicht das Gesetz eine andere Strafe androht", der sie bei ihrer Entscheidung vielleicht etwas hätte beeinflussen können, findet die herrschende Lehre sich ganz einfach dadurch ab, daß sie behauptet, er habe nur die Bedeutung, daß er die Gesetzeskonkurrenz, also hier Spezialität, zwischen § 49a und anderen Paragraphen ausschließt, dagegen Idealkonkurrenz zuläßt. Dann wäre jene Klausel aber völlig unnötig; denn die Spezialität setzt voraus, daß der eine Tatbestand gegenüber dem anderen der engere ist. Daß nun der engere Paragraph immer vor dem weiteren Anwendung findet, ist ein allgemein anerkanntes Prinzip; es hätte also jener ausdrücklichen Bestimmung gar nicht bedurft.

Bezüglich der Idealkonkurrenz aber würde jener Zusatz doch zu manchen Bedenken Anlaß geben. Zunächst ist überhaupt einmal fraglich, ob es statthaft ist, die Bedeutung jenes Satzes auf die Gesetzeskonkurrenz zu beschränken und bei der Idealkonkurrenz völlig zu negieren. Wenn man nun aber doch schon einmal die Bedeutung dieser Klausel für die eine Art der Konkurrenz behaupten, für die andere leugnen will, andererseits aber auch wieder diese Klausel nicht für bedeutungslos hält, so kann man sie unmöglich auf solche Fälle beziehen, in denen die fraglichen Paragraphen mit § 49a in Gesetzeskonkurrenz stehen, da sie hier völlig überflüssig, also gerade bedeutungslos wäre. Man müßte sie vielmehr auf das Verhältnis der Idealkonkurrenz anwenden; denn nur hier hätte sie einen praktischen Nutzen, also eine Bedeutung, wenn sie in einem speziellen Fall entgegen der Regel des § 73, nach der das strengere Gesetz Anwendung zu finden hätte, das mildere Gesetz für anwendbar erklärt, so z. B. bei § 111 Abs. 2.[1])

Daher geht denn auch die andere Ansicht ganz radikal vor und erklärt gerade heraus: „Durch jenen Zusatz legt sich der Paragraph selbst subsidiären Charakter bei, daher kann kein Delikt gegen diesen Paragraph mit einem anderen in Idealkonkurrenz treten.[2]) Hieraus würde nun aber indirekt hervorgehen, daß, wenn jener Zusatz nicht gemacht wäre, § 49a zu anderen Paragraphen in Idealkonkurrenz treten könnte.[3]) Wie wir oben gesehen, ist dies auch überall (abgesehen vielleicht von § 85) unzweifelhaft der Fall. Aber dann hätte jene Klausel eine weittragende Bedeutung, indem sie die sonst gegebene Idealkonkurrenz ausschließen sollte, und eine solche ist ihr ursprünglich bei der Redaktion nicht beigelegt worden. Denn

[1]) Ob das freilich zu gerechteren Resultaten führen würde, ist ziemlich zweifelhaft. Vgl. darüber die spätere Bemerkung auf S. 399.

[2]) Frank, § 49a, No. II.

[3]) Dies gibt auch z. B. Köhler a. a. O. S. 69, Anm. 1, zu.

in der Kommission und im Reichstag war man sich darüber ziemlich einig, daß jener Zusatz eigentlich überflüssig sei, und daß er nur, weil dem Sprachgebrauch des St.G.B. entsprechend, beigefügt werden solle.[1]) Dort war man also nicht der Ansicht, daß ohne ihn Idealkonkurrenz stattfinden würde, sondern daß die Bedeutung des § 49a dieselbe sei, ob jener Zusatz in dem Paragraphen stände oder nicht. So erheben sich also auch gegen diese Ansicht, die Subsidiarität annimmt, und die sich auf den ersten Blick als wahrscheinlichste darstellt, manche Bedenken.[2])

---

[1]) Sten. Ber., III, S. 1352—1354. — Marquardsen: „Ich bemerke, daß unter allen Umständen ich Sie bitten müßte, meinen Antrag hinzunehmen, wo es heißt, es soll vorgeschlagen werden einzufügen: soweit nicht das Gesetz eine andere Strafe androht. Es ist das ein bloßes Übersehen der Redaktion, und Sie finden diese Einfügung auch in anderen Anträgen. Sie ist nicht absolut notwendig, sie entspricht aber dem Sprachgebrauch des Gesetzes." — v. Arnsberg: „Schließlich glaube ich hervorheben zu müssen, daß die Redaktionsvorschläge des Herrn Abgeordneten Marquardsen eine ganz entschiedene Verbesserung des in zweiter Lesung gefaßten Beschlusses enthalten, und daß ich deren Annahme eventuell befürworten kann." — Justizminister Dr. Leonhard: „Wenn man die Sache unbefangen betrachtet, so ist der Antrag Marquardsen, wie er ihn heute gestellt hat, sachlich übereinstimmend mit dem früheren; geändert wird nur redaktionell, und zwar tritt jetzt eine korrekte Fassung an Stelle einer Fassung, die zu unliebsamen Kritiken die vielleicht unschuldige Veranlassung gegeben hat." — Dr. Lasker: „Ich werde für den Antrag Marquardsen stimmen, weil, wie man sich leicht überzeugt, nur eine redaktionelle Verbesserung des bereits gefaßten Beschlusses in diesem Antrage liegt. Wer jetzt etwa durch die Annahme dieses Antrages sich bestimmt fühlen möchte, nicht mehr für den Beschluß der zweiten Lesung zu stimmen, von dem würde ich glauben, daß er nur aus einer augenblicklichen Stimmung für den Beschluß der zweiten Lesung gestimmt hat, jetzt aber sich freut, von einer Verpflichtung los zu sein. Inhaltlich liegt kein Grund vor, wenn der Beschluß verbessert wird nach dem Wortlaut, wie ihn der Herr Abgeordnete Marquardsen vorschlägt, heute nicht so zu stimmen, wie in der zweiten Lesung." — Also allgemein sah man in der Einführung dieser Klausel nur eine redaktionelle Verbesserung, die an der ursprünglichen Tragweite des Gesetzes nichts geändert hat. Übrigens gibt auch Olshausen zu (§ 49a, No. 19), daß diese Klausel wenigstens für das Str.G.B. bedeutungslos ist.

[2]) Ein anderes Bedenken, das sich aus der Subsidiarität als Unterfall der Gesetzeskonkurrenz ergibt, wird später behandelt werden. Vgl. S. 378.

§ 13.

Wir sehen hieraus, eine befriedigende Entscheidung über das Verhältnis von § 49a und § 333 finden wir in der Literatur nicht, und so wollen wir denn im folgenden selbständig dieser Frage etwas näher treten. Um hierbei systematisch vorzugehen, müssen wir uns die möglichen Fälle der Konkurrenz zweier Paragraphen vor Augen führen. Dabei dürfen wir nun aber nicht, wie die herrschende Ansicht, von den Gesetzesparagraphen ausgehen, einfach zwei einzelne Paragraphen herausgreifen und untersuchen, ob ihre Tatbestandsmerkmale übereinstimmen oder nicht.[1] Auf diese Weise würden wir die verschiedenen Konkurrenzmöglichkeiten aus den positiv-rechtlichen Bestimmungen ableiten und sie dann wieder umgekehrt auf diese anwenden. Wir bewegten uns also in einem Kreise, der uns keine befriedigende Antwort auf jene Frage geben könnte. Wir kämen dann wie Köhler[2] ebenfalls zu dem Satz: „Am leichtesten läßt sich die Gesetzeskonkurrenz bei der ausdrücklich ausgesprochenen Subsidiarität erkennen; in die Augen fallend ist das Beispiel des § 49a.“ Damit hätten wir aber gar nichts gewonnen; denn wir wollen ja gerade erst beweisen, welche Bedeutung dieser Zusatz hat, da dies eben bestritten ist. Das kann man aber nicht versuchen, solange man jene Begriffe nur aus dem Gesetze selbst ableitet. Und so kommt es, daß wir in der gesamten Literatur nur die Behauptung finden, entweder: jener Passus bedeutet Subsidiarität oder: jener Passus bedeutet sie nicht. Niemand aber ist in der Lage, stichhaltige Gründe für die eine oder die andere Ansicht anzuführen.

Wollen wir hier eine Entscheidung treffen, so dürfen wir nicht wie die herrschende Lehre einfach in ganz abstrakter Weise die einzelnen Gesetzesparagraphen miteinander vergleichen und untersuchen, ob ihre Tatbestände sich decken oder nicht. Wir müssen vielmehr auf einem anderen Wege uns eine Konkurrenz von Gesetzen konstruieren, und dieser

---

[1]) Dies tut z. B. das R.G. bezüglich der § 49a und 333.

[2]) Köhler a. a. O. S. 68.

Weg ergibt sich uns von selbst, wenn wir uns fragen, wann denn überhaupt eine solche Konkurrenz vorliegen oder wie eine solche entstehen kann. Das Wesen der Konkurrenz besteht nun, wie der Begriff selbst andeutet, darin, daß ein Wettstreit stattfindet zwischen zwei Gesetzen um ihre Anwendbarkeit. Ein solcher setzt aber notwendig voraus, daß ein Anlaß hierzu gegeben ist, und dieser liegt in einer konkreten Handlung, die ihre Sühne fordert. Ist eine derartige Tat gegeben, so erheben mehrere Gesetzesparagraphen den Anspruch auf Anwendung, und so entsteht die Konkurrenz. Wollen wir also die verschiedenen Fälle dieser Konkurrenz konstruieren, so können wir dies nur, wenn wir uns eine konkrete Handlung denken, die die Konkurrenz mehrerer Gesetze herausfordert.

Dies Verfahren findet seine Rechtfertigung auch in dem Gesetze selbst; denn § 73 beginnt mit den Worten: „Wenn eine und dieselbe Handlung mehrere Strafgesetze verletzt. . . . . ." Auch das Gesetz steht also auf dem Standpunkte, daß zur Konkurrenz von Gesetzen eine Handlung notwendig ist. Wir suchen dann in dieser Handlung die strafrechtlich relevanten Merkmale festzustellen, d. h. die Tatumstände, die sich im St.G.B. als Begriffsmerkmale von strafbaren Handlungen finden, und vergleichen, welcher Paragraph diese selben Tatbestandsmerkmale enthält. Hierbei sind folgende drei Möglichkeiten gegeben:

I. Nur ein einziger Paragraph setzt einen Tatbestand voraus, der diese Merkmale enthält, und zwar sämtlich. Dann findet natürlich nur dieser eine Paragraph Anwendung.

II. Kein Paragraph enthält solche Tatbestandsmerkmale, wie z. B. beim Putativdelikt. Hier ist die ganze Handlung strafrechtlich irrelevant, also straflos.

In diesen beiden Fällen kann von Konkurrenz keine Rede sein, da ja nicht mehrere Paragraphen ihre Anwendung fordern. Für uns kommt daher nur die folgende Gruppe in Betracht.

III. Zwei Paragraphen (diese Zahl ist der Einfachheit halber gewählt) enthalten die Merkmale.

a) Keiner von beiden umfaßt sie sämtlich, sondern ein

jeder nur einige; kein Paragraph zieht die Handlung erschöpfend in Betracht, sondern bei jedem bleibt ein nicht berücksichtigter Überschuß („Idealkonkurrenz im weiteren Sinn.“);

α) dann trifft entweder das Gesetz eine allgemeine Entscheidung (§ 73) bezüglich der Anwendung der Gesetze („Idealkonkurrenz im engeren Sinn“, deckt sich mit der Idealkonkurrenz der herrschenden Lehre), oder

β) einer der beiden Paragraphen regelt selbst seine Anwendbarkeit, indem er diese nur dann verlangt, wenn kein anderes Gesetz Anwendung finden würde, indem er also hinter jedem anderen ähnlichen Gesetz zurücktreten will (Subsidiarität).

b) Ein Paragraph umfaßt sämtliche Tatbestandsmerkmale, der andere enthält nur einzelne. Hier ergibt sich von selbst, daß nur der erste Paragraph Anwendung finden kann, da die des zweiten durch ihn ausgeschlossen wird (Spezialität, deckt sich mit der Spezialität der herrschenden Lehre).

Damit hätten wir ein Schema gewonnen, das bei der Bildung der Gruppen nicht in abstrakter Weise die einzelnen Gesetzesparagraphen miteinander vergleicht; wir hätten also das Schema nicht allein aus dem Gesetz selbst abgeleitet, sondern wir haben ein solches, das immer einen konkreten Fall im Auge hat, der die Gesetzeskonkurrenz nach § 73 herausfordert. Ist diese Konstruierung des Schemas scheinbar auch nur ein rein technischer Vorzug, so bietet sie doch gerade für unseren Zweck einen erheblichen Vorteil. Denn sie verlangt bei Feststellung des Verhältnisses von zwei Paragraphen die Berücksichtigung einer konkreten Tat, wir gewinnen also die Bestimmung des Verhältnisses nicht einzig und allein durch das Gesetz selbst, sondern durch das Gesetz in Verbindung mit einer bestimmten Handlung. Daß eine solche nötig ist zur Konkurrenz, das verkennt die herrschende Lehre, wenn sie zur Bildung eines Schemas der möglichen Konkurrenzen von Gesetzesparagraphen rein mechanisch die einzelnen Paragraphen miteinander vergleicht, ohne Rücksicht auf den tatsächlichen Vorgang, auf den mehrere Paragraphen ihre Anwendung beanspruchen. Während endlich die herrschende

Lehre ihre Gruppierung der Konkurrenzen einfach aus den toten Buchstaben des Gesetzes ableitet und daraus die entscheidendsten Folgerungen zieht, ohne auch nur eine Berechtigung für ihr Vorgehen nachzuweisen, hat unsere Ansicht den Wortlaut des Gesetzes für sich, das in § 73 ausdrücklich auf die begangene Handlung hinweist, also direkt auffordert, diese bei einer Konkurrenz als Grundlage etwaiger Unterscheidung zu wählen.

§ 14.

Die praktischen Konsequenzen, die unsere Einteilung für die Beantwortung der vorliegenden Frage nach dem Verhältnis von § 333 und § 49a hat, sollen erst später (in §§ 15 und 16) gezeigt werden. Vorerst muß hier darauf hingewiesen werden, daß ein wichtiger Unterschied in der Gruppierung sich schon jetzt gezeigt hat, der noch einer Rechtfertigung bedarf.

Das Schema der herrschenden Ansicht lautet etwa:

I. Idealkonkurrenz.

II. Gesetzeskonkurrenz.

1. Spezialität.
2. Subsidiarität.

Demgegenüber gruppiert unser Schema:

I. „Idealkonkurrenz im weiteren Sinn."

1. „Idealkonkurrenz im engeren Sinn".
2. Subsidiarität.

II. Gesetzeskonkurrenz oder Spezialität.

Die herrschende Lehre sieht folglich die Subsidiarität als Unterfall der Gesetzeskonkurrenz an, die voraussetzt, daß der eine Tatbestand den anderen deckt. Hierbei sind drei Möglichkeiten gegeben: entweder der subsidiäre Paragraph wird von dem anderen gedeckt, oder beide decken einander, d. h. beide Tatbestände sind die gleichen, oder endlich der subsidiäre Tatbestand deckt den anderen. Wäre der subsidiäre Tatbestand der engere, so läge Spezialität vor, und es wäre undenkbar, daß die lex specialis sich gegenüber des lex generalis selbst subsidiäre Bedeutung zuschriebe. Es kann sich also bei der Subsidiarität nur darum handeln, daß der subsidiäre

Paragraph den anderen mit umfaßt. Dies kann man sich nun so denken, daß beide Paragraphen sich vollständig decken. Dann hätte aber der Gesetzgeber ein und denselben Tatbestand unter zwei, womöglich verschieden schwere Strafdrohungen gestellt, was wohl tatsächlich kaum vorkommen dürfte. So bleibt also für die Subsidiarität nur der eine Fall übrig, daß das Anwendungsgebiet des subsidiären Paragraphen über das des anderen hinausgeht, m. a. W. daß der andere Paragraph aus dem großen Anwendungsgebiet des subsidiären Paragraphen einen bestimmten Teil herausnimmt, den er selber mit Strafe bedroht. Dies ist aber nur so möglich, daß der andere Paragraph neben den allgemeinen Tatbestandsmerkmalen des subsidiären Paragraphen noch besondere enthält, die seine Anwendung auf bestimmte Fälle beschränken. Dann haben wir aber wieder das Verhältnis der Spezialität, und wenn hier der weitere Paragraph sich durch besondere Umstände noch einen subsidiären Charakter beilegen wollte, so wäre das vollkommen überflüssig. Daher kann die Subsidiarität kein Unterfall der Gesetzeskonkurrenz sein, und es gibt nur **eine** Art der Gesetzeskonkurrenz, die Spezialität.

Nun legen sich aber doch tatsächlich manche Gesetze, ausdrücklich subsidiären Charakter bei, d. h. sie beschränken ihre Anwendbarkeit auf die Fälle, für die keine andere gesetzliche Regelung vorgesehen ist. Unter welche Gruppe haben wir nun diese Subsidiarität zu stellen?

Ein Gesetz kann sich eine solche vernünftigerweise nur dann beilegen, wenn es ohne jenen Zusatz nach den bestehenden Regeln Anwendung finden würde neben einem anderen Gesetz, wenn also sonst beide miteinander konkurrieren müßten; durch jenen Zusatz soll eben diese Konkurrenz ausgeschlossen werden. Sie könnten nun nicht konkurrieren auf gleicher Stufe, wenn, wie wir eben (S. 141) gesehen, das andere Gesetz die lex specialis dieses subsidiären Gesetzes darstellte, oder wenn das Umgekehrte der Fall wäre. Legte das Gesetz sich trotzdem Subsidiarität bei, so wäre diese im ersten Fall bedeutungslos, im zweiten unhaltbar, da das allgemeine

Prinzip, daß das besondere Gesetz dem allgemeinen vorgeht, so sehr von der Notwendigkeit an die Hand gegeben ist, daß es nicht geändert werden kann. Daraus folgt gerade im Gegensatz zur gemeinen Meinung: Subsidiarität ist unmöglich zwischen Paragraphen, deren Tatbestand sich deckt, kann vielmehr nur dort stattfinden, wo der Tatbestand sich nicht deckt. Denn nur hier können Zweifel entstehen über die Anwendbarkeit des einen oder anderen Paragraphen, nur hier ist es daher möglich, daß das eine Gesetz von vornherein hinter dem anderen zurücktreten will. Wir haben also die Subsidiarität nicht als einen Unterfall der Gesetzeskonkurrenz, sondern als einen solchen der Idealkonkurrenz aufzufassen und haben daher diese in die Unterabteilungen zerlegt, daß entweder ein besonderes Gesetz (§ 73) die Anwendbarkeit zweier idealiter konkurrierenden Paragraphen regelt, oder daß dies der eine von ihnen selbst tut.

Daß dieser Schluß richtig ist, ergibt die folgende Probe. Wäre nämlich die Subsidiarität der Unterfall der Gesetzeskonkurrenz, so müßte bei Wegfall der Umstände, die die Subsidiarität begründen, Gesetzeskonkurrenz eintreten. Es müßten also in unserem Fall, wenn die Klausel „soweit nicht das Gesetz eine andere Strafe androht“ fehlte, die Tatbestände der §§ 49a und 333 sich decken. Wie wir aber oben (S. 361 u. 362) gesehen, geschieht dies durchaus nicht, da der eine Tatbestand zum Teil weiter, zum Teil enger als der andere ist. Es läge demnach hier Idealkonkurrenz vor.[1])

Dies muß stets der Fall sein, wenn man Subsidiarität in dem Sinne auffaßt, „daß das subsidiäre Gesetz nur Anwendung finden will, falls die Handlung, die es definiert, nicht nach Maßgabe eines anderen Gesetzes einen höheren oder milderen Strafanspruch erzeugt“.[2])

---

[1]) So Goltdammer: Archiv, XXVIII, S. 230. Abgesehen von jenem Zusatz in § 49a stände der Annahme einer idealen Konkurrenz in sachlicher Beziehung nichts entgegen. — Olshausen, § 49a, No. 20: Idealkonkurrenz zwischen § 49a und § 333 ist wohl denkbar, da beide Tatbestände sich nicht decken. — Ebenso Köhler, a. a. O., S. 69, Anm. 1.

[2]) Binding: Hdb., I, S. 355ff.

Binding unterscheidet aber noch weiter als zweite Gruppe der Subsidiarität, „wenn das subsidiäre Gesetz nur Anwendung finden will, falls eine andere als die von ihm definierte Handlung nicht nach strengerer Satzung einen weitergehenden Strafanspruch erzeugt". Dies kann geschehen

1. durch Subsidiarität der Normen,
2. durch Subsidiarität der Verbrechensformen (Versuch und Vorbereitungshandlungen gegenüber dem vollendeten Delikt, Anstiftung und Beihilfe gegenüber der Haupttat).

Diesen Fall der Subsidiarität lehnen wir ab. Denn, was die erste Art anbetrifft, so hat noch niemand ergründen können, was das bedeutet: eine Norm; und selbst Binding hat bis jetzt nach einem Vierteljahrhundert trotz mancher Anregung sich nicht entschließen können, einen Katalog der Normen herzustellen. Diese Art der Subsidiarität schwebt also ziemlich in der Luft.

Und nun die Subsidiarität der Verbrechensformen. Wollte man in allen diesen Fällen Konkurrenz annehmen, so ließe sich kaum eine Handlung denken, bei der nicht eine Konkurrenz vorläge. Denn in fast jeder vollendeten strafbaren Handlung ist zum mindesten ein Versuch enthalten, oft auch eine Vorbereitungshandlung. Da es sich weiter bei der Beihilfe und Anstiftung in dem vorliegenden Fall nur um Selbstanstiftung und Beihilfe zur eigenen Tat[1]) handeln kann, so wird man auch eine solche Anstiftung und Beihilfe in vielen Fällen unterscheiden können. Man stelle sich nun einmal dieses Heer von Konkurrenzen vor, das bei jeder Tat aufmarschieren würde, wenn man alle diese Fälle als Konkurrenzen bezeichnen wollte. Und wenn solche Konkurrenzen gegeben sind, dann müssen sie auch, konsequent gedacht, im Urteil berücksichtigt werden, und wäre dies nicht geschehen, so gäbe das unter Umständen einen Revisionsgrund ab. Nun vergegenwärtige man sich einmal die Konsequenzen, die dies mit sich bringen würde. Und in der Tat liegt denn auch gar kein Bedürfnis für die Annahme einer Konkurrenz in den eben gedachten Fällen vor.

---

[1]) Freilich kommt nach dem Gesetz strafrechtlich nur die Anstiftung und Beihilfe zu der Tat eines anderen in Betracht.

Denn, ist das vollendete Verbrechen selbst mit Strafe bedroht und die Vorbereitungshandlungen, der Versuch, die Anstiftung, die Beihilfe ebenfalls, so konsumiert stets die nachfolgende Haupttat mit Notwendigkeit die vorhergehenden Vorbereitungs- und Teilnahmehandlungen des Täters, also auch das auf die Haupttat anzuwendende Gesetz die auf die Vorbereitungs- und Teilnahmehandlungen als solche sich beziehenden Vorschriften. Hier noch eine Konkurrenz zu konstruieren, hat also wenig Zweck.

Endlich versteht man noch unter Subsidiarität die Konsumtion einer Strafdrohung durch die andere, d. h. „wenn ein Strafgesetz Tatbestand und Strafdrohung eines anderen teilweise in sich aufnimmt und dieses insoweit außer Anwendung stellt; namentlich wenn eine an sich strafbare Handlung für den Tatbestand einer anderen verwertet ist". Denn „die mehreren Tatbestände sind nicht gleichzeitig anzuwenden, da Umstände vorliegen, aus welchen zu entnehmen ist, daß die Anwendbarkeit des einen Tatbestandes die Anwendbarkeit des oder der übrigen Tatbestände ausschließen soll; so ist z. B. gleichzeitige Anwendung mehrerer gesetzlicher Tatbestände ausgeschlossen, wenn der eine den anderen begrifflich in sich schließt.[1])

Zunächst ist überhaupt schon sehr streitig, was man im einzelnen unter Konsumtion zu verstehen hat. Das gibt selbst Binding[2]) zu. Dieser rechnet z. B. zur Konsumtion die geschärften Unterarten der Gattungsverbrechen, Olshausen[3]) und mit ihm die herrschende Meinung sieht in ihnen Unterfälle der Spezialität, und endlich Frank[4]) bildet gar für sie eine besondere Hauptgruppe der Gesetzeskonkurrenz. Man könnte daher allgemein die Konsumtion, etwa wie Frank,[5]) nur negativ abgrenzen, indem man verlangt, daß in dem Tatbestande des einen Delikts der des anderen enthalten sein

---

[1]) Köhler a. a. O. S. 42.

[2]) Binding: Hdb., I, S. 363

[3]) Olshausen: § 73, No. 12.

[4]) Frank, § 73, No. VII, 1.

[5]) Frank, § 73, No. VII, 2c.

muß, ohne daß jedoch das Verhältnis der Spezialität gegeben sein darf. Frank führt als Beispiel an, daß die Tötung durch den Tatbestand des Zweikampfs konsumiert werde.

Vergleichen wir die beiden in Betracht kommenden Paragraphen, so wären dies § 206 und wohl § 211. Der Vorsatz ist in beiden gleich, also der subjektive Tatbestand ist derselbe, nur der objektive ist in § 206 insofern verschieden, als hier die Tötung unter Beobachtung besonderer Kampfesregeln erfolgt ist, im Gegensatz zu der Tötung des § 211, die auf jede Weise möglich ist. Sollte hier nicht etwa doch Spezialität gegeben sein, so daß das Vorliegen der Konsumtion nach der Definition Franks ausgeschlossen wäre.

Um nun auch ein von der herrschenden Ansicht häufig gebrauchtes Beispiel anzuführen, so soll § 177 die Nötigung des § 240 konsumieren. Vergleichen wir, wie es die herrschende Lehre bei der Konkurrenz immer tut, die beiden Verbrechenstatbestände, so ergibt sich:

§ 177 verlangt „Gewalt oder Drohung mit gegenwärtiger Gefahr für Leib oder Leben", § 240 „Gewalt oder Drohung mit einem Verbrechen oder Vergehen". Die Drohung mit gegenwärtiger Gefahr für Leib oder Leben stellt nun aber stets eine Drohung mit einem Verbrechen oder Vergehen dar, folglich ist § 177 in dieser Beziehung enger als § 240.

Ferner, das Objekt, gegen das sich das Delikt des § 177 richtet, ist eine „Frauensperson", dagegen in § 240 ein jeder beliebige Mensch.

Endlich hat die Nötigung in § 177 zum Zweck den „außerehelichen Beischlaf", in § 240 irgend „eine Handlung, Duldung oder Unterlassung".

Wir sehen also, in allen Punkten stellt § 177 einen engeren Tatbestand dar, und wenn er daneben auch noch den Fall behandelt, daß jemand eine Frauensperson zum außerehelichen Beischlaf mißbraucht, nachdem er sie zu diesem Zweck in einen willenlosen oder bewußtlosen Zustand versetzt hat, so ändert das nichts an der Erwägung, daß § 177, soweit es sich um Nötigung handelt, der engere Tatbestand ist, also die lex specialis. Prüfen wir auch die anderen Beispiele, die die herrschende

Lehre anführt, so werden wir überall dasselbe finden: stets können wir das Verhältnis der Spezialität als vorliegend annehmen, wir brauchen also den Begriff der Konsumtion gar nicht.

Überblicken wir unsere letzten Ausführungen, so erkennen wir: die Subsidiarität der herrschenden Lehre ist eine Konkurrenz, die sich gar nicht ausschließlich als Gesetzeskonkurrenz, sondern nur zum Teil als Gesetzeskonkurrenz, zum Teil aber auch als Idealkonkurrenz (vgl. oben S. 58 bezüglich § 49a und 333) darstellt. Da wir nun soeben das Verhältnis der Fälle der Gesetzeskonkurrenz, die nach der herrschenden Lehre unter den Begriff der Konsumtion fallen sollen, als Spezialität charakterisiert haben, so können wir die Subsidiarität in Bezug auf die noch übrigen Fälle, wie wir es in unserem Schema auch getan, als Unterfall der Idealkonkurrenz annehmen. Dadurch wird nun freilich der Umfang der Subsidiarität bedeutend geschmälert, und es fragt sich daher, ob wir jenen Begriff nicht ganz entbehren können.

Zur Lösung dieser Frage müssen wir die verschiedenen Fälle, in denen die herrschende Lehre Subsidiarität annimmt, unter diesem Gesichtspunkt näher betrachten. Als Beispiele für die sog. „ausdrückliche Subsidiarität“, und nur diese lassen wir ja als Subsidiarität gelten, führt man aus dem St.G.B. gewöhnlich drei Fälle an: § 49a, § 207 und § 353a.[1])

Den § 49a haben wir später[2]) in dieser Beziehung ex officio zu behandeln, dort haben wir auch auf die Bedeutung jener Klausel, die die Subsidiarität begründen soll, im einzelnen einzugehen; hier müssen wir uns daher vorläufig mit den anderen Beispielen begnügen. Indessen sei schon an dieser Stelle bezüglich des § 49a daran erinnert, daß man im Reichstag von der Überflüssigkeit jener Klausel überzeugt war.[3])

Was zunächst § 207 betrifft, so enthält er nicht wie § 49a die Klausel „soweit nicht das Gesetz eine andere Strafe an-

---

[1]) v. Liszt a. a. O. S. 224; Frank, § 73, No. VII, 2b; Olshausen, § 73, No. 13a.

[2]) Vgl. unten S. 390—392.

[3]) Vgl. oben S. 372.

droht", sondern die „sofern nicht nach den vorhergehenden Bestimmungen eine härtere Strafe verwirkt ist". Wir bemerken sofort drei Unterschiede:

1. nicht allgemein „das Gesetz" heißt es hier, sondern „die vorhergehenden Bestimmungen", also die bestimmten §§ 205 und 206;

2. nicht um eine „andere Strafe" handelt es sich hier, sondern um eine „härtere"; endlich

3. soll nach § 49a das Gesetz diese Strafe „androhen", hier soll sie „verwirkt" sein.

Daraus folgern wir, daß diese Klausel gar nicht Subsidiarität des einen Gesetzes gegenüber dem anderen begründen will, sie fordert vielmehr gerade im Gegenteil, beide nebeneinander anzuwenden; denn es muß ja erst festgestellt werden, welche Strafe verwirkt ist. Wir nehmen z. B. an: jemand hat mit vorsätzlicher Übertretung der hergebrachten Kampfesregeln seinen Gegner im Zweikampf fahrlässig getötet;[1] so verlangt zunächst § 207 Anwendung; dieser bestimmt, daß in unserem Fall entweder § 206 oder § 222 I anzuwenden ist. Hierzu muß der Richter nach beiden Paragraphen die Tat beurteilen, und er hat als Strafmaß in § 206: Festung von 2—15 Jahren, in § 222 I: Gefängnis von einem Tag bis zu drei Jahren. Er muß also dieselbe Tat beurteilen nach Festung und nach Gefängnis. Da nun eine einzige Tat vorliegt, so muß er auch für die Tat eine gleichschwere Strafe finden, mag er sie in Gefängnis oder in Festung ausdrücken. Wählte er die höchste Gefängnisstrafe von drei Jahren, so wäre diese Strafe nach § 21 gleich einer $4^1/_2$ jährigen Festungshaft. Solange also das Strafmaß von $2—4^1/_2$ Jahren Festung, entsprechend von 1 Jahr 4 Monaten bis zu 3 Jahren Gefängnis als ausreichend erscheint, kann der Richter vernünftigerweise nur zwei gleichharte Strafen bestimmen, indem er nach § 21 die Gefängnisstrafe in Festung umrechnen muß. Hält er aber 2 Jahre Festung, also 1 Jahr und 4 Monate Gefängnis für zu hart, so muß er eine Gefängnisstrafe unter 1 Jahr und 4 Monaten nach § 222 verhängen, und dann ist

---

[1]) Darüber, daß dies möglich ist, vgl. Olshausen, § 207, No. 2.

nach diesem Paragraphen die einzige, folglich auch die härteste Strafe verwirkt. Daher ist dieser Paragraph anzuwenden. Also nur in den schwersten Fällen, wenn der Richter in seiner Strafzumessung über $4^1/_2$ Jahre Festung hinausgehen will, wird § 206 die härtere verwirkte Strafe darstellen können, und daher dieser Paragraph auf Grund des § 207 Anwendung finden.

Diesen Erfolg hätte der Gesetzgeber ebensogut erreichen können, wenn er z. B. in § 206 den Zusatz gemacht hätte: Ist eine Tötung mittels vorsätzlicher Übertretung der vereinbarten oder hergebrachten Regeln des Zweikampfs bewirkt worden, so kann der Täter außer der festgesetzten Festungshaft mit Gefängnis bis zu drei Jahren bestraft werden. Freilich wäre das nicht gerade technisch zu billigen, aber praktisch ist dies doch das Resultat der Vorschrift des § 207. Tatsächlich wird also durch jene Bestimmung in § 207 nicht ein subsidiäres Gesetz geschaffen, sondern dem Richter nur ein erweiterter Strafrahmen zur Verfügung gestellt, der aber nicht direkt angegeben ist, sondern den sich der Richter erst aus den betreffenden Paragraphen ableiten muß.

Wir sehen also, jene Klausel bewirkt keineswegs die Subsidiarität zweier Paragraphen; sollte dies wirklich beabsichtigt gewesen sein, so würde der Zusatz „sofern nicht nach den vorhergehenden Bestimmungen eine härtere Strafe verwirkt ist", für unseren Fall bedeuten, daß zunächst § 222 dem § 206 in der Anwendung vorgeht. Nehmen wir nun einen leichteren Fall, so erkennt der Richter vielleicht auf acht Monate Gefängnis; da er weiter auch die Strafe nach § 206 bestimmen muß, so darf er auf eine entsprechende Festungshaft, also auf ein Jahr nicht erkennen, da das Mindestmaß der angedrohten Festungshaft in § 206 zwei Jahre beträgt, er muß also mindestens zwei Jahre Festung verhängen. Die härtere Strafe bleibt aber trotzdem acht Monate Gefängnis, da dies die der Art nach schwerere Strafe ist. Dasselbe gilt auch für alle andern Fälle; es erfolgt also stets Verurteilung auf Grund des § 222.

§ 206 behandelt nun die vorsätzliche, § 222 die fahrlässige Tötung. Daß aber beide Paragraphen auf eine und dieselbe Handlung Anwendung finden, daß sie also wirklich miteinander konkurrieren könnten, ist unmöglich, da Vorsatz die Fahrlässigkeit ausschließt. Weil also überhaupt keine Konkurrenz zwischen beiden Paragraphen vorliegen kann, so kann man auch ihr Verhältnis zueinander nicht als Subsidiarität bestimmen wollen.[1]) Dasselbe gilt, wie man sich leicht überzeugen kann, auch bezüglich der in § 207 erwähnten Körperverletzung, und wir folgern: jene Klausel in § 207 begründet überhaupt keine Subsidiarität von Gesetzen, sie erweitert nur die in §§ 205 und 206 gegebenen Strafrahmen durch Verweisung auf Strafbestimmungen anderer Paragraphen. Unter dem Gesichtspunkt der Konkurrenz betrachtet ist die Klausel völlig bedeutungslos.

Wenden wir uns jetzt dem § 353a, dem Arnimparagraphen, zu, so finden wir auch hier die Klausel „soweit nicht nach andern Bestimmungen eine schwerere Strafe verwirkt ist". Es handelt sich also auch hier lediglich um eine Erweiterung der bestehenden Strafdrohungen, nicht um eine Subsidiarität von Gesetzen. Dieser Paragraph trifft nämlich die Vorschrift: wenn auf Grund von anderen Paragraphen für eine in § 353a gedachte Handlung eine höhere Strafe als verwirkt zu betrachten ist, als fünf Jahre Gefängnis oder 5000 Mark Geldstrafe, dann findet dieser Paragraph Anwendung, also z. B. § 92 I. Hat aber der Täter nach den bestehenden Gesetzen eine mildere Strafe verwirkt, so kann diese auf Grund der Vorschrift des § 353a (falls natürlich die Handlung auch unter diesen Paragraphen fällt), bis auf fünf Jahre Gefängnis oder 5000 Mark Geldstrafe erhöht werden.

Die herrschende Lehre[2]) und wir ebenfalls würden annehmen, daß § 353a und § 92 idealiter miteinander konkurrieren, da die Tatbestände sich nicht decken. Denn daß der Tatbestand des § 353a enger ist als der des § 92, ist auf den ersten Blick klar; er ist aber auch weiter, insofern als die Mitteilung

---

[1]) Dies zeigt recht deutlich, wohin die herrschende Lehre mit ihrer mechanischen Vergleichung der einzelnen Paragraphen führt, nämlich: dort eine Konkurrenz anzunehmen, wo tatsächlich eine solche gar nicht möglich sein kann.

[2]) Olshausen, § 353a, No. 11; a. A. Frank, § 353a, No. I und Binding, I, S. 356, die Subsidiarität, also Gesetzeskonkurrenz, annehmen.

hier an jeden beliebigen andern gemacht sein kann, während dieser „andre“ in § 92 eine Regierung sein muß. Nach unsrer Meinung müßten wir also das schwerere Gesetz gemäß dem § 73 Anwendung finden lassen, folglich § 92. Es bedurfte also jener besonderen Klausel in § 353a hierfür garnicht.

Nun behauptet Köhler,[1]) daß § 353a dem § 86 subsidiär sei, „wenn in dem konkreten Tatbestand die unbefugte Mitteilung amtlicher Schriftstücke Ausführungshandlung ist“. Dies trifft jedoch aus demselben Grunde nicht zu, den wir eben gesehen. Denn die herrschende Meinung und wir erblicken in dem Verhältnis von § 86 und § 353a die Idealkonkurrenz. Haben wir vorhin die Beweisführung der herrschenden Ansicht gewählt, so mag jetzt einmal die Argumentation nach unserer Theorie am Platze sein.

Wir denken uns also einen Beamten im Dienste des Auswärtigen Amtes, der ihm amtlich anvertraute Schriftstücke einer fremden Regierung mitteilt, um das Bundesgebiet teilweise einem fremden Staate gewaltsam einzuverleiben. Anwendung auf diese Handlung fordern die §§ 353a und 86. § 86 berücksichtigt den Zweck der Tat, nicht aber die in § 353a besonders hervorgehobene Stellung des Täters im Reichsdienst. Umgekehrt berücksichtigt § 353a zwar diese Stellung, läßt aber den Zweck unbeachtet, den der Täter mit seinem Verbrechen erreichen will. Folglich wird kein Paragraph der vorliegenden Handlung vollkommen gerecht, indem jeder nur eine bestimmte Seite des Delikts in seinen Tatbestand aufnimmt. Also ist Idealkonkurrenz gegeben, und nach § 73 findet das schwerere Gesetz Anwendung. Um dies zu erreichen, war daher auch hier jene Klausel gar nicht nötig.

Ein Fall, der für das in § 353a genannte Delikt eine mildere Strafe androhte als § 353a selbst, wird nirgends in den Kommentaren erwähnt, scheint also auch nicht zu existieren. Sollte es aber wirklich dennoch einen solchen Paragraphen geben, dann wäre zu bedenken, daß § 353a den Tatbestand schon so eng umgrenzt, daß kaum noch ein engerer gedacht

---

[1]) Köhler a. a. O. S. 70.

werden kann. Es könnte sich also bestenfalls um Idealkonkurrenz handeln, und da gibt, praktisch genommen, § 73 dieselbe Regel, die § 353a noch besonders aufstellt.

Als ein weiteres Beispiel der Subsidiarität wird § 43 genannt,[1]) „wenn das beabsichtigte Verbrechen nicht zur Ausführung gelangt ist". Wir haben aber schon oben gesehen, daß hier eigentlich überhaupt keine Konkurrenz vorliegt, und wollte man sie annehmen, so könnte doch das vollendete Verbrechen gegenüber dem versuchten nur einen Spezialfall darstellen, es entfiele somit schon aus allgemeinen Gründen die Anwendbarkeit des § 43. Jene Klausel begründet also auch hier keine Subsidiarität.

Endlich führt Köhler[2]) noch einige Beispiele für die Subsidiarität an, so zunächst § 98 gegenüber § 94. § 94 stellt unter Strafe die Tätlichkeit gegen den Kaiser, gegen den eigenen Landesherrn, oder, während eines Aufenthaltes in einem Bundesstaate, gegen den Landesherrn dieses Staates. Alle andern Tätlichkeiten gegen Bundesfürsten will § 98 treffen. Statt § 94 zu erwähnen, hätte es in § 98 ebensogut heißen können: wer sich einer Tätlichkeit gegen einen Bundesfürsten schuldig macht, der nicht der Kaiser, nicht sein Landesherr, oder, während eines Aufenthalts in einem Bundesstaate nicht der Landesherr dieses Staates ist. Daß dies nicht geschehen, ist doch aus rein redaktionellen Gründen zu erklären; beide Paragraphen bedrohen eben Tätlichkeiten gegen Bundesfürsten, zu denen der Täter als Untertan in verschiedener Beziehung steht. Beide Paragraphen können überhaupt nicht miteinander konkurrieren, da sie ganz verschiedene Deliktsobjekte enthalten, die kaum in einer einzigen Handlung betroffen sein können. Hier von Subsidiarität zu sprechen, insbesondere wenn man noch dazu Subsidiarität als Gesetzeskonkurrenz auffaßt, bei der die Tatbestände sich decken müssen, ist doch kaum zu billigen.

Dasselbe gilt auch von den anderen dort[3]) erwähnten Bei-

---

[1]) Frank, § 73, No. VII, 26; Köhler a. a. O. S. 70.

[2]) Köhler a. a. O. S. 70.

[3]) Köhler a. a. O. S. 70.

spielen, nämlich § 99 gegenüber § 95, § 100 gegenüber § 96 und § 101 gegenüber § 97.

Um, der Vollständigkeit halber, auch ein Beispiel aus einem strafrechtlichen Nebengesetz anzuführen, so sei an § 153 der Gewerbeordnung erinnert. Dieser kann nur mit § 240 des Str.G.B.s konkurrieren, und zwar steht er mit diesem, wie sich auf den ersten Blick ergibt, in Idealkonkurrenz. Dann greift aber wieder § 73 Platz, und wir brauchen die Klausel in § 153 „sofern nicht nach dem allgemeinen Strafgesetz eine härtere Strafe eintritt“ überhaupt gar nicht, da doch stets, wenn die Anwendbarkeit zweier Paragraphen gegeben ist, das härtere Gesetz den Vorrang haben müßte.

Soweit wir also die in Betracht kommenden Fälle übersehen, ist die Klausel „soweit nicht das Gesetz eine härtere Strafe androht . . .“ für die Regelung des Verhältnisses von zwei Paragraphen ohne jeden Einfluß, und wenn sie wirklich ihre Bedeutung hat, so bezieht sie sich nur auf eine Erweiterung des bestehenden Strafrahmens. Wir stellen daher von neuem die Frage, ob wir nicht den Begriff der Subsidiarität ganz entbehren können. Denn wenn die Klausel nie die Bedeutung hat, zwischen zwei Gesetzen Subsidiarität zu begründen, dann können wir auch nicht berechtigt sein, auf sie eine ganze Gruppe von Konkurrenzfällen zu basieren.

Indessen wir können diese Frage ruhig verneinen. Denn, wie wir oben gesehen,[1] kann ein derartiger Zusatz dem Gesetzgeber die Möglichkeit geben, in einem besonderen Fall die Anwendbarkeit des § 73 bei der Idealkonkurrenz auszuschließen und im Gegensatz zu dieser Regel das leichtere Gesetz Anwendung finden zu lassen. Da dies unter Umständen von praktischem Wert sein kann, sich auch nicht übersehen läßt, ob nicht der Gesetzgeber zu diesem Mittel irgendwo schon gegriffen hat, oder doch vielleicht in Zukunft greifen wird, so muß man die Möglichkeit einer solcher Konkurrenz wohl zugeben. Wie aber aus unseren Erörterungen hervorgeht, sind

---

[1]) Vgl. oben S. 377 und 378.

wir durchaus nicht berechtigt, in jedem Fall, in dem der Gesetzgeber ein solches Zurücktreten des einen Gesetzes hinter das andre für diesen speziellen Paragraphen anordnet, von Subsidiarität sprechen. Denn in den meisten nach den oben angeführten Beispielen möchte man fast sagen: in allen Fällen handelt es sich um einen Verlegenheitsbehelf; der Gesetzgeber übersieht nicht völlig die Tragweite seiner neuen Vorschrift, und da will er sich vor Unzuträglichkeiten, die bei Anwendung der schon bestehenden Normen im Hinblick auf diese neue Vorschrift entstehen können, dadurch schützen, daß er für solche Fälle ein Zurücktreten des neuen Gesetzes anordnet. Einer solchen Verlegenheitsvorschrift kann man aber schon aus diesem Grunde keine so wichtige Bedeutung beimessen, um darauf eine ganze Gruppe von Konkurrenzfällen zu basieren. Vielmehr haben wir stets in erster Linie auch in diesen Fällen zu untersuchen, ob nicht Gesetzeskonkurrenz vorliegt. Finden wir dies Verhältnis gegeben, dann ignorieren wir einfach jene Klausel und können unser Vorgehen dadurch rechtfertigen, daß ja der Gesetzgeber für solche Fälle dies ebenfalls gewollt hat. Stellen wir aber Idealkonkurrenz fest, so müssen wir prüfen, welches Gesetz das schwerere ist; ist das sog. subsidiäre Gesetz das leichtere, dann ist die Klausel ebenfalls überflüssig, denn dann gibt schon § 73 dieselbe Regel; ist aber das subsidiäre Gesetz das schwerere, dann hat (vorausgesetzt natürlich, daß sich aus der Absicht des Gesetzgebers nicht das Gegenteil ergibt) die Klausel ihre Bedeutung, und dann bezeichnen wir das Verhältnis der beiden Paragraphen als Subsidiarität. Diese Subsidiarität muß stets ein Unterfall der Idealkonkurrenz sein.

Wir kommen also zu dem Ergebnis, daß die meisten Fälle der Subsidiarität im Sinn der herrschenden Lehre, soweit sie überhaupt eine Konkurrenz zulassen, sich als Fälle der Gesetzeskonkurrenz, der Spezialität darstellen, daß dagegen die wenigen übrig bleibenden Fälle, für die die Bildung einer besonderen Gruppe geboten erscheint, Idealkonkurrenz darstellen müssen. Und daher haben wir auch die Subsidiarität unter die Idealkonkurrenz gruppiert.

§ 15.

Wenden wir die so gewonnenen Resultate auf den Fall an: Jemand bietet einem Beamten Geschenke an, um ihn hierdurch zu bestimmen, daß er ein begangenes Delikt nicht anzeigt, das er nach seiner Amtspflicht anzeigen müßte.

Wir fragen nun zur Feststellung des Verhältnisses von zwei Paragraphen nicht wie die herrschende Lehre: wie verhalten sich die in den beiden Paragraphen enthaltenen Tatbestände zueinander, decken sie sich, oder decken sie sich nicht? sondern wir fragen: welcher von den in den beiden Paragraphen enthaltenen Tatbestände kommt unserer vorliegenden Handlung am nächsten, welche von beiden wird der Beurteilung dieser Tat am meisten gerecht? Finden wir dann, der eine Paragraph enthält gerade unsern Tatbestand, während der andre unser Delikt zwar auch umfaßt, aber in allgemeinerer Gestalt, so wenden wir jenen Paragraphen an. Finden wir dagegen, kein Paragraph wird unserm Tatbestand vollkommen gerecht, da ein jeder nur immer eine bestimmte Seite unsrer Handlung in Betracht zieht, so daß ein jeder einen nicht berücksichtigten Teil unseres Delikts unbeachtet läßt, so erkennen wir daran die Idealkonkurrenz und verfahren prinzipiell nach dem Grundsatz des § 73.

Wir hätten also nach unserer Methode in der vorerwähnten Handlung die Tatumstände festzustellen und zu untersuchen, welche Paragraphen ihre Anwendung auf diesen Fall erheischen. Als Tatumstände ergeben sich: die mündliche, durch Geschenke bestärkte Aufforderung an einen Beamten zur Begehung des Amtsverbrechens des § 346. Bis auf das Amtsverbrechen sind sämtliche Merkmale in § 49a und § 333 in gleicher Weise enthalten; dieses besondere Merkmal findet sich jedoch nur in dem letzten Paragraphen, folglich ist dieser ein Spezialfall des § 49a für unsern Fall. Dasselbe würde sich auch bezüglich der §§ 85, 111 und 159 ergeben, wenn wir bei jedem die erforderliche konkrete Handlung als vorliegend annehmen. Also schließen wir, daß § 49a lex generalis ist, gegenüber §§ 85, 111, 159 und 333, folglich finden diese besonderen Paragraphen immer Anwendung vor § 49a.

Dadurch, daß wir in den vorliegenden Fällen das Verhältnis der Spezialität als gegeben erkannt haben, haben wir die Bedeutungslosigkeit der Klausel „soweit nicht das Gesetz eine andre Strafe androht" in § 49a für das Str.G.B. nachgewiesen. Damit hätten wir eigentlich unsere Aufgabe erledigt, da wir ja nur die Stellung des § 49a im System des Str.G.B.s behandeln wollen. Indessen ist es interessant, eine Bestätigung unsrer obigen Behauptung auch in den strafrechtlichen Nebengesetzen zu finden, und deshalb mögen die in Betracht kommenden Fälle der Vollständigkeit wegen hier angeführt werden.[1])

R.Mil.Str.G.B. § 78 bestimmt: „Wer einen andern zur Fahnenflucht vorsätzlich verleitet oder die Fahnenflucht desselben vorsätzlich befördert, wird, wenn die Fahnenflucht erfolgt ist, . . . bestraft. Der Versuch ist strafbar."

Es handelt sich in dem ersten Absatz eigentlich gar nicht um die Aufforderung zur Fahnenflucht, also zu einem Verbrechen im Sinn des § 49a, in Wahrheit liegt vielmehr Anstiftung vor, da die Tat begangen sein muß. Wenn dann der zweite Absatz die versuchte Anstiftung für strafbar erklärt, so ist diese nicht identisch mit der „Aufforderung" des § 49a, wie wir im ersten Teil dieser Arbeit nachgewiesen haben. Nehmen wir z. B. als konkreten Fall den unbeendigten Versuch, so könnte überhaupt keine Konkurrenz zwischen beiden Paragraphen stattfinden, da dieses Delikt gar nicht unter § 49a fällt. Dächten wir aber auch nur an den beendigten Versuch, so zeigt sich doch deutlich, daß der Tatbestand, den § 78 voraussetzt, bedeutend enger ist als der des § 49a. Es liegt also auch hier das Verhältnis der Spezialität vor.

R.Mil.Str.G.B. § 99 II bestraft die erfolglose Aufforderung an eine Person des Soldatenstandes zur Verweigerung des Gehorsams, zu einer Widersetzung oder Tätlichkeit gegen den

---

[1]) Sie sind aufgezählt z. B. bei Witte a. a. O. S. 32; und v. Liszt a. a. O. S. 556 f.

Vorgesetzten. Auch hier ergibt sich klar, daß dieser Paragraph einen Spezialfall von § 49a darstellt.

Dasselbe gilt vom R.Mil.Str.G.B. § 100, der eben diesen Tatbestand bedroht, wenn die Aufforderung an mehrere Personen des Soldatenstandes gerichtet war. Alle diese Fälle haben vor § 49a auch noch das besondere Merkmal, daß hier die Aufforderung von einem Soldaten ausgegangen sein muß, während die Aufforderung des § 49a ein jeder Beliebige begehen kann.

„Gesetz vom 7. Februar 1874 über die Presse" § 16 erklärt öffentliche Aufforderungen mittels der Presse zur Aufbringung der wegen einer strafbaren Handlung erkannten Geldstrafen und Kosten für verboten. Hier liegt überhaupt keine Aufforderung zu einem Verbrechen vor.

„Seemannsordnung vom 27. Dezember 1872" § 88 II bestraft die erfolglose Aufforderung zu den Delikten der §§ 87 und 91, die jedoch beide nur Vergehen darstellen.

„Gesetz vom 9. Juni 1884 gegen den verbrecherischen und gemeingefährlichen Gebrauch von Sprengstoffen" § 10 droht Zuchthausstrafe demjenigen an, der öffentlich zur Begehung der in §§ 5 und 6 bezeichneten strafbaren Handlungen auffordert. Hier handelt es sich freilich um die Aufforderung zu Verbrechen, aber auch hier liegt auf der Hand, daß dieser Paragraph ein Spezialfall des § 49a ist, da er eine bestimmte Aufforderung zu einem bestimmten Verbrechen als Tatbestand enthält.

So sehen wir, daß in den angeführten Fällen zum Teil überhaupt keine Konkurrenz zwischen § 49a und diesen Paragraphen stattfinden kann, weil es sich nicht überall um die Aufforderung zu Verbrechen handelt; wo dies aber auch gegeben ist, da ist andrerseits leicht ersichtlich, daß es sich um leges speciales handelt, die also dem § 49a vorgehen, so daß in der Tat die Klausel „soweit nicht das Gesetz eine andre Strafe androht" in § 49a auch für die strafrechtlichen Nebengesetze völlig überflüssig ist.

§ 16.

Tatsächlich kommt nun die herrschende Lehre zu demselben Resultat, nämlich zur Anwendung aller jener Paragraphen vor § 49a. Sie nimmt ja mit Ausnahme von § 333 zwischen ihnen ebenfalls Spezialität an, und § 333, der nach ihr mit § 49a idealiter konkurrieren soll, ist das strengere Gesetz, folglich findet auch er gemäß § 73 vor § 49a Anwendung. Also scheint unsere Erörterung, praktisch genommen, ohne Wert zu sein. Um diesem Einwand zu begegnen, sind wir daher genötigt, noch kurz auf die Konsequenzen unserer Ansicht einzugehen.

Zunächst erinnern wir uns, daß die herrschende Lehre mit ihrer grundsätzlich verschiedenen Beurteilung dieser Fälle schon aus diesem Grunde unhaltbar ist. Demgegenüber wird unsere Ansicht der gleichen Stellung dieser Paragraphen zu § 49a dadurch gerecht, daß sie für diese auch das gleiche Verhältnis annimmt.

Dies tut nun zwar die Ansicht, die überall Subsidiarität des § 49a behauptet, ebenfalls. Sie leidet jedoch an dem unlöslichen Widerspruch, daß sie einerseits wie die herrschende Lehre die Subsidiarität als Unterfall der Gesetzeskonkurrenz ansieht, andrerseits aber doch zugibt, daß ohne jene Klausel in § 49a Idealkonkurrenz eintreten würde. Die vorliegende Ansicht dagegen, glauben wir, ist von solchem Widerspruch frei und deckt sich auch, wie oben gezeigt,[1]) mit der Meinung des Reichstages und der Kommission; denn auch sie betrachtet ebenso wie wir diese Klausel als überflüssig und nur als um der Klarheit willen hinzugefügt.

Unsere Ansicht wird aber vor allem der Entstehungsgeschichte des § 49a gerecht und führt schließlich gerade bezüglich des § 333 zu befriedigenden Resultaten.

Dies mögen zwei kleine Fälle[2]) beweisen.

Von Durst getrieben, hat sich ein Handwerksbursch am

---

[1]) Vgl. oben S. 371 und 372.

[2]) Sie finden sich aufgezeichnet von Reiffel im Ger. Saal, XLII, S. 199ff.

Wege einige Kirschen abgepflückt. Der Feldhüter will ihn anzeigen; der Handwerksbursch bietet ihm eine Zigarre an mit der Bitte, die Anzeige nicht zu erstatten. Vorausgesetzt, daß der Feldhüter ihn dennoch anzeigt, so kann der Handwerksbursch nach § 333 einen Tag bis zu fünf Jahren Gefängnis erhalten, bei mildernden Umständen, die man ja wohl hier wird annehmen können, eine kleine Geldstrafe im Mindestbetrag von drei Mark.

Nun nehmen wir aber eine schöne Belgierin, die, Blumen pflückend, die Grenze überschritten hat, und von einem Feldhüter auf einem bestellten Acker betroffen, wegen dieses Frevels protokolliert und verhaftet würde, und die diesem in ihrer Herzensangst einen Kuß gäbe mit der Bitte, sie unbehelligt zu lassen. Einen Kuß wird man nun wohl nicht unter die „Vorteile" des § 333 subsumieren können,[1] wohl aber unter die „Vorteile irgend welcher Art" des § 49a.[2] Sie käme also nach der herrschenden Lehre auf Grund des § 49a bestenfalls mit einem Tage Gefängnis davon, während doch der Handwerksbursch, der den Feldhüter durch das Anbieten einer Zigarre zu bestechen sucht, härter bestraft werden müßte als die Belgierin, die sich nur bereit erklärt, dem Feldhüter einen Kuß zu geben.

Nun vergleiche man einmal mit dieser Anwendung des

---

[1]) Frank (§ 331, N. III, 1) versteht unter „Vorteilen" nur solche, die die wirtschaftliche Lage verbessern, während die herrschende Lehre auch, nur materielle Vorteile zur Erfüllung des Tatbestandes des § 333 gelten läßt. Dies selbst dann, wenn sie lediglich vorübergehender Natur sind (so Olshausen, § 333, No. 2b). Ob ein solcher vorübergehender Vorteil materieller Natur in einem Kuß gefunden werden kann, dürfte zu verneinen sein, denn es ist doch noch ein großer Unterschied zwischen der Gestattung des Beischlafs und der Spendung eines Trunkes, Beispiele, die die herrschende Lehre noch unter die „Vorteile" rechnet, und einem Kuß. Wo bleibt denn hier das Materielle des Vorteils? Der Vorteil besteht doch für den Feldhüter lediglich darin, daß er sich geschmeichelt fühlt, und einen anderen Vorteil will ihm auch das Mädchen garnicht gewähren; es handelt sich also wohl mehr um einen ideellen, als um einen materiellen Vorteil, und ein solcher fällt nach der herrschenden Lehre nicht unter die „Vorteile" des § 333.

[2]) Vgl. R., II, S. 564; V, S. 670.

§ 49a dessen Entstehungsgeschichte. In den Motiven zum belgischen Gesetz heißt es:[1]) Un fait qui s'est produit récemment a soulevé une indignation générale. On a appris non sans surprise, que ce fait, odieux et immoral de l'aveu de tous, ne trouvait de répression ni dans la législation pénale de la Belgique, ni dans celle de l'Allemagne. C'était une évidente et regrettable lacune. Tous les organes de l'opinion publique s'unirent pour demander qu'elle fût promptement comblée. D'autre part il existe des crimes non moins graves tels, que la contrefaçon de billets de banque, la fabrication de fausse monnaie, dont la menace ne se conçoit guère, parce qu'ils ne s'attaquent pas à une personne déterminée. Ils sont de nature cependant à jeter un trouble profond dans les rélations internationales, et à porter de dangereuses atteintes à la fortune publique. L'offre ou la proposition de commettre ces crimes, doit-elle demeurer impunie?

§ 49a war hiernach dazu bestimmt, eine in die Augen springende, beklagenswerte Lücke auszufüllen. Aber war denn dies in unserm Fall wirklich nötig? Konnte man hier ebenso wie bei den oben genannten Verbrechen sagen, daß sich über solche Tat ein Sturm der Entrüstung erhob, daß man mit Erstaunen sah, daß weder in Belgien noch in Deutschland bei einer solchen verabscheuungswürdigen Handlung eine Bestrafung eintrete, daß alle Organe der öffentlichen Meinung sich vereinigten, um die Bestrafung zu fordern, und daß das Wohl des Staates und die internationalen Beziehungen stark gefährdet würden, wenn unser Mädchen für seinen Kuß straflos blieb? Nein, diese Bedeutung hat § 49a nicht, er kann nur bezweckt haben, dort eine Bestrafung zu fordern, wo bisher noch keine Strafbestimmung bestand, und zwar deshalb nicht bestand, weil man die erfolglose Anstiftung überhaupt nicht für strafbar erachtete. Wo man aber in einem besonderen Fall dies getan, da wollte jener Paragraph auch nicht eingreifen und nun etwa die Strafe ändern.

Beachtet man dies, so ergibt sich ganz von selbst, daß

[1]) Reiffel a. a. O. S. 222.

man das Verhältnis von § 49a zu § 333 unmöglich als Subsidiarität bezeichnen kann. Denn diese kann immer nur so lange bestehen, als der andre Paragraph tatsächlich Anwendung findet; ist diese aus irgend einem Grunde unmöglich, so tritt eben der subsidiäre Paragraph ein. Denn Subsidiarität ist, wie oben gezeigt, ein Unterfall der Idealkonkurrenz, setzt also voraus, daß beide Paragraphen das gleiche Recht haben, ihre Anwendbarkeit zu fordern. Nimmt man aber, wie wir, Gesetzeskonkurrenz an, die in der Unterordnung des einen Paragraphen unter den andern besteht, dann bekommen wir sogleich ein ganz befriedigendes Resultat. Denn Spezialität bedeutet, daß von zwei Paragraphen der eine der Beurteilung des in Frage stehenden Tatbestandes näher kommt, als der andre, daß er mehr besondere Merkmale dieses Tatbestandes berücksichtigt. Ehe wir hier den andern, den allgemeinen Paragraphen zur Anwendung bringen, haben wir daher noch vorerst zu prüfen, ob nicht der spezielle Paragraph ausschließlich Anwendung finden kann. Und selbst wenn dies aus besonderen Gründen unmöglich sein sollte, so ist damit doch noch nicht ohne weiteres die Anwendbarkeit des weiteren Paragraphen gegeben, sondern wir haben nun besonders zu untersuchen, ob nicht implicite in dem speziellen Paragraphen, der ja stets in erster Linie ausschlaggebend ist, eine besondere Regelung dieses Falles vorgesehen ist, und dann kommt der allgemeine Paragraph trotz Nichtanwendung des speziellen dennoch nicht in Betracht.

Vergleichen wir zu diesem Zweck § 333 mit § 334, so handelt es sich in beiden Fällen um Bestechung, also um einen besonders schweren Fall der Aufforderung (vgl. § 49a III). Wird diese Bestechung gegenüber einem Richter begangen, so tritt Zuchthausstrafe ein, bei mildernden Umständen Gefängnis. Wird sie gegenüber einem andern Beamten begangen, so verhängt § 333 Gefängnis und bei mildernden Umständen Geldstrafe. Wird nun an einen Beamten eine Aufforderung gerichtet, die sich nicht als der qualifizierte Aufforderungsfall der Bestechung darstellt, so darf auf keinen Fall eine schwerere Strafe eintreten, als die in § 333 angedrohte. Da wir jedoch in keinem Paragraphen diesen besonders leichten Fall als solchen unter Strafe gestellt finden, so muß Straflosigkeit eintreten; dies verlangt § 333. Ist dies nun die lex specialis gegenüber § 49a, so geht sie vor; § 49a kann also, da er dem § 333 nachgeordnet ist, nicht Anwendung finden, wo die lex specialis Straflosigkeit fordert. Dies entspricht vollkommen den Intentionen des Gesetzgebers, der nur an solche Verbrechen dachte, zu denen die erfolglose Aufforderung noch nicht speziell mit Strafe bedroht war. So bekommen wir ein befriedigendes Resultat, die Straflosigkeit des Mädchens, und zwar ganz in Übereinstimmung mit dem Willen des Gesetzgebers, der auch sicher § 49a in solchen Fällen nicht angewendet sehen wollte.

§ 17.

Vergegenwärtigen wir uns jetzt am Schluß dieses Teils kurz den Gang unsrer Untersuchung, so hatten wir nachgewiesen, daß die §§ 111, 159 und 333 zu § 49a in demselben Verhältnis stehen. Da in unserm Fall nur eine einzige Handlung vorliegt, so haben wir zur Bestimmung des einheitlichen Verhältnisses dieser Paragraphen nur die Wahl, entweder Gesetzeskonkurrenz oder Idealkonkurrenz anzunehmen. Damit entfällt die Ansicht des R.G.s, die zum Teil Idealkonkurrenz, zum Teil Gesetzeskonkurrenz als vorliegend erachtet.

Unseren bis jetzt gestellten Anforderungen entspricht freilich die Meinung, die das Verhältnis dieser Paragraphen als Subsidiarität auffaßt; denn sie stellt ja ein gleiches Verhältnis zwischen § 49a und den genannten Paragraphen her. Doch ist auch diese Ansicht nicht aufrecht zu erhalten, da Subsidiarität im Sinn der herrschenden Lehre ein Unterfall der Gesetzeskonkurrenz ist, die voraussetzt, daß die Tatbestände sich decken, während das gerade hier nicht der Fall ist. Es könnte daher nur Idealkonkurrenz gegeben sein. Eine solche müßte aber aus dem Grunde abgelehnt werden, weil dann für diesen Fall infolge der Bedeutung, die man der Klausel in § 49a beilegt, die Anwendbarkeit des § 73 ausgeschlossen sein würde, die aber nach der herrschenden Lehre notwendig ist zum Begriff der Idealkonkurrenz.

Was weiter § 85 betrifft, so nimmt man zwischen § 85 und § 49a im allgemeinen Spezialität an;[1]) dies ist aber unvereinbar mit der Bedeutung, die man jener Klausel „soweit nicht das Gesetz eine andere Strafe androht" beilegt, da man ja auf dieses ausdrücklich ausgesprochene Zurücktreten des einen Gesetzes hinter anderen die ganze Lehre von der Subsidiarität gründet. Wenn man daher Spezialität annimmt, andrerseits aber auch die Klausel für bedeutungsvoll erklärt, so liegt darin ein unlöslicher Widerspruch; denn entweder liegt Spezialität vor, dann hat die Klausel keine Bedeutung, oder aber sie hat eine solche, dann kann jedoch nicht Spezialität, sondern es müßte Subsidiarität vorliegen.

Diejenige Meinung andrerseits, die hier Subsidiarität als vorliegend erachtet, steht in offenbarem Gegensatz zum Willen des Gesetzgebers, der die Klausel als völlig überflüssig betrachtete.

Da also die herrschende Lehre zu keinem befriedigenden Resultat kommt, so haben wir versucht, selbst einen Vorschlag zur Lösung dieser Frage zu machen. Ausgehend von § 73 und von dem Wesen der Konkurrenz, bestimmen wir das Verhältnis von zwei Paragraphen **mit Rücksicht auf die konkrete Handlung,** die diese Konkurrenz veranlaßt hat, und fragen, welcher von den ihre Anwendung fordernden Paragraphen der Handlung am meisten gerecht wird. Auf diese Weise unterscheiden wir, wie die herrschende Lehre, Gesetzeskonkurrenz und Idealkonkurrenz, nur daß wir die Subsidiarität als Unterfall der Idealkonkurrenz, nicht als einen solchen der Gesetzeskonkurrenz auffassen, und nehmen für unsere sämtlichen in Frage stehenden Fälle das Verhältnis der Spezialität an.

Damit haben wir eine Auslegung des § 49a gewonnen, die

1. den gesetzlichen Bestimmungen des § 73 und dem Wesen der Konkurrenz entspricht,

---

[1]) Dies kann nur nach den Ausführungen von Köhler zweifelhaft erscheinen; vgl. oben S. 368—370.

2. in Übereinstimmug mit dem Willen des Gesetzgebers die Klausel in § 49a für überflüssig erklärt;

3. abweichend von der herrschenden Lehre, aber im Einklang mit dem tatsächlich vorliegenden einheitlichen Verhältnis, dies auch in dieselbe theoretische Gruppe einreiht, und endlich

4. zu gerechteren Resultaten führt.

Freilich ist es unmöglich, alle ungerechten Strafen, die durch § 49a im Vergleich zu diesen speziellen Vorschriften bedingt werden, zu beseitigen; sie sind zum größten Teil in dem angedrohten Strafrahmen gegeben, der nicht genug den Einzelfall berücksichtigen läßt.

So wird z. B. die erfolglose Anstiftung zum Meineid, selbst wenn sie nur mündlich, ohne Gewährung eines Vorteils geschieht, mit Zuchthaus bis zu fünf Jahren, die gleiche Anstiftung zum Morde garnicht, und wenn sie schriftlich geschieht oder an einen Vorteil geknüpft wird, nach § 49a mit Gefängnis bestraft.

Ferner, fordert jemand brieflich einen andern ohne Erfolg zur Begehung eines Verbrechens auf, so wird er nach § 49a mit Gefängnis bis zu zwei Jahren oder mit Festung von gleicher Dauer bestraft; tut er es aber durch ein an viele Tausende gesandtes Flugblatt, so trifft ihn nach § 111 II nur Gefängnis bis zu einem Jahr oder Geldstrafe bis 600 Mark.

Endlich, die öffentliche Aufforderung zur Begehung einer strafbaren Handlung hielt man für gefährlich genug, um sie unter Strafe zu stellen, und zwar ohne Rücksicht darauf, ob diese Aufforderung zur Begehung eines Verbrechens, eines Vergehens oder einer Übertretung aufmuntern sollte. § 49a bestraft dagegen die in nicht öffentlicher Weise geschehene Aufforderung und faßt nur die Aufforderung zu Verbrechen ins Auge. Dies würde also immer noch dem ursprünglichen Gedanken entsprechen, daß die öffentliche Aufforderung gefährlicher sei. Folglich: wer öffentlich zu einem Verbrechen auffordert, wird nach § 111 II bestraft, während die nicht öffentliche Aufforderung straflos bleibt. Dagegen droht man nun aber gegen die nicht öffentliche Aufforderung zu einem Verbrechen eine härtere Strafe an als gegen die öffentliche. Nehmen wir also z. B. die Aufforderung zum Morde, so würde die öffentliche Aufforderung mit Geldstrafe bis 600 Mark oder Gefängnis bis zu einem Jahr zu bestrafen sein, die nicht öffentliche aber mit Gefängnis von drei Monaten bis zu fünf Jahren. Der Umstand, daß die Aufforderung nicht öffentlich geschieht, ist also bei Vergehen und Übertretungen ein Strafausschließungsgrund, bei Verbrechen aber ein Strafschärfungsgrund.[1])

Dies alles sind Ergebnisse, die unmöglich befriedigen, die jedoch nicht anders ausfallen können, solange nicht der Strafrahmen des § 49a nach oben wie nach unten bedeutende Erweiterungen erfahren hat, die eine entsprechende Behandlung wie die Spezialfälle ermöglichen; insbesondere ist die Berücksichtigung mildernder Umstände dringend zu wünschen.

Immerhin wird es aber von Nutzen sein, daran festzuhalten, daß § 49a sich in allen diesen Fällen Spezialbestimmungen gegenübergestellt sieht, und daß hier sein Anwendungsgebiet notgedrungen aufhören muß. Denn das lehrt schon die Entwicklungsgeschichte des Strafrechts, daß die einfachsten Verbrechenstypen dem Gesetzgeber am frühesten klar vor Augen treten;[2]) er stellt also zunächst nur einfache Fälle unter Strafe. Dann kommt ein Zeitpunkt, in dem er sieht, daß er mit diesen Einzelfällen nicht mehr ausreicht, daß es eine ganze Reihe ähnlicher Fälle gibt, die die gleiche Behandlung erheischen. Um diese sämtlich zutreffen, die er für den Augenblick natürlich noch nicht vollkommen übersehen kann, schafft er nun häufig ein sog. allgemeines Gesetz, das aber nach seiner Intention die Bedeutung hat, immer nur dort helfend einzugreifen, wo die bisherige Spezialgesetzgebung noch nicht tätig gewesen, und dort sein Anwendungsgebiet zu schließen, wo ein Spezialgesetz die Regelung trifft. Erkennt man diesen Entwicklungsgang als Regel an, so wird man unserem Vorschlag für die Bestimmung des Verhältnisses von § 333 und § 49a seine Zustimmung wohl kaum versagen können.

[1]) Geyer in H. H., IV, S. 152.

[2]) Vgl. Binding: Hdb., I, S. 362f.

Druck von Georg Reimer in Berlin.

FSC
www.fsc.org
MIX
Papier | Fördert
gute Waldnutzung
FSC® C083411

Kolibri 360 GmbH
Ferdinand-Jühlke-Straße 7
99095 Erfurt, Deutschland
produktsicherheit@kolibri360.de